Innehåll

s. 7   **Förord**
Mats Mogren

s. 9   **Inledning**
Bengt Söderberg

s. 21   **Centralbygdens sociala landskap**
Sten- och bronsålder i Järrestad
Bengt Söderberg & Sven Hellerström

s. 83   **Vegetationshistoria i sydöstra Skåne**
En jämförelse med Ystadområdet
Ronny Liljegren & Leif Björkman

s. 109   **Järnålderns Järrestad**
Bebyggelse, kronologi, tolkningsperspektiv
Bengt Söderberg

s. 175   **En rik kvinna i Järrestad**
Gravlagd under senromersk järnålder
Berta Stjernquist

s. 213   **Mellan enskifte och järnålder**
Järrestad i kulturgeografisk analys
Mats Riddersporre

s. 243   **Aristokratin i landskapet**
Paleoekologiska studier i Järrestads järnålder
Per Lagerås

s. 271   **Insektsfynd**
Från brunnar på jarlens gård
Geoffrey Lemdahl

s. 287   **Blóta, Sóa, Senda**
Analys av djurben
Lena Nilsson

s. 309   **Metallhantverket vid storgården**
Ett arkeometallurgiskt perspektiv
Lena Gradin & Eva Hjärthner-Holdar

s. 341   **Keramiken på en centralplats**
Lokal tradition, främmande impulser
Torbjörn Brorsson

s. 373   **Appendix**

Järrestad

Riksantikvarieämbetet

Järrestad
Huvudgård i centralbygd

Red. Bengt Söderberg

Riksantikvarieämbetet Arkeologiska undersökningar Skrifter No 51

Utgiven av Riksantikvarieämbetets förlag,
Box 5405, 114 84 Stockholm
Tel 08-5191 8000, www.raa.se

Ingår i skriftserie Riksantikvarieämbetet,
Arkeologiska undersökningar, Skrifter No 51

Redaktör Bengt Söderberg

Grafisk formgivning Thomas Hansson

Bildbearbetning Staffan Hyll och Henrik Pihl

Engelsk språkgranskning Alan Crozier

Omslag Thomas Hansson
Foto Sven Waldemarsson

Tryck Daleke Grafiska AB, Malmö 2003

Kartor Ur allmänt kartmaterial
© Lantmäteriverket, 801 82 Gävle
Dnr L 1999/3

ISSN 1102-187x

ISBN 91-7209-304-8

▶ Det var en oönskad väg bland Österlenborna, det var hårda protester och det var överklaganden, men sträckningen låg fastställd och det var inte mycket som Vägverket kunde göra. Hamnen i Simrishamn behövde en bättre förbindelse med övriga Skåne. När arkeologin kom in i bilden började det långsamt vända. Inte så att markägarna slapp få sina långsmala ägor delade av vägen, inte så att ingreppen i det vackra österlenska kulturlandskapet blev ogjorda, men arkeologin tillförde ett starkt positivt mervärde till exploateringens negativa effekter.

Vägsträckningen undvek skickligt det kända fornlämningsbeståndet i området. Megalitgravarna, Simrisgravfältet och andra lämningar från det förflutna fick ligga orörda, men de under mark dolda fornlämningarna undviker man bara med en stor portion tur i en skånsk centralbygd, som den längs Tommarpsån. I detta fall slumpade det sig så att den fastställda vägsträckningen gick mitt över det komplex av hövdingahallar, som man länge hade anat skulle finnas i Järrestad, men som aldrig tidigare hade lokaliserats exakt. Detta var en stormannamiljö under den yngre järnåldern, eller den äldsta medeltiden vilket man nu väljer att kalla tidsperioden. Därtill kom lämningar

Förord
av Mats Mogren

från bondestenåldern och en kvinnograv från romersk tid med rik utrustning, vilka visade på att Järrestadområdet hade varit av central betydelse också långt innan hallbyggnadsperioden.

Detta väckte mycket stort intresse hos befolkningen i området, som fick ytterligare ett bevis på deras hembygds betydelse i det mycket långa tidsperspektivet. Det intresset har vi försökt möta genom olika populärvetenskapliga satsningar i samarbeten med Österlens Museum i Simrishamn, men även genom en mycket välbesökt hemsida på Internet, som kom att få betydelse i skolundervisningen i Simrishamns kommun.

Undersökningarnas mycket stora vetenskapliga betydelse har på motsvarande sätt väckt ett intresse i forskarvärlden vilket vi nu vill försöka möta. Detta är den första av två volymer i vår skriftserie som behandlar Järrestadsundersökningarna. Den är en redovisning av materialet ur många aspekter. Dess många olika ämnesföreträdare visar hur fyllig en bild kan bli, trots allt, när var och en drar sitt strå till stacken. Den andra volymen beräknas utkomma innan detta år har löpt till ända och det blir en syntes med jämförande tolkningar kring hallkomplexet.

Järrestadsundersökningarna är i sig ett stort steg framåt i förståelsen av periodens stormannamiljöer och dess samhällssystem, dess politiska antropologi om man så vill. Men när detta pussel är lagt bildar det i sin tur en central och viktig bit i några ännu större pussel som vi alla tillsammans håller på att lägga, vi som sysslar med yngre järnålder och tidig medeltid. Det gäller några av arkeologins verkligt stora frågor, urbaniseringsprocesserna och statsbildningsprocesserna. Järrestad, som en central plats som helt förlorar sin betydelse kring mitten av 1000-talet, kommer att lämna viktiga bidrag till den kommande diskussionen kring dessa frågor.

Lund,
på juni månads tröskel 2003

Mats Mogren
Publiceringssamordnare/projektchef
Riksantikvarieämbetet, UV Syd

▶ Bidragen till denna bok skrev under 2001 och fram till våren 2003, inom ramen för ett och samma uppdragsarkeologiska projekt – Väg 11 projektet. I det följande skall detta projekt presenteras i korthet, liksom området där undersökningarna ägde rum, dess forskningshistoria, och de olika bidragen.

Bygget av den nya vägsträckan mellan Östra Tommarp och Simrishamn kom att föranleda relativt stora arkeologiska insatser sett i relation till byggprojektets tämligen blygsamma omfattning. Totalt byggdes en halv mil ny niometersväg och drygt en kilometer av den befintliga vägen breddades. Fältarbetet genomfördes huvudsakligen under åren 1999 och 2000, och är den största uppdragsarkeologiska insatsen som hittills genomförts i sydöstra Skåne.

Att den arkeologiska kunskapen om området i flera avseenden ändå är omfattande beror i hög grad på den mångfacetterade forskning som sedan många år bedrivits av prof. Berta Stjernquist och prof. Märta Strömberg. Denna forskning har i flera fall dessutom bedrivits inom ramen för de "stora" bebyggelsearkeologiska forskningsprojekten som sedan 1960-talet genomförts i Skåne. De områden som studerats inom ramen för de tre

Inledning
av Bengt Söderberg

projekten grupperar sig någon eller några mil väster och sydväst om det landskapsavsnitt som nu aktualiserades (Fig. 1).

Gårdlösaprojektet i inlandet fokuserade på bebyggelseutvecklingen på Gårdlösaåsen under järnålder (Stjernquist 1981, 1993 a och b). En för skånska förhållanden ovanligt "komplett" järnåldersmiljö med bosättningar, gravar och offerkällor, stod i centrum för projektet. Ytterligare insatser gjordes i omgivningarna och utmed Tommarpsåns dalgång. Ambitionen var att analysera järnåldersmiljön som en helhet, och att fokusera på relationerna mellan sociala, ekonomiska och ekologiska faktorer och hur dessa samverkar och relaterar till människans anpassning till miljön över tid (Stjernquist 1981:10 ff).

Hagestadprojektet (Strömberg 1961, 1980) avsåg att behandla bebyggelseutveckling utmed sydostkusten i ett långtidsperspektiv. Hagestad by i Löderups socken vid kusten valdes ut för intensivstudium, och fältarbeten och jämförande analyser utfördes som referenser inom andra delar utmed kuststräckan i sydost. Projektet fokuserade i hög grad på frågor kring kontinuitet och diskontinuitet, och interaktion mellan människa och miljö. En lång rad studier som behandlar företeelser under olika perioder har publicerats (se nedan).

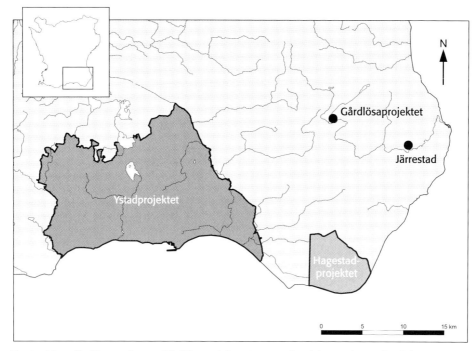

Fig. 1. Läget för Järrestad samt Gårdlösaprojektet, Hagestadprojektet och Ystadprojektet.

The location of Järrestad, the Gårdlösa project, the Hagestad project and the Ystad project.

Det tredje projektet, *Ystadprojektet*, var ett samarbetsprojekt som involverade en rad discipliner – olika kvartärgeologiska och paleoekologiska inriktningar, kulturgeografi, arkeologi och historia. Frågor kring kulturlandskapsutveckling över tid stod i fokus. En projektsyntes publicerades (Berglund 1991), liksom arkeologiska monografier med inriktning på förhistoria (Larsson, Callmer & Stjernquist 1992) och medeltidsarkeologi (Andersson & Anglert 1989). Området som undersöktes utgjordes av Herrestads och Ljunits härader, och projektet kretsade kring frågor som berörde problematiken kring paleobotaniskt definierade expansions-, konsoliderings- och regressionsfaser. Inom tidigare forskning menade man sig kunna urskilja sådana förlopp, och nu ville man studera hur representativa faserna i ett sådant förlopp var, inom ett och samma undersökningsområde. Fanns det möjligheter att påvisa variationer mellan centrala bosättningsområden och marginalområden? I vilken utsträckning kunde arkeologiskt och historiskt källmaterial relateras till förlopp av dessa slag? Ett närbesläktat problemkomplex som diskuterades, bestod i vilka bakomliggande faktorer som orsakar förändring i landskap och samhälle, det vill säga förhållandet mellan markutnyttjande, vegetation, fauna samt produktion och konsumtion å ena sidan och befolkningsutveckling, ekonomi, teknologi och samhällsstruktur å andra sidan (Berglund 1991:14 ff).

Landskapet utmed väg 11 kan beskrivas som mosaikartat, fullåkerslandskapet till trots. Närheten till regionens största vattendrag, *Tommarpsån*, sätter i hög grad sin prägel på miljön. Från åns källor på Linderödsåsen i nordväst tillstöter en mängd rännilar längs dess väg nedströms, men något stort vattendrag blir det aldrig, vilket ravinerna utmed ån i området kring Järrestad och Östra Tommarp kan locka att tro (Liljegren 1999). Landskapsrummet kring ån avgränsas i höjd med Simris och Järrestad av långsträckta markerade höjdpartier där hälleberget ställvis går i dagen. Söder om höjdsträckningen sluttar terrängen ned mot stranden och havet, och mot norr stiger terrängen ytterligare mot Linderödsåsen och skogsbygderna. Väster om Järrestad öppnas så landskapsrummet utmed ån upp, mot inlandet. Platåer eller höjdsträckningar med lätta jordarter häver sig här och var över moränlerorna, vilka utgör de dominerande jordarterna i landskapsrummet. Området kring Järrestad är en sådan platå, uppbyggd av issjösediment.

Det antikvariskt - arkeologiska intresset för denna del av Skåne har gamla anor, och N. H. Sjöborg, Sven Nilsson och Oskar Montelius var tidvis mycket aktiva i utforskandet av inte minst de många bronsåldersmonumenten i regionen, och av att förvärva föremål till samlingarna på Statens historiska museum i Stockholm och historiska museet i Lund. Den moderna forskningen är av ett imponerande omfång och innefattar bland annat företeelser som storstensgravar (Strömberg 1971), hällristningar (Althin 1945; Burenhult 1973, 1980), brons- och järnåldersgravfältet i Simris (Stjernquist 1955, 1961, 1977), neolitiska boplatser utmed Tommarpsån (Stjernquist 1961), fornlämningsmiljön vid kusten i söder (exempelvis Strömberg 1985) samt det medeltida kungalevet och klosterstaden Tumathorp på platsen för dagens Östra Tommarp (Thun 1967; Redin 1972; Jönsson 2002) och kuststaden Simrishamn (Jacobsson 1982). Byn Järrestad, eller *Iarllestatha*, med dess ungefärliga betydelse "Jarlens bosättning" (Pamp 1983), är belägen ungefär halvvägs mellan Simrishamn och Tommarp. Det äldsta skriftliga omnämnandet av orten härrör från år 1322. I arkeologiska sammanhang har orten har uppmärksammats särskilt av Märta Strömberg (1976), Johan Callmer (1995, 2001) och Tina L. Thurston (2001). Utifrån ett tämligen sparsamt arkeologiskt material och inventeringsresultat kombinerat med ortnamnet – som också är häradets namn – har platsen knutits till den yngre järnålderns aristokrati i regionen.

Den mångfacetterade arkeologiska forskningen kring området har i hög grad integrerats med forskningen inom de nämnda projekten, och även i övrigt har det jämförande perspektivet ofta varit en central del av forskningsuppgiften, exempelvis vad beträffar kulturkontakter i Skåne under romersk järnålder (Stjernquist 1955) och Gårdlösabosättningens externa kontakter (Stjernquist 1981:15, 1991, 1993b:142 ff). Motsvarande kan sägas om exempelvis Strömbergs studier kring områdets storstensgravar (Strömberg 1966, 1971) och påfallande många av de andra, nämnda arbetena.

Det fanns således en omfattande forskning att förhålla sig till, när forskningsstrategier för väg 11 projektet efter hand formulerades, i takt med att förarbetena framskred och förutsättningarna gradvis förändrades. Inför de inledande utrednings- och förundersökningsinsatserna lyftes än fram som ett centralt tema. Det framhölls att området som skulle undersökas utgjorde en sammanhållen kulturmiljö och en central bygd också i ett långt tidsperspektiv. Som faktorer av betydelse för bygdens centrala karaktär framhölls a, de gynnsamma förutsättningar som rådde för kommunikation både lokalt i bygden och mellan regioner, och b, den ekologiska mångfald som fanns inom ett relativt begränsat område, där platser vid ån var av strategisk betydelse för ett lokalt utbyte. Undersökningarna gjorde det möjligt att problematisera, nyansera och delvis omvärdera dessa utgångspunkter.

Förundersökningarna klarlade att den nya vägen med precision träffade en rad komponenter i det omfattande fornlämningskomplexet vid Järrestad. Särskilt omfattande lämningar daterades till yngre järnålder och bedömdes vara resterna efter bland annat hallar och aktivitetsytor. Ett varierat fyndmaterial tillvaratogs på platsen, varav fyndet av en skaftad patris för tillverkning av guldgubbar kom att bli av särskild betydelse för möjligheterna att bedriva projektet. Bland övriga lämningar lokaliserades främst tidigneolitiska boplatser, men också bosättningar från exempelvis bronsålder och äldre järnålder.

På andra platser visade förundersökningarna inte oväntat att fornlämningarna låg tätt i landskapet. I utkanten av det medeltida stadsområdet i Östra Tommarp eller *Tumathorp* dokumenterades aktivitetslämningar från 1000-tal till och med 1300-tal; troligtvis berördes också delar av ett stadsdike (Knarrström 2001). Förutsättningarna för att utveckla kunskapen kring staden var dock inte goda, eftersom vägen endast skulle breddas på denna plats. I övrigt kunde det konstateras att den nya vägen ofta hamnade "mellan" fornlämningsområden. Detta skedde i synnerhet söder om ån, i det mycket fornlämningstäta området vid Viarp och Simris, där vägen anlades mellan gravfältet vid ån och den gamla byn. Den "typiska" fornlämningen som förundersöktes bestod av stolphål, gropar och härdrester i något varierande sammansättningar, oftast med dateringar till perioden yngre förromersk–äldre romersk järnålder (Fig. 2).

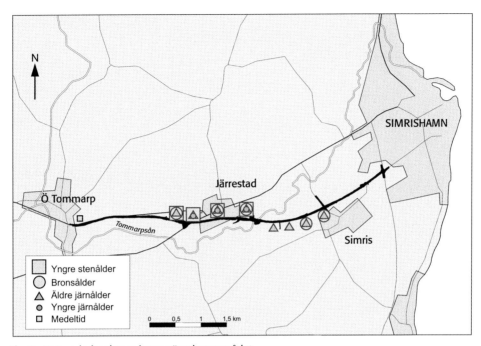

Fig. 2. Daterade boplatser inom vägarbetsområdet.

Dated settlements in the road construction area.

Parallellt med de arkeologiska provgrävningarna gjordes en landskapsutredning (Liljegren 1999), vilken syftade till att klarlägga åns historia och potential som kommunikationsled samt förutsättningarna för att finna våtmarker med potential för pollenanalyser. Utredningen visade att stråken med lätta jordarter utmed och tvärs över ådalen är särskilt intressanta ur kommunikationssynpunkt, i ett landskap som domineras av moränleror. Själva åfårans betydelse för kommunikation kunde tonas ned. Slutligen visade våtmarksinventeringen att relevanta lokaler för pollenanalyser i stort sett saknades.

Prioriteringar och målsättningar

Det fortsatta arbetet koncentrerades till Järrestadområdet, där den yngre järnålderns huvudgård utgjorde det centrala undersökningsobjektet. Av övriga kronologiska skikt i denna fornlämningsmiljö bedömdes särskilt tidigneolitikum som en period med utvecklingsbara förutsättningar, medan bronsålderns och den äldre järnålderns lämningar snarare ansågs kunna ge en kompletterande kunskap i ambitionen att belysa Järrestadplatån också i ett långt tidsperspektiv.

Projektets målsättningar skiktades i olika skalnivåer. I ett lokalt perspektiv lades tonvikt vid ett landskapsarkeologiskt synsätt, där avsikten generellt var att försöka integrera källmaterial med kunskap om miljön som helhet. För huvudgårdens vidkommande diskuterades i synnerhet förhållandet mellan "centralplats och omland" liksom vägledernas betydelse som sammanlänkande element i ett "maktens landskap" och ett "ekonomiskt funktionellt landskap" (jfr Andersson 1989:284). På regional nivå bedömdes platsen kunna ge information om regionens särart, och på så vis ge bidrag till frågor kring "regional mångfald" och "Sydsverige som kulturell mötesplats", vilka särskilt lyfts fram i UV Syds vetenskapliga verksamhetsplan (VVPL). Möjligheterna att analysera den yngre järnålderns Järrestad i ett jämförande överregionalt perspektiv lyftes slutligen fram.

Resultat och reflexioner

Den yngre järnålderns storgård i Järrestad visade sig vara ett mer mångfacetterat undersökningsobjekt än vad som förväntats. Det kunde också konstateras att de något äldre avsnitten av järnåldern gav ett väl så intressant utbyte, inte minst den rika kvinnograven från 300-talets slutskede. Lämningar från järnålderns äldre skeden var mer sparsamt förekommande. De gårdar som undersöktes daterades till äldre bronsålder, medan den yngre bronsåldern var mycket svagt representerad. De tidigneolitiska bosättningarna visade sig vara svårbearbetade, eftersom de i högre grad än förväntat var fragmenterade av järnåldersaktiviteterna. Undersökningen av ett okänt gravkomplex från mellan- och senneolitikum medförde också en viss omfördelning av resurserna.

En oväntad överraskning bestod i att lagerföljder kunde tas fram från överplöjda våtmarker som medger att åtminstone Järrestadsplatåns lokala vegetationsutveckling kan analyseras i ett långt tidsperspektiv. Resultaten av dessa och andra analyser bidrar väsentligt till att skapa en betydligt mer detaljerad och nyanserad bild av "centralbygden" och den "sammanhållna kulturmiljön" utmed än än den vi beskrev i förarbetena. I kombination med det arkeologiska materialet kan man ana konturerna av ett landskap med ett historiskt djup och en komplexitet, "ett socialt landskap".

Det kan tyckas märkligt att ett projekt som föranleddes av ett vägbygge mellan två medeltidsstäder, och som dessutom passerade invid byarna Simris och Järrestad, i huvudsak gör halt vid medeltidens inträde. Förhoppningarna var dels att den kulturgeografiska analysen skulle omfatta ytterligare register-enheter i området, och dels att en mer ingående historisk analys skulle göras. Eftersom de medeltida (efter omkr. 1050) och senare lämningar som kom att beröras inom projektet – i stort sett endast det medeltida stadsområdet i Östra Tommarp – inte kunde motivera en fortsatt undersökning, så fick ambitioner i denna riktning anstå. Ett spännande forskningsfält öppnar sig annars kring urbaniseringsprocesser i ett långtidsperspektiv där inte minst relationerna mellan järnålderns "centrala platser", de tidiga medeltidsstäderna eller kungaleven, och angöringsplatser vid kusten är av stort intresse. Så kan utvecklingen i Järrestad, Tumathorp och Simrishamn på ett spännande sätt jämföras med exempelvis situationen i Uppåkra, Lund och Lomma, i västra Skåne. I viss utsträckning kommer denna problematik att diskuteras i en kommande volym.

Denna bok är den första av två planerade volymer inom ramen för Väg 11-projektet. De tio bidragen kretsar till övervägande del kring järnåldern och i synnerhet den yngre järnålderns huvudgård. Boken inleds emellertid med två artiklar med långtidsperspektivet som utgångspunkt. Bengt Söderberg & Sven Hellerström diskuterar Järrestadplatån och centralbygdens sociala landskap under sten- och bronsålder utifrån undersökningsresultat samt fornlämnings-miljöer i området. I Ronnie Liljegrens & Leif Björkmans artikel analyseras vegetationsutvecklingen på Järrestadplatån, vilken jämförs med utvecklingen i Köpingeområdet, som undersöktes inom ramen för Ystadprojektet.

Därefter diskuterar Bengt Söderberg bebyggelseutveckling på Järrestadplatån från cirka 200 f. Kr. till och med 1000-talet e. Kr., varvid särskild vikt läggs vid kronologin och den yngre järnålderns huvudgård. Kvinnograven analyseras i detalj av Berta Stjernquist, vilken sedan diskuteras i sitt regionala sammanhang, såväl som i ett sydskandinaviskt perspektiv. I de följande artiklarna nagelfars källmaterial som möjliggör olikartade infallsvinklar på den yngre järnålderns huvudgård. Mats Riddersporre analyserar de äldre lantmäterihandlingarna och annat historiskt källmaterial kring Järrestad. Per Lagerås rekonstruerar järnålders-aristokratins landskap utifrån en varierad uppsättning av paleobotaniska data, och Geoffrey Lemdahl bidrar till denna miljörekonstruktion genom en analys av insektsmaterialet. Lena Nilsson diskuterar rit och kult utifrån en analys av det osteologiska materialet. Flera aspekter av ett specialiserat metallhantverk analyseras av Lena Grandin & Eva Hjärthner-Holdar, och en motsvarande granskning av keramikmaterialet och keramikhantverket görs av Torbjörn Brorsson.

Genom dessa detaljerade analyser föreligger nu en rad olika aspekter på den yngre järnålderns huvudgård i Järrestad, som var och en är intressant och viktig i sig, och tillsammans ger de möjligheter att fördjupa och problematisera synen på ett fenomen som genom senare års järnåldersforskning framstår som alltmer karakteristiskt, men som i flera avseenden fortfarande är svårgreppbart.

För ett erhålla ett fylligare perspektiv på huvudgården i Järrestad utifrån det material som nu finns, saknas då främst analyser av det kringliggande landskapet och regionen, samt jämförelser med andra, likartade fenomen. Studier av detta slag är planerade att ingå i den kommande volymen.

Avslutningsvis vill jag tacka de många som på olika sätt blev involverade i projektet; arkeologer, vägverkets projektledare, markägare, personalen på Österlens museum, och många andra. Referensgruppen som bestod av Mats Anglert, Björn Berglund, Birgitta Hårdh, Lars Larsson, Finn Ole Nielsen, Berta Stjernquist och Mac Svensson gav värdefullt stöd och en mängd tankeväckande infallsvinklar på det enskilda undersökningsobjektet såväl som på regionen och de forskningsfält som aktualiserades. De skribenter som medverkar i boken, var också behjälpliga med sin kunskap under själva utgrävningen, vilket var av största betydelse för genomförandet av projektet. För bokens tilltalande formgivning tackas Thomas Hansson, Staffan Hyll och Henrik Pihl vid redaktionen på UV Syd.

Summary

Introduction

The articles in this volume were written as a part of the archaeological project carried out in connection with the construction of road 11 (Väg 11) in south-east Scania. The fieldwork, which was performed at the turn of the millennium, was quite extensive, and it is the largest commissioned archaeological project hitherto carried out in the south-east region of Scania.

However, since the 1960s the same region has constituted something of a centre when it comes to academic research focusing on different aspects of prehistoric settlement development. No less than three such projects have been carried out in the vicinity of the area which was now to be investigated. The *Gårdlösa project*, directed by Prof. Berta Stjernquist, focused on a complex of Iron Age – early medieval settlements, gravefields and a cult site, all situated within a discrete area, on the Gårdlösa ridge in the inland. The *Hagestad project*, directed by Prof. Märta Strömberg, focused on long-term settlement development in the village of Hagestad, on the coast. The third and by far the largest project was situated somewhat further away, the *Ystad project*, which involved researchers from a variety of disciplines, such as quaternary geology, ecology, human geography, archaeology and history. The aim of the project was to study phases of expansion, consolidation and regression in the cultural landscape, covering a time span of 6,000 years, and to discuss underlying factors affecting landscape and society.

Previous archaeological research carried out closer to and, indeed, also within the area presented here, is also richly varied. Major research topics include megalithic burial monuments, rock carving sites, a large Bronze Age and Roman Iron Age gravefield at Simris, early medieval settlement development in Järrestad Hundred and high medieval urbanization processes at the inland town of *Tumathorp* (Östra Tommarp) and in Simrishamn on the coast. The village of Järrestad, situated in between Östra Tommarp and Simrishamn, has also been subject to research, although on a smaller scale. The early medieval settlement was connected to the elite, not least because of the name – *Jarllastattha* – interpreted as "the settlement of the earl (jarl)", which was also the name of the hundred. Järrestad turned out to be the major research area during the archaeological project.

All in all, an impressive amount of scholarly research has been carried out in the study area, in the district which is often thought of as "central", partly due to conditions offered by the Tommarpsån river which enabled communication and a high degree of accessibility in the district.

During the preliminary excavations it became obvious that the Järrestad site offered possibilities to achieve insights into various features belonging to a supposed early medieval manor, and the efforts of the project were concentrated on the Järrestad plateau. During the final excavation a series of impressive halls and several distinct activity areas in a multifaceted complex were investigated, as was a somewhat earlier farm with an elaborate woman's grave at the toft. Two Early Neolithic settlements, two Bronze Age farms, and a Middle and Late Neolithic burial complex were also excavated, but the earlier phases were generally quite fragmented, as a result of the intense early medieval activities and the no less intense agricultural activities in modern times.

This book is the first of two volumes planned by the project, both of which are mainly concerned with the early medieval manor of Järrestad. However, the two initial papers in this book are concerned with the long-term perspective. The first article, written by Bengt Söderberg and Sven Hellerström, deals with social and communicative aspects of the central district during the Stone Age and Bronze Age, the point of departure being the investigated settlement remains and graves mentioned above, together with an analysis of the surrounding landscape and ancient monuments. The second article written by Ronny Liljegren and Leif Björkman is an analysis of the local vegetation development of the Järrestad plateau, which is compared to the development in the Köpinge area, which was investigated in the Ystad project.

Settlement development in the Iron Age and early Middle Ages is discussed in the article written by Bengt Söderberg, with special emphasis on the formation and development of the early medieval manor and chronological issues. Berta Stjernquist analyses the woman's grave in close detail, which is discussed in its regional context as well as a south Scandinavian perspective. In the following papers a variety of source materials connected to the supposed manor are scrutinized. Human geographer Mats Riddersporre conducts a historical geographical analysis of the 1801–1810 cadastral map, land register and charters. Per Lagerås analyses a wide range of palaeobotanical data from contexts belonging to the manor. Geoffrey Lemdahl analyses the insect assemblage in wells situated close to the halls, and osteologist Lena Nilsson analyses animal bones from two distinct contexts, sunken huts and wells. Finally, aspects of metal objects and metallurgic craft are discussed by Lena Grandin and Eva Hjärthner-Holdar, and the ceramics and ceramic craft are discussed by Torbjörn Brorsson.

Through the detailed analyses a wide range of perspectives on Järrestad has been developed, each of them an interesting and important piece of work. Together they give ample possibilities to deepen the knowledge and problematize the formation and development of the early medieval manor, which has proved to be a characteristic but in many respects an elusive phenomenon of south Scandinavia in general.

Referenser

Althin, C.-A. 1945. *Studien zu den Bronzezeitliche Felszeichnungen von Skåne I-II.* Lund.

Andersson, H. 1989. Medeltiden och kulturminnesvården. I: Andersson, H. & Anglert, M. (red.). *By huvudgård och kyrka. Studier i Ystadsområdets medeltid.* Lund Studies in Medieval Archaeology 5. Stockholm.

Andersson, H. & Anglert, M. (red.). 1989. *By huvudgård och kyrka. Studier i Ystadsområdets medeltid.* Lund Studies in Medieval Archaeology 5. Stockholm.

Berglund, B.E. (ed.). 1991. *The cultural landscape during 6000 years in southern Sweden – the Ystad Project. – Ecol. Bull.* (Copenhagen) 41.

Burenhult, G. 1980. *Götalands Hällristningar.* Del I. Theses and Papers in North-European Archaeology 10. Stockholm.

– 1981. *Stenåldersbilder. Hällristningar och stenåldersekonomi.* Stockholm.

Callmer, J. 1995. Hantverksproduktion, samhällsförändringar och bebyggelse. Iakttagelser från östra Sydskandinavien ca 600-1100 e. Kr. I: Resi, H.G. (red.). *Produksjon og samfunn. Beretning fra 2. Nordiske jernaldersymposium på Granavolden 7-10 mai 1992.* Varia 30. Universitetets oldsakssamling, Oslo.

– 2001. Extinguished solar systems and black holes: traces of estates in the Scandinavian Late Iron Age. I: Hårdh, B. (red.). *Uppåkra. Centrum och sammanhang.* Uppåkrastudier 3. Acta Archaeologica Lundensia. Series in 8° N° 34. Stockholm.

Hellerström, S. & Söderberg, B. 2000. Väg 11. Sträckan Östra Tommarp – Simrishamn. Arkeologisk utredning och förundersökning. *Riksantikvarieämbetet UV Syd Rapport* 2000:25.

Jönsson, L. 2002. Premonstratenserklostret i Östra Tommarp. I: Andrén, A., Ersgård, L. & Wienberg, J (red.). *Från stad till land. En medeltidsarkeologisk resa tillägnad Hans Andersson.* Lund Studies in Medieval Archaeology 29. Stockholm.

Larsson, L., Callmer, J. & Stjernquist, B. (eds.). 1992. *The Archaeology of the Cultural Landscape. Field Work and Research in a South Swedish Rural Region.* Acta Archaeologica Lundensia. Series in 4° N° 19. Stockholm.

Liljegren, R. 1999. Landskapshistorisk och paleoekologisk utredning för väg 11. *Lundqua uppdrag* 30. Kvartärgeologiska avdelningen, Lunds universitet.

Pamp, B. 1983. *Ortnamn i Skåne.* Stockholm.

Redin, L. 1972. Tommarp. Nytt om fornt i Skåne. *Skånes Hembygdsförbunds Årsbok* 1972.

Stjernquist, B. 1955. *Simris. On cultural connections of Scania in the Roman Iron Age.* Acta Archaeologica Lundensia. Series in 4° N° 2. Lund.

– Simris II. *Bronze Age Proglems in the Light of the Simris Excavations.* Acta Archaeologica Lundensia, Series in 4° N° 5. Lund.

– An Early Neolithic Settlement site at Simris in S. E. Scania. *Meddelanden från Lunds universitets historiska museum* 1964–65.

– 1981. *Gårdlösa. An Iron Age Community in its Natural and Social Setting. I. Interdisciplinary Studies.* Acta Regiae Societatis Humaniorum Litterarum Lundensis LXXV. Lund.

– 1977. Roman Objects from the Equipment of a Scandinavian Warrior of the Second Century A.D. *Scripta Minore* 1977–1978:5. Lund.

– 1991. Two Iron Age Settlements at the Same Communication Route. I: Jennbert, K., Larsson, L., Petré, R. & Wyszomirska-Werbart, B. (red.). *Regions and Reflections. In Honour of Märta Strömberg.* Acta Archaeologica Lundensia, Series in 8° N° 20. Lund.

– 1993a. *Gårdlösa. An Iron Age Community in its Natural and Social Setting. II. The Archaeological Fieldwork, the Features and the Finds.* Acta Regiae Societatis Humaniorum Litterarum Lundensis LXXX. Stockholm.

– 1993b. *Gårdlösa. An Iron Age Community in its natural and Social Setting. III. Chronological, Economic, and Social Analyses.* Acta Regiae Societatis Humaniorum Litterarum Lundensis LXXXI. Stockholm.

Strömberg, M. 1961. Eine Siedlungsgeschichtliche Untersuchung in Hagestad, Südost-Schonen. Vorläufiger Bericht. *Meddelanden från Lunds universitets historiska museum* 1961.

– 1968. *Der Dolmen Trollasten.* Acta Archaeologica Lundensia, Series in 8° N° 7. Lund.

– 1971a. *Gånggriften i Tågarp, Ö. Tommarp.* Föreningen för Fornminnes- och hembygdsvård i Sydöstra Skåne Småskrifter 11. Simrishamn.

– 1971b. *Die Megalitgräber von Hagestad. Zur Problematik von Grabbauten und Grabriten.* Acta Archaeologica Lundensia, Series in 8° N° 9. Lund.

– 1976. *Forntid i Sydostskåne.* Föreningen för Fornminnes- och hembygdsvård i Sydöstra Skåne Småskrifter 14. Simrishamn.

– 1980. The Hagestad Investigation – A Project Analysis. *Meddelanden från Lunds universitets historiska museum* 1979–1980.

– 1985. *Jägare, flintsmed, bonde, järnsmed i Gislöv.* Simrishamn.

Söderberg, B. 2002. Järrestad i centrum. Arkeologisk undersökning. Väg 11, sträckan Östra Tommarp–Simrishamn, Järrestads sn, Skåne. *Riksantikvarieämbetet UV Syd Rapport* 2002:16. Lund.

Thurston, T. L. 2001. *Landscapes of power, Landscapes of Conflict. State Formation in the South Scandinavian Iron Age.* Fundamental Issues in Archaeology. New York.

VVPL. Vetenskaplig verksamhetsplan för UV Syd 1999–2002. *Riksantikvarieämbetet Rapport UV Syd* 1999:35. Lund.

▶ Området kring Tommarpsåns nedre lopp uppvisade en hög attraktionskraft under järnålder och medeltid. Det kan med fog anses vara en "centralbygd", och utmärks bland annat av en stark urbanisering med ett påtagligt tidsdjup, sett till regionen i övrigt. Under de äldre tider som skall behandlas i denna artikel – sten- och bronsålder – kan storstensgravar och bronsåldershögar, hällristningsplatser och fyndspridning, ge intryck av att området "alltid" var en centralbygd. Centralbygdsbegreppet är emellertid problematiskt. Det centrala förutsätter det marginella, och begreppsparet är mångtydigt och värdeladdat (Linge 1981). Vi har ändå, med viss tvekan, föredragit att använda oss av begreppet "centralbygd" framför exempelvis uttryck som "landskapsrum" – vilket i och för sig väl beskriver topografin kring Simris och Järrestad – eftersom vi i denna artikel vill lägga särskild vikt vid bygdens interaktion med omvärlden.

Ett adaptivt och funktionellt, miljömässigt perspektiv på centralt och marginellt var länge i stort sett allenarådande inom den arkeologiska inriktning som var särskilt intresserad av landskap, och skillnaderna sågs oftast som betingade av de skiftande naturgeografiska förutsätt-

Centralbygdens sociala landskap
Sten- och bronsålder i Järrestad
av Bengt Söderberg och Sven Hellerström

ningarna för förhistoriskt jordbruk (exempelvis Welinder 1977; Hyenstrand 1984). Perspektivet nyanserades efter hand varvid större tonvikt lades vid kommunikation och speciella funktioner, exempelvis mötesplatser för kult, rättskipning, handel, utbyte och andra omvärldskontakter (Aston 1985). För det aktuella områdets del har Tommarpsåns betydelse för centralbygdens framväxt och utveckling betonats (Stjernquist, denna volym; Thurston 2001). Området vid åns nedre lopp var gynnat ur kommunikationssynpunkt, vilket erbjöd förutsättningar för olika former av dominans i regionen.

I den syn på landskapet och dess fornlämningsmiljöer som här läggs fram vill vi också försöka ta fasta på landskapet som ett medium för handling, och diskutera landskapets karaktär av social konstruktion. Människors handlande bidrar inte endast till att reproducera rådande ordningar utan leder också till att de förändras, med eller utan avsikt (Giddens 1993). Det gestaltade landskapet avspeglar inte bara sociala processer, gestaltningen påverkar också dessa. I en centralbygd kan man förvänta sig att detta "samtal" i landskapet tar sig en mängd fysiska utryck, och det framstår inte sällan som karakteristiskt att de är ackumulerade inom vissa miljöer. I arbetet med väg 11-projektet uppmärksammades dessa förtätade miljöer och det konstaterades att de ofta var ovanligt starkt symbolladdade, och att de uppvisade ett påtagligt tidsdjup. Nyfikenheten på att granska dessa miljöer något mer ingående var särskilt stort i ett tidigt skede av projektet. När detta så småningom avgränsades till att främst omfatta den yngre järnålderns huvudgård i Järrestad, så behandlades miljöerna och monumenten främst i ett maktperspektiv; genom att referera till det förflutna stärkte den yngre järnålderns aristokrati sitt tolkningsföreträde och sin framskjutna plats i en "naturlig" världsordning. Olika aspekter av det sociala landskapet var inskrivna i hallen, som var det centrala uttrycket för en aristokratiskt präglad kosmologi (Söderberg 2003).

Det område inom centralbygden som mer ingående berördes av projektet och som är utgångspunkten för denna studie – Järrestadplatån – utgörs av ett issjösediment som främst består av grovmo. Detta omges av leriga moränjordar och lägre terrängavsnitt med våtmarker eller vattendrag. Issjösedimentet omfattar ett område som är ett par kvadratkilometer stort och sträcker sig från området väster om tätorten Järrestad drygt två kilometer i riktning mot Järrestadtorp i öster. I nord–sydlig ledd varierar omfånget från drygt 500 meter till uppemot en kilometer. I utkanterna finns ofta en mix av jordarter, med stråk av lättare jordar. Järrestadplatån avgränsas i söder av Tommarpsån, och mindre vattendrag som avvattnar högre belägen terräng i norr har också funnits på platåns centrala delar såväl som i dess utkanter (Fig. 1)

Med Järrestadplatån avses issjösedimentet och de närmast angränsande markerna, vilket ungefär motsvarar de historiskt kända bymarkerna enligt det kamerala materialet (Riddersporre, denna volym). En sådan avgränsning kan synas vara godtycklig i förhållande till sociala enheter under de äldre perioder som skall diskuteras här, och den betingades i första hand också av undersökningsytornas belägenhet och de paleobotaniska resultatens räckvidd. Det kunde emellertid konstateras att issjösedimentet omgärdades av särpräglade fornlämningsmiljöer i form av gravar och ristningsplatser, och att liknande miljöer i andra delar av centralbygden också framträdde inom vissa zoner, på så vis att ett karakteristiskt mönster kan urskiljas. Hypotesen var att dessa miljöer på något olikartade sätt var relaterade till vägleder i landskapet.

En annan hypotes var att bebyggelsen på platån och dess betydelse i förhållande till centralbygden i övrigt förändrades på ett genomgripande sätt under loppet av järnålder och tidig medeltid (Söderberg, denna volym). Detta förlopp avsatte emellertid inte några påtagliga spår i vegetationsutvecklingen, förrän under ett sent skede. Platåns urgamla karaktär av betesmark tycktes huvudsakligen ha hävdats fram till övergången mot historisk tid. Mindre uppodlingar av i första hand dess sluttningar föreslås ha ägt rum från omkring 200 talet c. Kr., men odlingsindikatorerna är anmärkningsvärt få fram till sen vikingatid (Liljegren & Björkman; Lagerås, denna volym). På en annan skalnivå avtecknade sig

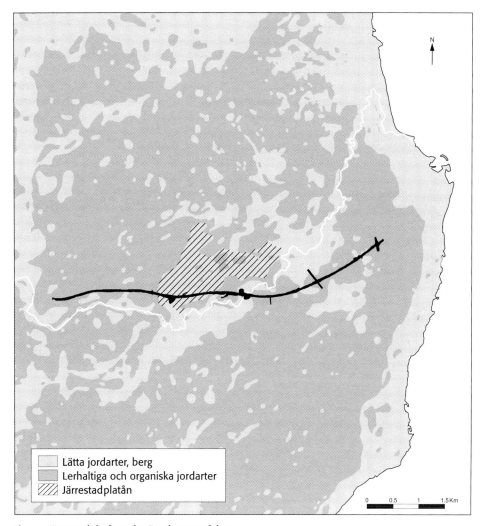

Lätta jordarter, berg
Lerhaltiga och organiska jordarter
Järrestadplatån

Fig. 1. Järrestadplatån och vägarbetsområdet.

The Järrestad plateau and the road construction area.

en dynamik genom den rörlighet som bygdens "centrum" tycktes uppvisa under perioden; dess tyngdpunkt skiftade upprepade gånger, från Simris under äldre järnålder till Järrestad under yngre järnålder, Tumathorp i Östra Tommarp under tidig medeltid och Simrishamn under högmedeltid. De dynamiska processer som kan avläsas i olika skalnivåer kontrasterar mot landskapets obrutna hävd och mot det tidsdjup som var så påtagligt inom de starkt symboliskt laddade fornlämningsmiljöerna, vilka uppenbarligen var uttryck för sega strukturer i landskapsutnyttjandet.

Syftet med denna artikel är att försöka tränga in något bakom dessa möjligtvis skenbara motstridigheter och strukturera sten- och bronsålderns sociala landskap kring Tommarpsåns nedre lopp. Vi utgår från de lämningar som undersöktes på Järrestadplatån och vegetationsutvecklingen i detta område (Liljegren & Björkman, denna volym), men tyngdpunkten ligger på diskussioner kring fornlämningsmiljöerna i utkanterna av platån, hur dessa kan tänkas relatera till kommunikation i vid mening och hur platserna har skiftat i betydelse över tid. Vi har fokuserat på vissa tidsperioder med företeelser som vi har ansett vara särskilt väl ägnade att belysa landskapets sociala karaktär i förhållande till omvärld och kommunikation.

Artikeln är uppbyggd så, att undersökningsresultaten presenteras som ingångar till fenomen som framstår som karakteristiska för bygden. Därefter granskas miljöerna i utkanten av platån, och deras samband med kommunikation diskuteras. En fördjupningsstudie av hällristningsplatsen Järrestad nr 4 och dess närmiljö fokuserar på hur en sådan kommunikativ plats gestaltades under olika perioder och hur dess betydelse kan tänkas ha skiftat. Därefter förs en diskussion som kretsar kring utbytesnätverk, centralbygd och omvärld. Avslutningsvis sammanfattas och kommenteras arbetet.

Stenålder

De första spåren efter människor i det sydöstra hörnet av Skåne härrör från tidigmesolitikum och består av några fyndplatser vid Tobisvik norr om Simrishamn samt enstaka fynd av flinta och ^{14}C-daterat träkol och hasselnötsskal från Järrestad och Brantevik (Strömberg 1976:10 ff; Hellerström 2002:38; Söderberg m fl 1997:18 ff). Genom tiderna har en del fynd också gjorts vid jordbruksarbete, främst flintföremål som pilspetsar och yxor från senare delar av mesolitikum. Vid Vik, strax norr om Simrishamn, har en senmesolitisk boplats undersökts, där bland annat ett omfattande keramikmaterial tillvaratogs (Ahltin 1954:37 ff; Strömberg 1976:21 ff; Hulthén 1977:23 ff; Jakobsson 1979; Hellerström 1998). I det stora hela är kunskaperna om tiden före lantbrukets införande i området knappa. Ett generellt drag är dock att de tidiga lämningarna oftast förekommer utmed kusten och längs Tommarpsåns dalgång.

När så lantbruket infördes skedde en tydlig expansion inåt landet och ut på de torrare jordarna. Antalet tidigneolitiska lösfynd, kända boplatser, megalitgravar samt offer- och depåfynd i området kring Järrestad får betraktas som

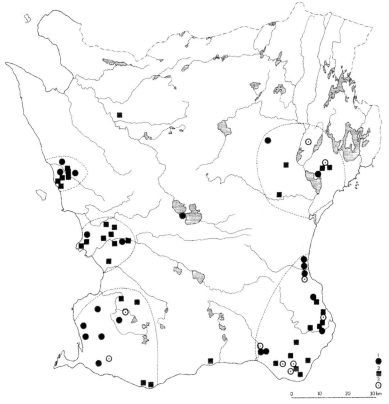

Fig. 2. Storstensgravar i Skåne. 1 – dös, 2 – gånggrift och 3 – blandform.

Megalithic graves in Scania. 1 – dolmen, 2 – passagegrave and 3 – mixed elements.
After Strömberg (1980).

relativt omfattande. Framför allt visar det stora antalet dösar och gånggrifter längs Tommarpsån på en relativt hög befolkningstäthet och omvärldskontakter i området under en tidig del av neolitikum. Idag finns det kvar tre gånggrifter och en dös omedelbart norr om ån, men ytterligare minst två dösar/gånggrifter direkt söder om ån kan beläggas i äldre källmaterial. Ytterligare storstensgravar finns ett stycke åt norr, varav två gånggrifter i norra delen av Gladsax socken och en gånggrift och en dös i södra delen av Rörums socken. Spridningen av megalitgravar ger en bild av att det funnits flera olika grupperingar i regionen (Fig. 2).

Bland depåfynden bör det vid Korsavad, vid Tommarpsån, väster om Simrishamn, nämnas. Här påträffades åtta oslipade tunnackiga flintyxor och ett 21 centimeter långt avslagsblock, samtliga i senonflinta (Stjernquist 1965:68 f;

25

Karsten 1994:58, kat. nr 1060). Till detta kommer fynd av ett par tidigneolitiska kopparflatyxor (Karsten 1994: kat. nr 1024, 1109) som visar på ett vittgående kontaktnät. Härmed utkristalliserar sig tidigt en bygd i sydöstra Skåne som inte förut varit speciellt uppmärksammad. De studier som har berört neolitiska lämningar är framför allt undersökningarna av några av områdets megalitgravar (Strömberg 1968:141 f, 1971; Burenhult 1981). Boplatserna är däremot sämre kända. I fornminnesregistret finns visserligen 19 stenåldersboplatser registrerade bara i Järrestad socken, men antalet undersökta boplatser är få och inskränker sig till ett par tidigneolitiska boplatser i området kring Simris samt neolitiska lämningar i Simrishamn (Stjernquist 1965; Söderberg m. fl. 1997; Strömberg 1976:30 ff). Nämnas bör också en övergripande studie av tidigneolitikum i Albo och Järrestad härader (Brink 1995).

Inför undersökningen vid Järrestad fanns det förhoppningar om att kunskaperna om tidigneolitikum i trakten skulle utökas väsentligt. Under förarbetena lokaliserades två närbelägna men separata boplatser från den inledande delen av tidigneolitikum. Framför allt förväntades ett kvalitativt och kvantitativt keramikmaterial som skulle kunna sättas in i både ett regionalt och interregionalt perspektiv. Förutsättningarna för att till exempel huslämningar skulle kunna undersökas ansågs också vara goda, vilket skulle ge möjlighet till att studera boplatsernas rumsliga dispositioner. I jämförelse med tidigare undersökningar i närliggande områden, framstod också Järrestadsundersökningarna som särskilt viktiga. Boplatser från den allra första delen av tidigneolitikum är dåligt kända i Hagestad- och Ystadområdena. Det är egentligen bara Mossbyboplatsen väster om Ystad som kan användas som referens i sammanhanget (Larsson 1992:66 ff).

Det faktiska utfallet av undersökningarna blev blandat (Hellerström 2001, 2002). Ungefär 0,5 kg TN I-keramik tillvaratogs på en mindre boplats i väster och drygt 6 kg på den östra boplatsen (Brorsson 2003). Materialet är emellertid mycket fragmenterat, varför det inte går att dra några större slutsatser kring kärlformer och antal kärl. Däremot visar analyser av dekor och godskvalitet att det rör sig om ett förhållandevis homogent material. Dekorelementen utgörs främst av streck eller intryck, på eller strax under mynningen. Härmed faller keramiken väl in i den så kallade "Oxiegruppen", som av Larsson daterats till tidigneolitikums första fas (Larsson 1984). Tillsammans med tre ^{14}C-dateringar från gropar och stolphål inom de tidigneolitiska ytorna, framgår det att det uteslutande rör sig om aktiviteter som kan dateras till TN I. Den äldsta tidigneolitiska ^{14}C-dateringen ligger, med två sigmas noggrannhet, inom intervallet 4230–3790 f.Kr. (Ua-26072) och den yngsta ligger i intervallet 3950–3640 (Ua-26083). Inte heller i det sparsamma flintmaterialet finns det något som med säkerhet talar mot en datering till TN I, då bestämbara yxfragment utgörs av spets- eller tunnackiga yxor. Med andra ord finns det ingenting som tyder på att platserna utnyttjats under TN II. Problemet när det gäller tolkningen av varaktigheten av en boplats från TN I består i svårigheterna att findatera materialet. Varken keramik eller ^{14}C-dateringar är här till någon större hjälp, då det rör sig om en period på cirka 500 år (jfr Persson 1999:16).

När det gäller boplatsernas inre disposition kunde inte slutundersökningen riktigt svara upp gentemot förväntningarna. Inom den del av den östra boplatsen där den mesta keramiken fanns hade aktiviteterna varit intensiva under yngre järnålder. På boplatsen i väster kunde emellertid ett hus av mossbykaraktär undersökas. Som så ofta är fallet med lämningar av det här slaget, finns det en del osäkerhetsfaktorer även kring detta hus. Tre ^{14}C-analyser av material från stolphål i huset daterades till tidig mesolitikum (Ua-26071), tidig neolitikum (Ua-26072) och senneolitikum (Ua-26073). En grop nära huset bör också nämnas, då den bland annat innehöll större fragment av en trattbägare med låg

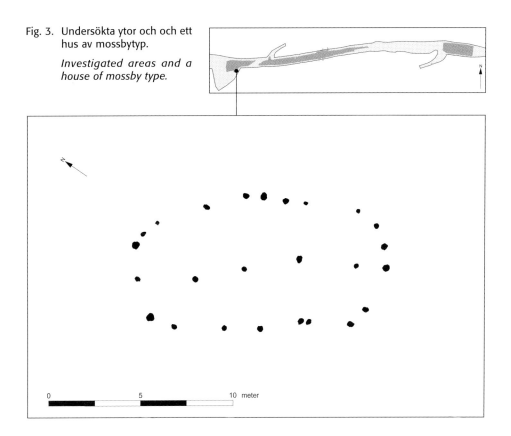

Fig. 3. Undersökta ytor och och ett hus av mossbytyp.

Investigated areas and a house of mossby type.

0   5   10 meter

hals. Förmodligen rör det sig om deponering i en offergrop. Inga liknande fynd gjordes i övrigt. Däremot finns liknande offergropar belagda från perioden i västra Skåne (t.ex. Torstensdotter-Åhlin 2000:20 ff).

De lämningar inom den västra boplatsen som med någorlunda säkerhet kan dateras till TN I, inskränkte sig till nämnda hus samt fem gropar. Anläggningarna fanns inom en yta på drygt 2 000 m². Enligt fornminnesinventeringen påträffades dock enstaka slagna flintor inom ett cirka 16 000 m² stort område, varför boplatsen kan ha en större utbredning utanför det undersökta vägarbetsområdet. På boplatsen i öster såg det delvis annorlunda ut. Här fanns ett ytmässigt relativt omfattande lager som innehöll tidig trattbägarkeramik. Lagret täckte en yta inom vägarbetsområdet på drygt 3 000 m². Även i detta fall hade slagen flinta registrerats inom ett betydligt större område, en ca 50 000 m² stor yta. Några tolkningsbara strukturer gick av skäl som nämnts ovan inte att belägga med ett möjligt undantag, nämligen ett hus med väggränna. Huset får dock ses som något hypotetiskt då spåren är ganska diffusa.

De tidigneolitiska lämningarna var således svåra att tolka. En del generella slutsatser kan dock dras. Det viktigaste resultatet är att den tidigaste fasen av tidigneolitikum nu finns belagd i form av boplatser i sydöstra Skåne och att dessa, vad gäller det keramiska materialet och typen av boplatslämningar, inte skiljer sig mot övriga kända boplatser under TN I i Skåne. Tidigare forskning har visserligen hävdat att de skånska trattbägarboplatserna, särskilt då de tidiga, var små till sin utbredning (t.ex. Larsson, M. 1992:78 ff; Larsson, L. 1992: 94). Detta har på senare tid reviderats, då bland annat de omfattande utgrävningarna för Västkustbanan har visat att detta resonemang inte stämmer (jfr Artursson m.fl. 2003:42 ff). I Järrestad är det tydligt att redan de första lantbrukarna tog förhållandevis stora ytor i anspråk för sina boplatser. När det gäller Järrestadboplatsernas inbördes relation, verkar det som boplatsen i väster var en mer kortvarig bosättning, medan aktiviteterna på den östra boplatsen var mer omfattande och kanske också mer långvariga. I detta sammanhang bör också nämnas en ^{14}C-datering av träkol från en grop nära den "västra hålan" det vill säga i området strax väster om issjösedimentet. Dateringen ligger, kalibrerat med två sigma, inom intervallet 3960–3650 (Ua-26037), vilket ytterligare förstärker intrycket att stora delar av Järrestadplatån öppnades upp i ett tidigt skede av neolitiseringen. En annan viktig iakttagelse bygger på de paleobotaniska analyserna av lagerföljden i ett närbeläget kärr och visar att det redan från början tycks ha rört sig om en ekonomi som byggde på betesdrift, medan odlingen var av underordnad betydelse. Detta mönster är giltigt för hela den neolitiska perioden (Liljegren & Björkman, denna volym).

Som nämnts ovan framkom det inga fynd från senare delen av tidigneolitikum. Däremot kunde aktivitetslämningar från det senare skedet av MN A beläggas

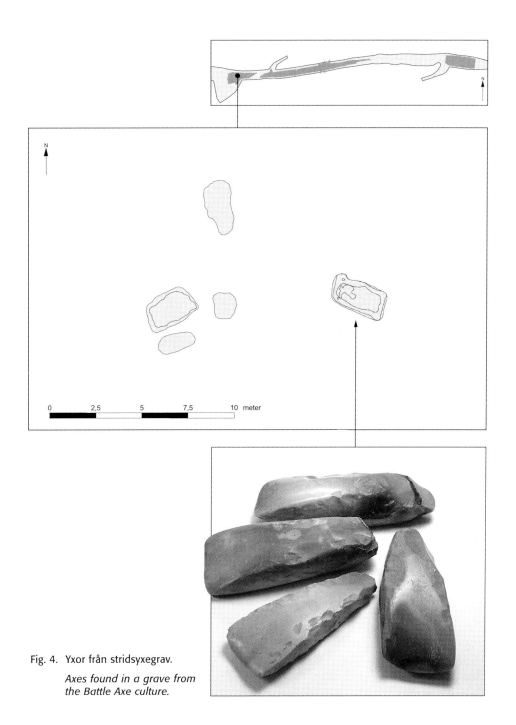

Fig. 4. Yxor från stridsyxegrav.

Axes found in a grave from the Battle Axe culture.

på två platser på platån. Strax öster om den större av de båda tidigneolitiska boplatserna utgjordes materialet av framför allt keramik med tandstämpel-, pinn-intrycks- och streckornering. Merparten av keramiken fanns i en grop respektive en härdgrop. I dessa båda anläggningar låg dessutom brända djurben samt en malsten och en krossten i härdgropen. Keramiken kan dateras till senare delen av MN A. På en platå ytterligare österut undersöktes en koncentration som bestod av tretton anläggningar som påminde om de ovan nämnda, då de innehöll brända ben och keramik. Anläggningarna här, som benämndes brandgropar, var dock något mindre och keramiken var mer fragmenterad och endast en skärva var ornerad. Träkol från tre av brandgroparna ^{14}C-daterades, vilket, kalibrerat med två sigma, gav dateringar som omfattar perioderna TN II–MN B (Ua 26087–26089). Att brandgroparna skulle vara så kronologiskt spridda är dock knappast sannolikt. Utifrån keramiken, däribland ett lerskivefragment, och likheten med de bättre daterade anläggningarna i väster, bör också dessa anläggningar dateras till den senare delen av MN A. Vilken funktion de haft är inte helt uppenbart. Bland de bestämbara benen märks bland annat hund som förekommer i flera av anläggningarna (analys av osteolog Lena Nilsson). Artsammansättningen och det faktum att anläggningar av detta slag är sällsynt förekommande, gör det troligt att dessa snarast indikerar aktiviteter av rituellt slag.

Ett oväntat fynd i form av en stridsyxegrav undersöktes på den tidigneolitiska boplatsen i väster (Fig. 4). Ännu mer överraskande var att det i direkt anslutning framkom rester av fyra hällkistor (Hellerström i manus). Rumsligt sett bildar gravarna tillsammans en gravgrupp. Utmärkande för stridsyxegraven är ett rikligt fyndmaterial. Några skelett fanns inte bevarade, men sex stycken lerkärl indikerar att minst tre individer varit gravlagda här (jfr Malmer 1975:40). Specifikt för hällkistorna var att de var byggda av skiffersten. Den bäst bevarade hällkistan var 2,7 meter lång och 1,8 meter bred. Viss oklarhet råder kring hällkistornas dateringar, men stridsyxegraven bör placeras i den senare delen av MN B, medan hällkistorna endast kan ges en generell datering till senneolitikum. Ett något vidare tidsspann kan dock inte uteslutas, från MN B till bronsålderns början. Strax nordost om stridsyxegraven undersöktes en ränna och några stolphål som tolkades som de sista resterna av ett till större delen bortodlat hus. Enda ledtråden till datering är en ^{14}C-analyserad träkolsbit från ett stolphål i huset, vilken daterades till mellersta eller senare delen av MN B (Ua-26077).

Förutom de nämnda hällkistorna var de senneolitiska lämningarna som framkom utmed väg 11 ganska få och spridda. Några lösfynd och ekofakter kan hänföras till perioden, liksom ett förmodat hus, vilket dock endast delvis kunde undersökas. Två lösfynd skall nämnas särskilt; flathuggna pilspetsar med tånge. Pilspetsar av detta slag räknas till den västeuropeiska klockbägarkulturen som på danskt område främst är representerad på norra Jylland, och som starkt förknippas med introduktionen av metallurgi i södra Skandinavien (Vandkilde 1996:295 ff).

Bronsålder

Utifrån fornminnesinventeringens uppgifter har en rad sammanställningar gjorts som visar att bronsåldershögarna i Skåne var koncentrerade till kusterna, medan högarna i inlandet främst grupperades utmed vattendrag (Fig. 5) (Hyenstrand 1984). Thomas B. Larsson har diskuterat den äldre bronsålderns samhälls-organisation genom att dela in högarna i storlekskategorier och korrelera deras utbredning med fynd av bronser (Larsson 1993). I den sydöstra delen av Skåne indikerar koncentrationer av högar och förekomsten av rika fynd och hällristningar kustnära platser som kan ha varit av särskild betydelse som ceremoniella och ekonomiska centra under bronsålder. Från väster räknat menar Debbie Olausson (1992:277) att sådana platser fanns i områdena kring Köpinge, Valleberga, Gislövs-hammar, Simris och Kivik. Dessa områden var belägna med ett avstånd av cirka tio till femton kilometer, och föreslås utgöra en hierarki av platser, där Kivik intog en framskjuten position i förhållande till de övriga. Thomas B. Larsson betraktar sydöst-ra Skåne – det vill säga den kustnära delen av regionen – som ett politiskt maktområde, ett "ackumulationsområde", under äldre bronsål-der, medan inlandet uppfattas som ett "pro-duktionsområde". Vidare menar han att befolk-ningen var organiserade i hövdingadömen på regional nivå (Larsson 1986).

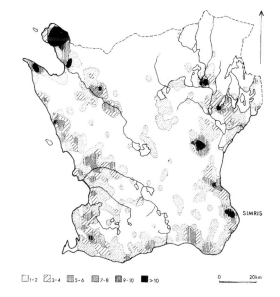

På lokal nivå kan vi konstatera att de paleo-botaniska analyserna visar att betesmarkerna på de centrala delarna av Järrestadplatån häv-dades obrutet även under bronsåldern. Vidare konstateras att det öppna beteslandskapet tidigt expanderade ut på moränlerområdena i väster, och sannolikt också norr om platån. Den äldsta dateringen av lagerföljden i platåns västra ut-kant härrör från omkring 1200 f. Kr. och analys-resultaten tyder på att landskapsavsnittet hade öppnats upp redan i ett tidigare skede (Lilje-gren & Björkman, denna volym).

☐1-2 ▨3-4 ▥5-6 ▨7-8 ▦9-10 ■>10

Fig. 5. Bronsåldershögar i Skåne.

Bronze Age barrows in Scania. After Olaus-son (1992).

I området strax väster om platån och invid den överplöjda våtmarkshåla där materialet för pollenanalysen togs ut, förundersöktes vad som tolkades vara perifera aktivitetsytor inom ett boplatskomplex (Knarrström 2001). Träkol i en härd ^{14}C-analyserades och kalibrerat med två sigma faller dateringen inom intervallet 1430–1000 f. Kr. (Ua-26036). Dateringen kan möjligen relateras till fyndmaterial i en närbelägen grop; en liten bronsbarr, fragmenterad rabbad keramik och bränd lera. Förutom några gropar och härdar fanns spridda stolphål på platsen. En del djurben från häst och nötkreatur tillvaratogs i våtmarken, men dessa kan möjligen vara yngre.

De bronsålderslämningar som framkom vid de större avbaningarna centralt på platån var lätt räknade. De bestod av två tämligen likartade hus som var mellan 15 och 20 meter långa (Fig. 6). Båda uppvisade tendenser till funktionsindelning i två delar och påminner starkt om de hus som undersöktes i Ystadområdet och daterades från period III till V (jfr Tesch 1993:162 ff). Med få undantag var endast stolphålen efter de inre takbärande stolparna bevarade, vilket gör att husen är svåra att mer exakt jämföra. Hus 15 var uppbyggt av sex inre takbärande stolppar. Makrofossil från ett stolphål ^{14}C-analyserades och daterades, kalibrerat med två sigma, inom intervallet 1500–1250 (Ua-26373). Makrofossil från samtliga stolphål i huset analyserades med ett tämligen magert resultat; några få obestämbara sädeskorn konstaterades, liksom fragment av hasselnötsskal. I övrigt dominerade ogräsfröerna (Moltsen 2000).

Ett femtiotal meter sydväst om hus 15 undersöktes en sönderplöjd brandgrav. Denna hade varit uppbyggd med sandstensflisor ställda som en kvadratisk box, med 0, 3 meter sida. Brända ben hade deponerats direkt på bottenflisan, och härrörde från ett barn (osteologisk analys av Caroline Arcini, UV Syd). Benen ^{14}C-analyserades och dateringen faller, kalibrerat med två sigma, inom intervallet 1130–820 f. Kr. (Ua-26382). Inom samma yta resulterade ytterligare två ^{14}C-analyser i dateringar till tiden kring år 1500 f. Kr. (Ua-26379) respektive det yngsta avsnittet av bronsålder (Ua-25308). Det äldsta provet togs från en anläggning invid hus 15. Det yngsta provet var det enda i sitt slag av de totalt 91 ^{14}C-dateringar som erhölls inom de boplatser som undersöktes inom ramen för projektet, vilket får anses vara en anmärkningsvärt låg siffra (Appendix 1).

På undersökningsytan längst mot öster ^{14}C-analyserades träkol från en kokgrop som var centralt belägen i den västra delen av hus 2, och dateras, kalibrerat med två sigma, inom intervallet 1440–1050 f. Kr. (Ua-25315). Även detta hus var uppbyggt av sex takbärande, något skeva stolppar. Några obestämbara sädeskorn från en lertäktsgrop i den västra delen av ytan ^{14}C-daterades inom den yngre delen av samma intervall. I övrigt kunde inga lämningar knytas till bronsåldersskedet.

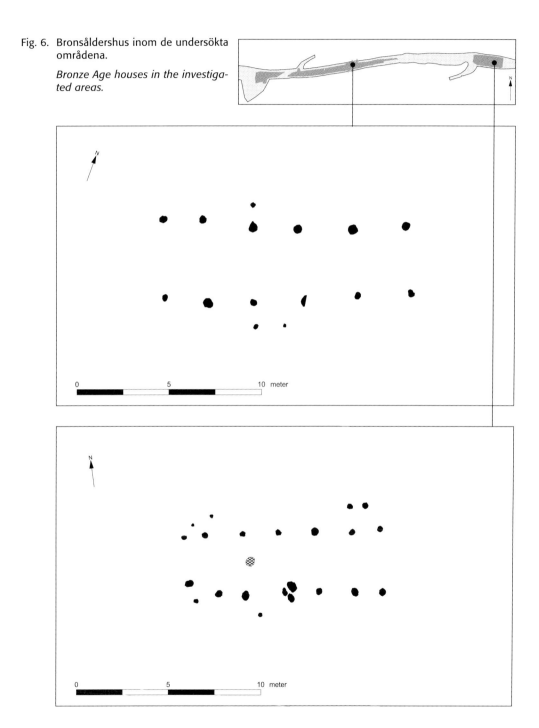

Fig. 6. Bronsåldershus inom de undersökta områdena.

Bronze Age houses in the investigated areas.

De undersökta bronsåldersgårdarna på Järrestadplatån ger ett vagt intryck av att representera ett "normalhushåll" (jfr Ring 2001), något som dock är oerhört problematiskt att diskutera utifrån ett så fragmentariskt material. I flera arbeten under senare år har man diskuterat förändringar i social organisation under bronsåldern i termer av en övergång från klansamhälle – eller i alla fall en social organisation uppbyggd kring storhushåll – till en organisation uppbyggd kring mindre familjehushåll (exempelvis Skoglund 1999; Olausson 1999). På boplatserna avtecknar sig denna process bland annat i att husen gradvis byggdes något mindre, och på några platser har man konstaterat att gårdarna tenderade att separeras från varandra. På gravfälten anlades mindre gravtyper än tidigare, och bronserna deponerades företrädesvis under kollektiva former och i andra sammanhang än i gravarna. Flera forskare har föreslagit att förändringsprocessen utlöstes av de internationella utbytesnätverkens kollaps och en sviktande bronstillförsel under period III och IV, vilket resulterade i en social kris (Kristiansen 1998a; Gurstad-Nielsen 2001:226 f).

Peter Skoglund (1999) har diskuterat denna process utifrån förhållandet mellan det familjebaserade hushållet och den odlingsexpansion som ägde rum under yngre bronsålder, men vars förlopp skiftade från region till region. Expansionen i Ystadområdet framstår som ett kortvarigt och intensivt förlopp (jfr Olausson 1992) i förhållande till trakterna kring småländska Växjö, där processen förefaller vara betydligt mer utdragen. Dessa regionala variationer kopplas av Skoglund till det sociala behovet av bronser, som varierade stort på regional nivå. Beroendet av en kontinuerlig bronstillförsel för att reproducera en social ordning var av hävd mycket större i de skånska centralbygderna jämfört med Växjöområdet, och genom uppodling skapades det överskott som var en nödvändig förutsättning för att införskaffa bronset. Skoglunds förklaringsmodell, som bland annat grundas på de enskilda regionernas omvärldsrelationer, kan belysa utvecklingsförlopp i centralbygden mer generellt, där ett omvärldsberoende under vissa perioder innebar att internationella skeenden kunde resultera i jämförelsevis drastiska förändringsförlopp på lokal nivå. Därmed kan man närmare belysa vidden av den sociala kris som uppstod i centralbygden under period III och IV när bronstillförseln minskade.

Dessvärre fanns det inga möjligheter att undersöka expansionsförlopp i det aktuella området, där ju pollendiagrammen visar utvecklingen inom en och samma lokala miljö, men det är naturligtvis av stort intresse att odlingen inte kan ha varit särskilt omfattande. Hus 15 var ju beläget mycket nära en av provtagningslokalerna och även mindre odlingar i anslutning till denna gård borde ha avsatt spår i lagerföljden. Å andra sidan tillvaratogs enstaka brända sädeskorn i makrofossil från husen, vilket tyder på att odlingar fanns i området, även om de var begränsade. Vidare bör det noteras att båda dateringarna av husen är tidiga; detta gäller i synnerhet hus 15, som ju enligt dateringen snarast förefaller att ha varit i bruk under period II, medan hus 2 snarast var i bruk under period III. Den förstnämnda dateringen är tidig för denna hustyp, vilket förstärks av det äldre provet från husets närmiljö. Dateringarna i övrigt var relativt jämnt fördelade fram till cirka 800 f. Kr. Medan tidsavsnittet mellan cirka 800 f. Kr. och 200 f. Kr. var mycket svagt representerat inom undersökningsytorna, så visar den paleobotaniska analysen att beteslandskapet på Järrestadplatån hävdades obrutet vid denna tid, och att denna utveckling kulminerade först omkring 200 f. Kr. (Liljegren & Björkman, denna volym).

Utifrån dessa resultat kan man fråga sig hur bronsålderns bebyggelseorganisation tedde sig i området? Finns det någon möjlighet att diskutera gårdarna i Järrestad i förhållande till en utveckling från storhushåll till kärnfamiljhushåll? Underlagsmaterialet är som synes inte särskilt omfattande, men ytterligare infallsvinklar kan erhållas genom studiet av fornlämningsmiljöerna i området, och vi har valt att återknyta till denna fråga i den avslutande kommentaren. Tvekløst fanns det bosättningar på issjösedimentet eller i dess närhet också under yngsta bronsålder och äldsta förromersk järnålder, vilka dock inte kunde fångas upp genom undersökningarna. En sådan närvaro antyds möjligen också genom något vaga uppgifter om påträffade bronsåldersurnor i närområdet (se nedan), och genom ett äldre fynd av två oornerade halsringar av brons, tillverkade av snedställda bronsband, vilka bör dateras till sen bronsålder eller äldre förromersk järnålder (SHM 14047). Ringarna påträffades invid en större markfast sten omedelbart söder om ån och är av intresse inte minst för att de antyder rituella aktiviteter på denna plats, vilket skall utvecklas närmare nedan.

Fornlämningsmiljöerna kring platån

En diskussion kring de möjligheter som föreligger att närma sig samband av olika slag i landskapet tar utgångspunkt i de fornlämningsmiljöer som omger Järrestadplatån, och som framstår som starkt symboliskt laddade, med ett påtagligt tidsdjup. Hällristningarna är då ett snarast övertydligt uttryck för dessa kvaliteter. De två mest uppmärksammade hällristningslokalerna i centralbygden, Järrestad nr 4 och Simris nr 19 var, tillsammans med de andra, mindre lokalerna i området, föremål för omfattande fältarbeten och analyser av Carl-Axel Althin under 1940-talet, och Göran Burenhult under 1970-talet. Althins arbete (1945) syftade primärt till att datera ristningarna, och är att betrakta som ett pionjärarbete i flera avseenden, inte minst metodiskt. Burenhults arbete syftade till att belysa ristningarnas första uppträdande i södra Sverige och att etablera ristningskronologier för södra Skandinavien. I avhandlingen (1980) och flera senare arbeten (senast 1999a och b) får de nämnda ristningslokalerna exempli-fiera hällristningstraditionernas tidsdjup och stå som utgångspunkt för en rad diskussioner kring kulturella och sociala sammanhang. I denna artikel har vi försökt att integrera hällristningstraditionens olika skikt med källmaterialet i övrigt, delvis i enlighet med Burenhults förslag. En kritisk hållning är naturligt-vis befogad, i synnerhet vad gäller den äldsta, megalitiska ristningstraditionen på Järrestad nr 4 (för kritik, se Mandt 1982). Något olikartade uppfattningar föreligger också kring tidsbestämning av yngre traditioner och motiv (jfr exem-pelvis Malmer 1981).

Det tidsdjup som enligt Burenhult kan avläsas på flera ristningsplatser är som nämnts också karakteristiskt för fornlämningsmiljöerna i anslutning till Järrestadplatån. Det samma gäller också en rad andra miljöer i centralbygden, tydligast kring byarna Simris och Viarp söder om ån, men också kustavsnittet vid Gislövshammar, och ytterligare några miljöer. I dag återstår emellertid of-tast bara spillror av dessa miljöer, i form av enstaka monument, ristningar, lösfynd, platsnamn samt äldre undersökningar och observationer. I det följande skall miljöerna kring Järrestadplatån granskas något närmare, medan spridda nedslag görs i några av de övriga miljöerna.

Fornlämningarnas spridning och sammansättning vid Järrestadplatån upp-fattades i ett inledande skede av analysen som tre rumsligt åtskilda områden, och denna indelning kan vara fördelaktig att utgå från, då den förenklar fram-ställningen. Fornlämningsmiljöerna omnämns i det följande som de västra, norra och östra områdena. Det kan konstateras att dessa områden är något olikartat sammanhållna och delvis svåra att avgränsa. Områdena i norr och öster fram-står snarast som stråk, inom vilka enskilda platser eller fornlämningar framträ-der mycket distinkt, medan det västliga området framstår som mer utbrett. De olikheter som kan konstateras bottnar naturligtvis inte bara i att platserna yt-terst utgör resultatet av en unik serie handlingar, utan betingas också av topo-grafi, varierande bevaringsförhållanden och ett ojämnt källmaterial. Miljöerna omsluter de centrala delarna av issjösedimentet i väster, norr och öster och innefattar monumentala gravar, under mark dolda gravar och hällristnings-platser. Fornlämningsindikerande marknamn (jfr Fig. 4 i Riddersporre, denna volym), samt äldre uppgifter och traditioner kan i varierande omfattning be-lysa miljöerna. Den särpräglade topografin som så starkt präglar vissa avsnitt av dessa miljöer skall åter betonas; platser på höjdsträckningar, invid ån och vid havet framträder mest distinkt.

Det finns inget som tyder på att någon direkt jämförbar miljö under denna tidsrymd växte fram inom issjösedimentet på platån, där den yngre järnålderns storgård och den medeltida byn så småningom etablerades. Den undersökta barngraven och möjligen också de mellanneolitiska brandgroparna visar att rituella handlingar utfördes också i denna miljö, vilket inte är ägnat att förvåna då religion och ideologi är inbäddade i alla aspekter av dagliglivet i traditionella agrarsamhällen (se Bloch 1985). Vad som då kan tänkas ha skiljt de miljöer som förefaller att ha separerats från i alla fall vissa aspekter av dagliglivet, blir föremål för en fortlöpande diskussion.

Väster om Järrestad (Fig. 7). Denna miljö är belägen i gränsen mellan issjösedimentet och moränjordarna och är rumsligt nära knuten till issjösedimentet, undersökningsytorna och lokalerna med analyserade lagerföljder. De äldsta monumenten i denna miljö, som i hög grad kan karakteriseras som en fullåkersmiljö, utgörs av "Jarladösen" (Fornl. 7) i norr och en gånggrift, "Jarlafruns dös" (Fornl. 12) vid ån i sydväst. Gravkomplexet från MN B och senneolitikum som undersöktes inom ramen för projektet utgör en karakteristisk del av denna miljö. Strax norr om denna gravgrupp finns en överodlad hög (Fornl. 8). Vid en mindre undersökning som utfördes 1926–1927 och endast omfattade delar av graven, konstaterades det att högen överlagrade en hällkista med tröskelsten, vilken omgavs en kantkedja; denna komplexa grav visade likheter med en av Forssander undersökt hög med hällkista och kantkedja i Gislövshammar (Strömberg 1985a, 1996:9). I hällkistan fanns skelettdelar från flera individer och en bälteshake från bronsålder period II, vilken uppfattats som en efterbegravning. Ytterligare minst en hällkista och urnegravar från yngre bronsålder skall enligt Egil Lönnbergs inventering (1929) ha funnits i närområdet. Dessutom har flera överplöjda och något osäkert bestämda högar konstaterats i området, varav en av de större är belägen på krönet av en höjdsträckning nära ån (Fornl. 52)

Högst sannolikt skall en plats omedelbart söder om Tommarpsån relateras till denna miljö, vilket antyder en fortsättning på området i denna riktning (Fornl. 63, Ö. Tommarp sn). Det ovan nämnda fyndet av två halsringar påträffades på en topografiskt mycket distinkt plats i det annars rumsligt utbredda och något svårdefinierade västra området. Det arkeologiska källmaterialet från denna plats är emellertid litet och svårbedömt. Bortsett från bronserna vet vi bara att tidigare markägare uppger att stenyxor insamlats på platsen, och att människoben skall ha kommit i dagen vid markarbeten. Vid ett vägarbete lär man också ha funnit den nedre delen av en bastant stolpe, vilken har kopplats till platsens namn – "Galgbacken". Topografiskt utgörs platsen av en markerad höjd invid ån, vilken omgärdats av vattendrag i tre väderstreck. Platsen är mytomspunnen; den utpekas som avrättningsplats och tingsplats, och en mängd övernaturliga och oförklarliga händelser utspelade sig där. Dess funktion som avrättningsplats har belagts utifrån skriftligt källmaterial, och den sista avrättningen anses ha skett år 1812 (Wallin 1951:178, 312 not 337). I likhet med flera andra avrättningsplatser var den belägen i ett vägskäl, som gränsade mot Simris, Östra Tommarp, Järrestad och Bolshögs socknar.

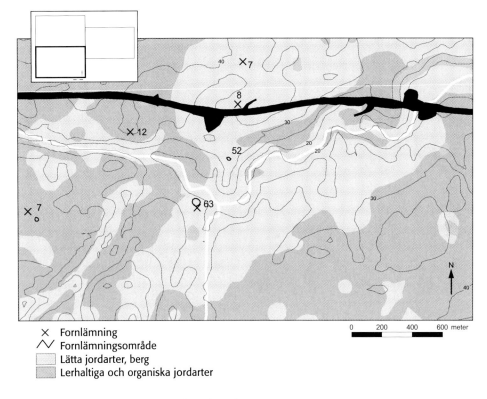

X Fornlämning
/\/ Fornlämningsområde
▢ Lätta jordarter, berg
▨ Lerhaltiga och organiska jordarter

Fig. 7. Området väster om Järrestad med fornlämningar som nämns i texten.

The area to the west of Järrestad with sites discussed in the text.

Ytterligare några fornlämningsmiljöer antyder en fortsättning på stråket; bland dessa finns flatmarksgravar från MN B och senneolitikum (Fornl. 7, Östra Tommarps socken). Miljöerna kring Bolshög i söder och i synnerhet "Villfarahögen" i väster framträder tydligare, och den sistnämnda skall beröras något närmare nedan.

Norr om Järrestad (Fig. 8). Topografiskt är denna miljö åtskiljd från issjösedimentet av ett bälte av våtmarker, och genom nivåskillnaderna. De kända fornlämningarna är belägna i ett bågformigt stråk utmed hällmarkerna och höjdsträckningen. Uppodlingsgraden varierar i denna miljö; hällmarkerna och områdena i nära anslutning till dem har använts som betesmarker, men åkrarna i anslutning till dem har brukats länge och intensivt. Det bör tilläggas att stenbrytning i mindre skala har ägt rum fortlöpande inom stora delar av hällmarkerna.

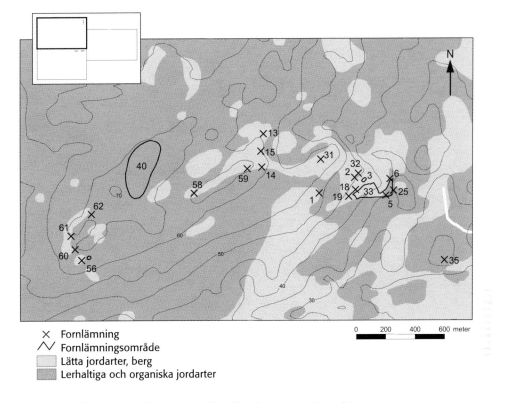

X Fornlämning
∧∨ Fornlämningsområde
▢ Lätta jordarter, berg
▨ Lerhaltiga och organiska jordarter

Fig. 8. Området norr om Järrestad med fornlämningar som nämns i texten.
The area to the north of Järrestad with sites discussed in the text.

Områdets topografiska särprägel är påtaglig och förstärks av att man har fri sikt över stora delar av bygden och Östersjön på flera platser, i synnerhet från hällristningslokalen Järrestad nr 4, som utgörs av en cirka 25 gånger 20 meter stor sydsydostsluttande berghäll på ett krön (Fornl. 13). Göran Burenhult (1973, 1980) har räknat upp till 1 262 figurer på denna häll, inklusive de cirka 700 skålgroparna, och bedömt att den är en av landets mest omfattande samman-hängande hällristningar. Ett dominerande motiv är de cirka 210 fotavtrycken, som ofta är parställda, och av vilka 130 är helt uthuggna, med tår. I övrigt förekommer en schamanliknande människoframställning kallad "Dansaren", ryttare till häst, skepp, yxor, djurfigurer, solkors, geometriska motiv, med mera. Som nämnts anses hällen också för att vara en av de lokaler som tydligast demonstrerar ristningstraditionernas tidsdjup. Enligt Burenhult togs platsen i bruk redan under ett tidigt skede av mellanneolikum (Burenhult 1980, 1981, 1999a) och han har hänfört ett trettiotal ristningar till en "megalitisk tradition". Ytterligare motiv – yxa och eventuellt dolkstav – bedöms ha tillkommit i en senneolitisk ristningstradition respektive under MN B. Den äldsta kända graven i miljön är en hällkista (Fornl.1) vilken med viss osäkerhet dateras till äldre bronsålder, sannolikt den senare delen (jfr Malmer 1981:34).

Större högar har inte bevarats, men på åkrarna som omger hällområdet finns utplöjda högar, varav någon kan tänkas ha varit av ett större format, exempelvis i områdets östra utkant (Fornl. 35) och mer påtagligt längst i väster, där en gravgrupp med tre överplöjda högrester har bedömts vara mellan 15 och 25 meter i diameter och 0,3 till 0,7 meter höga (Fornl. 56). De gravar som bevarats på eller i direkt anslutning till hällmarkerna är i huvudsak koncentrerade till ristningsplatsen i väster och ett området i öster; mellan dessa finns mindre stenbrott. Gravarna består av flacka, runda högar med jord- och stenfyllning, oftast mellan fem och tio meter i diameter och upp mot 0,5 meter höga, och dels av runda, övertorvade stensättningar, oftast mellan fem och tio meter i diameter. Båda kategorierna – totalt rör det sig om elva högar och sju stensättningar – förekommer i mindre gravfält eller grupper (Fornl. 3, 13, 18) och i ensamt läge (Fornl. 2, 5, 6, 15, 19, 25, 31 och 32). En av höggrupperna (Fornl. 13) har undersökts av Althin och daterats till bronsåldern period V och VI, och skall mer ingående beskrivas i den fördjupade studien av denna miljö. Enligt fornminnesregistret finns gravindikationer också i ett område på åkern väster om hällmarkerna, där markägaren sägs ha plöjt upp ett antal fyra till sju meter stora "stenkretsar", vilka delvis varit fyllda med skärvsten och träkol (Fornl. 40); utifrån beskrivningen kan man dock inte utesluta att det rör sig om skärvstensflak eller någon typ av härdanläggningar.

Ett stycke söder om den stora hällristningen är ytterligare en ristningsplats känd sedan Lönnbergs inventering 1929 (Fornl. 14). Ristningarna på denna plats utgörs av en större häll med 108 skålgropar och tre helt uthuggna ringfigurer, och på en närbelägen mindre häll finns en ansamling med åtta skålgropar. Vid 1996 års inventering fann man skålgropar på flera platser, där berget går i dagen i anslutning till den nämnda gruppen med utplöjda högar i väster (Fornl. 60, 61 och 62). I den västra utkanten av hällmarkerna upptäcktes en plats med enbart skålgropar (Fornl. 58) och en plats med skålgropar och en skeppsristning (Fornl. 59).

Öster om Järrestad (Fig. 9). Den tredje fornlämningsmiljön är också topografiskt åtskiljd från Järrestadplatån av mindre vattendrag och raviner, och erbjuder ett fritt synfält åt främst söder och öster. Denna miljö är möjligen den sämst bevarade av de tre och innefattar idag endast tre synliga fornlämningar i form av en rest sten (Fornl. 43), en gånggrift i en hög (Fornl. 42) och en storhög (Fornl. 41). I gengäld är de sammanlänkade topografiskt, genom belägenheten

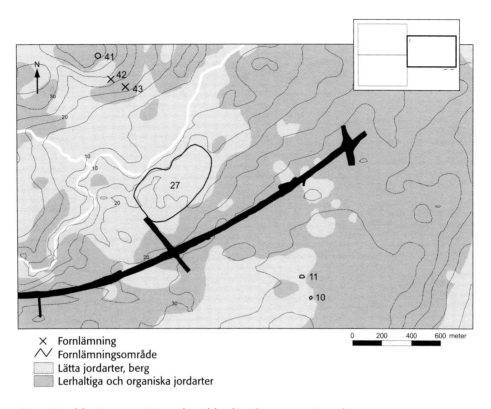

X   Fornlämning
/\/ Fornlämningsområde
▢   Lätta jordarter, berg
▢   Lerhaltiga och organiska jordarter

0   200   400   600 meter

Fig. 9. Området öster om Järrestad med fornlämningar som nämns i texten.

The area to the east of Järrestad with sites discussed in the text.

i en backsluttning med den resta stenen längst ner och gånggriften på en terass halvvägs upp till det backkrön där högen är anlagd, och traditionen berättar att "...en jätte är begrafven i Gröstorp, samt att hufvudet utmärks genom Qväxhög, hjertat genom Stenstuan, penis genom stenen och fötterna genom ett kärr" (Bruzelius 1869–70).

En tunnackig slipad yxa är påträffad i själva gånggriften och en flathuggen flintdolk har påträffats i dess närhet (Fornminnesregistret).Vid en mindre undersökning 1965 konstaterades att såväl kammare som gång hade grävts igenom "i gammal tid", och skelettrester, stenplattor samt bearbetad flinta låg kringspritt på olika nivåer (Strömberg 1976:36). "Qväxhög" eller "Kvejshög", som mäter 35 meter i diameter och är sju meter hög, delundersöktes kring år 1870 av Bruzelius. Enligt Egil Lönnbergs inventering (1929) skall Bruzelius ha funnit ett fodral av trä, en liten pincett och en kniv (SHM 6150). Enligt samma källa skall en rakkniv ha påträffats vid foten av högen (SHM 8762:42). Slutligen indikerar den resta stenen på backsluttningen att ett järnåldersgravfält funnits på platsen, vilket också fyndet av ett genombrutet rektangulärt spänne från vendeltid antyder (Strömberg 1963).

Denna monumentala fornlämningsmiljö kan antas ha farit mycket illa av odling, bland annat för att den är belägen i en ganska brant sluttning. I våtmarken – jättens fötter – pågår sedan flera år tillbaka utfyllningsarbeten. I likhet med fornlämningsområdet väster om Järrestad kan man ana att även denna miljö ingår i ett stråk som överbryggar Tommarpsån. På avsatserna omedelbart söder om ån har det funnits en fornlämningsmiljö som idag är helt utplånad (Fornl. 27, Simris socken). Ett stycke åt sydost finns två med Kvejshög jämförbara högar (Fornl. 10 och 11) på höjdsträckningen vid Simris by. Också denna miljö har drabbats hårt av odling, täktning, byggnation, och andra ingrepp. Ytterligare ett stycke österut, vid kusten, finns ristningslokalen Simris nr. 19, "Yxornas häll", vilken ansluter till en rad mindre lokaler med ristningar utmed kusten.

I den totalt spolierade miljön söder om ån har det funnits en storstensgrav som avtecknades på 1700-talet, och som anses ha varit en gånggrift eller en dös. Bruzelius omnämner "en rundel bestående av tolv stenar" på platsen, som var belägen strax intill "Räfhög". Rester av en hällkista och delar av en kantkedja nämns också. Slutligen finns vaga uppgifter om en guldring, som skall ha "hittats" norr om ån (Fornminnesregistret), kanske i våtmarken vid "Jättens fötter". I kanten av "Bonnhögen" (Fornl. 10) på höjdsträckningen söder om Simris by har det funnits en hällristning med skeppsfigurer, hjulkors och skålgropar, vilken sprängdes i samband med kvarnstensbrytning på 1860-talet. Av denna sprängda häll lät Bruzelius senare bärga ett fragment (SHM 28720). Undersökta gravar från romersk järnålder och fyndet av ett svärd från samma period, vilket enligt uppgifter hittats i den närbelägna "Hålehögen" (Fornl. 11), har beskrivits av Berta Stjernquist (1999).

Kommunikationsstråk

Tre områden omkring Järrestadplatån skiljer således ut sig från de närmaste omgivningarna främst genom att gravar från olika perioder tillsammans med hällristningsplatser och signifikanta topografiska förhållanden tillsammans tycks uppvisa ett rumsligt mönster. Inom miljöerna finns platser som otvivelaktigt är starkt symboliskt laddade och som uppvisar ett stort tidsdjup. Hällristningarna och gravanläggningarna kan tänkas ge uttryck för behov som varierade över tid och som i varierande grad griper in i varandra; att socialisera landskapet, att kommunicera inom en grupp eller mellan grupper, att skapa identitet och tillhörighet och markera detta gentemot andra grupper, att uttrycka religiösa behov, att skapa sociala eliter, att reproducera och kanske också rekonstruera samhället. I dessa miljöer framstår centralbygdens landskap som ett socialt "hög-kontextlandskap" (jfr Daun 1989), vilket uttrycker en aspekt av begreppet "cent-ralbygd": det är en förtätning av människors sociala handlingar och relationer som gestaltats i ett landskap.

Dessa miljöer föreslås vara belägna invid och utmed väg- och vattenlederna i området (jfr Rudebeck 2002), och ingår således i en och samma helhet, men synes vara grupperade kring specifika företeelser. Det östra stråket framstår som det tydligaste exemplet på en vägled; en rad platser är belägna från kusten och hällristningsplatsen Simris nr 19 i öster fram till ett förmodat vadställe över ån och vidare åt nordväst. Möjligen är det så att utformningen av denna miljö över tid sammanhänger med att det var i detta område som bygden i dalgången rumsligt öppnades upp för en besökare, som då kan ha anlänt an-tingen med båt, på Tommarpsån, på vägleder utmed denna, eller från havet och strandmarkerna utmed kusten (Fig. 10).

Ån var föremål för specialstudier inom ramen för projektet (Liljegren 1999:46 ff, Hellerström & Liljegren 2001:41 f), vilka ledde till att äldre uppfattningar om dess farbarhet reviderades. Detta gällde emellertid inte sträckan från da-gens åmynning och fram till fallen vid Bjärsjömölla, i anslutning till den här diskuterade fornlämningsmiljön. I detta område är ån belägen på femmeters-kurvan och Litorinahavet bedöms ha utgjort en smal vik med några meters vattendjup, vilken sträckte sig fram till detta område (Liljegren 1999:18); även under senare perioder har ån varit framkomlig till denna plats. Mindre pass-trösklar vid åmynningen och ett stycke uppströms har inte bedömts utgöra några större hinder för framkomligheten. Möjligen kan förhållandet att ån upp-hörde att vara farbar vid Bjärsjömölla också belysa lokaliseringen av Simris-gravfältet, med urnegravarna från yngre bronsålder och statusvapengravarna från romersk järnålder (Stjernquist 1955). Detta gravfält är beläget strax söder om ån, några hundra meter väster om den diskuterade miljön.

Miljöerna norr och väster om Järrestad företer flera intressanta likheter med det sammanhängande stråket i öster, och har också uppfattats som relaterade till vägleder. Väster om Järrestad ansluter stråket till en topografiskt mycket gynnsam terräng invid ån, och en passage i detta område har gamla historisk belägg (Söderberg, denna volym). Vidare är det rimligt att anta att de båda nord–sydligt orienterade väglederna, som passerade ån, var sammanlänkade med vägleder i öst–västlig riktning utmed ån, som dels gick över hällmarkerna från Kvejshög till Järrestad nr 4, och söder om ån från Simris över Viarp till

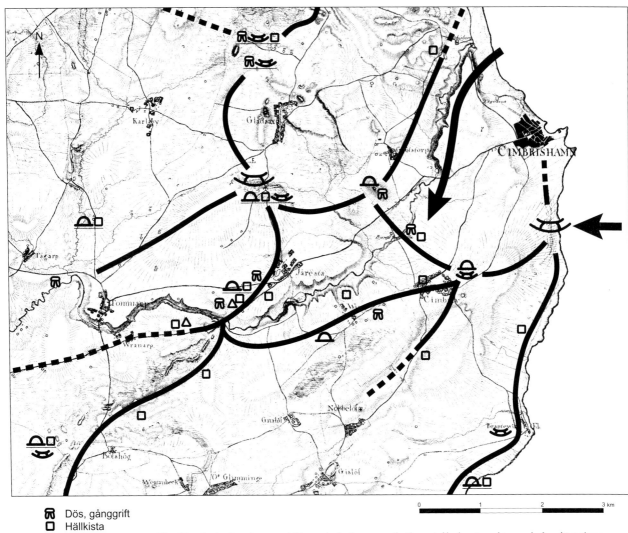

𝕽 Dös, gånggrift
▢ Hällkista
△ Stridsyxegrav
⌂ Hög
⚓ Hällristning

Fig. 10. Centralbygden med förmodade kommunikationsstråk, knutpunkter och fornlämningar som diskuteras i texten.

The central district with presumed communication routes, crossroads and sites discussed in the text. The Scanian reconnaissance map c. 1815.

"Galgbacken", där en rad fornlämningar funnits utmed vägen, som i dag till stora delar är bortodlade. Ytterligare en storstensgrav, troligtvis en gånggrift avtecknades i denna miljö under 1700-talet (Fornl. 61), och en märklig senneolitisk hällkista (Fornl. 42) invid ån skall ha varit fyra meter lång och en meter bred, och uppdelad i tre sektioner genom tvärställda hällar (Strömberg 1975). Väster om Viarp finns "Storehög" (Fornl. 2), som mäter 35 meter i diameter och är fyra meter hög. Denna hög delundersöktes av Montelius 1885, som därvid fann fyra gravar, varav två gravläggningar i ekkistor daterades till period III. Båda dessa är aristokratiskt präglade, med ett inventarium som innefattar svärd, rakkniv och pincett (Oldeberg 1974, kat. nr 667). Stråken utmed ån strålade samman med den nord–sydligt orienterade vägleden strax väster om Järrestad, dels i norr, i anslutning till Järrestad nr. 4 på hällmarkerna, och dels vid "Galgbacken" invid ån i söder. Dessa platser, som i hög grad är topografiskt särpräglade, framstår då som vägskäl och knutpunkter i förhållande till väglederna.

De öst–västliga stråken utmed ån kan då förmodas ha lett vidare till områdena kring Östra Tommarp och Tågarp, där en gånggrift och ytterligare högkoncentrationer finns. Bland högarna skall den så kallade Tullhög (Fornl. 13) omnämnas särskilt. Högen utsattes för grustäkt och efterundersöktes delvis år 1911 av Otto Rydbäck. I högens centrala delar fanns ett röse med gravar som hade plundrats, och i ett omrört lager fanns skelettdelar och fragment av en rad föremål; Bland de äldre fynden fanns en fragmentarisk flintdolk, och i övrigt dominerade fynd från period II och III, bland annat svärd, rakkniv, pincett, spjutspets, fibula och halskrage (Oldeberg 1974, kat. nr 1006). Uppenbarligen var högen uppförd över en senneolitisk hällkista, vilken därefter hade byggts över vid upprepade tillfällen.

Vägleden norrut ledde över Järrestad nr 4 mot gånggriften på Gladsax nr 18, med det vackert ristade takblocket av vit kvartsit (Fornl. 8, Gladsax sn). Ristningarna på blocket utgörs av sex yxor, elva skepp, tre djurfigurer, två cirkelfigurer, ett stort antal skålgropar och 14 obestämbara figurer (Fornminnesregistret). Althin bedömde att yxorna hade sina närmaste motsvarigheter på Järrestad nr 4, och att skeppen också var likartade på de båda platserna. Ytterligare en likhet bestod i det stora antalet skålgropar, och Althin uppfattade ristningarna som i stort sett samtida (Althin 1945:96). Burenhult menar att ristningarna representerar en rad traditioner på båda dessa platser under mellanneolitikum (skålgroparna), senneolitikum (yxorna), och bronsålder (skeppen). Graven, vilken karakteriseras som en blandform mellan dös och gånggrift, undersöktes av Burenhult (1981:314 ff). Målsättningen var att undersöka om det fanns spår efter gravläggningar som motsvarade de nämnda dateringarna av ristningarna. Det konstaterades att själva gången byggts om till en hällkista och att stensatta golvläggningar fanns på flera nivåer; tre pilspetsar med urnupen bas, ett skifferhänge och en liten sten med en skålgrop fanns i anslutning till dessa och på en övre nivå. Inga aktiviteter kunde påvisas som var samtida med skeppsristningarna.

Några hundra meter söder om nämnda gånggrift finns ytterligare en gånggrift i hög (Fornl. 9). Även i detta fall finns ristningar på kammarens takhäll; tre fotsulor, 233 älvkvarnar och en avlång fördjupning (Fornminnesregistret).

Mot söder kan flera vägleder ha förgrenat sig från Galgbacken, i riktning mot Gnalöv och vidare mot Gislövhammar vid kusten i söder, mot Bolshög och vidare över Vallby mot Borrby, och dels vidare utmed ån, mot Hammenhög. Samtliga dessa områden, och i synnerhet områdena kring Gislöv (Strömberg 1985a) och Borrby tonar fram som rika miljöer under senneolitikum och äldre bronsålder.

I anslutning till stråken västerut, ungefär mellan Bolshög och Vranarp, finns en intressant fornlämningsmiljö som bland annat innefattar den så kallade "Villfarahögen" (Fornl. 22), och som är fyndplatsen för "Villfarastenen", ett stenblock med ristningar som påträffades vid gränsen mellan Vallby och Vranarps byar, i början av 1800-talet. Ett direkt rumsligt samband mellan hög och block föreslogs tidigt, vilket dock har vederlagts (Althin 1945:96 ff). Högen undersöktes av Sven Nilsson och visade sig dölja en hällkista, vilken innehöll dolk, lans- och pilspets av flinta, och en bälteshake från period II (Oldeberg 1974, kat. nr. 1007), det vill säga fyndsammanhang som starkt påminner om den ovan beskrivna högen i den västra delen av Järrestadplatån (Fornl. 8). Äldre tolkningar av ristningen – som bland annat grundade sig på en "förfalskad", sentida båt- och vagnsristning – reviderades också av Althin, som bedömde att endast en skeppsristning och ett antal skålgropar kunde identifieras med säkerhet (Althin 1945:97). Ytterligare häll- och stenkistor finns i närområdet, och en av de tidigare nämnda kopparflatyxorna framkom i Vranarps mosse, "i närheten av Villfarahögen" (Karsten 1994, kat. nr. 1109); ett möjligt depåfynd av "tre tunnackiga yxor" (a.a, kat. nr. 1110) uppges härröra från samma mosse.

Ytterligare ett stråk som vi inte kunnat behandla närmare inom ramen för detta arbete avtecknar sig från området kring Simrishamn och Tommarpsåns mynning och ned mot Gislövshammar i söder. Under senare år har flera mindre ristningsplatser identifierats utmed kusten, dels genom Märta Strömbergs arbete i området (Strömberg 1985a och b) och dels i samband med nyinventeringen (Fornminnesregistret). Tillsammans med hällkistor, rösen och högar samt mindre stensättningar synes ristningarna markera en kustlcd som var av betydelse främst under senneolitikum och bronsålder. Slutligen kan vi skönja ett stråk som löper parallellt med kuststråket och stråket utmed ån, på höjdsräckningarna mellan dessa, från Simris mot Gislöv.

De nämnda väglederna och platserna uppfattas som centralbygdens infrastruktur, i fysisk, social, men också i andlig mening. De förmodade angöringsplatserna i öster, där mötena mellan centralbygd och omvärld tog plats, utgjorde viktiga knutpunkter. De förmodade vägskälen i anslutning till "Galgbacken" vid ån och Järrestad nr 4 på hällmarkerna får också ses som knutpunkter, och ytterligare några avtecknar sig i anslutning till gånggriften Gladsax nr 18 och "Villfarastenen".

En tydligare koppling mellan gravar och kommunikationsstråk framträder först under senneolitikum. I västra Skåne har man också observerat samma koppling mellan senneolitiska gravar och förmodade vägleder (Rudebeck & Ödman 2000; Eriksson 2001; Samuelsson 2001). På vissa platser, exempelvis begravningarna väster om Järrestad, kan man ana en kontinuitet tillbaka i MN B, exempelvis i form av den gravgrupp som undersöktes väster om Järrestad. Men framför allt är kontinuiteten framåt i tid mycket påtaglig, och hällkistorna synes ofta vara påbyggda under äldre bronsålder. Liknande kontinuerliga gravläggningar, från MN B till äldre bronsålder är kända också från andra områden (exempelvis Strömberg 1993).

Ytterligare en företeelse som passar in i detta mönster är det ökande antalet begravningar i gånggrifter som äger rum under senneolitikum, vilket i synnerhet Gladsax nr 18 är ett gott exempel på, men som med något varierande säkerhet kan påvisas i de flesta gånggrifterna i området. Detta bruk har diskuterats av flera forskare, senast av Per Nordquist (2001:207 ff) som ser dessa gravläggningar som en elitstrategi, där man genom att konstruera fiktiva genealogier syftade att etablera eller vidmakthålla en ärftlig maktstruktur. Den äldre bronsålderns skick att gravlägga i hällkistor och bygga högar över dem kan också innehålla ett moment av denna strategi. En viss bebyggelseexpansion tycks ske i centralbygden vid denna tid, åtminstone antyder hällkistornas utbredning det (jfr. Strömberg 1976). Detta gäller i synnerhet det kustnära området söder om Simrishamn, som framträder tydligt från och med denna tid. Resultat från Ystadområdet och Malmöområdet tyder på att boplatserna stabiliseras och att dessa kan vara omfattande, med stora hus (Björhem & Säfvestad 1989; Tesch 1993).

De naturgivna förutsättningarna har i hög utsträckning varit styrande för kommunikation och därmed också bebyggelse och landskapsgestaltning. Ronnie Liljegren och Leif Björkman (denna volym) menar att jordartsfördelning och topografi utgör de väsentliga faktorerna i detta sammanhang. Höjdsträckningar och stråk med lättare jordarter har underlättat framkomligheten väsentligt i ett landskap där moränlerorna dominerade. Vid utformningen av kartorna har dessa faktorer vägts in i görligaste mån. Vad som saknas är ett aktivt sökande efter konkreta spår efter kommunikationsstråk. Något sådant arbete har inte utförts i området.

I den presenterade tolkningen betonas det nära sambandet mellan ristningar, begravningar och kommunikation. I flera fall finns också indikationer på närvaron av en social elit i anslutning till knutpunkterna i vägnätet. Infrastrukturen karakteriseras i hög grad av dess permanens, vilket dock inte innebär att de olika vägledarna och platsernas betydelse och innebörder var statiska. Tvärtom kan man förutsätta att de handlingar som tog sig uttryck i dessa kommunikativt präglade miljöer uttryckte förändringar på andra plan, och att de också bidrog till att skapa förändringar. I syfte att ytterligare något belysa och diskutera dessa handlingsmönster och förändringsprocesser har vi valt att granska miljön kring Järrestad nr 4 något närmare.

Järrestad nr 4

De många sambanden av kosmologisk, religiös och symbolisk art som kan associeras med vägleder, och i synnerhet vägskäl, har ingående diskuterats av Elisabeth Rudebeck (2002) som karakteriserar vägleden som en "rituell arena". I ett av de områden som exemplifierar hennes framställning finns en plats i ett vägskäl – Kristineberg – där begravningar och rituella handlingar återkommande ägt rum i anslutning till en markerad höjd, från tidigneolitikum till järnålder (Rudebeck & Ödman 2000). Den plats som skall diskuteras här, erbjuder många fascinerande infallsvinklar och möjligheter att föra denna diskussion vidare, inte minst genom hällristningarna och de olika ristningstraditionerna. Det kan generellt konstateras att dessa ju i sig ger uttryck för kommunikation och rörelse på olika plan (jfr Rudebeck 2002: 189 f), och att ristningarna även i övrigt har en mycket stark koppling till platser som framstår som knutpunkter i området.

Göran Burenhult (1973, 1980, 1981, 1999a) menar att den megalitiska hällristningstraditionen på Järrestad nr 4 har tagit sig uttryck i form av ett trettiotal dubbelspiraler, sicksackmönster, U-formade motiv och ormfigurer. Man bör då kritiskt anföra att dessa ristningar fortfarande framstår som tämligen isolerade i norra Europa (Mandt 1982), och att åtminstone vissa av motiven förekommer senare, om än i något annorlunda utformning. Några liknande ristningar har i alla fall inte påvisats i anslutning till de sydskandinaviska megalitgravarna, och likheterna med ristningar på stenplattor som under senare år uppmärksammats i Skåne och på Bornholm framstår inte som särskilt påfallande (jfr Kaul 1997). Å andra sidan visar stenplattorna att det fanns en ristningstradition. I det nuvarande källäget bör man betona att en mellanneolitisk datering av ristningar på Järrestad nr 4 är hypotetisk. Ett visst stöd ger fyndet av en tjocknackig flintyxa som påträffades invid hällen, och som bränts sönder på platsen, invid ristningen (Burenhult 1980:108), vilket tyder på att brännoffer utfördes i denna miljö under mellanneolitikum. Undersökningar av relationen mellan eld och platser med ristningar tyder på att eldning kan ha ägt rum i flera sammanhang i de riter som förekom i anslutning till hällarna under brons-åldern (Kaliff 1994:79 ff; Widholm 1998:71 f; Bengtsson 2002:273 ff). Rituella handlingar med eld som ett centralt inslag synes också förekomma under hela neolitikum, och har observerats exempelvis i anslutning till megalitgravar och Sarup-anläggningar (Larsson 1989). Under senare år har neolitiska brännoffer varit föremål för stort intresse, exempelvis i och med undersökningen av den brända palissadanläggningen i västskånska Dösjebro (Andersson & Svensson 1999). I närmare anslutning till det här diskuterade området har undersök-ningar i Svartskylle (Larsson 1989) och i Kverrestad (Larsson 2000) visat att omfattande brännoffer av flinta ägde rum på markerade höjdlägen, på den först-nämnda platsen under tidigneolitikum, och på den sistnämnda under ett sent skede av mellanneolitikum.

Frågorna om ristningarna verkligen representerar en megalitisk tradition och vilken roll Järrestad nr 4 kan ha haft för människor i området kan möjligen också belysas utifrån platsens belägenhet i förhållande till megalitgravarna i området. Det framstår då som troligt att platsen – oavsett om det funnits en megalitisk ristningstradition där eller ej – kan uppfattas som en mötes- och kultplats för de grupper i denna del av sydöstra Skåne vars områden markera-des av storstensgravarna. Järrestad nr 4 intar ett läge i skärningspunkten mel-lan en öst–västlig vägled som knöt samman områden med megalitgravar utmed ån, och en nord–sydlig led som knöt samman dessa med de båda områden med megalitgravar i Gladsax och Rörum. På sätt och vis kan vi kanske ändå med viss fog tala om en tidig, neolitisk "centralbygd", med en mötes- och kultplats på Järrestad nr 4. I nuläget är källmaterialet emellertid tunt, och argumentatio-nen hypotetisk, men man bör inte bortse från att detta tidiga skede utgör ett äldre skikt i ett mönster som är tydligare först i ett längre tidsperspektiv.

Vid undersökningen av ristningarna på Järrestad nr 4 fann Burenhult ytter-ligare vapenristningar, men av ett annat slag än de tidigare kända yxavbildningar-na. Dessa motiv, som har tolkats som dolkstavar, skaftade med flintblad, var emellertid svåra att urskilja då de hade integrerats i andra motiv, exempelvis i en skeppsristning, och i ett fall också var överhuggen av ett fotsulepar. Dolk-stavsristningarna föreslogs härröra från MN B, och yxgruppen till senneolitikum eller äldsta bronsålder (1980, 1999a). Även denna tolkning bör ses som hypo-tetisk. Om tolkningarna av dessa mer fragmentariska ristningar är korrekta, så innebär det att de rituella aktiviteterna på denna plats var av återkommande art även under denna period.

De rumsliga relationerna mellan den stora hällristningen och gravarna i när-området är av intresse i en diskussion om platsens betydelse som "rituell arena".

Hällkistan på Wilhelmsberg (Fornl. 1), som undersöktes Bruzelius år 1875, är belägen ungefär 400 meter sydost om den stora hällristningslokalen. Vid ett besök på platsen noterade Bruzelius att högen som dolde hällkistan till övervägande delen hade störtat samman, och i resterna av denna fann han en mansstor hällkista uppbyggd med flata block av kvartsitisk sandsten. Inga "bronssaker" påträffades vid undersökningen och andra fynd nämns inte. På en av kistans gavelstenar upptäcktes emellertid två överlappande skeppsristningar av olika typ som var ristade med olika slags teknik, och tio skålgropar som var inhuggna på platsen för skeppen (Althin 1945:71). De överlappande ristningarna tyder på att hällen inte ristades i samband med gravsättningen, utan snarare på att den ursprungligen ingick i ett annat sammanhang, där ristandet var återkommande handlingar (Malmer 1981:34). Båda skeppen dateras av Malmer till äldre bronsålder. Mansstora hällkistor i hög dateras generellt till äldre bronsålder (a.a.), och när dessa uppgifter vägs samman framstår det som troligast att graven anlades under den senare delen av äldre bronsålder.

En annan slags rumslighet gestaltades under yngsta bronsålder, då tre gravhögar anlades på en mindre platå strax "bakom" hällen, norr och väster om ristningsytan (Fig. 11). Eftersom gravplatsen var föremål för en delundersökning av Bruzelius under 1860-talet, är vissa omständigheter kring gravarna tyvärr osäkra. Althin har emellertid gett en noggrann redogörelse av sin undersökning och hur denna relaterade till Bruzelius insatser (Althin 1945:81 ff).

Av de sex gravarna som påträffades i de tre gravhögarna var åtminstone fem urnegravar. I den större högen i norr, som mätte 12,5 meter i diameter och var en meter hög, fanns tre gravurnor. En av dessa fann Bruzelius i högens mitt, på en fots djup, vilken uppges ha varit nedsatt på en platt sten. I kärlets fyllning fanns rester efter ett lock och bitar av harts, brända ben, och en krum bronsnål med knopp som dekorerats med tre små ringar. Nålen har inte kunnat återfinnas och typbestämmas med säkerhet. Stenen som urnan ställts ned på återfanns märkligt nog av Althin och av allt att döma dessutom i ett ursprungligt läge. När den granskades närmare visade det sig att en grupp med nio skålgropar huggits in i dess ena sida.

Althins undersökning visade att högen var uppbyggd av jordblandad stenfyllning med ett påtagligt inslag av större stenar. Denna fyllning omgavs av en stenkrets med avlånga block som till största delen var av samma kvartsitiska sandsten som hällarna. De båda andra urnorna var placerade bredvid varandra i bottenskiktet. Den ene av dessa var försluten med harts och försedd med ett lock som i helhet hade bestrukits med harts och sedan ornerats med ristade fåror. Den andra urnan var täckt av en liten sten. Båda innehöll brända ben och ovanpå dessa fanns i den förstnämnda graven en stångknapp och i den andra en stångnål.

Den södra högen hade Bruzelius också grävt i, men rapporterat som fyndtom. Denna var cirka åtta meter i diameter och upp till 0,5 meter hög, och uppbyggd av jordblandad stenfyllning som till största delen lagts direkt på berghällen. I dess mitt fann Althin bottenpartiet av en urna som innehöll fragment av ett lock och en stångnål.

Mellangraven, som var 5,5 meter i diameter och 0.35 meter hög och uppbyggd med likartad fyllning av jordblandad sten, hade inte undersökts av Bruzelius. Den innehöll två gravar. Ungefär i högens mitt, under stenfyllningen, stod en urna på några små flata stenar. Direkt över urnan fanns ett decimetertjockt jordskikt och över detta en större sten. I höjd med urnans halsparti fanns ett tio centimeter tjockt träkolslager direkt i väster. Ett näsformat utsprång på kärlets buk var riktat mot hällristningen i öster, och kärlet innehöll endast brända ben. I högens östra del fanns brända människoben, träkol och små keramikfragment utspridda, och inom ett 1,9 gånger 0,5 meter stort område påträffades föremål i form av utspridda fragment mellan stenarna. Dessa kunde fogas samman till en svanhalsnål av järn samt två små hängen och en halsring av brons. Althin bedömde att fynden var resterna efter en äldre grav som förstörts vid uppförandet av högen med urnegraven.

Gravarna daterades av Althin till slutet av period V och med tyngdpunkt i period VI, och bedömningen var att inga ytterligare gravar fanns i anslutning till platsen. Sammantaget ger gravplatsen intryck av att ha varit i bruk under en relativt begränsad period. Om gravfältet skall relateras till ett familjehushåll kan det tänkas ha varit i bruk under tre, knappast mer än fyra generationer, men eftersom det inte gjorts någon osteologisk analys av benmaterialet är sådana slutsatser hypotetiska. Vidare är gravgåvorna vanskliga att relatera till kön, men en försiktig gissning som grundar sig på att stångnål och stångknapp var manliga attribut leder till antagandet att minst hälften av de gravlagda var män; halsringen är svår att säkert bestämma, medan de båda andra nålarna kan associeras med kvinnor.

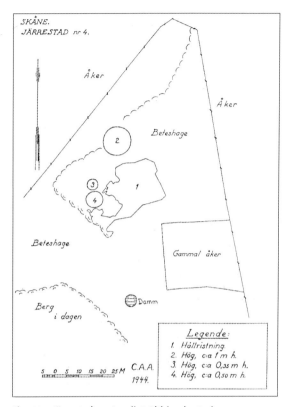

Fig. 11. Järrestad nr 4 enligt Althins kartering.

Järrestad no. 4, survey by Althin (1945: 81).

Utgångspunkten för Althin var att gravarna och ristningsplatsen i huvudsak härrörde från samma period. Även om vissa framsteg har gjorts sedan dess vad gäller dateringar av hällristningar – och i detta fall inte minst genom Burenhults arbete – så är de naturligtvis fortfarande problematiska. Det är emellertid troligt att de rikligt förekommande, olikartat utformade men oftast parvis ställda fotavtrycken, och troligtvis också en del av skålgroparna, utgör en relativt sett sen tradition. Av särskilt intresse är då naturligtvis att en skålgropssten direkt kan associeras till gravsättningen i den stora högen. De andra bronsåldersmotiven, exempelvis solkors, skepp, samt olika slags djur- och figurframställningar har i enlighet med främst Burenhults arbeten bedömts härröra från äldre skeden. I en del fall finns det också stratigrafiska relationer på hällen, varav några också iakttogs av Althin (1945:89 f), exempelvis där fotavtryck är inhuggna senare än skepp och ormar.

Medan Burenhult generellt tänker sig en datering av fotsulorna till yngre bronsålder, har Malmer (1981:59 ff) utifrån en diskussion kring motivets typologiska utveckling och innovationsförloppets korologi, föreslagit att fotavtrycket togs i bruk som motiv under period II eller III, och att en övergång till naken fot skedde i övergången mellan period III och IV. Eftersom de typologiskt sett äldsta och yngsta varianterna – från konturristad sula till uthuggen fot med tår – finns i Järrestad, och dessutom ett antal variationer, är det rimligt att tänka sig att Järrestad skall ses som en viktig plats – möjligen ett innovationscentrum – i detta förlopp, och att motivet ristades under en lång period. Uppenbarligen var fotavtrycket en symbol av betydelse för människor i Järrestad.

I den fortsatta diskussionen läggs vikt vid platsens liminala karaktär, dess förmodade läge i ett vägskäl och de indikationer som finns på att rituella handlingar återkommande kan ha ägt rum i denna miljö sedan neolitikum. Under äldre bronsålder tilltog ristningsaktiviteterna vilka sedan tycks ha varit återkommande under hela denna period. Utgångspunkten är att bruket av platsen omgärdades av normer och sega traditioner, och att förändringar i bruket av den hänger samman med förändringsprocesser på andra samhälleliga nivåer. I ett handlingsteoretiskt perspektiv kan man tänka sig att de rituella aktiviteterna på platsen primärt syftade till att reproducera samhället, men att de under vissa omständigheter också bidrog till att generera förändring. Platsen uppfattas som en i grunden kommunikativ plats, en "rituell arena" (jfr Rudebeck 2002).

Den arkeologiska forskningen kring förhållandet mellan hällristning och grav är mycket omfattande, och i detta sammanhang berörs både relationen mellan ristning på fast häll och gravmonument, och ristning i gravmonument. Här kan endast vissa aspekter beröras, som har bedömts vara av särskild betydelse för framställningen som helhet; några exempel får belysa den komplexa relationen mellan grav och ristning.

Det rumsliga förhållandet mellan hällristningslokaler och gravrösen har diskuterats av Jarl Nordbladh (1980) utifrån en analys av Kville härad i Bohuslän. Hällristningslokalerna i detta område bildade rumsligt sammanhängande stråk i de breda dalgångarna ett stycke in i landet, och var delvis belägna i samma miljöer som rösena, vilka dock fanns på topografiskt högre nivåer och med en utbredning som också innefattade kust och skärgård; hällristningarna bildade punkter i ett landskap för livsmedelsproduktion medan gravarna hölls mer åtskiljda från bebyggelseområdet. Inger Hedengran (1989) har analyserat relationen mellan grav och hällristning i Fiskeby, vid Norrköping. Inom ett litet område anlades cirka 520 gravar i upp till tre lager. Undantagsvis fanns gravar på de omgivande bergytorna; en stensättning med brända ben vilade över två skeppsfigurer. I övrigt var gravarna och ytorna mellan dem täcka med skärvsten. Inga gravkonstruktioner var synliga ovan mark och föremålsfynd var få. Hedengran föreslår att hällristningar, gravkonstruktioner och föremål i en sådan kontext kan vara alternativa eller kompletterande medel att nå ett hinsides mål. Dag Widholms (1998) analyser av gravrösen och ristninglokaler i nordöstra Småland visar att hällristningar och skålgropar kan vara integrerade i begravningsritual och dödskult, och paradexemplet utgörs av hällristningsröset vid Hjortekrog (a.a:76 f) där röset anlades på en häll; denna plats förefaller att ha invigts med en ristningsceremoni, där skepp ristades i ett mönster som bildar ett fyrfotadjur. Analyser av andra platser visade emellertid också att relationen mellan dessa kategorier inte kan göras till föremål för några generella regler, och liknande kontext- och platsbundna variationer kan också tänkas gälla hällristningsplatsen i sig; det är troligt att denna många gånger var en "öppen" kultplats, också när den kan kopplas till förfäderskult, men inte heller detta kan alltid förutsättas (a.a:147).

På Järrestad nr 4 har lokaliseringen av hällkistan på Wilhelmsberg uppfattats som ett uttryck för att en viss distans till hällen och de aktiviteter som pågick där var nödvändig att hålla, även om en nära rumsligt relation var önskvärd att upprätta. Hällkistan synes vara den grav som under äldre bronsålder närmast ansluter till hällristningsplatsen; de utplöjda högar som tidigare nämnts finns på betydligt större avstånd, öster och väster om ristningsplatsen.

Det finns således ingen nära rumslig koppling mellan grav och hällristningsplats under äldre bronsålder eller tidigare. Först i och med uppförandet av hällkistan och högen på Wilhelmsberg märks en önskan att knyta begravningen närmare an till ristningsplatsen. Den närmare kopplingen erhölls också på sätt och vis, genom att en ristad häll bröts upp (?) och byggdes in i gravkonstruktionen.

Möjligen kan det "skydd" som hällristningsplatsen tycks ha haft under äldre bronsålder ses i ljuset av den diskussion som Dag Widholm för kring det antika begreppet *Tenemos*, vilket syftar på en plats helighet, och den respekt heligheten ingav, och som förhindrade att platsen togs i bruk på ett oönskat sätt (Widholm 1998:149 ff). Fenomenet kan också diskuteras utifrån ett maktperspektiv, där heligheten uppfattas som ett uttryck för föreställningar kring makt och motmakt, det vill säga en uppsättning normer som bland annat syftar till att skydda samhället från enskilda individers maktambitioner (Clastres 1974).

Även om de högar som senare uppfördes vid den stora ristningen inte är monumentalt utformade, och i detta och flera andra avseenden kan sägas förmedla en känsla av respekt för ristningsplatsen och miljön som helhet, så kan man hävda att dessa uttrycker ett nytt förhållningssätt till platsen och förmodligen också en förändrad mentalitet. Etableringen av gravfältet tyder på att platsens betydelser och funktioner genomgick förändringar som kan sammanhänga med de vittgående sociala förändringsprocesser som aktiverades i övergången mot yngre bronsålder, och som också innefattade religiösa betydelseförskjutningar. Hällkistan med den ristade gavelhällen antyder att en sådan process kan ha varit både långvarig och komplex.

När man började uppföra gravar invid hällen hade föreställningarna kring platsens helighet och vad som var religiöst korrekt och socialt möjligt förändrats. Att gravlägga sina anförvanter vid hällen kan förmodligen bäst förklaras med att man önskade relatera till förfäderna och de minnen och erfarenheter som platsen gav uttryck för, och att detta förfarande var socialt gynnsamt. Genom att knyta de egna anförvanterna direkt till hällens och platsens liminala kvaliteter avsåg de efterlevande att skapa en social särställning i kraft av sin nära relation till anfäderna och "det andra", ursprungliga (se Helms 1999).

Ser vi till fynden från gravarna så ger de intryck av att representera ett övre socialt skikt, utan att de för den skull framstår som uttalat elitärt präglade. Halsringen är särskilt intressant i detta sammanhang, och kan vara ett tecken på att dess bärare hade en särställning som i viss utsträckning var religiöst betingad. Vissa detaljer, exempelvis orneringen i det hartsade locket och svanhalsnålen indikerar också en delaktighet i ett nätverk med viss geografisk utbredning (Althin 1945:88 ff). Andra detaljer förmedlar ett intryck av att begravningsriterna utförts med stor omsorg, exempelvis genom att vissa urnor förslutits med harts, och att ett brännoffer synes ha tagit plats invid en av de gravsatta urnorna. Uppförandet av högarna och stenkretsen, som Althin framhåller som estetiskt tilltalande, hör också till sådana detaljer. Man kan tillfoga att stenen med skålgropar och blocken i stenkretsen, av vilka de sistnämnda förmodligen har brutits loss från själva hälleberget, visar på en stark tillhörighet till miljön, men kanske indikerar de också, liksom gravarnas placering, en mer direkt dispositionsrätt.

Det finns anledning att dröja kvar något vid den eller de gravar som Althin menade förstördes i samband med uppförandet av den mellersta högen. Dessa lämningar kontrasterar onekligen mot den omsorgsfullhet som i övrigt karakteriserar gravarna. Fyndomständigheterna, inte minst de kraftigt fragmenterade fynden, tyder snarast på att förstörelsen skall ses som ett resultat av en medveten handling; att gravurnor omsorgsfullt krossats och trampats sönder, och att föremål brutits sönder och strötts ut. Dessa handlingar signalerar att konflikter kunde uppstå i denna miljö, vilka involverade den gravlagdes lämningar, och att dessa förstördes på ett sätt som ger ett närmast rituellt intryck. Syftet med en sådan handling kan ha varit att skära av det nära sambandet mellan den avlidnes släktlinje och förfäderna, möjligen i syfte att själv upprätta ett likartat samband.

De andra, likartade gravarna och mindre ristningslokalerna på hällmarkerna har inte varit föremål för några undersökningar. De ger intryck av att vara ungefärligen samtida med de undersökta gravarna, och spridningen av dem i grupper eller ensamt läge utmed de öst–västligt orienterade hällmarkerna antyder att det var flera hushåll som gravlade i denna miljö; sammantaget ger de ett intryck av att kulthandlingarna i denna miljö vid denna tid i hög grad var knutna till begravningsritualer och en angelägenhet för den "lilla världen", i form av det enskilda hushållet (jfr Kaliff 1997).

En möjlig tolkning av de parställda fotavtrycken som är så typiska för Järrestadristningen har inspirerats av John Coles lyhörda och ordknappa diskussion kring motsvarande tecken på hällristningsplatser belägna i Boglösa socken, Uppland. I denna miljö – som omfattar ett stort antal lokaler – konstaterades att fotsulor och avbildningar av djur eller skepp sällan förekom på samma häll, och när de gjorde det, så var de på olika sätt skilda åt.

"They represent dissimilar concepts, perhaps the one, intimately associated on the sites with animals and boats, concerned with the active and the living, and the other with the passive and perhaps the dead; paired footsoles do not indicate movement, and a strong case for stationary commemoration or some other pause in daily life is clearly shown by sites such as Boglösa 138 and at Järrestad in Skåne, which is the closest analogy to the Rickeby site that is known to me" (Coles 2000:51 ff).

I Järrestad finns inte någon tydlig separering i detta avseende, tvärtom är fotavtrycken i några fall till synes omsorgsfullt integrerade i äldre ristningar, som skeppet, och ormen. Här kan man möjligen ana att motivet har en lång historia och att det kanske introducerades på platsen i en delvis annan ideologisk kontext, varefter det blev föremål för betydelseförskjutningar. Man kan också tänka sig att fotavtryckens placeringar och utformningar uttryckte vissa bestämda föreställningar kring förfäderna och de gravlagda, och att fotavtrycken ristades in som en del i begravningsriterna. Skålgroparna kan också vara en del i en sådan tradition.

Fig. 12. Järrestad nr 4. En plats för åminnelse?
Järrestad no 4. A place for commemoration? Photo by Sven Waldemarsson.

Det är emellertid av intresse att konstatera att fotsulor förekommer tydligt separerade på det av Coles föreslagna sättet i andra delar av området; det tydligaste exemplet utgörs av de båda nämnda gånggrifterna i Gladsax, där tre fotavtryck har kombinerats med skålgropar och en fördjupning i det ena fallet. På den andra gånggriften finns inga fotavtryck, men skepp, yxor, djur, skålgropar, cirkelfigurer och obestämbara figurer.

Ristningsplatsen och miljön kring Järrestad nr 4 synes genomgå omfattande förändringar under loppet av bronsåldern. Under äldre skeden är det troligt att platsen var "skyddad" från gravläggningar. Platsens bruk och betydelse i föreställningsvärlden är då naturligtvis svår att närmare definiera, men under senneolitikum och äldre bronsålder kan den förmodas ha haft en koppling till det elitistiskt präglade utbytesnätverket, och de föreställningsvärldar som förknippades med detta, vilket skall utvecklas närmare i nästa avsnitt. Under tidigare skeden kan bruket av platsen kanske ses mot bakgrunden av animistiskt präglade föreställningar. Mot slutet av äldre bronsålder påbörjades en process där platsen i allt högre utsträckning kan förknippas med förfäderskult genom att gravar började anläggas i dess närhet (jfr Widholm 1998:2). Under yngre bronsålder anlades gravar på hällarna och i direkt anslutning till ristningen. Mindre ristningsplatser tillkom, oftast med skålgropar, och på den stora hällen utgjordes de centrala motiven av fotavtryck och skålgropar. En gruppering som möjligen representerade ett familjehushåll byggde sin ledande position på att betona den nära kopplingen mellan den egna släktlinjen och förfäderna. En grundligt förstörd gravläggning låter antyda att en sådan länk skars av, möjligen i syfte att ersättas den med en annan. Ristningarna och begravningarna har uppfattats som uttryck för förfäderskult inom ramen för ett lokalsamhälle som var uppbyggd kring mindre familjehushåll, men man kan knappast utesluta möjligheten av att förfäderskulten på denna plats involverade människor inom ett större område än Järrestadplatån.

En i vissa avseenden likartad utveckling kan konstateras utmed kuststräckan från Simrishamn till Gislövshammar, där utgångsläget emellertid var ett helt annat. Ristningen på Simris nr 19 har uppfattats som en central kultplats som var ideologiskt nära knuten till utbytesnätverkens föreställningsvärldar. Under yngre bronsålder kan emellertid en likartad "decentralisering" av ristningsplatser skönjas, som yttrade sig i att den stora ristningsplatsen tycks upphöra att vara i bruk: mindre platser med få ristningar och skålgropar tycks istället skapas, och ibland kan mindre gravhögar och stensättningar påvisas i anslutning till dem (NOT 1).

Förhållandena på Järrestad nr 4 ger också uppslag till tankar kring landskapsutnyttjandet på platån som helhet som under yngre bronsålder och äldre förromersk järnålder. Denna period var som nämnts mycket svagt representerad inom de undersökta delarna av issjösedimentet i söder, men människorna var ändå indirekt närvarande i denna miljö, genom den påtagliga hävden av beteslandskapet. Norr om Järrestad befinner vi oss tyvärr alltför långt från de paleobotaniskt analyserade lokalerna med relevans för bronsåldern, och således i ett *terra incognita* vad avser odling och vegetationsutveckling. Av intresse är då att Althin identifierade ett område med gammal åkermark i denna miljö, som han sökte, men inte erhöll tillstånd att undersöka (uppgifter i Fornminnesregistret / ATA). Det är dessvärre oklart exakt vilket område han avsåg att undersöka och vilket motiv som låg bakom, men eftersom hällristningarna och dateringarna av dessa stod i fokus för hans undersökningar i området, så är det troligt att han uppfattade åkermarken som relevant i detta sammanhang. I kartan över området kring den stora hällristningen anges också ett cirka 25x25 meter stort område i beteshagen vid berghällen som "gammal åker" i kontrast till benämningen "åker" som används för området i öster (Fig.11). En kontroll mot äldre kartmaterial (häradskartan 1931, och 1810 års lantmäteriakt) visar att området med "gammal åker" varit beläget inom betesmark de senaste 200 åren.

I en liknande miljö med betesmarker och berg i dagen, ungefär 500 meter i östlig riktning, framkom vid 1996 års inventering ett område med bandformiga ryggade åkerytor med parceller och en stensträng (Fornl. 33), vilket i inventeringsuppgifterna föreslås vara det område som Althin syftar på. Detta område är dock otvivelaktigt betydligt yngre (jfr aktuella forskningsresultat i Connelid 2002), och av en helt annan karaktär än de "fornåkrar" i form av Celtic fields som Althin säkert var bekant med. Dessutom får man, som ovan nämnts, anta att Althins intresse huvudsakligen kretsade kring ristningarna och därmed inbegrep företeelser vilka i likhet med de undersökta gravarna var belägna i närmare anslutning till ristningarna än det parcellerade området.

Några belägg för odling finns således inte i denna miljö, endast vaga antydningar. Möjligen kan de många skålgroparna på hällmarkerna också indikera odling, men skålgropen som symbol får antas ge uttryck för fruktbarhet och liv på en mer abstrakt nivå och är i detta och många andra sammanhang direkt knuten både till gravar, både vid ristningsplatsen och hällkistan (jfr Kaliff 1997; Bengtsson 1999). Om en åker nu skulle ha funnits vid hällen är det förvisso inte ägnat att förvåna, med tanke på plöjning i samband med uppförande av gravhögar och att plöjningsscener ibland förekommer på ristningar. Man kan också anföra att fynd av exempelvis malstenar på ristningsplatser indikerar att rituella måltider troligtvis ingick bland de handlingar som ägde rum i dessa miljöer (Bengtsson 2002:264 ff).

En mängd spännande frågor om hällristningsplatsens skiftande betydelser över tid i relation till andra platser utmed och utanför vägstråken kan ställas. Utifrån ett ojämnt och i vissa fall mycket begränsat källmaterial kan man ana att passagerna över ån och berget och vissa delar av kustzonen var särskilt symbolladdade för människor i området. Kanske är det minnen av sådana ur-åldriga mötes- och kultplatser där övergångsriter utfördes, som döljer sig i tra-ditionen kring "Jätten" öster om Järrestad, som ju i sin gestalt inneslöt och förkroppsligade landskapets liminala zoner vid ån och på hällmarkerna. Jätten framstår i ett sådant perspektiv som en metafor för en helig topografi, en slags traditionsbärare som förde vidare minnen om sammanhang i landskapet så långt fram i tid som det traditionella agrarsamhället fortfor att vara en realitet.

Utbytesnätverken

Järrestadplatån och centralbygden kring Tommarpsåns nedre lopp har så här långt främst diskuterats i ett lokalt perspektiv, men som inledningsvis nämn-des valde vi att använda begreppet centralbygd bland annat för att tydliggöra att områdets historia i relativt sett hög grad påverkades av interaktionen med omvärlden. De externa kontakternas betydelse för centralbygden diskuterades också kort utifrån en förklaringsmodell som tydliggjorde centralbygdens be-roende av omvärlden (Skoglund 1999). Vidden av utbytesnätverkens betydelse för människors föreställningsvärld och upprätthållandet av en social ordning understryks genom kopplingen mellan hällbilder, monument och symboliskt laddade miljöer och de viktigaste kommunikationsstråken i området. Tanken är att dessa samband kan nyanseras ytterligare något, med hjälp av delvis andra materialkategorier och en diskussion kring "Yxornas häll", Simris nr 19.

Inledningsvis bör man då notera att sydöstra Skåne är ett skånskt rand-område vad avser tillgång på flinta och flintteknologi. Lokalt förekommer flinta huvudsakligen i form av sekundärt avsatta kristianstadsflintor i moränen och kul- eller rullflinta. De litiska traditionerna i området har senast diskuterats av Bo Knarrström (1997), främst utifrån ett material som härrör från en kustbo-plats söder om Simris, med huvudsakliga dateringar till TN II och bronsålder. Det kunde konstateras att högkvalitativ senon- eller danienflinta var de domi-nerande materialen vid redskapstillverkning under neolitikum, och att denna flinta transporterades till området i form av mindre råämnen, halvfabrikat eller färdiga exemplar, sannolikt främst från områden med primärförekomster i väs-tra Skåne eller på Själland. Analysen tydde på att den neolitiska flintbearbetningen i huvudsak bestod av finhuggning av fyrsidiga flintämnen. Ett annat karakte-ristiskt drag var att en materialsnål, bipolär flintslagningsteknik tillämpades. Bronsålderns stensmide stod i kontrast till dessa förhållanden; det represente-rades främst av grövre avslag och polygonala kärnor i kristianstadsflinta.

Förekomsten av bearbetad flinta på den nämnda kustboplatsen framstod som klart begränsad i jämförelse med boplatser i västra Skåne, och det analyserade materialet var ganska litet. De ovan relaterade iakttagelserna kunde dock i stora drag bekräftas vid undersökningarna i Järrestad, där bearbetad flinta också förekom i begränsade mängder sett i relation till boplatsernas omfång och dominerades av högkvalitativ icke-lokal flinta. Föremålen av flinta som fanns i den undersökta stridsyxegraven, närmare bestämt fyra flintyxor, en flintmejsel, fyra spån, två skrapor och två pilspetsar, vägde sammanlagt 1200 gram. Denna vikt kan jämföras med den bearbetade flintan på den mindre, tidigneolitiska boplatsen i väster, som vägde totalt 150 gram. På undersökningsytan i öster, där bland annat den större av de båda boplatserna var belägen, förekommer flinta i 687 poster, totalt 2 278 gram Siffrorna kan ses som ett impressionistiskt mått på värdet av den högkvalitativa flintan och de sociala möjligheter som omvärldskontakterna kunde erbjuda i detta avseende. Av intresse är också det faktum att man under tidigneolitikum inte tycks ha intresserat sig nämnvärt för alternativa, mer lättillgängliga material, vilka i funktionell mening kanske inte skiljde sig på något avgörande sätt från den högkvalitativa flintan. Användandet av flinta i detta randområde får då antas ha varit en i hög grad social angelägenhet, vilket innebar att de individer eller grupperingar på lokal nivå som deltog i utbytesnätverken också intog en särställning som varierade över tid (jfr Helms 1993). Det är kanske mot en sådan bakgrund som vi skall se de äldsta vapenristningarna på Järrestad nr 4, vilka av Göran Burenhult (1980) tolkades som dolkstavar med skaftade flintblad, vilka bedömdes vara något äldre än vapenristningarna i Simris.

Betydelsen av Kivik, med Bredarör och Karakås, som överregional mötes- och kultplats har ofta betonats. Platsens belägenhet mellan den skandinaviska bronsålderskulturens centrala områden i söder och de mer perifera områden i norr är förmodligen en del av förklaringen till platsens gestaltning (Randsborg 1993), och dess betydelse för spridning av utbytesnätverkens ideologi kan inte underskattas. I en studie om områdena kring Kalmarsund under senneolitikum och bronsålder har Hans Gurstad-Nilsson (1999:203 ff) utvecklat dessa tankegångar vidare, och diskuterar möjligheten att utbytesnätverken intensifierades under senneolitikum. I likhet med Helle Vandkilde (1996) intresserar han sig för den västliga klockbägarkulturens influenser i ett tidigt skede av denna process, då de överregionala nätverken byggdes upp. Dessa anses primärt ha kretsat kring prestigeföremål av flinta och metaller och möjligheterna att förvärva dessa, vilket involverade tillgång på högkvalitativa råmaterial, expertkunskaper om tillverkningsprocesser och långväga kommunikation (jfr Helms 1993). Enstaka föremål i Skåne och norröver uppfattas som mer direkta yttringar av klockbägarkulturens influenser, exempelvis flathuggna pilspetsar med tånge.

En av relativt få pilspetsar av samma typ som är kända från Skåne påträffades vid undersökningen av Bredarör, under själva röset (Randsborg 1993). I området kring Kalmarsund är tre exemplar kända (Gurstad-Nilsson 1999:228). De inledningsvis nämnda fynden av likartade pilspetsar som gjordes vid Järrestad-undersökningen är då inte förvånande, eftersom de, i likhet med andra sådana pilspetsar "påträffats i områden som under äldre bronsåldern utvecklades till metallrika kärnbygder" (Gurstad-Nilsson 1993:228). Ytterligare en pilspets av samma typ är känd från en lösfyndssamling i Viarp, söder om ån (Stjernquist 1968).

Yxristningarna i regionen och i synnerhet då i Kiviksgraven och på Simris nr 19, är kanske de tydligaste exemplen på utbytesnätverkens betydelse i området under senneolitikum och äldsta bronsålder. Yxmotivet på Simrishällarna uppmärksammades redan mycket tidigt, främst för att man ansåg att möjligheterna att datera motivet utifrån föremålsjämförelser var ovanligt goda. Denna diskussion är omfattande och kan inte refereras i detta sammanhang (se Althin 1945:72 ff ; Burenhult 1980; Malmer 1981:49 ff). I dag förefaller det att råda en enighet om att motivet inte fortfor att framställas under yngre bronsålder. Eftersom yxmotivet i så hög grad dominerar på Simris nr 19 är det också troligt att hällristningarna på denna plats upphörde eller avtog väsentligt under yngre bronsålder.

Av de 86 yxframställningar från sammanlagt sex skånska platser som Malmer registrerade 1981 fanns inte mindre än sextio på Simris nr 19 (Malmer 1981:50). Ytterligare några har tillkommit sedan dess, i anslutning till de redan kända ristningsplatserna. Motivet är inte känt från andra delar av Skåne eller Danmark, och i Sverige förekommer det främst i Östergötland.

Yxframställningarna i Kivik, på Simris nr 19, och de närbelägna mindre hällarna på nr 4 och 27, kan på ett fruktbart sätt kopplas till antropologen Mary Helms (1993) resonemang kring det specialiserade hantverket och resandets symboliska betydelse, och på så vis ge en viss föreställning om ett samhälle där social makt i hög grad kretsade kring prestigeföremål och föreställningarna kring dem (jfr diskussioner i Rudbeck 2002; Larsson 2002; Karlenby 2003). Dessa föreställningar inkluderade den magiska omvandlingen av råvaran till färdigt föremål, resorna till främmande länder, möten med "de andra" och själva tillägnelsen av föremålet. Alla dessa övergångshandlingar var inskrivna i föremålet, vilket utstrålade kvaliteter som förkroppsligades av dess "innehavare". På hällen avbildades prestigeföremålen i serier och i ceremoniella sammanhang, medan resandet också symboliserades av skeppen. I vissa scener kombineras yxa och skepp på ett särskilt effektfullt sätt (Fig. 13).

Göran Burenhult (1980, 1981 1999a), som mest ingående arbetat med hällen menar att förebilderna till en del av yxorna är senneolitiska, och utgörs av kant- och avsatsyxor med utåtsvängd egg. I vilken utsträckning förekom då sådana yxor i lokalområdet, och i vilka sammanhang? I sin genomgång av skånska offerfynd från neolitikum har Per Karsten registrerat totalt 84 kantyxor med utsvängda eggpartier, vilka fördelar sig på 50 enkelfynd och nio depåfynd med tillsammans 34 yxor som bedömts vara senneolitiska (Karsten 1994:89 f). Endast en av dessa anges härröra från det aktuella området (a.a: katalog nr 1062), ett enkelfynd med "mosspatinering" från Simrishamn. Denna fyndkategori framstår enligt denna analys som underrepresenterad i området, jämfört med övriga centralbygder i Skåne, för att inte tala om Danmark. Karstens syfte var emellertid inte att skapa en kronologi för metallyxorna, och först idag föreligger det möjligheter att jämföra det skånska materialet med den kronologi som Helle Vandkilde utarbetat för danskt område (Vandkilde 1996). Det kan konstateras att det skånska materialet ur kronologisk synvinkel i viss mån kan omvärderas och den regionala spridningen därmed omprövas. Däremot ligger uppfattningen om yxan som offerföremål fast. Ser vi till de fynd som Oldeberg (1974) registrerat som kantyxor av koppar eller brons, och som till dess en detaljanalys utförts för enkelhetens skull antas härröra brett från perioden MN B till och med äldre bronsålder, så erhålls följande bild för Järrestads härad (NOT 2). Totalt är elva kantyxor registrerade, varav sju anges vara funna i Simrishamn, Simrishamn med omnejd och Simris – Nöbbelöv, det vill säga utmed kuststräckan från Simrishamn till Gislövshammar. Endast i ett fall (a.a. kat. nr 658) finns det grund att rubricera kantyxan som ett gravfynd; det rör sig om ett osakkunnigt framtaget fynd i en ej identifierad förstörd hög i Simris socken. De andra fynden är lösfynd, och i några fall anges att de kommer från mossar; samtliga är i varierande grad patinerade. Sex registrerade avsatsyxor fördelar sig något jämnare i området; två av dem härrör från Simrishamn/Simris. Slutligen har en skaftlappsyxa, en miniatyryxa och en ospecificerad brons- eller kopparyxa med troliga dateringar till äldre bronsålder registrerats i området. Den sistnämnda yxan är funnen i Simris/Simrishamn. Inte heller bland de sistnämnda kategorierna finns någon koppling mellan grav och yxa. Av totalt 21 yxor från området förefaller det således endast vara en som med rimlig säkerhet kan kopplas till en grav, och denna var belägen i "Simris dorf". Thomas B. Larssons (1986) argument för att hällristningarna i Skåne rumsligt sammanfaller med områden som var maktpolitiska centra, och att ristningarna var integrerade i en ideologi som syftade till att legitimera makt och reproducera den sociala organisationen förefaller därmed vara delvis välgrundade. På lokal nivå finns det en tydlig rumslig koppling mellan yxor, yxristningar och ett elitskikt.

Metallyxan och metaller över huvudtaget är sällsynt förekommande i senneolitiska gravar, där istället den metallimiterande flintdolken utgjorde det accepterade individuella prestigeföremålet (Vandkilde 1996). Metallföremålen och i synnerhet yxor offrades istället, och i sådana offer ingick som regel inte före-mål av icke-metall (Karsten 1994). Dessa förhållanden har uppfattats så, att sociala regler förhindrade den sociala eliten från att göra bruk av metaller i de egna gravritualerna (Weiler 1994; Vandkilde 1996). Det råder emellertid ingen tvekan om att det finns en stark, direkt koppling mellan eliten och metallen (Weiler 1994), och Nordquist (2001:250 f) tänker sig att elithushållen visserligen hade monopoliserat utbytessystemen för brons och kontrollerade bruket av denna metall, men att de inte hade förmått frigöra sig från kollektivet och var beroende av den prestige som ett kollektivt offer av brons gav. Detta förhållande förändras från och med period I, då nedläggelser av metaller skedde även i gravar, och under period II och III manifesterades social ojämlikhet öppet på en rad sätt; yxor av metall fortfor emellertid att vara sällsynta i gravar, även med elitärt präglade föremålsinventarier. Några undantag finns, exempelvis Simris, och kanske skall man då tänka sig att en särskilt nära koppling förelåg mellan den gravlagde och de föreställningar som anknöt till utbytesnätverken.

Delar av den föreställningsvärld som på Simrisristningarna så tydligt anknyter till utbytesnätverken återkommer som vi sett på en rad andra platser i området, men då i ett betydligt blygsammare format, där yxan inte heller utgör ett dominerande motiv. Detta uppfattas, vilket tidigare diskuterades, så att Simris var den centrala kult- och mötesplatsen i centralbygden under senneolitikum och äldre bronsålder. De mindre ristningarna, som i flera fall har föreslagits vara viktiga knutpunkter i det lokala vägnätet, kan då ses som integrerade i den kosmologi som var relaterad till utbytesnätverken och den sociala eliten.

I den diskussion som ovan förts kring Järrestad nr 4 under yngsta bronsålder, framhölls att platsen ändrade karaktär under loppet av bronsåldern, i riktning mot en i första hand lokalt nyttjad begravningsplats där förfäderskulten var betydelsefull (och kanske inte nödvändigtvis av lokal karaktär). Denna förändringsprocess framgår kanske tydligast vid en jämförelse mellan Simrishällen och Järrestadhällen, som uttrycker de genomgripande förändringar som skedde på i stort sett alla plan under loppet av bronsåldern, där kollapsen i de internationella utbytesnätverken fick särskilt stora följdverkningar i de centrala bygderna. Utvecklingen i riktning mot mindre hushåll kan också ha inneburit svårigheter att mobilisera den mer omfattande materiella bas som möjliggjordes inom ramen för det äldre systemet, varför interaktion mellan grupper på regional nivå och gentemot en omvärld bör ha fått delvis nya former.

Detta innebar naturligtvis inte att utbytesnätverken upphörde, utan snarare att formerna för dem förändrades, och att de anpassades till nya behov inom ramarna för nya socioekonomiska konfigurationer, inom vilka prestigeföremålens sociala betydelse och interaktionen med omvärlden framstår som nedtonade, eller kanske snarare "normaliserade" företeelser (jfr Karlenby 2002). I sydöstra

Fig. 13. Simris nr 19. Ett skepp kommer lastat...

Simris no 19. A ship comes from China... Photo by Sven Waldemarsson.

Skåne hade emellertid utbytesnätverken "alltid" varit betydelsefulla, vilket framgår av både flintan och bronset, och de fortfor säkert också att vara av betydelse. Järnets betydelse i dessa sammanhang framstår som högst begränsad. Dess långa introduktionstid under loppet av yngre bronsålder tyder inte på att detta material tillmättes de sociala kvaliteter som var förknippade med bronset. I analysen av gravgruppen vid Järrestad nr 4 diskuterade Althin (1945:88 ff) ett inflytande från nordtyskt område, vilket bland annat tog sig uttryck i svanhalsnålen, och seden att försluta gravurnan. Ser vi till järnföremål i övrigt i området så kan det konstateras att materialet är litet, och att det inte finns något som direkt tyder på att området i detta avseende avviker från de skånska centralbygderna i övrigt där de generellt är fåtaliga. Utöver Svanhalsnålen fanns på Simrisgravfältet järnfragment i tre gravar som daterats till bronsålderns period IV-V, varav i ett fall med viss osäkerhet. Från samma miljö finns också två lösfynd av bygelnålar som dateras till period VI eller det inledande skedet av förromersk järnålder. Slutligen finns en lösfunnen smyckeplatta med järnnål från Gladsax socken, vilken dateras till period VI (Hjärthner-Holdar 1993:128 ff).

Sammanfattande kommentarer

Undersökningsresultaten visar att Järrestadplatån togs i bruk under det inledande skedet av tidigneolitikum, och att landskapet på platån från och med denna tid gradvis öppnades upp för bosättning och djurhållning. Vid övergången till mellanneolitikum kan vi ana mer omfattande strukturer i landskapet; storstensgravar markerade ett antal centrala bebyggelseområden och indikationer finns på kommunikationsstråk mellan dessa. Järrestad nr 4 föreslås ha fungerat som en tidig kult- och mötesplats i området, som var belägen i skärningspunkten mellan två vägleder och i en topografiskt mycket särpräglad miljö. Underlaget för denna tolkning vilar i nuläget huvudsakligen på de rumsliga relationerna mellan megalitgravsområdena och det faktum att väglederna framträder tydligare under yngre skeden. Det bör då inflikas att megalitgravarna kanske snarare indikerar centrala kult- och mötesplatser för ett större område snarare än centrala befolkningsområden; fyndsamlingarna som registrerats i bygden visar att boplatserna fanns inom stora delar av denna. Om Järrestad nr 4 verkligen var en kult- och mötesplats vid denna tid så fyllde den rimligen andra behov än de som megalitgravarna svarade mot. Huruvida det verkligen finns en megalitisk tradition representerad på hällristningsplatsen är svårt att bedöma, men spår efter rituella handlingar indikeras av en bränd tjocknackig yxa som är funnen i anslutning till hällen.

En annan betydelsefull plats var miljön kring "Jätten" i öster, som redan tidigt kan ha utgjort en angöringsplats till bygden. Andra platser där kommunikationsstråk passerade än framstår också som starkt symboliskt laddade, exempelvis "Galgbacken" vid Järrestad, och Korsavad nära åmynningen. Sammantaget kan man skönja en rumslig grundstruktur som i stor utsträckning relaterade till ån, och som människorna i området även fortsättningsvis skulle relatera till.

Några stridsyxegravar utmed vägstråket vid Järrestad antyder kommunikationsstråkets fortsatta betydelse på olika plan, men först under senneolitikum och äldre bronsålder framstår kopplingen mellan begravningsplatser, hällristningsplatser och kommunikationsstråk som tydligare. Denna period kännetecknas i hög grad av att utbytesnätverk fick ett betydande genomslag, något som inte minst ristningsplatserna ger uttryck för. Det är dock viktigt att betona att utbytesnätverken var aktiva och säkert av stor social betydelse under hela den period som studerats här, vilket flintmaterialet ger uttryck för. Yxorna på hällen vid Simris nr 19 framstår som den tydligaste exponenten för dessa samband, och det tycks som om denna plats etablerades som ytterligare en angöringsplats vid denna tid. Vägleden mellan de båda angöringsplatserna vid Simris nr 19 och vid ån i norr ger ett formaliserat intryck och framstår som en bygdens "paradgata" under äldre bronsåder. Utmed detta stråk ristades hällar också på andra platser, och storhögar anlades. Här fanns sannolikt bygdens centrala kult- och mötesplatser, och bosättningar tillhöriga den yppersta sociala eliten på lokal nivå. En av dessa individer gravlades med en yxa, men dessvärre är det obekant exakt var. "Torehögen" invid den bortsprängda hällristningen framstår som en tänkbar kandidat (NOT 1).

Yx- och skeppsristningar återfinns i mindre skala också på andra platser än kring den stora hällen i Simris, exempelvis på Järrestad nr 4 och på gånggriften Gladsax nr 18. Av dessa har i synnerhet ristningsplatsen i Järrestad bedömts vara en viktig mötes- och kultplats även fortsättningsvis. Från och med senneolitikum framträder också en vägled utmed kusten, från Simrishamnsområdet till det betydelsefulla området vid Gislövshammar. Till dessa mer betydelsefulla kommunikationsstråk i landskapet, som har liknats vid "rituella arenor" (jfr Rudebeck 2002) och där de rituella handlingarna många gånger kan förknippas med sociala manifestationer av mer explicit karaktär, får man naturligtvis tänka sig ett nät av vägleder och stigar av mer lokal karaktär.

Hällristningarna på Simris nr 19 visar på betydelsen av denna plats under äldre bronsålder och troligtvis också under senneolitikum. Det finns inget som tyder på att man fortfor att använda platsen för nya ristningar under yngre bronsålder. Motivvärlden uppfattas som i hög grad knuten till olika aspekter av de elitärt kontrollerade utbytesnätverken, och denna föreställningsvärld karakteriserar också flera av de viktigare platserna i vägnätet, inklusive Järrestad nr 4, men i en mer allmänt hållen form. Båda miljöerna fortfor emellertid att vara i bruk under yngre bronsålder om än på ett något olikartat sätt, och tillsammans kan de motiv som återfinns på de båda ristningsplatserna ge infallsvinklar på social förändring under bronsåldern. I Järrestad fortfor man att använda den stora ristningen, och de flesta ristningar på denna häll dateras troligen till yngre bronsålder. Parallellt med bruket av den stora ristningsplatsen togs mindre ristningsplatser i bruk. I Simris tycks den stora ristningen ha förlorat i betydelse till förmån för mindre ristningsplatser. I båda fallen finns det ett samband mellan ristningsplatser och mindre gravhögar och stensättningar.

I och med utbytesnätverkens kollaps utlöstes förmodligen intrikata förändringsprocesser i centralbygderna, som bland annat resulterade i att den sociala organisationen förändrades, och att de postulerade storhushållen splittrades upp i mindre familjebaserade enheter. Äldre trosföreställningar, riter och symboler knutna till utbytesnätverkens ideologi som kontrollerats av ett elitskikt fungerade i längden inte utanför den ursprungliga sociala kontexten. I den sociala reorganisation som följde betonades kopplingen till förfäderna som den viktigaste länken till "det andra", delvis på bekostnad av utbytesnätverkens ideologiska system. Denna ideologiska omorientering kan ses i relation till en framväxande småskalig mer social organisation, och ytterst till det enskilda hushållets behov av en livsåskådning som gav mening och skapade social delaktighet. Parställda fotsulor och skålgropar har uppfattats som uttryck för en allt mer betydelsefull förfäderskult och kom att dominera på den stora hällristningen i Järrestad.

Förhållandet mellan grav och ristning har diskuterats, och möjligen kan man skönja en utveckling som påbörjades då hällkistan med ristningen anlades på avstånd från själva ristningsplatsen. Det bör då noteras att gravar och ristningar tidigare varit åtskilda i Järrestad, vilket diskuterades i relation till *Tenemos*-begreppet och föreställningar kring makt och motmakt. Uppförandet av hällkistan på Järrestad nr 4 kan ses som en signal på att platsen mot slutet av äldre bronsålder blev föremål för religiösa betydelseförskjutningar och att berget i högre utsträckning från och med denna tid förknippades med förfäderskult. Ett närmare rumsligt förhållande var dock inte möjligt, eller önskvärt att etablera vid tiden för denna gravläggning. Under yngre bronsålder uppfördes mindre högar och stensättningar på hällmarkerna, vilket visar att normerna som varit styrande för bruket av platsen hade förändrats. Spridningen av gravar tyder på att begravningar och rituella handlingar i högre utsträckning var en angelägenhet för det enskilda hushållet. Det tyder också på att bruket av platsen kan tänkas ha varit en betydelsefull identitetsskapande företeelse i en social organisation. I en sådan tolkning uppfattas begravningarna som ett uttryck för ett lokalsamhälle. Man kan emellertid också tänka sig att platsens kvaliteter var av sådan art att förfäderskulten inbegrep människor inom ett större område, och frågan är då om och hur en sådan kult kan ha varit förenligt med platsens bruk som lokal begravningsplats. Gravläggningarna invid den stora ristningen har uppfattats som ett uttryck för att en gruppering, förmodligen ett familjebaserat hushåll, förmådde uppnå och under flera generationer vidmakthålla en särställning i lokalsamhället, genom sina nära band till förfäderna. En rituellt förstörd gravläggning signalerar att denna position kunde vara omstridd, och syftet kan ha varit att klippa av banden mellan förfäderna och en släktlinje, möjligen i syfte att skapa nya band.

I detta arbete har yxan och fotsulan uppfattats som centrala symboler för den äldre respektive yngre bronsålderns sociala system i centralbygden. De gav uttryck för ideologier som i båda fallen grundades på religiösa föreställningar kring "det andra"; utbytesnätverken respektive förfäderna. Dessa skall inte uppfattas som separata kategorier som avlöste varandra i ett linjärt förlopp; de skall snarare ses som integrerade delar i en föreställningsvärld där erfarenheter som alstrades genom ett antal specifika historiska omständigheter genererade betydelseförskjutningar av olika slag.

I båda fallen förmådde en social elit att använda sig av dessa ideologiska system som hävstänger i syfte att skapa en särställning för den egna släktlinjen gentemot samhället i övrigt. I det första fallet bestod strategin i att monopolisera utbytesnätverken och kontrollera cirkulationen av brons. Två huvudsakliga skeden kan hypotetiskt urskiljas; inledningsvis var den sociala eliten en länk mellan kollektivet och gudarna, och i ett senare skede uppnådde vissa individer gudastatus. Denna strategi var mycket effektiv men i hög grad sårbar, och när tillgången på brons avtog så utlöstes sociala, ekonomiska och ideologiska förändringsprocesser. I det andra fallet bestod strategin främst av att försöka monopolisera och kontrollera "tillgången" till förfäderna. Denna strategi var inte så effektiv, av flera skäl. Länkarna till förfäderna kunde inte konkretiseras och monopoliseras så som var möjligt med utbytesnätverkets sociomateria, bronserna. Till detta kommer att utbytesnätverkens kollaps kan ha avsatt sociala minnen och erfarenheter som befrämjade motmakt. Vidare kan det mer generellt konstateras att förfäderstro i sig knappast är dynamiskt maktskapande så som fallet var med utbytesnätverkets ideologi.

Mot dessa mer generella drag som analyserna av kommunikationsstråken och de relaterade fornlämningsmiljöerna resulterade i, skall då undersökningsresultaten från Järrestadplatån ställas. Platån öppnades tidigt upp och beteslandskapet hävdades sedan till synes utan regressionsperioder ända in förromersk järnålder, då utvecklingsförloppet kulminerade. Detta får anses betyda att platån var kontinuerligt bebodd och brukad från och med den inledande skedet av tidigneolitikum. Boplatser från TN 1, gårdar från bronsålder period I–II till IV, lämningar efter rituella handlingar under MN A och gravar från MN B och sen neolitikum utgjorde de mest påtagliga undersökningsobjekten inom vägområdet på issjösedimentet. En rad sammanhang mellan människor och boplatser i denna miljö kan anas, men det framstår som mycket svårt att exempelvis diskutera synkrona handlingsmönster på Järrestadplatån eller i centralbygden över huvudtaget utifrån boplatserna, helt enkelt för att de var fragmenterade och för att så få av dem har undersökts. Situationen kring yngsta bronsålder och äldre förromersk järnålder kan exemplifiera det ojämna källäget. Denna period framstår som anmärkningsvärt underrepresenterad inom de undersökta ytorna på issjösedimentet, och står i kontrast till aktiviteterna på hällmarkerna i norr.

Gårdarna som undersöktes på platån uppfattades som "normalgårdar". De båda tydligaste exemplen daterades till äldre bronsålder, vilket kan tyckas motsäga hypotesen om att det kollektiva storhushållet dominerade under denna period. Här finns det naturligtvis anledning att vara återhållsam; dels var dateringsunderlaget begränsat, och dels var undersökningsytorna begränsade. Om man håller fast vid hypotesen och accepterar resultaten så kan man hypotetiskt tänka sig att dessa "normalgårdar" antingen drevs direkt inom ramen för ett större hushåll, ungefär som i en slags huvudgårdsorganisation, eller att de var relaterade till ett storhushåll genom släktband (jfr Kristiansen 1998b:288 f). Inom ramen för Thy-projektet i Danmark identifierades tre hustyper som var i bruk under äldre bronsålder; stora hus som var 25–35 meter långa, mellanstora 15–19 meter långa hus och små hus. Husen var i flera fall välbevarade vilket gav förutsättningar för mer detaljerade fyndanalyser och paleobotaniska analyser (Earle m. fl., 1998). Järrestadhusen – som i en sådan jämförelse faller inom mellankategorin – synes i ett sådant perspektiv snarare kunna tillhöra kategorin släktband till aristokratin än till en "slav- eller landbo"-kategori. En sådan bedömning försvåras dock inte minst av de dåliga bevaringsförhållandena på platsen. En organisation av detta slag kan på olika sätt ha gynnat specialisering och redistribution, vilket inte motsägs av de paleobotaniska resultaten från Järrestad.

För den yngre bronsålderns del kan man då spekulera i att "agglomerationen" av gravar på hällmarkerna, som förmodades representera olika hushåll i ett lokalsamhälle, kan ha motsvarats av en "bebyggelseagglomeration" på Järrestadplatån. Om bebyggelsen vid denna tid hade varit organiserad i form av mobila ensamgårdar borde en eller ett par sådana enheter rimligen ha identifierats inom undersökningsytorna. I Ystadområdet och andra områden i södra Skandinavien finns det exempel på "agglomerationer" av hus, och man har diskuterat möjligheten att dessa utgjorde byar av något slag. Eftersom hägn i stor utsträckning saknas är det emellertid svårt att säkert hävda en samtidighet (Tesch 1993:136 f). För Järrestads del kan man mycket hypotetiskt tänka sig att en viss koncentration av bebyggelsen kan ha varit en alternativ strategi i ett kärnområde vid en tid då en social organisation bröts upp för att rekonstrueras på en "lägre nivå". Sådana förändringar avsatte emellertid inga spår i pollendiagrammen, vilka tyder på att landskapshävden var obruten.

Sett i relation till bygden som helhet framstår Järrestadplatån som ett stabilt bosättnings- och resursområde, vilket tydligast framgår av den kontinuerliga landskapshävden på issjösedimentet, och av närheten till viktiga kommunikationsstråk med ristningsplats och passage över ån. Under stora delar av neolitikum är det troligt att Järrestadplatån var en del i ett slags kärnområde utmed ån. Detta förändrades emellertid under senneolitikum och äldre bronsålder, då man kan anta att ett lokalt maktcentrum och en central kult- och mötesplats fanns i Simrisområdet, som var mer direkt knutet till de möjligheter som öppnades upp genom de överregionala utbytesnätverken. Ser vi till bronserna som registrerats under Järrestad socken (Oldeberg 1974, kat. nr 368–377) är materialet både kvantitativt och kvalitativt klart sekundärt i förhållande till kustområdet (socknarna söder om Tommarpsån) och ansluter väl till den i och för sig rika inlandsbygd som finns i direkt anslutning till kustområdena. I enlighet med Thomas B. Larssons terminologi (1986) kan man karakterisera Järrestadplatån vid denna tid som centralbygdens "produktionsområde" i förhållande till kustzonens "ackumulationsområde". För den yngre bronsålderns vidkommande är det svårare att urskilja centrum- och periferirelationer i och med att den sociala organisationen och maktrelationerna ger ett allt mer lokalt präglat intryck; man kan tänka sig att en plats som Järrestad nr 4 hade en rituell betydelse som i vissa avseenden var av regional karaktär snarare än lokal.

Ett av syftena med denna studie var att diskutera den anmärkningsvärda, nästan statiska bild av landskapshävd som de paleobotaniska analysresultaten från Järrestadplatån resulterade i, genom att relatera till de lämningar som undersöktes på platån, och därifrån fundera vidare kring vissa aspekter av människors handlande, landskap och omvärld, och det växelspel som leder till att traditioner och strukturer reproduceras och omskapas. Centralbygden uppfattades som ett högkontextlandskap, vilket utmärks genom en rumslig förtätning av mänskliga relationer, vilka över tid främst kommit att gestaltas inom vissa zoner i landskapet. Dessa är rumsligt nära relaterade till viktiga kommunikationsstråk i området, och i synnerhet till specifika gränsliknande platser eller knutpunkter utmed dessa. Det tycks ha varit främst utmed kommunikationsstråken och på knutpunkter i förhållande till dessa där handlingar utfördes som mer explicit syftade till att kommunicera, och där vi i nuläget kan skönja det gestaltade landskapets betydelse på olika plan. Det kan naturligtvis ligga en fara i att det något ensidigt är denna dimension av det sociala landskapet som synliggörs, och riktigt intressant blir det förmodligen först när människors "vardagshandlingar" blir möjliga att ställa mot dessa mer "officiella" utryck.

Detta hindrar inte att de perspektiv som studiet av förhistoriska kommunikationsleder under senare år har resulterat i, framstår som utvecklingsbara. Genom detta perspektiv tillhandahålls möjligen verktyg för att kunna bearbeta och strukturera centralbygdens komplexitet och historiska kaos. En möjlighet som på olika sätt har prövats här är de extraordinära men i många avseenden högst problematiska tolkningsmöjligheter som hällristningarna erbjuder. Även denna del av arbetet är naturligtvis hypotetisk i olika avseenden, och bygger bland annat på antagandet att ristningarna härrör från en rad skeenden som utspelades under nästan hela det tidsavsnitt som diskuterats. Om detta är riktigt – vilket naturligtvis måste granskas mer omsorgsfullt än vi kunnat göras här – så utgör ristningarna ett källmaterial med oanade möjligheter, som dock endast till fullo kan tas tillvara i den stund vi förmår att integrera det med källmaterialet i övrigt. Också i detta avseende har vi skrapat på ytan.

NOT 1. Samband mellan grav- och ristningsplats kan också studeras vid kusten. Inledningsvis kan det konstateras att en relation mellan ristningsplats och gravhög som starkt påminner om Hjortekrog (Widholm 1998:76 f) kan ha förelegat på Simris nr. 10; det vill säga att en ristningsceremoni var en del i begravningsritualen. Enligt Bruzelius frilades hällen som en konsekvens av att "Toreshögen" (Fornl. 10) togs bort omkring år 1850. På hällen fanns solkors och i varje vinkel en skålgrop; dessutom fanns skeppsristningar och fler skålgropar (Althin 1945:95). Som nämnts räddade Bruzelius några fragment av denna ristning som i övrigt förstördes genom att ett kvarnstensbrott anlades på platsen.

Det finns dock inget som direkt tyder på att några gravar kan knytas till den största ristningsplatsen i området, Simris nr 19 (Fornl. 23, Simrishamn) som dominerades av yxmotivet. Denna plats förefaller att ha övergivits under yngre bronsålder och det samma gäller ristningen i väster, Simris nr 27 (Fornl. 15), där yxmotivet utgör ett påtagligt inslag. Det bör dock påpekas att ett ganska stort område invid nr 19 tagits i bruk som stenbrott.

Några hundra meter söder om Simris nr 19 föreligger ett nära rumsligt samband mellan en svårtolkad nyfunnen ristningsplats (Fornl. 16) och fyra stensättningar (Fornl. 17). Ristningarna uppges vara cirkelfigurer och möjligen kan ett skepp identifieras; dessutom finns ytterligare några oidentifierade motiv.

Tre- till fyrahundra meter norr om Simris nr 19 finns ett omfattande komplex av ristningsplatser och gravar från olika delar av bronsåldern. Även i detta fall försvåras en närmare analys av att stenbrytning ägt rum. Det omfattande hällristningsområdet Simris nr 4. (Fornl. 18) domineras av yxor och skepp, men vapenfigurer, cirkelmotiv och skålgropar ingår också. Ett kort stycke från dessa ristningar, öster om kustvägen, finns en ej närmare daterad bronsåldershög, som mäter 16 meter i diameter och som är 1,5 meter hög. Femton meter från denna finns ytterligare två ristningsplatser; den ena med skålgropar och den andra med cirkelfigur och skålgropar (Fornl. 22, 1–3). Detta kan vara ytterligare ett exempel på ett nära samband mellan hög och ristning under äldre bronsålder. Ett relativt nära samband föreligger i söder mellan tre stensättningar (Fornl. 24) och en plats med skålgrop (Fornl. 28). Strax norr om ytterligare en grupp med stensättningar i området (Fornl. 33) finns en plats med två skeppsristningar (Fornl. 20) och ett stycke åt nordväst har en ny ristning med två yxor och två skepp identifierats.

Ytterligare några platser utmed kuststräckan skall omnämnas. Drygt en kilometer norr om sistnämnda område, i Simrishamn, finns en stensättning och en skålgrop (Fornl. 1). Söder om Simriskomplexet förekommer inga ristningar förrän i Brantevikområdet, där en ristningsplats med fyra fotsulor, fem skålgropar och två obestämbara ristningar har konstaterats, och tio meter från denna finns två stensättningar och en ansamling med 35 skålgropar (Fornl.12, Simris socken). Några hundra meter väster om denna plats har ett komplex med flera mindre ristningar framkommit under 1980-talet (Fornl. 85). Vidare söderut, främst kring Gislövs-hammar finns mindre ristningsplatser i anslutning till omfattande gravmiljöer från bronsålder (Strömberg 1985a och b).

NOT 2. Katalognummer (Oldeberg 1974) enligt följande: Kantyxor: nr 48, 79, 625, 643, 644, 658, 659, 673, 674, 842, 1003. Avsatsyxor: nr 180, 622, 678, 1004, 1012, 1025. Övriga yxor: nr 54, 176, 369, 633.

Ett stort tack till Ulf Säfvestad för läsning och kommentarer av manus.

Summary

The social landscape of the central district. The Stone Age and Bronze Age of Järrestad.

The project did not aim at an archaeological analysis of long-term human action from the start. Attention was directed above all to the early medieval phase and the Early Neolithic. A survey of the options for pollen analysis and possibilities to analyse long-term vegetation development had been conducted at the early stages of the project, with negative results. However, during the course of excavation, some overploughed marshy areas were localised, and together with some other material, it was possible to reconstruct local vegetation development from the Late Mesolithic to the high Middle Ages.

The palaeobotanical analysis showed that the Järrestad plateau was gradually opened up from the early Neolithic onwards. It was essentially a grazing landscape which was to be maintained throughout the period, with very little to suggest any cultivation at all until *c.* AD. 200. Even then, cultivation was very limited, and more substantial evidence for cultivation did not occur until the late Viking Age.

A number of funerary monuments and rock carvings are situated in passage-like areas round the Järrestad plateau, some of which are clearly to be associated with a strong symbolic content and time-depth; dolmens, passage graves and stone cists, barrows, small mounds, stone circles and rock carvings are included.

In all, there were indications of a rather fixed long-term use of at least certain zones in the landscape, which formed somewhat of a contrast to the dynamics of the Iron Age – Early Medieval settlement structure on the plateau. There were also evidence of several relocations of a centre in the district; in the Roman Iron Age Simris supposedly held a prominent position, in the Early Middle Ages Järrestad was the central unit, and later on, the *kongelev* and town of Tumathorp and the 13th century town of Simrishamn. Altogether, the seemingly inconsistent indications of human formation and general influence on the landscape triggered a more thorough study of long-term human action, involving the landscape and the surrounding world.

The rather fragmented Pre-Iron Age settlements investigated on the plateau were dated to the Early Neolithic and the Bronze Age, periods II–III. Investigated features dating to the Middle and Late Neolithic were rather disparate, consisting of a grave group including cists and some characteristic pits as well; the latter category was hypothetically related to ritual activities outside a settlement context.

It was obviously not possible to conduct an analysis of long-term human action from this rather diverse material only, and closer attention was therefore directed towards the surroundings of the plateau, where the passage-like areas with monuments or other features were situated. Similar areas and places could be identified elsewhere in the central district, most distinctly in connection with prominent topography, such as places close to the sea, the river, and on higher, rocky ground. Altogether, the features formed a characteristic pattern which was interpreted as a network of the most important paths in the central district. A strong link is suggested between the positioning of funerary monuments from different periods and a network of roads or paths. The paths converged into crossroads at certain distinct places, in surroundings which can be adequately described as liminal; this quality was often reinforced by rock carvings.

An early origin of the network can be outlined on the basis of the distribution of dolmens and passage graves alongside the river and in the northern part of the district, indicating central settlement areas late in the Early Neolithic and onwards. In the higher, rocky terrain north of Järrestad the paths leading between the central settlement areas by the river and to the north converged at a crossroads. Some of the motifs in the rock carving site Järrestad no. 4, which is situated in the area of the presumed crossroads, have been considered megalithic, although this is not generally accepted, partly due to the scarcity of such carvings in northern Europe. A burnt flint axe found at the site is another indication of ritual activities during this period, which have been observed previously at places with a similar high degree of visibility.

The connection between graves and paths does not, however appear distinctly until the Late Neolithic. A strong relationship between stone cists and paths has been observed previously, in the western part of Scania. The connection here is even more prominent, when we take the rock carvings into account. A group of rock carving motifs – mainly the axe – probably date to this period, and they appear at Järrestad no. 4 as well as other carvings at presumed crossroads. Furthermore, there are examples of a very strong funerary continuity along the paths from this period or slightly earlier, and onwards to the early Bronze Age. The grave group which was investigated in Järrestad, close to the path running north–south, was a good example of continuity; a mass grave dated to the Battle-axe culture period was found alongside four late Neolithic stone cists, and in the near vicinity a stone cist in a barrow had previously been excavated; a secondary burial in the cist was dated to the Bronze Age, period II.

The network was also extended, and the focus of the landscape appears to have changed, from the river towards the sea. During this period it is perhaps – at least in some instances – more accurate to speak of roads rather than paths. A primary road in the district emerged, which connected crossroads close to the river and to the sea, thus linking the central district closer together to the surrounding world. Large barrows and rock carving sites were added to the older monuments at the road, and it is most likely that there was a central place for cult and exchange in the area, as well as a residence for the highest-ranking individuals in the district.

The importance of this area and the coastal zone in general is also reflected by the emergence of a path along the coast, which appears to have been closely linked to the above-mentioned primary road. Several rock carving sites close to the coast – the most important being Simris no. 19 – were dominated by the axe motif, which has been tentatively interpreted as an expression of the district's participation in the international exchange networks during the period, and a tribute to the many different aspects of this elite prestige object.

The presumably somewhat older parts of the network, the "megalith area" along the river and at the supposed central cult place at the crossroads Järrestad no. 4, was probably of secondary importance during this period, compared to Simris, but remained an important feature of the central district throughout the Bronze Age. The rock carving place at Järrestad no. 4 was examined somewhat more closely in order to discuss the overall transformation occurring in the central districts during the course of the Bronze Age, and to discuss the role of Järrestad no. 4 as part of this. This process may well have been triggered by the scarcity of bronze during periods III and IV as a result of international upheaval; the vital importance of prestige objects for the reproduction and maintenance of the social organization in the central districts of south Scandinavia has been pointed out. At household level the process has been thought of as a change from the large, possibly clan-like, extended household to the small family household.

A funerary place with small mounds was established close to the rock carving site in late period V, and continued to be in use during period VI. A number of similar mounds and small stone settings also appeared in the vicinity, probably at about the same time. The establishment of graves close to the rock carving site was clearly a new phenomenon, but ritual activities in commemoration of the dead had probably been an important feature at this site for a very long period. The use of the crossroad as a place for ritual activities connected to the ancestors has been tentatively related to the rock art. The paired and single sole or footprint, which occurs in some variations, is a predominant motif on the central rock. The variations suggest a rather long and continuous innovation process, possibly starting already in period II or III, and perhaps continuing as late as period V or VI, during the time of the funerals.

The rock carving sites at Simris no. 19 and Järrestad no. 4 are strikingly different, which is probably to a large extent due to chronological reasons, and in some important respects the differences mirror two kinds of societies, an early versus a late Bronze Age society. In the old society prestige goods and contacts with the surrounding world were the most successful and effective strategies for elites in the central districts to reproduce and maintain social order. When this system collapsed, possibly as a result of events far away, there was a reorganization of society. To recreate and maintain a new social order, which probably involved a larger number of smaller household units than before, the role of the ancestors gradually became more important than ever, as a uniting element. Perhaps this was the moment when the carved foot sole appeared on the rock?

It is suggested that the establishment of graves at Järrestad no. 4 formed an important part of the transformation of Bronze Age society at local level. It can be regarded as a profound expression of the local community; by connecting to the past, directions for the future were created. The question is of course whether this was really a collectively inspired movement, rather than an individual one. Almost everybody can claim at least some access to ancestors, so in this respect it was not a very effective strategy for an aspiring elite, at least not in the initial stages of the process. However, the establishment of the mounds close to the rock should be regarded as an expression of aspirations of this kind. The idea of a close and special relation between individuals in a specific household and the ancestral qualities connected to the place itself also finds support in the find of a stone with cup marks which was used in connection with the interment of an urn, and the use of regularly formed stone blocks in the circle around the largest of the mounds, which had been quarried from the same type of rock. The grave mounds at the rock clearly shows that faith was also a strategy. By emphasizing a closer link to the ancestors, a household apparently succeeded in establishing itself as local aristocrats, albeit at a comparatively low level, within the framework of the local community.

The central district was in some important respects characterized by its network of roads, which connected people to the real world as well as the other world. The passages in the landscape have been characterized as a "ritual arena", and this was certainly in explicit use over the long period of time discussed here. It was used to socialize the landscape, to communicate between groups and the surrounding world, it was used to express religious faith, and to create elites. It was perhaps also used in order to reclaim the landscape, and to unite people, a possibility that was touched on in the example of Järrestad no. 4. The active use of the landscape in different social processes is clearly possible to emphasize.

An analysis of the network of roads makes it possible to bring some order into the historical chaos which, as a rule, is associated with a central district. The "ritual arena", however, is just one side of the coin, and there are obvious dangers connected with the one-sided use of this dimension of the social landscape. This leads back to the Järrestad plateau, and the settlement remains investigated there. In a more general sense we could make use of the rather fragmented material in the analysis, but the material will not come to life unless the action in the "everyday arena" can be confronted with the more official action taking place in the "ritual arena".

Referenser

Althin, C. A. 1945. *Studien zu den Bronzezeitlichen Felszeichnungen von Skåne*. I-II. Lund.

– 1954. *The Chronology of the Stone Age Settlement of Scania, Sweden*. Acta Archaeologica Lundensia Series in 4° N° 1.

Andersson, M. & Svensson, M. 1999. Palissadkomplexet i Dösjebro. I: Burenhult, G. (red.). *Arkeologi i Norden*. Del 1. Stockholm.

Artursson, M., Linderoth, T., Nilsson, M.-L. & Svensson, M. 2003. Byggnadskultur i södra & mellersta Skandinavien. I: Svensson, M. (red.) *I det Neolitiska rummet*. Skånska spår – arkeologi längs Västkustbanan. Riksantikvarieämbetet. Stockholm.

Aston, M. 1985. *Interpreting the Landscape. Landscape Archaeology in Local Studies*. London.

Bengtsson, L. 1999. Manligt – Kvinnligt – kring dolda strukturer på hällristningar i Bohuslän. I: Olausson, M. (red.). *Spiralens öga. Tjugo artiklar kring aktuell bronsåldersforskning*. Riksantikvarieämbetet Avdelningen för arkeologiska undersökningar Skrifter nr 25. Stockholm.

– 2002. Att gräva ut bilder. I: Goldhahn, J. (red.). *Bilder av bronsålder – ett seminarium om förhistorisk kommunikation*. Acta Archaeologica Lundensia. Series in 8° N° 37. Stockholm.

Björhem, N. & Säfvestad, U. 1989. *Fosie IV – Byggnadstradition och bosättningsmönster under senneolitikum*. Malmöfynd 5. Malmö.

Bloch, M. 1985. From Cognition to to Ideology. I: Fardon, R. (red.). *Anthropological and Sociological Approaches*. Edinbugh.

Brink, K. 1995. Tidigneolitikum i Albo och Järrestad härad. C-uppsats vid Arkeologiska institutionen, Lunds universitet. Lund.

Brorsson, T. 2003. Analyser av neolitisk keramik från Järrestad, Järrestad sn., Skåne. KFL-Rapport 03/03/09.

Bruzelius, N. G. 1878?. Historisk beskrifning öfver Ingelstads, Järrestads och Albo härader. Handskriven kopia, Österlens museum.

Burenhult, G. 1973. *The Rock Carvings of Götaland II*. Acta Archaeologica Lundensia. Series in 4° N° 8 Lund.

– 1980. *The Rock-carvings of Götaland, Part 1*. Thesis and Papers in North-European Archaeology 10. Institute of Archaeology, University of Stockholm. Stockholm.

– 1981. *Stenåldersbilder. Hällristningar och stenåldersekonomi. Hällbilder som samhällsdokument från sten- och bronsålder i Europa och Nordafrika 5000–500 f. Kr*. Stockholm.

– 1999a och b. (red.). *Arkeologi i Norden* del 1 och 2. Stockholm.

Clastres, P. 1974. *Samhället mot staten*. Stockholm.

Coles, J. 2000. *Patterns in a Rocky Land: Rock Carvings in South-West Uppland, Sweden*. Aun 27. Uppsala.

Connelid, P. 2002. Åker, toft och vång. Landskapsförändringar i skånsk skogsbygd från vikingatid till cirka 1800. I: Carlie, A. (red.). *Skånska regioner. Tusen år av kultur och samhälle i förändring*. Riksantikvarieämbetet Arkeologiska undersökningar Skrifter No 40. Stockholm.

Daun, Å. 1989. *Svensk mentalitet. Ett jämförande perspektiv*. Stockholm.

Earle, T., m fl. 1998. The Political Economy of Late Neolithic and Early Bronze Age Society: the Thy Archaeological Project. *Norwegian Archaeological Review*, Vol. 31, No. 1, 1998.

Eriksson, M. 2001. En väg till Uppåkra? I: Larsson, L. (red.). *Uppåkra. Centrum i analys och rapport*. Uppåkra studier 4. Acta Archaeologica Lundensia. Series in 8° N° 29. Stockholm.

Fornminnesregistret, Riksantikvarieämbetets fornminnesinventering. Bolshög, Järrestad, Simris, Simrishamns stad, Gladsax, Östra Tommarp, Östra Nöbbelöv.

Giddens, A. 1993. *The Constitution of Society*. Cambridge.

Gurstad-Nilsson, H. 2001. Hövdingar – över vad? Gemenskaper och nätverk kring Kalmarsund 2300–500 f Kr. I: Magnusson, G. & Selling, S. (red.). *Möre, historien om ett småland*. Kalmar läns museum E22 projektet. Kalmar.

Hedengran, I. 1989. Omsorg vid Dragby och omsorg vid Fiskeby. I: Burström, M. m.fl. (red.). *Mänsklighet genom millennier. En vänbok till Åke Hyenstrand*. Stockholm.

Hellerström, S. 1998. Arkeologisk förundersökning. Skåne, Rörums socken, Backen 1:42 Vik. *UV Syd Rapport* 1998:19.

– 2001. En centralbygd tar sin form. I Burman, P. (red.). *Österlen Tidsresa längs Tommarpsån* 2001. Föreningen för Fornminnes- och Hembygdsvård i Sydöstra Skåne. Simrishamn.

– 2002. Järrestad i centrum. Väg 11, sträckan Ö. Tommarp–Simrishamn. Järrestads socken, Skåne. Söderberg, B. (red.). *UV Syd rapport* 2002:16.

– I manus. Hällkistor och en flatmarksgrav från MNB – förhållandet mellan MN och SN ur ett österlenskt perspektiv.

Hellerström, S. & Liljegren, R. 2001. Den första båtresan. I Burman, P. (red.). *Österlen Tidsresa längs Tommarpsån* 2001. Föreningen för Fornminnes- och Hembygdsvård i Sydöstra Skåne. Simrishamn.

Helms, M. 1993. *Craft and the Kingly Ideal. Art, Trade and power*. Austin.

– 1998. *Access to Origins. Affines, Ancestors and Aristocrats*. Austin

Hjärthner-Holdar, E. 1993. *Järnets och järnmetallurgins introduktion i Sverige*. Aun 16. Uppsala.

Hulthén, B. 1977. *On Ceramic Technology during the Scanian Neolithic and Bronze Age*. Stockholm.

Hyenstrand, Å. 1984. Fasta fornlämningar och Arkeologiska regioner. *Riksantikvarieämbetet och Statens historiska museer Rapport 1984:7*. Stockholm.

Jacobsson, B. 1979. Boplats mesolitikum–neolitikum, Backen 1:42, 1:43 och 1:59, Vik, Rörums sn, Skåne. *Rapport Riksantikvarieämbetet UV Syd*.

Kaliff, A. 1997. *Grav och kultplats. Eskatologiska föreställningar under yngre brons-
ålder och äldre järnålder i Östergötland.* Aun 24. Uppsala.

Karlenby, L. 2002. *Bronyxan som ting och tanke i skandinavisk senneolitikum och
äldre bronsålder.* Occasional Papers in Archaeology 32 / Riksantikvarieämbetet
Arkeologiska undersökningar skrifter no 44. Uppsala.

Karsten, P. 1994. *Att kasta yxan i sjön. En studie över rituell tradition och förändring
utifrån skånska neolitiska offerfynd.* Acta Archaeologica Lundensia. Series in 8°,
N° 23. Stockholm.

Kaul, F. 1997. Tegneøvelser. *Skalk* nr 1, 1997.

Knarrström, A. 2001. Väg 11, förundersökning 4 & 5. Boplatslämningar från yngre
bronsålder och äldre järnålder. *UV Syd Rapport* 2001:13.

Knarrström, B. 1997. Neolitisk flintteknologi – i ett skånskt randområde. I: Karsten, P.
(red.). *Carpe Scaniam. Axplock ur Skånes förflutna.* Riksantikvarieämbetet Arkeo-
logiska Undersökningar Skrifter nr 22. Stockholm.

Kristiansen, K. 1998a. *Europe Before History.* New Studies in Archaeology. Cambridge.
– 1998b. The Construction of a Bronze Age Landscape. Cosmology, Economy and
Social Organisation in Thy, Northwestern Jutland. *Mensch und Umwelt in der
Bronzezeit Europas.* Kiel.

Larsson, L. 1989. Brännoffer. En tidigneolitisk fyndplats med brända flintyxor från
södra Skåne. I: Larsson, L. & Wyszomirska, B. (red.). *Arkeologi och religion. Rap-
port från arkeologidagarna 16–18 januari 1989.* University of Lund Institute of
Archaeology Report Series 4. Lund.
– 1992. Settlement and Environment during the Middle Neolithic and Late Neolithic.
I: Larsson, L., Callmer, J. & Stjernquist, B. (eds.) *The Archaeology of the Cultural
Landscape. Field Work and Research in a South Swedish Rural Region.* Acta
Archaeologica Lundensia 4° N° 19. Stockholm.
– 2000. Axes and Fire – Contacts with the Gods. I: Olausson, D. & Vandkilde, H.
(red.). *Form, Function and Context. Material Cultural Studies in Scandinavian
Archaeology.* Acta Archaeologica Lundensia 8° N° 31. Stockholm.

Larsson, M. 1984. *Tidigneolitikum i Sydvästskåne. Kronologi och bosättningsmönster.*
Acta Archaeologica Lundensia. Series in 4° N° 17. Lund.
– 1992. The Early and Middle Neolithic Funnel Beaker Culture in the Ystad area
(Southern Scania). Economic and social change, 3100–2300 BC. I: Larsson, L.,
Callmer, J. & Stjernquist, B. (eds.) *The Archaeology of the Cultural Landscape.
Field Work and Research in a South Swedish Rural Region.* Acta Archaeologica
Lundensia 4° N° 19. Stockholm.

Larsson, T. B. 1986. *The Bronze Age Metalwork in Souhern Sweden. Aspects of Social
and Spatial organisation.* Archaeology and Environment 6. University of Umeå.
Department of Archaeology. Umeå.
– 1993. Storhögar i södra Sverige. Kring några utbredningskartor. I: Larsson, L.
(red.). *Bronsålderns gravhögar.* University of Lund, Institute of Archaeology Re-
port Series no. 48. Lund.

– 2002. De döda, de "andra" och djuren. I: Goldhahn, J. (red.). *Bilder av bronsålder – ett seminarium om förhistorisk kommunikation*. Acta Archaeologica Lundensia. Series in 8°, N° 37. Stockholm.

Liljegren, R. 1999. Landskapshistorisk och paleoekologisk utredning för väg 11, sträckan Östra Tommarp–Simrishamn. *Lundqua Uppdrag* 26. Kvartärgeologiska avdelningen, Lunds universitet.

Linge, L. 1981. Centralt och perifert i historisk forskning och undervisning. *Historielärarnas förenings årsbok* 1980-81.

Lönnbergs fornminnesinventering 1929. Förvaras på Österlens museum.

Mandt, G. 1982. Recension av "The Rock-carvings of Götaland" av Göran Burenhult. *Fornvännen*, årgång 77.

Moltsen, A. 2002. Makrofossilanalyser fra Väg 11, strækningen Östra Tommarp–Simrishamn, Skåne. NOK, Natur og kultur. Rapport.

Malmer, M.P. 1975. *Stridsyxekulturen i Sverige och Norge*. Lund.
– 1981. *A Chorological Study of North European Rock Art*. Kungl. Vitterhets historie och antikvitetsakademin. Antikvariska serien 32. Stockholm.

Nordbladh, J. 1980. *Glyfer och rum. Kring hällristningar i Kville*. Göteborg.

Nordquist, P. 2001. *Hierarkiseringsprocesser. Om konstruktioner av social ojämlikhet i Skåne 5500–1100 f. Kr*. Studia Archaeologica Umensis 15. Umeå.

Olausson, D. 1992. The archaeology of the Bronze Age cultural landscape – research goals, methods, and results. I: Larsson, L., Callmer, J. & Stjernquist, B. (eds.) *The Archaeology of the Cultural Landscape. Field Work and Research in a South Swedish Rural Region*. Acta Archaeologica Lundensia. Series in 4° N° 19. Stockholm.

Olausson, M. 2001. Om vallanläggningar och boplatser i ett bronsålderslandskap. I: Olausson, M. (red.). *Spiralens öga. Tjugo artiklar kring aktuell bronsåldersforskning*. Riksantikvarieämbetet avdelningen för arkeologiska undersökningar Skrifter nr 25. Stockholm.

Oldeberg, A. 1974. *Die ältere Metallzeit in Schweden*. Kungl. Vitterhets historie och antikvitetsakademien. Stockholm.

Persson, P. 1999. *Neolitikums början. Undersökningar kring jordbrukets introduktion i Nordeuropa*. GOTARC serie B. Nr 11. Göteborg, Uppsala.

Randsborg, K. 1993. *Kivik. Archaeology and Iconography*. Acta Archaeologica 64 (I).

Ring, C. 2001. Kölbygärde – en normal boplats? I: Magnusson, G. & Selling, S. (red.). *Möre, historien om ett småland*. Kalmar läns museum E22 projektet. Kalmar.

Rudebeck, E. 2002. Vägen som rituell arena. I: Jennbert, K., Andrén, A. och Raudvere, C. (red.). *Plats och praxis. Studier av nordisk förkristen ritual*. Vägar till Midgård 2. Lund.

Rudebeck, E. & Ödman, C. 2000. *Kristineberg. En gravplats under 4500 år*. Malmöfynd 7. Malmö.

Samuelsson, B.-Å. 2001. Kan gravar spegla vägars ålder och betydelse? I: Larsson, L. (red.). *Uppåkra. Centrum i analys och rapport*. Uppåkra studier 4. Acta Archaeologica Lundensia. Series in 8° N° 29. Stockholm.

Skoglund, P. 1999. De enskilda hushållens betydelse för landskapsutvecklingen under bronsålder. I: Olausson, M. (red.). *Spiralens öga. Tjugo artiklar kring aktuell bronsåldersforskning*. Riksantikvarieämbetet avdelningen för arkeologiska undersökningar Skrifter nr 25. Stockholm.

Stjernquist, B. 1955. *Simris. On Cultural Connections of Scania in the Roman Iron Age*. Acta Archaeologica Lundensia. Series in 4° N° 2. Lund.

– 1965. An Early Neolithic Settlement Site at Simris in S. E. Scania. *Meddelanden från Lunds universitets historiska museum 1964–65*.

– 1968. En fornsakssamling från sydöstra Skåne. *Ale* nr 1, 1968.

– 1999. The Warrior Elite of South-East Scania in the Roman Iron Age and its Function in the Social and Political Structure. *Studien zur Sachsenforschung* 13. Oldenburg.

Strömberg, M. 1963. Eine vendelzeitliche fibel von Gladsax. *Meddelanden från Lunds universitets historiska museum 1962–63*. Lund.

– 1968. *Der Dolmen Trollasten in St. Köpinge, Schonen*. Acta Archaeologica Lundensia. Series in 8° N° 7. Lund.

– 1971. *Gånggriften i Tågarp, Ö. Tommarp*. Föreningen för fornminnes- och hembygdsvård i sydöstra Skåne. Småskrifter 11. Simrishamn

– 1976. *Forntid i Sydostskåne*. Föreningen för fornminnes- och hembygdsvård i sydöstra Skåne. Småskrifter 14. Simrishamn.

– 1980. Siedlungssysteme in südschwedischen Megalithgräbergebieten. *Fundberichte aus Hessen 19/20, 1979/1980. Festschrift U. Fischer*.

– 1985a. *Jägare flintsmed bonde järnsmed i Gislöv*. Simrishamn.

– 1985b. De ristade grunt i hällen. *Ale* nr 4, 1985.

– 1993. Gravars källvärde i relation till andra fornlämningar. I: Larsson, L. (red.). *Bronsålderns gravhögar*. University of Lund, Institute of Archaeology Report Series no. 48. Lund.

– 1996. Från dös till hällkista på Österlen. I: *Österlen* 1996. Årsbok för den samlade hembygdsrörelsen på Österlen. Simrishamn.

Söderberg, B. 2003. Integrating Power. Some aspects of a Magnates Farm and Presumed Central Place in Järrestad, South-East Scania. I: Larsson, L. & Hårdh, B. (red.). *Centrality – Regionality. The Social Structure of Southern Sweden during the Iron Age*. Uppåkra studier 7. Acta Archaeologica Lundensia. Series in 8° N° 40. Stockholm.

Söderberg, B., Knarrström, B. & Linderoth, T. 1997. Boplatslämningar från jägar- och bondestenålder samt bronsålder. Arkeologiska undersökningar utmed väg 500. *UV Syd rapport* 1997:67. Lund.

Tesch, S. 1993. *Houses, Farmsteads, and Long-term Change. A regional Study of Prehistoric Settlements in the Köpinge Area, in Scania, Southern Sweden*. Uppsala.

Thurston, T. L. 2001. *Landscapes of power, Landscapes of Conflict. State Formation in the South Scandinavian Iron Age*. Fundamental Issues in Archaeology. New York.

Torstensdotter-Åhlin, I. 2000. Arkeologisk utredning och undersökning. Skåne, Vellinge socken, Herrestorp 3:2, *Riksantikvarieämbetet 71. UV Syd Rapport* 2000:72.

Vandkilde, H. 1996. *From Stone to Bronze. The Metalwork of the Late Neolithic and Earliest Bronze Age in Denmark*. Jutland Archaeological Society Publications XXXII. Aarhus.

Wallin, C. 1951. *Gravskick och gravtraditioner i sydöstra Skåne*. Stockholm.

Weiler, E. 1994. *Innovationsmiljöer i bronsålderns samhälle och idévärld*. Studia Archaeologica Umensis 5. Umeå.

Welinder, S. 1977. *Ekonomiska processer i förhistorisk expansion*. Lund.

Widholm, D. 1998. *Rösen, ristningar och riter*. Acta Archaeologica Lundensia Series Prima in 4° N° 23. Stockholm.

▶ Om man skall kunna beskriva vegetationens historia och interaktion med de mänskliga aktiviteterna inom ett område, krävs det, att det finns pollen-analyserade lagerföljder från området. Visserligen kan man överföra de grova dragen, t.ex. trädens invandring och landskapets öppnande i stort, från diagram från andra, närbelägna områden, men så snart man börjar studera detaljer som är eller kan vara specifika, behöver man lokalt källmaterial. I sydöstra Skåne har det inte varit möjligt att inom väg 11-projektet ta fram tillräckligt med sådant material. Ett skäl är ekonomin – det fanns inte tillräckligt med medel till det. Det avgörande skälet var dock ett annat. Det saknades nämligen lämpliga lagerföljder. Detta kunde konstateras under förundersökningsfasen. Det som saknades var framför allt en lagerföljd som speglade den regionala utvecklingen. För detta behövs helst en sjö- eller torvmarkslagerföljd, där pollenrecipienten har en areal av åtminstone några hektar, för att den regionala signalen skall komma till sin rätt. De torvmarker som fanns var alla svårt skadade av täkt, och sjöar tycks knappast ha existerat, och existerar inte nu, inom området. Dessa frågor har tidigare utretts av Lilje-

Vegetationshistoria i östra Skåne
En jämförelse med Ystadområdet

av Ronnie Liljegren och Leif Björkman

gren (1999). Lagerföljder med lokal representation var också synnerligen sällsynta, men några kom fram under de fortsatta arkeologiska utredningarna och utgrävningarna. Några kunde också lokaliseras av oss i områden som inte direkt berördes av utgrävningarna, men som låg i närheten. Allt som allt fick vi fram 4 olika lagerföljder, av vilka 2 stycken (Järrestadplatån och Västra hålan) undersökts av oss i projektets regi. Ytterligare en (Annedal) har undersökts av våra studenter som ett utbildningsprojekt och den fjärde (Kyrkokärret) har studerats i ett betygsarbete (Berntsson, opubl.), vilket ännu inte är helt klart. Samtliga dessa ger en mycket lokal signal. De undersökta lagerföljdernas lägen framgår av figur 1 och deras pollendiagram presenteras i figur 2–5.

Om man inte har lagerföljder som ger en regional signal, måste man, som sagts, försöka överföra information från andra områden. Det moderna material som finns tillgängligt för jämförelser är i första hand resultaten från det s.k. Ystadprojektet (Berglund, ed. 1991). En del av undersökningarna inom detta projekt har också publicerats separat, t.ex. Hjelmroos (1985), Göransson (1991), Gaillard (1984 m. fl.), Gaillard och Berglund (1988) och Regnell (1989). Även äldre material från området, t.ex. Nilsson (1935, 1961) har diskuterats inom Ystadprojektet. Projektets undersökningsområde ligger i mellersta delen av södra

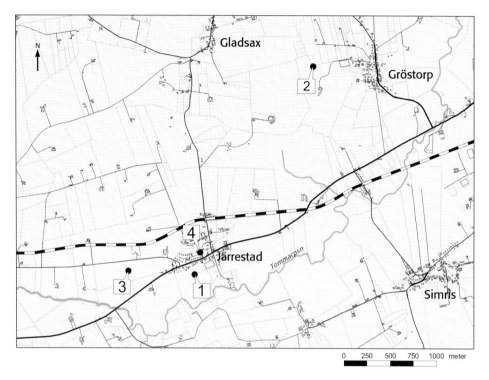

Fig. 1.　Karta över en del av sydöstra Skåne, visande lägena för undersökningslokalerna.
Map showing the investigated sites around Järrestad in south-eastern Scania.

Skåne runt Ystad och mellan Romeleåsen och havet. Trots att avståndet mellan Ystadområdet och Järrestadplatån endast är några mil, finns det stora skillnader i landskapsbilden. Dessa skillnader har sin grund i ett flertal olika faktorer. Därför kan man inte direkt applicera alla resultaten från Ystadområdet på det nu aktuella området.

I Ystadprojektets redovisning (Berglund ed. 1991) används okalibrerade ^{14}C-dateringar angivna i kalenderårstidsskalan. I detta arbete har vi i stället omarbetat de tidsangivelser vi citerar från Ystadprojektet till kalibrerade ^{14}C-åldrar vilka vi alltså anger i reella kalenderår. Skillnaderna mellan dessa två typer av tidsangivelser blir mest märkbara vid åldrar före 500 f.Kr., det vill säga vid ^{14}C-åldrar överstigande 2500 BP.

Inom Ystadprojektets undersökningsområde verkar ett av delområdena, nämligen Köpingeområdet, vara det som vi helst bör jämföra med. Orsakerna därtill är flera. Det är till exempel beläget en bit från kusten, liksom Järrestadplatån. Jordarterna inom de bägge områdena är också, om än inte helt lika, så i alla fall besläktade. Sand och silt upptar en stor andel och borde ge likartade odlingsförutsättningar. För Köpingeområdet finns ett pollendiagram med lokal prägel, visserligen inte direkt från området, men ändå från dess absoluta närhet, vilket möjliggör jämförelser med våra lokalt präglade diagram. Slutligen vill vi också poängtera den rumsliga närheten mellan Köpingeområdet och Järrestadplatån, vilken inte bara befästs i kilometeravståndet, utan också i möjligheterna till transporter på upphöjda, glesbevuxna, torrare isälvsmaterialstråk mellan de båda områdena.

Vi skall börja med att diskutera en viktig metodisk skillnad. Ystadprojektet är en regional undersökning, medan vår måste betraktas som lokal sådan, även om vi gärna vill försöka tolka också regionala landskapsutvecklingsdrag. Man har visserligen inom Ystadprojektet eftersträvat undersökningslokaler som ger både en regional och en lokal signal, men tolkningarna utgår ändå från en regional vy av landskapet, om än med lokala inslag. Den lokala utvecklingen har studerats i vissa speciella områden via lokala lagerföljder. Med dessa som utgångspunkt har man sedan tolkat den lokala utvecklingen i landskapets olika delar. Allt vårt tillgängliga material från Sydostskåne är däremot av lokal karaktär. Några lokaler som ger möjlighet för regionala pollendiagram i det för oss intressanta tidsavsnittet har, som sagts, inte hittats. Våra pollenrecipienter är små kärr, högst några tiotal meter tvärs över och med utpräglat lokal pollenrepresentation. Andra källor till kunskap om vegetationshistorien, vilka behandlas i andra uppsatser, är brunnar som endast representerar några få kvadratmeter och lokalt makrofossilmaterial av allehanda slag från husgrunder och andra konstruktioner. Detta är en svårighet vid tolkningen. Försöker vi överföra Ystadundersökningens landskap på östra Skåne går vi från det stora och söker det lilla, använder vi vårt lokala material för att få ett grepp över landskapet i allmänhet går vi från det lilla mot det stora. Det är med andra ord inte så lätt att ens jämföra med det närbelägna Ystadområdet. Saker vi måste fundera över är t.ex. hur de lokala signaler vi ser tydligt i Järrestaddiagrammet skulle se ut i ett mera regionalt präglat pollendiagram. Hur tydligt representerar slutsatserna från Ystadprojektet olika delområden, t.ex. Köpingeplatån? Svaren på detta har vi inte, och därför blir våra förslag här spekulativa i många fall. Man kan också fundera över begreppen lokalt material och lokal representation. Menar vi samma sak som man gör i Ystadmaterialet? Vårt material ger möjlighet till funderingar kring en liten plats i ett stort område men är svårtolkat om man går utanför denna plats. Ystadprojektets lokalmaterial måste tolkas bredare. Vi tolkar den lokala miljön med utgångspunkt från en lagerföljd i ett litet kärr centralt i tolkningsområdet, medan man i Ystadprojektet tolkar Köpingeområdets, det vill säga det för oss mest intressanta områdets, utveckling från en större torvmark nära, men inte centralt inom området.

De viktigaste naturfaktorerna som gör att det finns skillnader i vegetationshistorien och i hur människan utnyttjat olika områden är klimat och geologiskt underlag. För att vi skall kunna jämföra sydöstra och södra Skåne, måste först dessa skillnader belysas.

Landskapsjämförelser

Medeltemperaturen är något lite lägre i sydöstra Skåne än i Ystadområdet. Medelnederbörden är 600–700 mm i Ystadområdet och delvis över 700 mm i sydöstra Skåne. Enligt Atlas över Sverige uppskattas den verkliga nederbörden till ca. 100 mm högre i sydöstra Skåne än i Ystadområdet. Vintrarna är också något bistrare i östra Skåne än i södra delen av landskapet. Det innebär bl.a. att det faller lite mera snö där och att man har något flera "vita jular" där än i Ystadområdet. Den här skillnaden skulle kunna manifesteras i en skillnad i antalet våtmarker och deras storlek. Det borde funnits lite flera sådana i sydöstra Skåne. Så är emellertid inte fallet i nutid. Sydöstra Skåne är extremt fattigt på våtmarksområden. Detta beror dock till viss del på det nutida markutnyttjandet. Hela området är mycket kraftigt uppodlat i dag, och de våtmarker som förekommit, är i stort sett alla försvunna. De topografiska förutsättningen för våtmarksbildning är också lite mindre i östra Skåne än i Ystadområdet, beroende på en mera platt topografi.

En viktig orsak till att våtmarkerna försvunnit är, förutom direkt bortodling, den omfattande torvtäkt som bedrivits. Denna har delvis tjänat det egna energibehovet. I kraftigt uppodlade områden är man beroende av torv som bränsle, och avskogning och torvtäkt brukar gå "hand i hand". Sådan husbehovstäkt berörde förr i stort sett alla typer av våtmarker, och dessutom hedmarker med tjocka råhumuslager. De tidigare ljunghedsområdena nordöst om Bolshög har till exempel varit ordentligt utsatta för torvtäkt. I sydöstra Skåne, och förvisso också i andra områden nära städer, tillkommer ännu en faktor, nämligen täkt för avsalu. I sydöstra Skåne gick sådan torv främst till staden Simrishamn. Hanssen (1952) visar i en studie av räkenskaper över varor som fördes in till Simrishamn, att det år 1798 infördes över 850 lass torv till staden årligen. Av räkenskaperna framgår också att de allra flesta av dessa lass kom från de socknar som omger staden. På kartorna saknar dessa socknar nästan helt våtmarksareal i dag. Ändå kunde de producera en så stor mängd torv för 200 år sedan. Linné

(1751) påpekade i sin skånska resa att området mellan Simrishamn och Östra Tommarp var synnerligen kraftigt uppodlat och saknade skog. Därför kan man anta att torvtäkten i området var intensiv, redan långt före den tid som dokumenteras i skifteskartor och avdikningshandlingar. Denna torvtäkt är ett landskapsdanande element, kanske framför allt i Skåne, som inte tillräckligt beaktats hitintills. Utdikning och borttäktning av torvmarker börjar långt tidigare än skiftena och kan vara mycket mera omfattande än man ofta antar.

Berggrunden i Ystadområdet består till allra största delen av kalksten och sandsten från krittiden och tertiär. Det är mjuka bergarter som lätt eroderas av inlandsisarna. De lägger grunden för en flack topografi. Mot norr ansluter den sedimentära berggrunden till Romeleåsens kristallina berggrund. I östra Skåne är berggrunden mångfacetterad med många olika bergarter, delvis i en förvirrande blandning. Svårvittrad, hård, kambrisk sandsten, ordoviciska och siluriska skiffrar och kalkstenar förekommer alla i en svårtolkad berggrundsbild. Mot norr finns också Linderödsåsens kristallina berggrund.

Det finns också rätt stora jordartsskillnader mellan de olika områdena. Sandiga kustområden, som i Ystadområdet finns framför allt öster om Ystad, är betydligt mindre utbredda i östra Skåne och mera direkt knutna till kustzonen där. En viktig orsak är den brantare kusttopografin i sydöstra Skåne, vilken inte tillåtit framför allt Littorinahavet att tränga så djupt in i landskapet. Därmed har inte den ursprungliga moränen och moränleran svallats och omlagrats i lika stora områden som i södra Skåne.

I Sydskåne finns också en markant skillnad mellan den kustnära leriga moränen och den söder om Romeleåsen avlagrade och av urbergsmaterial präglade steniga, leriga moränen. I östra Skåne finns mera utbrett en lerig morän med stort inslag av skiffrar. Den synnerligen leriga morän som ligger längs sydöstra Skånes kust saknas också i Ystadområdet. Moränytans egen topografi är, underlaget till trots, mera oregelbunden i Ystadområdet än i sydöstra Skåne. Ystadområdets dödistopografi saknas inom vårt undersökningsområde, där moränytan i stället uppvisar en flack, svagt småkuperad bottenmoräntopografi.

Stora isälvsmaterialfält finns i sydöstra Skåne norr om det för oss centrala Järrestadområdet och dessutom finns flera isälvsavlagringar som går som stråk genom landskapet. Förutom dessa, förekommer grövre jordarter i ett flertal platåer med issjömaterial av sandig eller siltig typ, vilka likt öar sticker upp över de ganska platta ytorna med lerig morän.

Både i Ystadområdet och i östra Skåne förekommer det en större urbergshorst, Romeleåsen respektive Linderödsåsen, som begränsar det flackare området. Det finns dock väsentliga skillnader. Romeleåsen begränsar Ystadområdet mot norr. Nästan all expansion från kusten i det området når på något sätt fram emot horsten förr eller senare, eftersom den ligger utsträckt i nordvästlig – sydöstlig riktning. I Östra Skåne ligger också horsten i denna riktning, men expansionen kan där försiggå in i Skåne från öster mot väster utan att stöta på hinder. Nu skall man inte tro att horstarna utgör något fysiskt hinder i sig. Så är troligen inte fallet. Tvärt om kan de kanske i vissa fall underlätta kontakter genom att erbjuda väl dränerad mark för transporter. Däremot kan de vara ett hinder som kräver ändring i markutnyttjande, ekonomi och jordbruksteknik. Så länge landskapet inte var fullt utnyttjat erbjöd de också skydd för vilda djur som i viss mån hotade människornas ekonomi, såsom varg och björn, men som också erbjöd en födoresurs i form av jakt på älg (som var sällsynt), kronhjort, rådjur och vildsvin.

En annan viktig skillnad är de sydöstskånska hällmarksområdena. Dessa, som är betingade av den kambriska sandstenens flata sedimentytor och lilla benägenhet för vittring, finns över huvud taget inte i södra Skåne. De flacka platåer som sandstenen bildar, sticker markant upp i det sydöstskånska landskapet. De fick sin jordartsmässiga utformning, dvs. med tunt eller inget jordtäcke, redan i senglacial tid. Detta kan bl.a. utläsas i den vindslipning som finns på Gladsax hallar (Liljegren 1999). Möjligen kan platån mellan Gladsax och Gröstorp ha varit lite annorlunda. Där finns i dag delvis ett tunt jordtäcke. Man får därför anta att denna platå kan ha varit skogbevuxen med torrpräglad skog vid åtminstone vissa tider. Dock har den säkert också en mångtusenårig historia som betesmark med enstaka slån och andra buskar.

Övriga hällmarker har sannolikt inte i sina centrala delar haft något jordtäcke. I flera fall har de under bronsåldern försetts med hällristningar. Man får väl tänka sig att det beror på att de redan vid den tiden "stuckit upp" på ett markant sätt i landskapsbilden. Runt de uppstickande hällarna har sannolikt funnits en övergångszon med allt mera glesnande, torrpräglad skog.

I ett naturligt landskap (därmed avses ett landskap som inte i någon högre grad påverkats av människan) finns oerhört mycket vatten. Vattentransporten från det att nederbörden når markytan och tills dess att vattnet lämnar området i bäckar och åar tar lång tid, kanske ett halvår eller mera. Mycket vatten försvinner också genom avdunstning. Det vatten som når marken infiltreras som grundvatten eller transporteras som markvatten genom marken tills dess att det läcker fram som diffusa flöden eller källor, beroende på topografi och geologi. Där framläckandet sker, bildas källor, fuktmarker, våta ängsmarker, kärr eller regelrätta vattensamlingar. Det mesta av sådana här vatten har människan nästan helt tagit bort i dag. Redskapen för detta har varit dikning och uppodling. Dikningen har sin början i 1700-talets enkla, öppna diken, vilka senare utvecklades så att de fylldes med sten, täcktes med ris och jordtäcktes. Under 1800-talets andra hälft kom dräneringsrör i bruk och detta utvecklades så småningom till nutidens hårda markdikning. I och med detta, samt genom de moderna plogarnas förmåga till jordflyttning och övertäckning av svackor i terrängen, uppkom dagens ensartade, utjämnade och totaldikade jordbrukslandskap. I södra Skåne är det svårt att se spåren av det forntida, betydligt våtare natur-landskapet eller äldre bondelandskapet genom det filter som det moderna land-skapet utgör. Dock finns där spår kvar här och var. Små torvsvackor som kom-mer fram vid grävningsarbeten, torvlinser i en dikesskärning eller en antydan till ansamling av vatten i en svacka vid kraftigt regn är alla sådana tecken.

För östra Skånes del ger skifteskartorna besked om ett våtare landskap för 200 år sedan än dagens, även om, såsom tidigare anförts, redan Linné anmärkte att landskapet i östra Skåne var ett av de mest uppodlade han sett. Detsamma ser vi i andra källor. Ett landskap som årligen kunde exportera mera än 800 lass torv enbart till staden Simrishamn utöver sin egenförbrukning, är inte våtmarks-tomt. När vi så försöker se hur vått landskapet var ännu längre bak i tiden får vi inget besked i skrivna källor. Däremot kan en kombination av geologiska fakta och våra kunskaper om nederbördsförändringar ge en hel del informa-tion. Kontentan av denna är, att det landskap som fanns i östra Skåne en gång, innan totaluppodling och dikning förändrade det, var ett vått landskap. De våtaste områdena, naturligtvis förutom bäckar, åar och därmed sammanhäng-ande kärrmarker, var de i dag totaluppodlade, flacka moränområdena. Där sjönk markvattnet endast sakta undan och där bildade varje liten svacka en kärrmark som höll kvar vatten. Dessa svackor är i dag till absolut största delen bortodlade. Det som i dag till 100 procent framstår som en jämntorr åkeryta kan således till en tredjedel eller mera förr ha varit kärrmark.

De våta moränlereområdena gränsade till isälvsstråk och stora issjöavlag-ringar. Dessa topografiskt uppstickande områden av något så när väl dränerande material, ledde nederbördsvattnet ut mot sina sluttningar. Där bildade det kärr-marker, källsprång och diffusa vattenlöp. För dom tidiga jordbrukarna var där-med tillgången på färskt vatten säkrad, även om man inte hade någon å eller bäck alldeles i närheten. De våta sluttningarna var därmed också speciellt svåra att ta sig fram över med transporter – ett naturligt incitament till att hålla sig uppe på de torra platåerna och isälvsstråken.

Vegetationshistoria och markutnyttjande

I det följande görs en jämförelse mellan resultaten från Ystadområdet och den utveckling som är tänkbar i östra Skåne med ledning av de skillnader mellan områdena som tidigare diskuterats. Vi använder därvid dels resultatsamman-fattningen från Ystadområdet (Berglund 1991 ed.) och dels beskrivningen av Köpingeområdet i samma arbete. Därefter prövar vi, avsnitt för avsnitt, våra

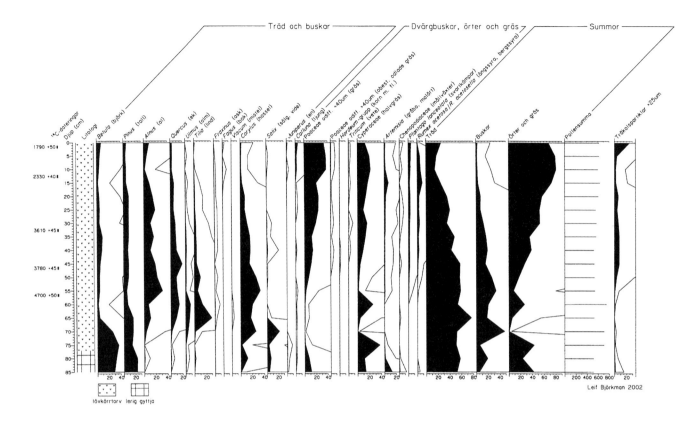

Fig. 2. Pollendiagram från Järrestadplatån (lokal 1 på Fig. 1). Lagerföljden består av lerig gyttja och lövkärrtorv. Dateringarna visar att den daterade delen har avsatts under tidigneolitikum till äldre järnålder. Den nedre, odaterade delen har bildats under ett tidigt skede av postglacial tid. Man kan inte utesluta att det finns lagerluckor i denna del. Diagrammet avspeglar främst förhållandena uppe på Järrestadplatån inom några hundra meters avstånd från provtagnings-platsen.

Pollen diagram from the Järrestad plateau (site 1 in fig. 1). The profile consists of clayey gyttja and carr peat. The dated part of the profile was deposited during an interval between the Early Neolithic and the Early Iron Age, while the bottom sequence probably accumulated during an early phase of the Holocene. The diagram mainly shows the local vegetation development on the Järrestad plateau within a few hundreds of metres of the coring point.

90

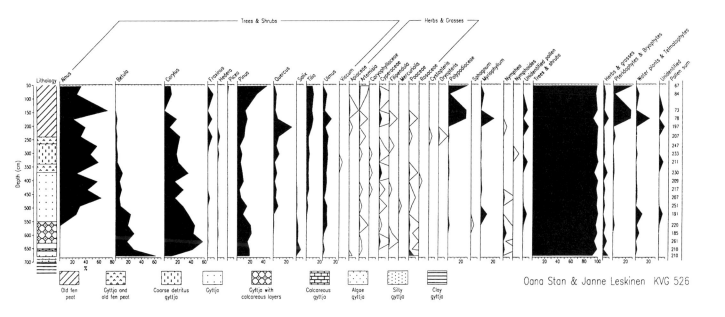

Oana Stan & Janne Leskinen KVG 526

Fig. 3.   Pollendiagram från Annedal (lokal 2 på Fig. 1). Detta är ett mycket översiktligt analyserat
diagram från en djup och mycket lokalt präglad lagerföljd i förkastningen väster om Gröstorp.
Diagrammet ger information om den ytterligt lokala vegetationsutvecklingen men återspeg-
lar inte ens de mycket närbelägna hällmarkerna uppe på platån Enet.

*Summary pollen diagram from Annedal (site 2 in fig. 1). The sampled site is situated in the
bottom of a fault immediately west of the sandstone plateau of Enet west of the village of
Gröstorp. The diagram shows the very local vegetation development in and around the
basin during approximately the early and middle Holocene. Not even the adjacent vegeta-
tion on the bedrock areas of the plateau seems to be represented.*

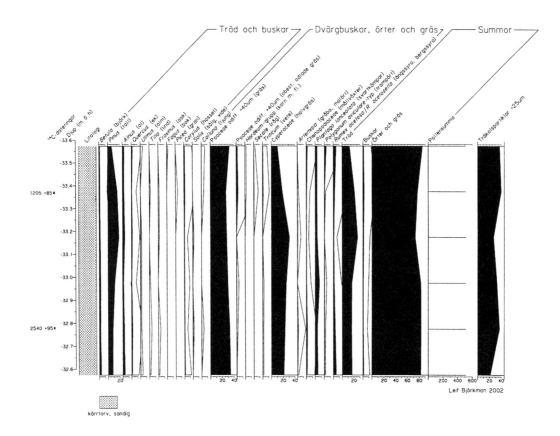

Fig. 4.   Pollendiagram från Västra Hålan (lokal 3 på Fig. 1), en torvlagerföljd på moränlera, just i övergången mellan Järrestadplatån och moränlereslätten. Lagerföljden har i huvudsak av-satts under järnåldern. Den översta delen kan härröra från tidig medeltid. Diagrammet av-speglar såväl den västra sluttningen av Järrestadplatån som den närmsta kvadratkilometern av moränlereslätten.

Pollen diagram from the site of Västra Hålan (site 3 in fig. 1). This site is situated in the border zone between the Järrestad plateau and the surrounding clayey till plain. The diagram mainly reflects the vegetation during the Iron Age but the upper part of early Middle Age may also be represented. It reveals the development along the western slope of the Järrestad plateau as well as the bordering part of the clayey till plain.

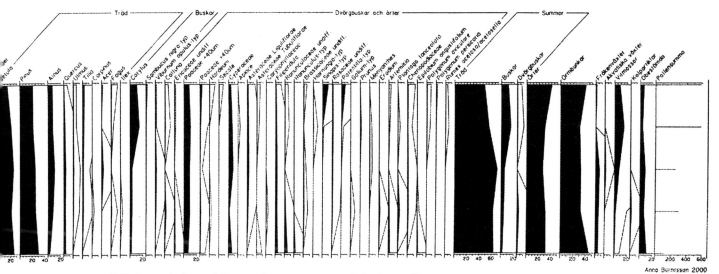

Pollendiagram för Järrestad. Den svarta kurvan anger procent och den vita promille.

Anna Berntsson 2000

Fig. 5.   Pollendiagram från Kyrkokärret (lokal 4 på Fig. 1). Lokalen är belägen direkt väster om muren runt Järrestad kyrka. Det har ställts till förfogande av A. Berntsson (opubl.). Huvuddelen av den analyserade lagerföljden torde ha avsatts under järnåldern och under tidig medeltid. Diagrammet avspeglar förhållandena uppe på Järrestadplatåns norra delar.

Pollen diagram from Kyrkokärret (site 4 in fig. 1), a site which is situated directly west of the churchyard in Järrestad. The main part of the profile was deposited during the Iron Age and early Middle Ages. The diagram reflects the vegetation development on the north-eastern part of the Järrestad plateau.

93

slutsatser mot de lokala diagram som finns från Järrestadområdet (Fig. 2–5). Det skall åter påpekas att vi inte har samma typ av pollendiagram från östra Skåne som de som finns från Ystadområdet, varför jämförelsen är svår och blir teoretiserande. Jämförelserna görs endast i de tidsavsnitt som täcks av våra diagram och är således inte tidsmässigt heltäckande.

Senmesolitikum

Enligt Berglund (ed. 1991) kännetecknades klimatet under senmesolitikum av en ca 2 grader högre sommarmedeltemperatur än vi har i dag. Vintrarna var också mildare och klimatet var inte lika fuktigt. Detta skulle kunna sammanfattas som att man då hade ett mera vegetationsvänligt klimat än i dag, varför man får räkna med förutsättningar för en välutvecklad och närmast yppig vegetation.

I Ystadområdet urskiljer man vid denna tid flera olika typer av skogar:

a Ädellövskogar med rik undervegetation på fuktiga, näringsrika, leriga och siltiga marker. Ek, lind, alm, ask, hassel, benved, brakved och olvon var dominerande arter.

b Blandning av ädellövskog samt björk och tall på lite torrare, sandigare, näringsfattigare jordar. Dessa skogar var lite öppnare än de rena ädellövskogarna.

c Blandskogar av ek, björk och tall. Denna skogstyp fanns på torra, näringsfattiga jordar både nära stranden och i det inre dödislandskapet.

d Kärrskogar med främst al på torvmarker, i våta sänker och längs vatten. I kanten av kärrskogarna fanns askskogar. Öppna kärr var sällsynta medan skogskärr var vanliga.

I Köpingeområdet, som är det område inom Ystadprojektet som mest påminner om Järrestadområdet, dominerade ek, lind och hassel, medan tallen anses varit mest spridd nära kusten. I våtare områden fanns alm och ask, medan de våtaste upptogs av alkärr.

Om man antar att skogssammansättningen var ungefär likadan i sydöstra Skåne som i Ystadområdet, skulle man kunna tänka sig att moränlereområdena täcktes av en mosaik av typ a och d. Typ b förekom omväxlande med typ c, beroende på jordarterna, på isälvsstråk och issjösedimentplatåer, medan sedimentplatåernas sluttningar dominerades av alm och ask.

I de lokala pollendiagram som tagits fram inom vårt undersökningsområde finns en chans att jämföra. Tidsavsnittet finns representerat dels i undre delen av pollendiagrammet från Järrestad kring nivån 60 – 65 cm (Fig. 2) och dels i diagrammet från Annedal (Fig. 3). I diagrammet från Järrestadplatån dominerar ek, alm, lind, hassel och tall. Den boreala hasseluppgången framträder vid 80 – 85 cm, men är svag. Kanske saknas delar därav i den lagerlucka som dessutom föreligger. Den kan omfatta bland annat senare delen av mesolitikum. Den vegetationshistoriska bilden är typisk för ett sandigt, ganska torrt område, och den visar att ekblandskogen haft svårt att etablera sig fullt ut. Den relativt höga lindfrekvensen kring nivån 65 cm är också typisk för torrare marker. Möjligen kan man också tänka sig att, eftersom Järrestadplatån är förhållandevis liten, de almskogar som troligen täckte dess våta sluttningar, gav lite högre almvärden i Järrestaddiagrammet än vad som var fallet i Köpingematerialet. Sammanfattningsvis kan man dock säga, att de pollenanalytiska signalerna från Köpingeområdet och Järrestadplatån är ganska lika.

Mesolitikum är väl representerat i Annedalsdiagrammet (Fig. 3). Här finns en kraftig hasseltopp i boreal tid och det framgår också tydligt hur björken ersätts av al i den lokala kärrvegetationen i övergången mellan tidig- och senboreal tid, runt 500 cm under ytan. Den lokala askskog som bör ha funnits runt kärret ger endast en svag signal i diagrammet. Den mera markanta hasselförekomsten beror säkerligen på de betydligt näringsrikare marker som omger Annedal på västsidan. Sandstensplatån direkt öster om Annedalslagerföljden framträder däremot inte markant. Detta är kanske inte heller något man skall vänta sig, eftersom den lokala skogen i och runt kärret troligen effektivt tonar ner pollenproduktionen från platåytan. Möjligen skall den sammanhängande gräspollenkurvan i diagrammets undre del tas som en indikation på närliggande, öppna områden.

Ett försök till miljöbeskrivning för senmesolitikum eller senatlantisk tid, baserat på hela den tillängliga informationen ger oss således en bild av ett sydostskånskt landskap med många olika vegetationstyper.

De flacka områdena med moränlera och leriga moräner, dvs. de i dag totalt uppodlade ytorna, utgjorde fuktiga, kärrika skogsbiotoper med tät ädellövskog av ek, alm, lind och hassel. Mot fuktigare kärrområden tillkom ask och al. Dessa kärrmarker var av skogskärrtyp med alskog och omgärdade av en askbård. De områden som i dag är totaluppodlade och knappast innebär något hinder för framkomlighet var således under mesolitikum, och också längre fram i tiden, de mest svårgenomträngliga och otillgängliga. Samtidigt var de resursområden för jakt och insamling.

Ur den täta "urskogen" stack de mera sandiga issjösedimentplatåerna och de grovkorniga isälvssedimenten upp med sin betydligt glesare skog av ek, lind, björk och tall. Där var marken torrare och mera lättframkomlig. Man behövde mera sällan gå runt större kärr och vattensamlingar, och man hade på många ställen, inte minst från Järrestadplatån, fri sikt över den lägre belägna ekblandskogen åt flera olika väderstreck. De var därmed de självskrivna kommunikationslederna i landskapet, inte minst eftersom de bildar band och stråk åt olika håll.

Runt platåerna och isälvsavlagringarna förekom en skogssuccession från den torrpräglade platåskogen till den täta ekblandskogen där hassel, alm, ask och al omväxlade, beroende på fuktigheten. Sluttningarna var våta av framläckande källvatten, och det samlades i våtmarker eller till och med regelrätta vattendrag vid foten av sluttningarna. Sluttningarna var därmed också en speciell resurs i landskapet, både som plats där man fick dricksvatten och som speciellt viktig jaktplats.

Sandstensplatåerna var däremot inte i allmänhet skogsklädda. De stack upp som markanta, ljusa höjder med berg i dagen, kantade av öppen hedvegetation och därefter torrpräglad tall- och björkskog. I svackor och sprickor fanns öppna gräsytor och buskar. Flera av platåerna har sådan höjd att de både var synliga vida omkring och erbjöd milsvid utsikt. Sandstenen, som i svagt ytvittrad form är nästan vit bidrog till det säregna utseendet. Speciellt framträdande måste den branta, kalcitklädda bergväggen vid Impan väster om Gröstorp ha varit.

Något skall också sägas om Tommarpsån och dess biflöden. Den har utförligt behandlats i andra arbeten (Liljegren 1999, Liljegren 2001, Hellerström & Liljegren 2001), varför den endast omnämns kortfattat här. Åns fåra var vid denna tid flack och omgiven av större kärrmarker på många håll. Stora sådana fanns t.ex. mellan Gärsnäs och Östra Tommarp och lite mindre kärrmarker fanns flerstädes längs ån. Eftersom dagens åfåra i viss mån är resultat av mänsklig styrning, var ådalen betydligt kärrikare och mera svårframkomlig under mesolitikum och lång tid därefter också. De årliga översvämningarna lade stora markarealer under vatten, medan fåran krympte ordentligt under torrare sommarperioder. Något alternativ för kommunikation var inte ån. Man kan snarare tänka sig att den utgjorde ett hinder i landskapet, både i positiv och negativ mening.

Neolitikum

Det skedde en klimatförändring ca. 3800 f.Kr. (Berglund ed. 1991), vilken ledde mot mera kontinentala förhållanden. Vintrarna blev kallare, somrarna varmare och mängden nederbörd minskade. Följaktligen fick man en lägre humiditet. Sjöarna hade lågt vattenstånd 5000–3200 f.Kr. i Sydsverige. Då accelererade igenväxningstakten i många sjöar. Efter 3200 f.Kr. gick det åter mot mera maritima klimatförhållanden. Havsnivån längs Skånes östkust låg ca 4 m högre än i dag. I Simrishamnsområdet gick havet in i en djup vik, vilken sträckte sig längs nutida Tommarpsån, ungefär upp till den plats där den gamla riksväg 11 skär Tommarpsån väster om Simrishamn (Liljegren 1999).

3800 f.Kr. skedde det i Ystadområdet en avskogning på torra jordar (Berglund ed. 1991). I pollendiagrammen framträder det så kallade almfallet, vilket initialt visar kraftig nedgång i almpollenkurvan och i viss mån också i lind- och ask-pollenkurvan. Därefter uppträder höga värden för björk och al, medan alm, ask och lind går ner. Ljusälskare som asp och örnbräken ökar, liksom gräs. Allt detta indikerar röjningsjordbruk, kanske med hjälp av svedjning, men de di-rekta bevisen för detta är inte entydiga. Från 3700 f.Kr. finns tydliga indikatio-ner på boskapsskötsel och odling, genom att malört, gråbo, syror och svart-kämpar uppträder i pollendiagrammen liksom pollen av vete. De täta skogarna övergår snabbt i en mosaiknatur där människopåverkade ytor omväxlar med mera ursprungliga sådana. Utvecklingen i Köpingeområdet följer också detta mönster.

I vårt lokala Järrestaddiagram uppträder ett almfall distinkt kring nivån 60 cm (Fig. 2). På grund av en komprimerad lagerföljd i detta avsnitt, ser man samtidigt också en uppgång i hasselkurvan och en svag höjning av björkkurvan, markerande de första igenväxningarna efter de första röjningarna. Vid denna nivå börjar också sammanhängande kurvor för malört, svartkämpar och syror. Trädpollenkurvan går ner och örtpollenkurvan går upp.

I det mycket glest och översiktligt analyserade Annedalsdiagrammet är dessa nivåer svårare att belägga (Fig. 3). Det är över huvud taget svårt att pollen-analytiskt belägga om det finns någon gräns mellan atlantisk och subboreal kronozon i diagrammet. Därmed kan man inte heller säkert avgränsa hur högt upp i tid som diagrammet sträcker sig. Den lokala alvegetationens dominans i pollenfloran trycker ner alla andra signaler. Enstaka malörts- eller gråbopollen (*Artemisia* sp.) finns i diagrammets övre hälft, men behöver inte indikera någon odling eller betesmark utan kan härröra från hällmarkerna öster om lokalen. Den kraftiga ormbunkstoppen markerar säkerligen inte heller stensöta eller lik-nande, utan i stället kärrbräken, i all synnerhet som den följer på en uppgång i kurvan för vattenväxten slinga (*Myriophyllum*). Detta indikerar därför snarare en lokal vattenståndsväxling. Möjligen kan uppgången av tall i diagrammets övre del markera en utglesning av alkärret och en ökad mottagning av pollen från platån i öster. När denna utglesning i så fall inträffade är omöjligt att säga. Ett enstaka granpollen i diagrammets översta del ger möjligen en mycket liten vink om att vi där är ganska långt fram i tiden. Överför vi data från Ystad-området skulle det innebära att vi i diagrammets övre del var inne i järnåldern i så fall. Detta är ingen omöjlighet, eftersom diagrammets få analyspunkter ligger minst sagt glest och hela diagrammet omfattar cirka 5 meter lagerföljd. I ca 600 år var landskapet i Ystadområdet halvöppet skogsland där björk och hassel förekom på torr mark och al, sälg och videarter på våt mark (Berglund ed. 1991). Förhållandet mellan torra och våta skogssamhällen var oförändrat.

Dock blev det kanske våtare för en kort tid runt 3750 f.Kr. Skogskärr med al expanderade då. Öppna områden med gräs och örtartad vegetation blev för övrigt allt vanligare under tidigneolitikum.

Ett småskaligt jordbruk förekom, karakteriserat av odling och boskapsskötsel. Aktiviteten var koncentrerad till kustområdet och det inre dödisområdet. Även andra lätta jordar än de mest kustnära i det yttre dödisområdet nyttjades tidvis. Där förekom skog med halvöppna betes- och odlingsområden. Troligen skedde lövtäkt runt dessa områden. Ett exempel på ett sådant område med lätta sandjordar är Köpingeslätten. Den kom att utnyttjas tidigt, kanske för ett rörligt röjningsjordbruk.

Vårt lokala Järrestaddiagram (Fig. 2), vilket representerar ett sandigt område en knapp mil in i landet, visar att markerna där successivt öppnades av människan. Trädpollenkurvorna går ner och gräspollenkurvan går upp tillsammans med kurvorna för malört, syror, mållor och svartkämpar. Möjligen indikerar en uppgång av al och en nedgång av halvgräs vid nivån 55 cm en tillfällig upptorkning av det lokala kärret. Indikatorerna i pollendiagrammen visar främst på en expansion av ett beteslandskap, medan odlingsindikatorerna är få. I det småskaliga perspektiv som våra pollendiagram ger i detta fall, bör det närmast tolkas som att den del av Järrestadplatån som omgärdar vår undersökningslokal användes främst för bete, medan åkermark kanske fanns på annat håll i närheten. Det finns dock anmärkningsvärt få odlingsindikatorer i diagrammet, jämfört med sådana som indikerar betesmark. Detta kan inte tolkas på annat sätt än att Järrestadplatån användes för bete och inte för odling redan från första gången den röjdes.

Om man för över erfarenheterna från Ystadområdet till östra Skåne, kan man se en del paralleller mellan Köpingeområdet och Järrestadplatån. Bägge påverkades tidigt av människan, kanske med den skillnaden att Järrestadplatån i än högre grad än Köpingeområdet var specialiserad mot betesbruk. Betesbruket och odlingen berörde säkerligen, liksom i Ystadområdet, främst de lättare jordarna. En utglesning av skogen skedde troligen också på Järrestadplatåns sluttningar runt de sandiga områdena, medan påverkan i de täta, fuktiga ekblandskogarna på flackområdena var minimal. Med stor sannolikhet började man också inlemma sandstensplatåerna i betesmarkerna redan så här tidigt. Eftersom dessa inte ger underlag för odling, men däremot tillåter en hel del bete kanske framför allt i randskogen, är det möjligt att de fungerade som utmarker eller fäbodmarker till bosättningarna på de sandiga platåerna. Grunden för vad som framöver skulle bli centralområden i sydöstra Skåne lades därmed redan av de allra första bönderna.

Redan vid den här tiden börjar alltså en skillnad mellan Järrestadplatån och Köpingeområdet att framträda, i det att Järrestadplatån förefaller mera utnyttjad, och då framför allt som betesmark, än vad som är fallet i Köpingeområdet. Detta ställer diskussionen om källmaterialet på sin spets redan så här tidigt. Är det samma typ av pollenanalyser vi jämför?

I övergången tidigneolitikum/mellanneolitikum, skedde i Ystadområdet en koncentration av mänskliga aktiviteter till kustområdena (Berglund ed. 1991). Efter 2900 f.Kr. återupptogs expansionen och landskapet blev åter mera öppet. Då skedde också en expansion i det yttre dödislandskapet. Där var dock feta och våta jordar fortfarande orörda. Även i Köpingeområdet ökade nu den mänskliga påverkan på landskapet. Torra jordar omvandlades till betesmark och åker.

I Järrestadområdet märks inte någon tillfällig koncentration och tillbakagång. Eftersom vi anser att vårt diagram representerar ett centralområde, skall man kanske inte heller förvänta sig detta. Öppningen av landskapet med en utveckling åt ett beteslandskap fortsatte utan tillbakagång. I Ystadområdet spelar enbuskar viss roll som indikator på betesmarker under neolitikum. I Järrestaddiagrammet däremot är en av mycket underordnad betydelse. Detta kan tolkas som att Järrestadområdet utnyttjades så pass kraftigt för bete att de inte fick så stor chans att växa upp, och det understryker åter, att Järrestadområdet är ett centralområde.

Bronsålder

Redan i senneolitikum blev kustområdet runt Öja, Herrestad och Köpinge det mest utnyttjade landskapsavsnittet i Ystadområdet (Berglund ed. 1991). Det hade då en öppen karaktär med ängar, odlingar och små hamlade skogar och ensamma större träd. Samtidigt användes troligen inlandet mest för lövtäkt och bete. Denna utveckling fortsatte genom tidig bronsålder.

I sydöstra Skåne finns inte regionalt diagrammaterial så att man kan motsäga eller befästa landskapsbilden från Ystadområdet. Vi får nöja oss med att titta in lokalt på Järrestadplatån. Det visar, att beteslandskapet där fanns kvar och utbredde sig ytterligare. Annedalslagerföljden ger oss inte heller annat än lokal information, vilken visar att kärrmiljön bestod. I övrigt får vi anta, att man nu också började påverka även ekblandskogarna på de flacka, leriga slättområdena.

En kraftig klimatförändring skedde runt 1200 f.Kr. enligt Berglund (ed. 1991). Det blev ett mera maritimt klimat med lägre sommartemperatur och ökad humiditet. Det innebar också att försumpningen ökade. Det varma subboreala klimatet övergick till det svalare subatlantiska. Det är detta som förr brukade kallas Fimbulvintern. Östersjöns nivå låg på ca +2 m i söder. Fortfarande fanns en havsvik norr och delvis väster om det som nu är Simrishamn.

I slutet av bronsåldern, ca 1000 f.Kr. inleddes en ny period med avskogning i Ystadområdet. De största förändringarna skedde då i det yttre dödislandskapet.

Kustområdet var fortfarande det mest utnyttjade. Småskogar med hamlade träd fanns dock även där, framför allt i fuktiga områden, men mera sällsynt. Alkärr började vid den här tiden att omvandlas till starrkärr eller rika ängsvåtmarker. Bosättningarna bredde ut sig till det yttre dödislandskapet. Ängsmark, hamlade dungar och alkärr karakteriserade landskapet där. Det inre dödislandskapet var marginal-skogsområde med tillfälliga bosättningar, använt som skogsbete. I vissa delar hade det karaktär av urskog. Torra marker hade tills nu dominerats av ek, alm, lind, ask, hassel och lönn. Nu kom även bok och avenbok. De var dock sparsamt förekommande. Den här utvecklingen karakteriserade även Köpingeområdet. Åker och äng expanderade på både torr och fuktig mark. Dock fanns en del skogar kvar ännu ca 300 f.Kr.

I Järrestadområdet finns några få bokpollen runt nivån 10–15 cm (Fig. 2), vilket ungefär sammanfaller med ^{14}C-dateringen 2330±40 BP (550–200 f.Kr. kalibrerad ålder). Dessa få bokpollen är allt vad som syns av en eventuell bok-expansion i detta område vid denna tid. Det bör betyda att boken inte etablerade sig i nämnvärd grad i sydöstra Skåne, vilket i sin tur kan bero på ett kraftigt betestryck på de öppna markerna (jfr Odgaard 1994). Däremot finns det tydliga tecken på en ytterligare expansion av markanvändning och öppenhet runt Järrestadområdet som kulminerar runt ca 200 f.Kr., men som börjar betydligt tidigare. Träd- och buskpollenkurvorna går ner och örtpollenkurvorna går upp. Gräsen ökar liksom betesmarksindikatorerna. Samtidigt kan man se att alkärret påverkas och blir öppnare. Alkurvan går ner och halvgräsen ökar. Det här är dels en lokal expansion uppe på platån, där kärrmarkerna bättre inlemmas i ett systematiskt utnyttjande, men det är också en expansion ut över sluttningarnas översilningskärr och, som strax skall påvisas, också en kraftig expansion ut över moränlereområdena.

Någonstans kring 1200 f.Kr. börjar också diagrammet från torvhålan på sluttningen från Järrestadplatån mot väster (Fig. 4). Där ser vi ännu en mycket lokal lagerföljd, denna gång belägen just i kanten av platån men nere på moränlereområdena. Varför lagerföljden har just den tidsutsträckning den har, har inte gått att utröna. Från början tolkades den på ett helt annat sätt. Det landskap vi möter här är åter ett synnerligen öppet beteslandskap med en mycket rik örtpollenflora. Örtpollenrikedomen tyder på en rik betesmark, inte jämförbar med förhållandena på de sandigare platåerna. Detta är synnerligen intressant, eftersom det visar att expansionen från den centrala platån nådde ända ner och delvis ut över moränlereområdena redan i senare delen av bronsåldern. Här var det definitivt inte frågan om kvarvarande urskog vid denna tid. Huruvida detta är ett lokalt drag för Järrestadplatån eller ett mera regionalt sådant, kan inte utredas med det underlag vi har. Dock kan man säga att västerut är det rimligaste området för en expansion, eftersom ån och dess kärrmarker utgör hinder åt söder och våta jordar delvis hindrar i norr. Dock finns motsvarande expansion också åtminstone lokalt på torrare moränlera mot norr, vilket visas här nedan. Åt öster får man anta att landskapet redan var i hög grad utnyttjat, eftersom platån fortsätter däråt. Det skall också poängteras att expansionen skett före ca 1200 f.Kr., vilket framgår av ^{14}C-dateringen i detta diagramavsnitt. Värt att notera är också att diagrammet redan i sin understa del speglar ett i stort sett helt öppet beteslandskap, vilket visar att expansionen är mycket tidig i området.

Det finns ännu ett diagram från kanten av Järrestadplatån (Fig. 5). Det är taget i en till största delen utbruten torvmark väster om kyrkan, under utfyllning nära kyrkomuren (Berntsson, opubl.). Området ligger på Järrestadplatån, alldeles i kanten av densamma. Även detta pollendiagram representerar ett ganska kort tidsavsnitt. Tidsmässigt tycks det kunna passas in inom samma tid som det föregående, dvs. bronsålder–järnålder. Även här möter vi en stor rikedom av örtpollen, tydande på ett rikt beteslandskap. Den öppna miljön väster om Järrestadplatån är således inte unik, utan återfinns också i områdena norr om platån. Diagrammen visar tydligt att det inte finns någon skog i närheten av borrplatserna. Därmed avses inte bara de närmaste metrarna utan snarare kilometrarna. De visar också att avskogningen skett redan före den nivå vid vilken diagrammet börjar.

Som alltid när man diskuterar frånvaro av skog får man lägga in en brasklapp. Skogar som förvandlats till skottskogar eller områden med hamlade träd framträder inte i pollendiagrammen. Man kan således tänka sig att det öppna beteslandskapet hyste en del träd som används i lövproduktion för vinterfoder. Örtpollenfloran ger dock inte intryck av att det handlar om ett dominerande inslag av hamlade träd eller skottskogar i det aktuella landskapsavsnittet. I stället ser vi hellre framför oss en väl betad och väl trampad utmarksmiljö med talrika örter, enstaka hamlade träd och nyponbuskar.

En jämförelse mellan Järrestadplatån och Köpingeområdet visar alltså att Järrestadplatån vid denna tid var mera utpräglad betesmark än Köpingeplatån. Det tycks också som om man mycket tidigare expanderade ut över de leriga områdena i sydöstra Skåne än i Ystadområdet. Det är faktiskt möjligt att, med geologins hjälp, spekulera lite kring detta. Det kan möjligen bero på att geologin i Ystadområdet gav flera möjligheter för åkerbruk med de relativt primitiva redskap man hade, än vad den gjorde i sydöstra Skåne. I det senare området saknas rent sandiga jordar nästan helt. I stället finns dels moränleror och leriga moräner och dels siltiga issjösediment och grusiga glacifluviala jordar i högre grad. Man kan tänka sig att detta ledde fram till att djurhållningen fick större betydelse. Detta var resultat av en lång utveckling, grundlagd redan när betet började på issjösedimenten och sandstensplatåerna.

Järnålder

Under järnåldern fick man en period med mildare klimat från ungefär Kristi födelse till ca 400 e.Kr. (Berglund, ed. 1991). Därefter blev det åter kallare. I sjöarna är registrerat en lågvattenperiod i tidsavsnittet 1–750 e.Kr. Strandlinjen längs sydkusten låg på ca +1 m. Under den här tiden skedde en viss uttorkning av våtmarkerna.

Senare delen av förromersk järnålder och tidig romersk järnålder karakteriseras av expanderande skog på bekostnad av ängsmark och odlat land i Ystadområdet. Troligen orsakades det av att bebyggelsen samlas i byar. Dessa låg i kustområdet och i gynnsamma delar av yttre backlandskapet. En del områden övergavs i det yttre backlandskapet och de koloniserades då av sekundära skogar och buskområden. Utnyttjandet av skogsbeten i marginella inlandszoner minskade. Alkärren minskade och öppna starrkärr ökade under den här tiden. De få orörda kärrområdena blev allt mera fragmenterade. En tydligare uppdelning i inägor och utmark kan nu också skönjas. Det visar på ett mera produktivt agrart system som gjorde landskapet mindre dynamiskt. 300–600 e.Kr. skedde en kontinuerlig regeneration med expansion av björk, ek, bok och avenbok. Det var troligen en effekt av tidigare koncentration av bebyggelse och odling, varvid skogen kunde regenerera på marginalmarkerna. Det gav som resultat ett mera slutet landskap i det inre dödislandskapet.

Den översta delen av diagrammet från Järrestadplatån slutar ungefär 200 e.Kr. (Fig. 2). Det landskap som då återspeglas är fortfarande ett öppet beteslandskap. Dock finns ett visst inslag av obestämda odlade gräs, det vill säga sädesslagpollen i diagrammet. Vi tolkar det så att åkerarealen kanske ökar på platåns sluttningar, men att den fortfarande inte berör själva platåytan. Där kan man i stället se en viss utarmning av marken, i det att ljungen ökar något. Även enen har lämnat enstaka pollen på denna nivå. En viss igenväxning av kärrmarken kan möjligen också skymtas, eftersom alen går upp något och halvgräsen, det vill säga starrarter m.m., går ner. Tillsammans skulle dessa tecken kunna tolkas som att platån i viss mån överbetades vid denna tid.

Diagrammet från Västra hålan fortsätter uppåt i tiden ungefär till vikingatid och kanske något in i medeltid (Fig. 4). Under folkvandringstid sker inga markanta förändringar där. Det öppna landskapet består. Från 900-talet e.Kr. kan man se en markant ökning av inslaget odlade gräs. Korn, råg och vete får också kontinuerliga, men låga, värden. Vi tolkar detta som att man börjar odla eller intensifierar odlingen i sluttningen mellan hålan och själva Järrestadplatån. Vad som händer uppe på själva Järrestadplatån vid denna tid ger våra analyser föga information om. En intensiv uppodlingsfas på platåns västra delar borde dock givit flera spår i pollendiagrammet från Västra hålan. Däremot kan mycket väl odling och bebyggelse ha expanderat på platåns östra del, en möjlighet som det nedan diskuterade diagrammet från Kyrkokärret antyder. Den västra platå-delen kan då i stället ha inlemmats i ett utmarkssystem som inneburit ett fort-satt och kanske än intensivare betesutnyttjande.

Klimatet blev kallt och humitt i tidsavsnittet 400–900 e.Kr. och åter var-mare 900–1200 e.Kr.. Det blev också ökat vattenstånd i sjöarna. Strandlinjen i Östersjön låg ungefär som nu i södra Skåne. 700–900 e.Kr. skedde en kraftig expansion av jordbrukslandskapet i Ystadområdet (Berglund ed. 1991). Det öppna odlingslandskapet i kustområdet expanderade mot norr och kom att omfatta även det yttre backlandskapet. Rester av skottskogar fanns kvar i norra delen av området. I det inre backlandskapet fanns vidsträckta områden som troligen användes som skog och betesmark för nöt och får, troligen ägd av byarna i söder. Kanske fanns även små partier naturlig vild skog kvar här och där. Ädellövskogen minskade markant på torr mark och alen i kärrmarkerna minskade också. Från denna tid fanns det knappast några alkärr kvar i kust-landet och det yttre backlandskapet. De ersattes av fuktängar som användes för bete. Bok och avenbok expanderade 500–800 e.Kr., främst på skogsängar i det inre backlandskapet och i avlägsnare delar av kustområdet (utmarker). En del ängsmarker, särskilt på lätta jordar, blev överutnyttjade och utvecklades till hedmarker, framför allt i tidig medeltid.

Det vikingatida landskapet finns, som tidigare anförts, representerat i översta delen av Västra hålans lokala diagram (Fig. 4). Vi möter dock samma öppna landskap även i Kyrkokärrdiagrammet (Fig. 5). Trädpollenvärdena är mycket låga. Tall dominerar, men det rör sig troligen om långflyktspollen. Kanske kan man tänka sig en liten talldunge eller några enstaka träd uppe på platån, men pollenfrekvensen förefaller för låg för det. Det öppna beteslandskapet dominerar i pollenfloran, men åkerns nyttoväxter och ogräs ger ändå ökande avtryck i dia-grammet, vilket visar att det fanns odlingar i närheten. Det som troligen avspeg-lar sig i diagrammets övre del är uppkomsten av Järrestad by. Den torra jorden på den västra delen av platån kom därvid till en början att bli betesmark. Odling-arna förlades främst till sluttningarna på platån och till den torrare moränhöjden norr om kyrkan.

Sammanfattning och jämförelser

En sammanfattning av den utveckling som vi tycker oss kunna uttolka ur vårt begränsade diagrammaterial ger således följande:

1 Det finns viktiga skillnader i källmaterialet. Vårt begränsade material är därvid osäkert. Några divergerande drag mellan Ystadområdet och sydöstra

Skåne (eller snarare mellan Köpingeområdet och Järrestadplatån) tycker vi oss dock kunna urskilja.

2 Det mesolitiska landskapet var snarlikt i sydöstra Skåne och i Ystadområdet. Dock fanns en större variation i det sydöstskånska landskapet med flera områden med gles och torrpräglad skog.

3 Almfallet är registrerat på likartat sätt i bägge områdena. Däremot vidtager genast en utveckling mera präglad av bete än av odling på Järrestadplatån.

4 Järrestadplatån bildar tidigt ett centralområde och är sedan ganska okänsligt för tillfälliga tillbakagångar i markanvändning eller betestryck. Det får på så sätt en obruten utvecklingshistoria som betesmark.

5 De pollenanalytiska tecknen på odling runt Järrestadplatån är förhållandevis sena och svaga.

6 Däremot sker i sydöstra Skåne mycket tidigt, och tidigare än man räknar med inom Ystadprojektet, en expansion ut över moränlereområdena, vilka förvandlas till betesmark.

7 Även om man hade lokala åkerplättar på och runt platån under olika arkeologiska perioder, skedde inte uppodlingen av platån, och då i första hand dess sluttningar, förrän i slutet av järnåldern. Samtidigt syns spår av överbetning och utarmning av mark uppe på platån.

8 Orsakerna till dessa avvikelser mellan Ystadområdet och Järrestadområdet kan vara flera. En viktig sådan kan dock vara de geologiska skillnaderna, som gav ett torrare och på moränlereområdena våtare, kanske mera svårodlat, men i stället mera betesvänligt landskap runt Järrestad.

9 Olikheterna i landskapsutvecklingen framträder redan strax efter almfallet och består sedan ända fram så långt vi studerat utvecklingen, det vill säga fram till medeltiden. Den divergerande utvecklingen har med andra ord lång tradition.

Avslutning

Vår undersökning i sydöstra Skåne försöker presentera en bild av vegetationsutvecklingen och människans markutnyttjande i området. Varje område har sin egen karaktär och sina egna egenskaper, vilket format dess utveckling. De stora dragen kan man få ur en regionalt präglad pollenanalys från en sjö, en mosse eller ett kärr. I sämre fall kan man kanske överföra den från ett närbeläget område. Däremot krävs detaljstudier när man vill se och förstå människan bakom händelserna i landskapet. Undersökningar i lokala lagerföljder och inkorporering av material som visar lokala "ögonblicksbilder" från brunnar, sophögar, stolphål och andra bevaringsmiljöer behövs. I vårt fall förelåg en del av det senare, medan det däremot saknades en lagerföljd som speglar den regionala utvecklingen. Vi fick därför försöka överföra den bilden från det närbelägna Ystadprojektets undersökningsområde. Som framgår av arbetet, var inte detta helt enkelt. Man hamnar lätt i en cirkelbevisföring på så sätt.

Slutsatsen av redovisningen är naturligtvis att det krävs mera forskning innan man med säkerhet kan skriva vare sig Järrestadsplatåns eller sydöstra Skånes landskapshistoria i detalj. Järrestadundersökningen är ett nerslag inom området, styrt av exploateringsönskningar snarare än vetenskapliga sådana. Ändå kan man säga att det är ett lyckat val som direkt fäster blicken på en hel massa intressanta problem inom landskapshistorien. Det visar också på stora möjligheter till framtida samarbete mellan arkeologi och kvartärgeologi. En utvidgad undersökning på och runt Järrestadplatån är därför i högsta grad önskvärd. Tyvärr visar också våra undersökningar att det blir svårt eller omöjligt att hitta en regionalt präglad lagerföljd inom området. Därför blir man troligen hänvisad till att jobba med små, lokalt präglade lagerföljder även för tolkning av den mera regionala bilden. Även om det dröjer årtionden eller mera tills en ny utvidgad undersökning kommer till stånd, måste man kontinuerligt försöka se till att alla schaktningar i sydöstra Skåne bevakas noga. Varje liten, organiskt präglad lagerföljdsbit är ett viktigt dokument i detta område, där organiska jordar för vetenskapligt bruk är en stor bristvara.

Summary

Vegetation history in south-east Skåne. A comparison with the Ystad area.

This article deals with vegetation development in south-eastern Scania mainly from the Neolithic to the early Middle Ages. Our investigation area is the sandy plateau around the village of Järrestad and the nearest clayey till surroundings. We also try to see differences in the development between the Ystad area in southern Scania, investigated during the 1980s in the Ystad project (Berglund ed. 1991), and our investigation area.

Since there are no useful profiles for regional pollen analyses in the Järrestad area we have to rely on a few investigated profiles with local pollen representation (fig. 1). It is therefore difficult to compare with the Ystad area, which was investigated with a much broader perspective. The area within the Ystad project that we think resembles the Järrestad area most is the Köpinge plateau, and therefore we mainly try to compare with that.

Our main results are:

- Despite the fact that there are differences in the source material, we suggest that it is possible to see important differences in the vegetation development and the use of the landscape in southern and south-eastern Scania.

- The Mesolithic landscape was about the same in south-eastern and southern Scania, but due to differences in geology, the south-eastern landscape was more diverse. Some landscape elements, present in southeast, i.e. the sandstone plateaus, does not exist in the Ystad area. This means that the woodland was often more open and affected by dry ground in the Järrestad area.

- The elm decline is reflected in the same way in both areas. However, directly after the elm decline, some differences are seen. The vegetation in the Järrestad area becomes more affected by grazing than it was in the Ystad area. The influence of farming, seen for example in the abundance of pollen grains from weeds and cerealia, is not so obvious in the Järrestad area. We suggest that this shows that the keeping of livestock was of significant importance in the Järrestad area.

- Within our area, the Järrestad plateau forms a central area for grazing at an early stage. It is rather unaffected by, for instance, regression periods after that. The plateau seems to have an unbroken history as a grazing area during the remaining prehistoric period. This fact could be given different archaeological interpretations.

- Farming in the Järrestad area came late and was weak at the start. On the other hand, the clayey till plains, surrounding the Järrestad plateau was transformed early on into grazing fields. This expansion comes much earlier than in the Ystad area.

- The central Järrestad plateau was not affected by farming until the end of Iron Age or the beginning of the Middle Ages. Farming did not start on the top of the plateau but on the slopes. At the same time the top of the plateau become overexploited by grazing.

- There could be several reasons for the differences between our area and the Ystad area. Besides archaeological reasons, the differences in geology are probably important too. The Järrestad plateau landscape was dryer, which favoured grazing. On the other hand, the till plains were probably wetter due to higher clay content, which gave possibilities for grazing but not for tillage. In an area dominated by animal husbandry, this expansion into the till areas also seems to be a natural step.

- The differences are obvious already close to the elm decline and they persist into the Middle Ages. The divergent development therefore has a long tradition.

Referenser

Berglund, B. (ed.) 1991. *The cultural landscape during 6000 years in southern Sweden. – The Ystad project.* Ecological Bulletins 41. Köpenhamn.

Berntsson, A. Vegetationsutveckling i Järrestad, Österlen. Opublicerat och ännu ej färdigt betygsarbete.

Gaillard, M.-J. 1984. *A palaeohydrological study of Krageholmssjön (Scania, South Sweden). Regional vegetation history and water-level changes.* LUNDQUA. Report. vol. 25. Lund.

Gaillard, M.-J. & B. Berglund 1988: Land-use history during the last 2700 years in the area of Bjäresjö, Southern Sweden. In: Birks, H. H., H.J.B. Birks, P. Kaland and D. Moe (eds.) *The Cultural Landscape: Past, Present and Future.* Cambridge University Press.

Göransson, H. 1991. *Vegetation and man around Lake Bjärsjöholmssjön during prehistoric time.* LUNDQUA Report vol. 31. Lund.

Hanssen, B. 1952. *Österlen. En studie över social-antropologiska sammanhang under 1600- och 1700-talen i sydöstra Skåne.* LT:s förlag.

Hellerström, S. & R. Liljegren, 2001. Den första båtfärden. I: Burman, P. (red.). *Tidsresa längs Tommarpsån.* Österlen. 2001. Simrishamn.

Hjelmroos, M. 1985. Vegetational History of Fårarps mosse, South Scania, in the early Subboreal. In Larsson, L. (ed.). Karlsfält. A settlement from the Early and Late Funnel Beaker Culture in Southern Scania, Sweden. *Acta Archaeologica* 54.

Liljegren, R. 1999. *Landskapshistorisk och paleoekologisk utredning för väg 11, sträckan Östra Tommarp – Simrishamn.* LUNDQUA Uppdrag 26. Lund.

Liljegren, R. 2001. Tommarpsån och dess omgivningar. Österlen. I: Burman, P. (red.). *Tidsresa längs Tommarpsån.* Österlen. 2001. Simrishamn.

Linnaéus, C. 1751. *Carl Linnaei Skånska Resa.* Stockholm.

Nilsson, T. 1935. Die pollenanalytische Zonengliederung der spät- und postglacialen Bildungen Schonens. *Geologiska Föreningens i Stockholm Förhandlingar* 57. Stockholm.

Nilsson, T. 1961. Ein neues Standardpollendiagramm aus Bjärsjöholmssjön. *Lunds Universitets Årsskrift. N. F. 2, 56, 18.* Lund.

Odgaard, B. V. 1994. The Holocene vegetation history of northern West Jutland, Denmark. *Opera Botanica* 123. Copenhagen.

Regnell, J. 1989. *Vegetation and land-use during 6000 years. Palaeoecology of the cultural landscape at two lake sites in Skåne, South Sweden.* LUNDQUA Thesis 27. Lund.

▶ En rad arkeologiska undersökningar har under senare år visat på en tämligen utbredd förekomst av mycket stora och långlivade gårdskomplex inom sydskandinaviskt område, till vilka funktioner av ekonomisk, ideologisk och militär art kan knytas. En slags strukturella kontinuiteter kan ofta påvisas inom ramen för sådana elitärt präglade miljöer, där vissa företeelser – exempelvis kultplatsens knytning till bebyggelse – synes överbrygga religionsskiftet (jfr Fabech 1991). Kulten kan då uppfattas som en av flera sammanlänkade aspekter av en social konstruktion som i sina huvuddrag kan föras tillbaka till folkvandringstid eller yngre romersk järnålder. Också andra aspekter kan tänkas förete liknande kontinuerliga drag och frågor kring den storskaliga agrara produktionens tidiga historia har så småningom aktualiserats (Skre 1998; Widgren 1998; Callmer 2001). Kan järnålderns "centrala platser" – i alla fall en del av dem – ses som en slags godsbildningar, med en huvudgård i centrum?

Frågan är vilka konsekvenser ett fokus på jordinnehavets betydelse kan tänkas ha för järnålderns vidkommande? Rymmer perspektivet exempelvis en konflikt i förhållande till synen på "järnålderns

Järnålderns Järrestad
Bebyggelse, kronologi, tolkningsperspektiv
av Bengt Söderberg

makt" såsom en makt över människor snarare än en territoriell makt? (Dogshon 1987:130 ff). Makt över jord som produktiv resurs uppnås emellertid endast genom makt över människor. Den direkta räckvidden för en personlig maktutövning får antas ha varit rumsligt sett tämligen begränsad för att kunna reproduceras med framgång. För att utvidga en "personligt kontrollerad" domän till att mer permanent omfatta ett större territorium, där den personliga makten inte är erkänd eller hävdad, krävs incitament, en vilja och en förmåga att göra det. Påvel Nicklasson (2001) menar att en sådan mentalitet under lång tid hämmades av krigaridealet och de goda möjligheter till "extern tillägnelse" som internationella konjunkturer – det romerska imperiets sönderfall och splittring – öppnade upp för, och som periodvis fick fortsatt riklig näring under loppet av yngre järnålder. Dagfinn Skre (1998) har nyanserat detta perspektiv och menar att en relativ stabilitet uppnåddes under loppet av fem- och sexhundratalen, bland annat som ett resultat av konkurrens och utslagning inom skiktet av sinsemellan konkurrerande krigsherrar på lokal eller regional nivå. I denna process kom krigsherrens roll att differentieras och utvidgas till att omfatta också "mjuka frågor" som fruktbarhet och fred i det egna herradömet. Skre behandlar förhållandena i östnorska Romerike, men tendensen synes vara utbredd och avspeglas eventuellt i förändringar i fyndmaterialens sammansättning i Skåne, där en lokal produktion framträder med större tydlighet i materialen vid denna tid, medan exklusiva, främmande prestigeföremål blir mer sällsynt förekommande (Helgesson 2002). Runt om i Sydskandinavien, växte ett slags andra vågens "centrala platser" fram, vilka i flera fall kom att hävdas under vendel- och vikingatid. Möjligen är det vid denna tid – av Ulf Näsman (1998) karakteriserad som "stamförbundens tid" – då delvis nya former för interaktion utformades inom ramen för en överregional elit. Om arten av detta överregionala politiska fält vet vi inte så mycket, men försiktigtvis kan man tänka sig att det kom att bestå av parallella och överlappande maktnätverk som byggdes upp med hjälp av allianser och släkt- och vänskapsförhållanden (jfr Hermansson 2000). Det är enligt min uppfattning detta vidare fält som framstår som icke-territoriellt, politiskt flytande och gränslöst, till skillnad från de mindre herredömen eller gods som aktörernas inflytande kan tänkas ha utgått från. Den politiska makten över människor inom större områden var då snarast av en nominell karaktär och sådana maktsfärer framstår under den yngre järnåldern som tämligen löst sammanhållna och instabila företeelser.

Med tanke på den föreslagna betydelsen av ortnamnet Järrestad som "Jarlens bosättning" (Riddersporre, denna volym), och sett i ljuset av de lämningar som undersöktes platsen, så kan man tänka sig Järrestad dels som huvudgården i ett godskomplex, och dels som en bricka på ett överregionalt politiskt spelfält.

Enligt Nationalencyclopedin definieras ett gods som "ett ekonomiskt – socialt system för organisation av en storskalig jordbruksdrift, oftast avseende den agrara produktionen inom en feodal europeisk samhällsstruktur med decentraliserad och i begynnelseskedet självhushållande ekonomi" (NE band 7:543). Existensen av övergripande organisationsformer är svåra att empiriskt leda i bevis med arkeologiska metoder, och frågorna kring hur ett gods kan ha varit uppbyggt under denna period är naturligtvis oerhört många. En grundläggande osäkerhet avspeglas också i en arkeologisk terminologi som varierar en hel del vad gäller såväl den övergripande organisationen, "centralplatskomplexet" (jfr Fabech 1999), som de bebyggelseenheter och andra platser som kan tänkas ha varit involverade inom ramen för denna. Begrepp som exempelvis "centralplats", "storgård", "magnatgård", "residens", eller "huvudgård" används omväxlande för att beteckna en dominerande enhet i en sådan konstruktion. Utifrån ortnamnsforskning har Stefan Brink diskuterat förekomsten av en rad "specialister", exempelvis krigare (följe), smeder och religiösa auktoriteter, vilka kunde disponera gårdar eller hela byar för sitt uppehälle, och som socialt och rumsligt relaterade till härskaren och huvudgården (Brink 1999). Motsvarigheterna till medeltidens landbor, det vill säga ofria, frigivna eller fria egendomslösa (jfr Skre

1998) utförde det egentliga agrara arbetet, dels utifrån "underordnade" bebyggelseenheter av olika slag, men också mer eller mindre direkt knutna till exempelvis huvudgårdens eller "specialisternas" hushåll.

Relationerna mellan individer och grupper som var involverade i en sådan formation – eller snarare de materiella lämningar som dessa människor efterlämnade, i form av byggnader, avfall och artefakter – har ibland diskuterats i ett mer eller mindre renodlat hierarkiskt perspektiv. Det råder ingen tvekan om att hierarkier utgjorde väsentliga delar av järnålderns sociala organisation, men detta synsätt måste problematiseras och mjukas upp. Under senare år har begreppet "heterarki" introducerats som ett slags mjukgörare i sådana sammanhang. Detta begrepp är kanske snarast avsett som ett perspektiv än en egentlig struktur; något fyrkantigt kan det sägas beteckna de inbördes relationerna mellan icke-rankade storheter, eller när dessa äger potential för att kunna rankas på en rad olika sätt (Crumley 1995:3). Som exempel kan de nämnda "specialisterna" anföras, vilka genom att relatera till den social maktens olika källor – religion, militär styrka, högt kvalificerat hantverk – kan balansera varandra, eller utöva inflytanden som varierar i olika sammanhang. Även inom en och samma kategori – exempelvis det så kallade följet – framstår relationerna som i hög grad heterariska eller "situationsberoende" snarare än hierarkiskt fixerade (jfr Jakobsson 1992; Varenius 1998). Begreppet kan appliceras på det yngre järnålderssamhället i egenskap av ett *hall-samhälle*: "A single elite residence could not take a paramount position in the landscape; it was occupied by a number of hall farms, which all in spite of differences in function, wealth and power belonged to the same social and political stratum" (Herschend 1998b:168).

Ett gods kan också antas vara en dynamisk och föränderlig social konstruktion som undergick förändringar under loppet av yngre järnålder (jfr Jørgensen 2001; Callmer 2001). Till detta bidrar inte minst de ofrånkomliga begränsningar och den bräcklighet som trots allt karakteriserar den personligt avhängiga makten även då den är anpassad till en rumsligt hanterbar skalnivå, och som tydligast kan exemplifieras med den problematik som inträder i samband med härskarens död och det efterföljande tronskiftet. Likväl uppvisar hallen och de aktiviteter som kan knytas till denna ofta en flerhundraårig kontinuitet, vilket lätt kan ge det motsatta intrycket, att järnålderns makt var monolitisk och mer eller mindre oproblematisk. Jag vill föreslå att man närmar sig problematiken kring dessa platser med utgångspunkt från just denna (skenbara) motsägelse, utifrån hypotesen att platser som Järrestad i hög grad karakteriseras av en "rekvisita" som syftar till att frambesvärja, framförhandla och legitimera en social makt som i mycket hög grad är individrelaterad.

Disposition

Denna framställning har avgränsats till att omfatta bebyggelsens utveckling i Järrestad, vilket innebär att diskussionen kring det politiska fältet och den övergripande organisationsformen fortsättningsvis skall hållas relativt kort och huvudsakligen koncentreras till den avslutande diskussionen. För att kunna närma sig dessa omfattande problemområden ytterligare måste emellertid data kring bosättning, landskap och region integreras i en jämförande analys. Av praktiska skäl har detta arbete delats upp. En sådan avgränsning är på gott och ont – framför allt är den svår att genomföra konsekvent i en studie av denna art, och risken är att den kan upplevas som meningslös om avgränsningen upprätthålls slaviskt.

Föreliggande arbete är således av inledande karaktär. Syftet är i första hand att redovisa bearbetningen av järnålderns bebyggelse i Järrestad. Presentationen skall förhoppningsvis möjliggöra en kritisk granskning av utgångspunkterna för de vidare tolkningarna, och tanken är att den också skall fungera som ett komplement i förhållande till de specialstudier som föreligger. Det bör då påpekas att de tolkningsförslag som förs fram här inte nödvändigtvis delas av de andra artikelförfattarna.

De tre platser som undersöktes i Järrestad redovisas, och materialen struktureras i skeden och faser. En rad detaljerade beskrivningar har samlats i appendix 1 och 2. Resultaten av tidigare utförda arkeologiska undersökningar, inventeringar och observationer i Järrestad sammanfattas. Studien innefattar bebyggelsens utformning och utveckling under perioden cirka 200 f. Kr. till 1050 e. Kr., men det omfattande materialet från yngre järnålder dominerar oundvikligen framställningen. I övrigt ges diskussioner kring dateringsunderlag och kronologi ett stort utrymme. Kronologin har i viss utsträckning arbetats om, och skiljer sig i en del avseenden i förhållande till tidigare publicerade artiklar och rapporter (Söderberg 2001a och b, 2002, 2003).

Avslutningsvis diskuteras dels en hypotes om bebyggelseutveckling på Järrestadplatån och dels några huvudlinjer i det fortsatta arbetet med Järrestad där det forskningshistoriska perspektiv som inledningsvis har antytts, utvecklas vidare. De argument som föreligger för att de undersökta lämningarna i Järrestad skall uppfattas som en huvudgård i ett godskomplex diskuteras.

Undersökningarna

Undersökningarna vid Järrestad koncentrerades till tre ytor, som var belägna mellan den historiskt kända byn (Fornl. 34) och Tommarpsåns dalgång. Undersökningsytorna var belägna i den södra utkanten av det issjösediment som här

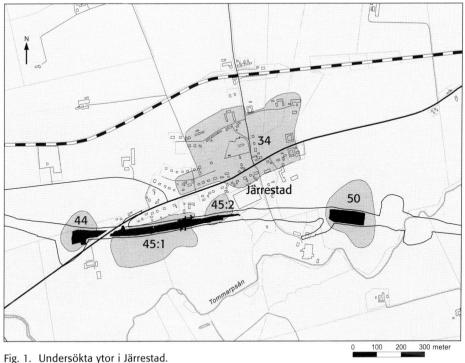

Fig. 1. Undersökta ytor i Järrestad.

Investigated areas in Järrestad.

benämns Järrestadplatån (jfr Söderberg & Hellerström, denna volym). Avståndet till ån söder om platån varierade mellan 100 och 400 meter (Fig. 1). Vägarbetsområdet berörde direkt fyra rumsligt separerade fornlämningar (Fornl. 44, 45:1, 45:2 och 50) där i första hand flintavslag hade påträffats, men också keramik och fynd från yngre järnålder (45:2) och gravar eller gravindikationer från neolitikum och bronsålder (45:1). Med ledning av förarbetena undersöktes 850 meter inom ett 1200 meter långt vägavsnitt, totalt något mer än 25 000 kvadratmeter. De mellanliggande områdena utgjordes av ett befintligt vägområde i väster, och sid- eller låglänta terrängavsnitt i öster. Dessa kunde undantas med utgångspunkt från förundersökningsresultaten (Hellerström & Söderberg 2000).

Resultaten redovisas här under rubrikerna *Torekullarna*, *Ååkrarne* och *Hestebier* (i rapporterna betecknas dessa ytor SU 1–3, från väster räknat), vilka relaterar till namnskicket i lantmäterihandlingarna från 1811 (Riddersporre, denna volym). På samtliga tre platser fanns flera järnåldersskeden representerade, tillsammans med lämningar från äldre perioder. För redovisningar av undersökningarnas förutsättningar, metodval, källkritiska aspekter och dokumentationsmaterial hänvisas till rapporterna (Hellerström & Söderberg 2000; Söderberg 2002).

Torekullarna

Byns västra vång förknippas med en rad företeelser av historiskt och topografiskt intresse (Riddersporre, denna volym, Fig. 4; Söderberg & Hellerström, denna volym). Endast några få synliga fornlämningar har bevarats inom detta i hög grad uppodlade och "utslätade" område. Enligt skifteskartan genomkorsades terrängen av nord–sydligt orienterade stråk vilka ledde vatten från våtmarker på högre belägna terrängpartier i norr ned mot dalgången i söder. Enligt det historiska kartmaterialet genomkorsades vången också av några av de större väglederna. Från Järrestad gick vägen till Östra Tommarp ett hundratal meter norr om bosättningen på Torekullarna. Inne i byn vek Hammenhögsvägen av mot söder och passerade bosättningen i gränsområdet mellan Torekullarna i väster och *Ååkrarne* i öster, ned mot en passage över ån. Skifteskartans namnflora innefattar i detta område *Ljushögsstyckena*, *Torekullarna* och *Stenabjerane* vilka är belägna i ett sammanhängande område som tangerar båda väglederna. Genom våtmarker längs med två idag försvunna bäckflöden, vars utbredning indikeras av namnen *Torekullkärret* och *Ahlabäckarne*, separerades området med de nämnda platsnamnen från *Dyssåkrarna* i väster. På det sistnämnda stycket är *Jarlafruns dös* (en gånggrift) belägen, och strax norr om *Ljushögsstyckena* finns *Jarladösen*. Uppgifter finns om borttagna bronsåldershögar inom *Torekullarna*, och äldre inventeringsuppgifter och utsagor från markägare gör gällande att urnor och gravindikerande stensamlingar påträffats i området (Fornminnesregistret). En neolitisk gravgrupp som bland annat bestod av nedplöjda hällkistor undersöktes inom ramen för projektet (Söderberg & Hellerström, denna volym), och låter antyda att dessa observationer är riktiga. I ett järnåldersperspektiv tilldrar sig *Stenabjerarna* i sydväst ett särskilt intresse. Den markerade höjdryggen invid ån erinrar om platsen för gravfälten vid Simris och Gårdlösa, samt *Hestebier* i öster, där den rika kvinnograven undersöktes (Stjernquist, denna volym).

Den blockformiga undersökningsytan, var belägen på en flack sydsluttning som avgränsades mot söder och väster av det nämnda *Torekullkjerret*. De järnålderslämningar som fanns inom ytan blev föremål för en undersökning av extensiv karaktär. Det kunde konstateras att de var starkt nedplöjda. På delar av ytan var dessa yngre lämningar separerade från de neolitiska lämningarna

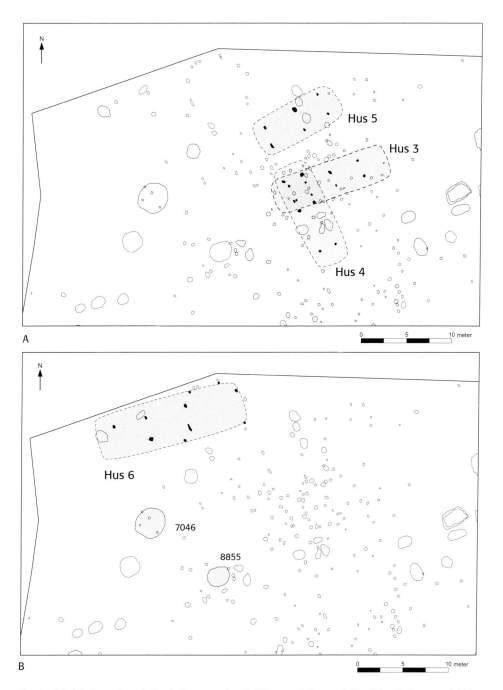

Fig. 2. Gårdsbebyggelse på Torekullarne under: A. Förromersk/romersk järnålder. B. Sen vendeltid.

Farm buildings at Torekullarne during: A. Pre-Roman/Roman Iron Age. B. Late Germanic Iron Age.

genom ett mellanliggande lager, som kan ha varit ett erosionslager och en odlingshorisont.

Järnåldersbosättningarna delades in i två skeden (Fig. 2). Den äldsta av dessa definieras utifrån fem ^{14}C-dateringar, vilka kalibrerat med ett sigma faller inom perioden cirka 150 f. Kr. till 300 e. Kr. De tre stolphus som identifierades inom ytan var belägna invid varandra, delvis med överlappning. Lämningarna efter husen utgjordes av tre respektive fyra par stolphål. Det rör sig således som tämligen små, högst femton meter långa, och dåligt bevarade byggnader. Några få keramikskärvor kan med viss osäkerhet relateras till detta skede, som i övrigt inte hade avsatt några tydligare spår. Bebyggelsen har knappast varit av kontinuerlig art; det är troligare att man återkommit till platsen vid några tillfällen under den nämnda perioden. Lämningarna skall således uppfattas som ett resultat av flera, tidmässigt åtskilda bebyggelsefaser under nämnda period. En sådan fas kan ha varit betingad av husets brukningstid, som i hus av liknande typ bedömts uppgå till 50–75 år (jfr Andersson & Herschend 1997:82).

Lämningarna efter det yngre bebyggelseskedet var också nedplöjda. Delar av ett stolphus kunde identifieras med viss osäkerhet. Detta bedömdes vara ett medelstort, kring 20 meter långt hus. Ett kort stycke söder om denna byggnad undersöktes två mindre grophus, vilka utöver enstaka keramikskärvor och djurben innehöll vardera ett daterande fynd, ett fragment av en polykrom pärla respektive en fragmentarisk kamskena. Dessa har daterats till 700-talet. Några härdar kunde hänföras till skedet, och träkol i en av dessa ^{14}C-analyserades vilket kalibrerat med två sigma resulterade i en datering inom intervallet 600–800 e. Kr (Ua-25307).

Bebyggelselämningarna från det yngre skedet har bedömts härröra från en normalstor gård, vilken knappast varit i bruk under längre tid än cirka 75–100 år.

Ååkrarne

Efter förarbetena stod det klart att det markstycke som i lantmäteriakten benämns *Ååkrarne* var en mycket speciell plats. Denna var belägen i byns västra vång, mellan Torekullarna i väster och gränsen mot den östra vången, invid den historiskt kända bybebyggelsen i norr. Den fornlämningsmiljö som redogjordes för ovan är således i hög grad giltig även för *Ååkrarne*. Även i detta område omnämns fynd av urnor, och en hällkista lär ha funnits ett kort stycke söder om undersökningsytan i väster (Fornminnesregistret).

Det kunde konstateras att lämningarna från yngre järnålder var omfattande, och att äldre perioder också var representerade. Undersökningsytan följde vägarbetsområdet utmed en drygt 500 meter lång sträcka och bredden var generellt något mindre än trettio meter. En mindre utvidgning kunde göras på platsen för hallområdet.

Från väster utgjordes sträckan till en början av ett mindre parti åkermark, vilken sedan avlöstes av ett område med träd- och buskbevuxen betesmark som inte varit odlad i modern tid. Därefter vidtog åkermarken. Topografiskt var området beläget i den södra utkanten av den sammanhängande Järrestadplatån. I öster fanns en markerad svacka, vilken visade sig ingå i ett överplöjt våtmarksstråk, och öster om denna vidtog sidlänt terräng. Järnålderslämningarna var främst koncentrerade till skogspartiets östra del och inom åkermarken fram till och med våtmarken. Bevaringsförhållandena varierade en hel del inom detta område, vilket har uppfattats så, att platsen varit något mer kuperad under den period då bosättningen var i bruk. De lätta sand- och grusjordarna har varit, och är, mycket utsatta för vinderosion. Ställvis omfattande erosionslager fanns vid markskälsgränser, i våtmarken och i anslutning till sidlänt terräng i öster.

Genomgången av det omfattande arkeologiska materialet från *Ååkrarne* inleds med en redovisning av dateringsunderlaget och några anmärkningar kring detta. Därefter redovisas bebyggelsens sammansättning och karakteristika, indelad i skeden.

Dateringsunderlag. Indelningen av järnålderns bebyggelse- och aktivitetslämningar i skeden och faser baseras dels på traditionella arkeologiska dateringsmetoder och dels på en rad naturvetenskapliga dateringsmetoder såsom ^{14}C-analys, dendrokronologisk analys och termoluminiscensanalys. Det är inte oproblematiskt att skapa skedes- och fasindelningar genom att kombinera dessa i grunden olikartade metoder, i synnerhet som de undersökta ytorna var starkt nedplöjda. Endast i undantagsfall fanns möjligheter att arbeta med vertikal stratigrafi. Undersökningsområdets långsmala utbredning innebär att möjligheterna att tolka bebyggelsen som helhet är begränsade. Flera stolphus tangerade endast ytan. Några av dessa hus kunde inte karakteriseras närmare, och har därför utelämnats i tolkningarna.

Prover för ^{14}C-analys togs från stolphål i hus, samt i härdar och gropar. Av totalt 43 järnåldersdateringar faller 41 dateringar, kalibrerat med två sigma, inom tidsspannet 420–1000 e.Kr (Appendix 1). De äldsta dateringarna förekom främst inom det så kallade "hallområdet", men dateringar i samma intervall finns också från andra delar av ytan, exempelvis gränszonen mellan skog och åker i väster. En datering från hallarna återfinns också bland de yngsta (Fig. 3).

De 21 dendrokronologiska dateringarna härrörde från timmerkonstruktioner i brunnar som var belägna i våtmarken öster om hallområdet. Det rörde sig främst om sekundäranvänt plank, men också primäranvänt virke. Dateringarna fördelar sig på sex brunnskonstruktioner och spänner över perioden cirka 850 till 950 (Appendix 2). Dessa dateringar stämmer väl med de stratigrafiska iakttagelserna och övrigt daterande material i denna kontext.

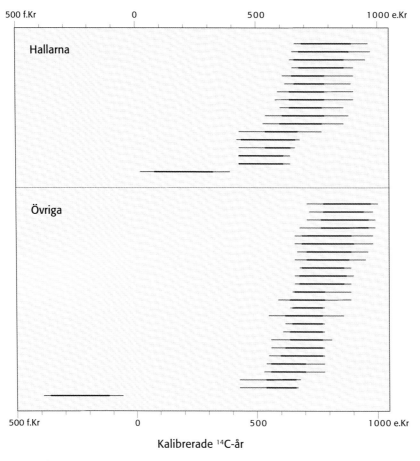

Fig. 3. ¹⁴C-dateringar från järnålder.

Iron Age and early medieval radiocarbon datings.

Bland det övriga materialet finns fyra termoluminiscensdateringar (TL), vilka erhölls genom analyser av skärvsten från ett homogent, påfört lager med skärv- sten vilket deponerats i ovan nämnda våtmark, och en långhärd under detta lager. Bakgrundsstrålning uppmättes i fält och urvalet av prover för datering skedde efter mineralogiska bestämningar och analys av stenarnas upphettnings- temperatur (Kresten & Melkerud 2002). Proverna daterades från 580±80 till 870±90 (Appendix 2).

Sju mynt som framkom på olika delar av undersökningsytan har bestämts. Fem av dessa påträffades i matjordslagret, ett mynt framkom i ett grophus, och ett framkom i ett påfört lager i våtmarken. Tre mynt är av västeuropeisk proveniens

Typ/Valör	Land/Ort	Myntherre	Datering e. Kr.
Nordiskt mynt	Hedeby?		Cirka 825
Dirhem	Abbasid	Kalif?	Cirka 844-69
Dirhem	Khazarisk?/ Mardinat al-Salam?		Cirka 883-894
Dirhem	Abbasid/Arminiya	Kalif al-Mutamid	890-891
Dirhem	Volgabulgarisk?/ Samarkand	Kalif al-Muktafi	Cirka 902-908
Pfennige	Tyskland	Otto – Adelheid	990/995-1000
	Tyskland / Franken	Heinrich II	Början av 1000-talet

Tabell 1. Mynten.

The coins, classified by Ulla Silvegren, LUHM, and Gerd Rispling, SHM (the Arabic coins).

och fyra mynt har ett östligt ursprung. Det äldsta myntet är ett så kallat "Hedebymynt" från cirka 825 och de yngsta mynten härrör från början av 1000-talet (Tabell 1).

Ett antal fynd i övrigt, såsom pärlor och glasskärvor, mer eller mindre fragmentariska spännen och andra metallföremål har också använts i dateringssyfte. De äldsta metallfynden, ett fragment av en korsformig fibula och en nål med huvud prytt av en fågelfigur, kan dateras till folkvandringstid. Dessa fynd framkom emellertid i ett område där bronsgjutning ägde rum under tidig vendeltid, och kan vara metallskrot, vilket i så fall troligen innebär att de varit i omlopp under relativt lång tid.

Keramikmaterialets dateringspotential utnyttjades så långt det var möjligt, vilket utreds närmare av Torbjörn Brorsson (Brorsson, denna volym). Ingen keramik uppvisade säkra folkvandringstida karakteristika, möjligen med undantag för en skärva som påträffades i matjordslagret vid hallarna. Framåt i tid var keramikmaterialet av delvis komplex karaktär. Ett stämpelornerat kärl i ett grophus dateras till 600-talet. I anslutning till hallområdet fanns skärvor av tidig-, mellan- och senslavisk keramik från 800-talets mitt och framåt. Östersjökeramik från perioden cirka 1000–1050 e. Kr. fanns i fyllnings- och aktivitetslager i våtmarken samt i ett antal grophus.

Dateringsunderlaget avspeglar prioriteringar och undersökningsstrategier. Det största antalet ^{14}C-analyser koncentrerades till hallområdet. Meningen var att detta skulle stå i centrum för en övergripande indelning av den samlade bebyggelsen i skeden, vilket motiverades av dess speciella karaktär och det av allt att döma kontinuerliga bruket av detta komplex genom hela perioden. Dessutom kunde hallområdet avgränsas på ett något så när tillfredsställande sätt. De enskilda hallarnas väggkonstruktioner hade i flera fall grävts ned i rännor och byggnadsfaser kunde därmed definieras förhållandevis väl. Vidare var den palissad som omgärdade området söder om hallarna den enda gränsmarkering som med säkerhet kunde identifieras inom ytan. Sammantaget fanns det relativt sett goda förutsättningar för att utarbeta en horisontell stratigrafi där också ett antal fyndförande anläggningar kunde involveras.

I övrigt fördelades ^{14}C-analyser huvudsakligen på stolphus. Därvid koncentrerades insatserna till några få hus, vilka bedömdes vara särskilt viktiga, dels i ett jämförande perspektiv och dels för den övergripande tolkningen av bebyggelseutvecklingen på platsen. Dessutom valdes material från sex härdar och några gropar ut för att vidga underlagsmaterialet och, om möjligt, fånga upp aktiviteter under andra perioder som inte avsatt så distinkta spår. Resurserna medgav inte utrymme att ^{14}C-analysera material från grophus; de flesta av dessa, nitton stycken av tjugotre, innehöll emellertid daterbara fynd, eller så var de involverade i stratigrafiska relationer som gör att de är möjliga att fynddatera på 100 till 200 år när. Eftersom ^{14}C-dateringarna avspeglar en strategi ger de inte någon "representativ" bild av aktiviteter på platsen över tid, vilket är viktigt att hålla i minnet, i synnerhet vid bedömningen av de aktiviteter som föregick huvudgårdens etablering.

Indelningen i skeden utgår således primärt från dateringar i hallområdet. Den andra ur dateringssynpunkt relativt starka miljön är våtmarken strax öster om hallområdet, där dateringsunderlaget grundas på dendrokronologi, TL- och ^{14}C-analyser, samt på överväganden kring vertikal stratigrafi och några fynd. Bedömningarna av de andra miljöerna inom ytan har skett utifrån en kombination av ^{14}C-dateringar samt horisontell stratigrafi, fyndmaterialens sammansättning och husjämförelser.

Tolkningsmöjligheterna begränsas naturligtvis av ytans karaktär av tvärsnitt genom bosättningen. Mycket arbete har lagts ned på att försöka indela stolphusen i skeden. De förslag som framförs har bedömts vara väl grundade, men måste likväl i viss utsträckning betraktas som hypotetiska.

Ur källkritisk synpunkt är det naturligtvis en brist att inte ens hallarna och hallområdet kunde undersökas i sin helhet, eftersom det var delvis beläget utanför vägområdet. Bedömningen är emellertid att samtliga hallar kunde avgränsas och undersökas på ett sätt som medger att många slutsatser kan dras vad beträffar byggnadsskick, disposition med mera. Det palissadomgärdade området avgränsades, och en sidobyggnad kunde undersökas i sin helhet. Det förefaller emellertid troligt att vissa strukturer i hallområdets södra del inte kunde undersökas i sin helhet.

En annan brist som inledningsvis påpekades, utgörs av bevaringsförhållandena. Den lätta jordmånen i kombinationen med belägenheten invid en östsluttning har inneburit att i synnerhet hallområdet tagit stor skada. Exakt hur stor skada är svårt att närmare uppskatta, men flera observationer tyder på att drygt en halv meter jordlager kan ha eroderats bort, räknat från samtida nedgrävningsnivåer. Detta indikeras exempelvis genom den regelbundet anlagda palissadens högst varierande bevaringsgrad, och genom att mindre koncentrationer av sten konstaterades i matjordslagret, vilka tolkades som utplöjda stenpackningar. Sammantaget indikerar observationerna att hallområdet till största delen var beläget på en idag bortplöjd förhöjning; terrängen inom delar av hallområdet kan ha hävt sig någon eller några decimeter över den omgivande markytan.

Värt att notera är då att vissa ytor på ömse sidor av det palissadomgärdade området i söder utgjordes av grunda svackor, vilka var fyllda med humös sand. Eftersom palissaden i sydost var nedgrävd genom sådan fyllning i en svacka som tangerade denna del av det kringgärdade området, så kan det konstateras att erosionen hade ägt rum i ett tidigare skede. En rimlig tolkning är att matjord från det krön där hallområdet senare etablerades, eroderade ned i svackorna som en följd av de äldre aktiviteterna på platsen. Detta något egenartade topografiska förhållande kan delvis belysa varför palissadens västra och norra delar var fragmentariskt bevarade i jämförelse med de östra delarna, när den i övrigt framstod som mycket regelbundet anlagd.

Positivt är att ingen tvekan råder vad avser hallarnas relativa kronologi. Det skall också påpekas att ^{14}C-dateringarna var framgångsrika på så vis att äldre perioder inte slog genom nämnvärt. Bland hallarna fanns exempelvis neolitiska gropar och ett bronsåldershus. Betydligt svårare är det att bedöma de enskilda hallarnas brukningstid utifrån ^{14}C-dateringarna, och inte heller fyndmaterialet kan sägas ge något större stöd vid en sådan bedömning. ^{14}C-dateringarna från hallbyggnaderna har, inte minst på grund av den uppenbara risken för omlagringar, använts som en helhet. De tidigaste dateringarna indikerar när den äldsta hallen togs i bruk, och helheten indikerar att de var kontinuerligt i bruk. Det kan däremot tyckas vara märkligt att de yngsta dateringarna knappt ens med två sigmas intervall tangerar den yngsta hallens antagna brukningstid, under perioden cirka 950 till 1050. Detta förhållande kan troligen förklaras med att inga nedgrävningar gjordes från den yngsta aktivitetsnivån, när hallen väl hade avlägsnats. Istället odlades området upp, med erosion som följd, vilket medförde att relativt sett mindre material från detta skede kom att bevaras i skyddade kontexter.

De tidsmässiga relationerna mellan hallar, palissader, och andra komponenter är i viss utsträckning tolkningsbara och det bör påpekas att problematiken knappast kan bearbetas vidare med framgång utan att övergripande rumsliga överväganden görs, såväl som jämförelser med andra undersökta hallar och hallområden. Det är rimligt att betrakta hallområdet som en helhet, där förändringar av en del också påverkade helheten. Vidare framstår jämförelser med andra likartade anläggningar som relevanta också ur dateringssynpunkt, eftersom arkitekturen är överregional till sin karaktär.

Indelning i skeden. Alla ovan nämnda faktorer har vägts in i den föreslagna indelningen i tre huvudsakliga skeden vilka presenteras nedan, och som spänner över en period som omfattar cirka 450 till 500 år, från 500-talets andra hälft till 1000-talets mitt. De två första skedena har också delats in i a- och b-faser, vilka inte har varit möjliga att definiera mer exakt i tid. Den föreslagna indelningen är schematisk, och kan i flera fall säkert justeras något, men min uppfattning är att det trots allt främst rör sig om relativt marginella justeringar. Jag har föredragit att ange dateringar avrundade till sekler eller halvsekler, för att inte förmedla en bild av att det föreligger en precision som det inte finns säker grund för i materialet.

Den presenterade indelningen har flera svagheter och i vissa avseenden skall den snarast uppfattas som ett förslag. Jag har i några fall utlämnat bebyggelse som bedömdes vara alltför fragmentarisk och dåligt daterad, men i vissa fall har jag valt att lägga in byggnader med osäker datering för att belysa exempelvis områdets relativt sett heterogena karaktär. Vidare torde en indelning i skeden med vida kronologiska ramar där bebyggelse inom ett relativt stort område behandlas ofta innebära att man i viss utsträckning gör våld på materialet. Det finns i princip inga garantier för att all bebyggelse som uppfördes inom ett skede verkligen var samtida; i en del fall kan man säkert säga att så inte var fallet. Detta har jag försökt råda viss bot mot med hjälp av underfaser, men osäkerhet kvarstår. Det är således viktigt att läsa texten med dess olika reservationer och förslag för att kunna bedöma de förenklade grafiska presentationerna.

Hallarna. Utgångspunkten för analysen av den byggda miljön i Järrestad är att de stora byggnaderna i anslutning till det palissadomgärdade området arkeologiskt kan identifieras som hallar, i enlighet med de mer specifika karakteristika som Frands Herschend (1998b:16) har framlagt, och en mer allmänt hållen definition (Thompson 1995:4f). Hallen tillhörde en individ, den var belägen i anslutning till en gård och var i huvudsak ämnad för aktiviteter av representativ och rituell karaktär, snarare än ett boende av permanent art. Hallens utformning varierade i tid och rum, men karaktäriseras generellt av en strävan efter att skapa ett öppet, uppvärmt rum, en sal.

Vidare uppfattas arkitekturen och utformningen av hall och hallområde som formaliserad. Denna kategori av materiell kultur karakteriseras av Anders Andrén som manifest, vilket innebär att den kan tillmätas ett utsagovärde som skiljer sig från latenta lämningar, dels genom att den utgör en stor investering och dels genom att den är ideologiskt medvetet utformad och därmed är en "textlik" representation (jfr Andrén 1997:45). De (i varierande grad) formaliserade hallmiljöerna utgjorde sannolikt tidens främsta och mest spridda uttrycksmedel av monumental art, och studiet av dessa miljöer har givit bidrag till kunskap om såväl aristokratins mentalitet som järnålderssamhället i stort (jfr exempelvis Callmer 1997; Herschend 1998a och b, samt 2002; Fabech 1999).

Utifrån den kronologiska indelning som här gjorts kan det konstateras att hallarna i några fall får antas ha varit i bruk under en mycket lång tidsrymd, vilket möjligen kan förefalla kontroversiellt. Utifrån indelningen har den äldsta, ombyggda hallen antagits vara i bruk omkring 150 år. Efterföljaren, som också måste anses vara ombyggd i sin helhet, har bedömts vara i bruk under ungefär 250 år, och den yngsta hallen i ungefär 100 år. Åsikterna går delvis isär vad beträffar brukningstiden för järnålderns högst olikartade boningshus, och bedömningarna har varierat allt från cirka 30 år till flera hundra år (för diskussion, se Ängeby 1999; Göthberg 2000:108 f). Nu skall det emellertid – med utgångspunkt från resonemanget ovan – konstateras att hallen är väsensskild från boningshuset, från och med den yngre järnåldern. Hallens kontinuitet torde ha varit av stor symbolisk betydelse på flera plan, inte minst i ett maktperspektiv. Därför bör man tänka sig att jämförelsevis omfattande investeringar gjordes i dessa byggnader, att de uppfördes i beständigare material och säkerligen förfogade man också över betydligt större hantverksresurser än normalt. Detsamma gällde säkerligen också byggnadsmaterialet. Grova ekstolpar användes i den inre stolpsättningen, ekplank i väggar, och sannolikt också takbeläggning av ekspån (jfr Schmidt 1999:146 ff). De vedartsanalyserade proverna från hallarna i Järrestad utgjordes också genomgående av ek (Lagerås, denna volym).

Vidare reparerades byggnaderna förmodligen i större utsträckning vilket indikeras i det arkeologiska källmaterialet genom stolphålens diameter och djup. Som en jämförelse kan den uppmärksammade hallen på magnatgården vid sjön Tissø i västra Själland anföras. Denna var uppbyggd av tre par inre takbärande stolpar. Stolphålen efter dessa, och efter flera vägglinjer, utgör de samlade lämningarna efter en byggnad som var kontinuerligt i bruk omkring 300 år eller något längre (Jørgensen 2001). Den långa brukningstiden återspeglas i första hand genom stolphålens extrema omfång, med ett djup som uppgick till närmare tre meter. Det exceptionella djupet kan ha inneburit att stolparna var mycket grova och att byggnaden varit extremt högrest och eventuellt försedd med en övervåning. Det är också möjligt att de grävts särskilt djupa med syftet att befästa och tydliggöra samband av kosmologisk art. Men detta utesluter inte att de enorma volymerna sannolikt också är en konsekvens av att stolparna byttes ut och sattes om under hallens brukningstid.

Men om platskontinuiteten var så viktig, varför uppförde man då en helt ny hall överhuvudtaget, istället för att helt enkelt fortsätta reparera och bygga om den gamla? Nybyggnationen som markerar inledningen av skede 2 kan ju knappast förklaras utifrån ett behov av en större hall, eftersom den nya hallen ytmässigt inte avvek på något anmärkningsvärt sätt från den gamla, vilken dessutom hade breddats i just detta syfte. Hallen i skede 3 var däremot betydligt större än sin föregångare, och kan till viss del förklaras i detta perspektiv. De möjligheter som en nyskapande byggnadsteknik erbjöd, och som kom att appliceras på detta bygge, kan också vara en delförklaring till att bygget genomfördes. En annan möjlighet var att hallarna utgjorde en attraktiv måltavla; genom att härja och bränna motståndarens hall vann man ära och tillfogade denne motsvarande prestigeförlust (Herschend 1998b:35 ff). Det kan konstateras att de nybyggnationer som genomfördes i Järrestad omkring år 700 och 950 innebar att den gamla hallen revs innan den nya uppfördes. Detta kan möjligen vara en indikation på att hallen brunnit. En annan möjlighet är att hallen nyuppfördes som ett resultat av ett ideologiskt nytänkande, vilket innebar förändringar i det övergripande konceptet och större omdispositioner. Möjligheterna att nygestalta rummet begränsades emellertid av den hänsyn som måste tas till föreställningar kring markens hävdvunna helighet, och en praxis som var starkt förknippad med anläggningens traditionella utformning. Slutligen kan man tänka sig att nytillträdda grupperingar eller "dynastier" kunde välja att manifestera sin makt genom att låta uppföra en ny hallbyggnad.

Det är viktigt att inse källmaterialets begränsningar och de många alternativa tolkningsmöjligheter som föreligger vad beträffar denna problematik. Det fanns en medvetenhet kring dessa problem i fältsituationen, och försök gjordes att belysa dem. Men trots ett aktivt sökande efter exempelvis indikationer på bränder under hallarnas brukningstid, så måste de uppnådda resultaten sägas vara nedslående i detta avseende. För att med större säkerhet kunna resonera kring handlingar av detta slag krävs helt enkelt betydligt bättre bevaringsförhållanden än de som förelåg i Järrestad.

Äldre Järnålder. Dateringsunderlaget från *Ååkrarne* tyder på att huvudgården etablerades under perioden cirka 550 till 600, och att detta skedde på en plats som inte varit bebyggd sedan en tid. Två ^{14}C-dateringar visar att aktiviteter inom ytan ägde rum vid tiden kring Kr.f., och under 200-talet. Den övre delen från pollendiagrammet i våtmarken har daterats till tiden omkring 200 e.Kr. Järrestadplatån hävdades då fortfarande som ett öppet beteslandskap, men vissa indikationer tyder på en försämring av betesmarkerna, och att ett visst inslag av odling kan ha förekommit på de närbelägna sluttningarna (Liljegren & Björkman, denna volym).

De bebyggelseindikationer som ligger för handen är svåra att knyta till fynd och bebyggelselämningar. Tre mindre hus med spår efter tre par stolpar i den inre takbärande konstruktionen kan sannolikt dateras till äldre järnålder, men bortsett från några enstaka, spridda keramikskärvor kan inga fynd med säkerhet föras till perioden. Denna äldre bebyggelse ger intryck av att vara av samma karaktär som den bättre daterade bebyggelsen på *Torekullarna*.

Skede I, cirka 550 till 700. Om vi skall tro på ^{14}C-dateringarna så är det rimligt att tänka sig att den äldsta byggnadsfasen i hallen, hus nr 11/12, skall dateras till 500-talets andra hälft (Fig. 3). En keramikskärva och två fragment av dräktnålar från omlagrade kontexter i hallområdet skall förmodligen kopplas till detta äldsta skede. I hallen fanns inte mindre än tio par stolphål efter takbärande stolpar, och väggrännorna var dubblerade (Appendix 2). Det kan således konstateras att det fanns lämningar efter två hallar, eller snarare två byggnadsfaser. Hallens längd var oförändrat 37 meter. Hallens största bredd var ursprungligen mellan 6,5 och sju meter och uppgick efter ombyggnaden till knappt nio meter. Breddningen medförde att ytan ökades från cirka 210 m^2 till 264 m^2. De nyuppförda väggarna följde de äldre vägglinjernas förlopp tämligen exakt, och i båda fallen har väggarna bedömts vara uppförda i stavverk.

Den ursprungliga avsikten var att låta breddningen av hallen definiera ytterligare ett skede. Detta visade sig emellertid vara problematiskt. De många stolphålen i hallens inre stolpsättning indikerar att många, kanske samtliga stolpar byttes ut, och att de kan ha bytts parvis. Dessa reparationer kan dock inte med säkerhet relateras till breddningen, även om det framstår som troligast; det kan dock inte helt uteslutas att omsättningarna skedde fortlöpande. De försök som gjorts att rekonstruera två "kompletta" hallbyggnader med vardera fem stolppar ger inte något övertygande intryck, och dessutom är det svårt eller omöjligt att mer exakt avgöra när ombyggnaden i så fall gjordes. I stället har jag försiktigtvis valt att presenteras materialet från skede 1 uppdelat i två underfaser utan närmare kronologisk angivelse.

Dubbleringen av de centralt belägna härdanläggningarna i hallen tyder på att dispositionen med en centralt belägen sal var rådande under hela dess brukningstid. Omsättningarna indikerar emellertid att förändringar skedde; ingångspartiet i söder flyttades sannolikt från husets mitt och ett stycke mot öster; de flankerande rummen kan eventuellt ha byggts om i samband med detta. Dessa iakttagelser är emellertid svåra att påvisa med säkerhet.

Några centrala problem inställer sig. Var hallen bosättningens äldsta byggnad, vilket ^{14}C-dateringarna indikerar, och var hallen redan i etableringsskedet integrerad med ett palissadomgärdat område?

Om man studerar planen över hallområdet så framgår det att hallen under skede 1 var belägen på så vis, att dess västra gavel sluter an till det palissadomgärdade områdets nordöstra hörn, om vi drar ut detta i en tänkt fortsättning mot norr (Fig. 4). Hallen kan således ha stått i direkt förbindelse med ett sådant område via ett ingångsparti i gaveln.

Detta problemkomplex kan diskuteras med utgångspunkt från stolphuset nr 13, vars gavel troligtvis överlappar palissadens västra långsida, och en analys av bebyggelseutvecklingen i övrigt. Två ^{14}C-analyser gjordes på förkolnade sädeskorn från stolphål i detta hus. Den ena dateringen visar på förromersk järnålder, och har utifrån husets konstruktionsdrag bedömts vara sekundär. Den andra dateringen når med två sigmas intervall ned till 500-talets mitt och tillhör således inte gruppen av de äldsta dateringarna (Ua-25959). Till den äldsta gruppen ansluter emellertid den ene av två ^{14}C-dateringar (Ua-25966) från det något större hus nr 3, som var beläget ett kort stycke väster om hus nr 13. I övrigt är likheterna mellan hus nr 3 och 13 påfallande stora, och det är rimligt att anta att de ligger nära varandra i tid. Inom hus nr 3 påträffades en patris för tillverkning av guldgubbar med parmotiv och ett litet, sönderbrutet, möjligen likarmat spänne, med spår av järnnål. Dessa fynd framkom i övergången mellan alv och matjord, och kopplingen till huset är osäker. I ett stolphål tillhörigt hus nr 13 fanns en pilspets med trolig datering till vendeltid. Slutligen kan några stratigrafiska relationer anföras; hus nr 3 och 13 överlappades av två av allt att döma något yngre hus, vilka båda var orienterade i nord–sydlig riktning. Dessutom var grophus nr 55, vilket daterats till 800-talet, nedgrävt genom hus nr 13, liksom ett besynnerligt smalt fyrstolphus.

En sammanvägning av dessa förhållanden indikerar att hus nr 3 i väster bör vara ungefärligen samtida med den äldsta hallen. Hus nr 13 kan också vara samtida, eller något yngre. Om denna bedömning är korrekt, så innebär det att palissaden – i det utförande vi känner den – knappast kan ha byggts förrän hus nr 13 gick ur bruk. Det kan emellertid inte uteslutas att palissaden hade en likartad föregångare som inte lämnat några spår efter sig, och vars västra långsida justerades när hus nr 13 revs och palissaden uppfördes.

Når upphörde då hus nr 13 att vara i bruk? Ovan nämndes att både hus nr 3 och 13 överlappades av nord–sydligt orienterade hus, nämligen hus nr 2 i väster och hus nr 9 i öster. Ytterligare ett hus, nr 14, som var orienterat i en liknande riktning, fanns strax öster om det palissadomgärdade området. De två husen som var belägna på ömse sidor av hallområdet kunde inte undersökas i sin helhet, men de delar som undersöktes uppvisade även de stora likheter. De avviker inte heller nämnvärt från hus nr 2 i väster, vilket kunde undersökas i sin helhet. Två ^{14}C-dateringar föreligger från hus nr 2, vilka tyder på att detta hus skall föras till tiden kring år 700 eller något senare (Ua-25964 och 26372). Detta har uppfattats som ytterligare en indikation på att det finns ett samband mellan uppförandet av palissaden och omorienteringen av de byggnader som låg i närheten av detta område. Det troligaste förslaget är således att hus nr 3 och 13 skall föras till skede 1 fas a respektive b, medan de nord–sydligt orienterade husen skall föras till den inledande delen av skede 2.

Ytterligare minst ett stolphus skall troligtvis hänföras till skede 1. Det gäller hus nr 38, vilket uppvisar likheter med de nämnda hus nr 3 och 13. Detta hus ingår i ett stratigrafiskt sammanhang med hus nr 16, 27 och ett område med spridda härdanläggningar ett hundratal meter väster om hallområdet, som kan knytas till metallhantverk. Hus nr 38 i detta område har också förts till fas b. Ytterligare ett hus, nr 36, som var beläget i den västra delen av detta område, har hypotetiskt förts till skede 1.

Träkol från två härdar inom detta område ^{14}C-daterades, varvid en av dateringarna faller inom den äldsta gruppen (Ua-26085) medan den andra troligen kan föras till skede 1, fas b (Ua-25309). Flera metallsmältor och smidesslagg påträffades i ploglagret, och i en kulturlagerrest framkom flera metallfynd, bland annat två fragmentariska fibulor varav ett likarmat spänne och avslutningen av en korsformig fibula med en stiliserad djurfigur. Den sistnämnda fibulan är troligtvis det äldsta fyndet från bosättningen tillsammans med den ankprydda nålen som framkom i samma lager. Det ligger nära till hands att uppfatta i alla fall spännena som skrot med lång cirkulationstid, avsedda för nedsmältning.

Endast ett grophus, hus 43, kan med säkerhet föras till skede 1, och troligtvis då fas b. Detta var beläget på sluttningen mellan hallområdet och våtmarken och innehöll keramik med stämpeldekor som dateras till 600-talet (Brorsson, denna volym). Fyndet av en probersten i detta grophus, och en del fynd och avfall indikerar att specialiserat, tämligen exklusivt metallhantverk förekom även i denna del av bosättningsområdet (Grandin & Hjärthner-Holdar, denna volym).

En grop i våtmarken kunde också föras till skede 1, fas b, och har tolkats som en "brunnsgrop" med en oviss funktion (Appendix 2; jfr också Lagerås respektive Lemdahl, denna volym). Dessutom faller en TL-datering av skärvsten från det kompakta skärvstenslagret inom perioden. Detta lager skall diskuteras något mer ingående under skede 2. Här skall det kort konstateras att den daterade stenen ingick bland de stora mängder skärvsten som lagts ut vid ett och samma tillfälle, under 800-talets första hälft. TL-dateringarna tyder på att denna skärvsten ackumulerades under en lång tidsperiod. Eftersom lagret var i stort sett helt "rentvättat" och fyndtomt, får man förmoda att all denna skärvsten först deponerades i rösen, vilka ursprungligen får antas ha varit belägna i sluttningen mellan hallområdet och våtmarken. Med ledning av ovan nämnda datering får det anses troligt att skärvstensrösen började anläggas under skede I, och att stenen skall knytas till aktiviteter som direkt involverade hall/hallområde/våtmark.

Sammanfattningsvis visar resultaten att hallen var en central företeelse i bosättningen från och med etableringsskedet under 500-talets andra hälft. Resultaten tyder på att hallen var styrande för valet av plats och vid utformningen

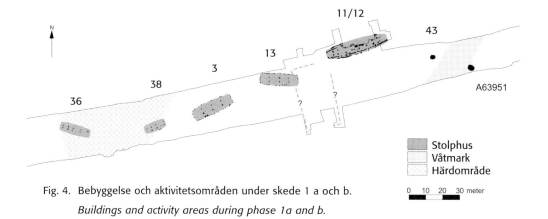

Fig. 4. Bebyggelse och aktivitetsområden under skede 1 a och b.
Buildings and activity areas during phase 1a and b.

av boplatsens rumslighet. Palissaden kan inte föras till skede 1, men man kan inte utesluta att det fanns en föregångare med en likartad utbredning som inte avsatt några spår. Vissa förändringar av hallen antyder att denna ännu inte funnit sin form. Men genom att bygga om hallen på samma plats etablerades en direkt platskontinuitet i detta skede, vilken uppenbarligen var eftersträvansvärd.

Vidare tyder materialet på att stora ytor togs i bruk för olikartade aktiviteter relativt snabbt. Övrig bebyggelse bestod av några stolphus, och ett grophus. En patris för tillverkning av guldgubbar skall troligtvis kopplas till det inledande skedet (möjligen hus nr 3), vilket naturligtvis också signalerar att bosättningen kan knytas till en järnåldersaristokrati. De aktiviteter som senare blir allt tydligare, och som bland annat avsatt spår i form av skärvsten och material som kan knytas till specialiserat metallhantverk, var också representerade i etableringsskedet.

Skede 2, cirka 700 till 950: Omkring år 700 eller något senare uppfördes en ny hall, nr 8, som var sydvästligt förskjuten i förhållande till föregångaren, vilken den delvis överlappade (Appendix 2). Den nya hallen kunde undersökas i sin helhet och dess disposition framträdde förhållandevis tydligt (Fig. 5). Den nya hallens längd och största bredd överensstämmer väl med den äldre, breddade hallen, men byggnaden var inte så utpräglat konvex som denna, och därmed var dess yta något större, 320 m². Centralt i huset fanns ett stort rum, en *sal*, med spår efter två värmekällor; en ugnsliknande anläggning i öster och en härd i väster. Dessa var mycket dåligt bevarade, liksom föregångarna i den äldre hallen. Men det är ändå märkligt att de bevarats överhuvudtaget, med tanke på att området har bedömts vara kraftigt nedplöjt och eroderat. En tänkbar förklaring är att det funnits en långsmal nedgrävning i nästan hela salens längd, med plats för härdar, ugnar och där olika slags utensilier funnits. Sådana långsmala härdgropar har påvisats i vikingatida hallbyggnader i Island, exempelvis i hallen på gården *Hofstadir* (Olsen 1966:182 ff).

De dubblerade rader med stolphål som fanns utmed den södra väggrännan, inne i salen, indikerar att det fanns någon form av konstruktioner utmed salens långsidor. Dessvärre var stolphål tillhöriga nordväggen i den yngsta hallen nr 25 nedgrävda genom den motsvarande norra delen av salen. Antydningar finns emellertid till att liknande rader funnits även där, och i tolkningen av denna företeelse utgår jag från att så varit fallet.

En möjlighet är att stolphålsraderna är spår efter ett arrangemang med bänkar, de isländska sagornas så kallade *set* eller *pallr*. Dessa förefaller att ha varit något olikartat utformade, som bänkar och/eller plattformar. Konstruktioner med en bredd från 0,6 meter upp till 1,5 meter har mätts upp (Schmidt 1999:92 ff). I Järrestad varierar måtten något från rad till rad; från cirka 1 meter till knappt 1,5 meter. I anslutning till stolphålen efter det takbärande stolpparet som avgränsade salen mot väster fanns också dubblerade stolphål på ömse sidor av härden och vinkelrät belägna i förhållande till de tänkta bänkraderna. Dessa skall troligen uppfattas som en liknande konstruk-

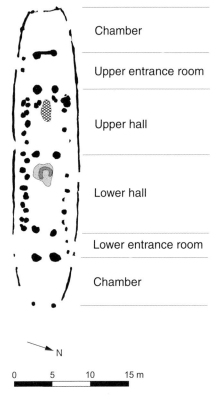

Chamber

Upper entrance room

Upper hall

Lower hall

Lower entrance room

Chamber

N

0   5   10   15 m

Fig. 5. Tolkning av hallens disposition.
A tentative division of the hall (cf. Herschend 1998b:171, Fig. 39).

tion i anslutning till ett högsäte. Den troligaste tolkningen är väl att ett bänk- eller plattformsliknande arrangemang fanns utmed salens båda långsidor och på platsen för ett högsäte vid kortsidan i väster.

Den närmare 18 meter långa salen flankerades av två ingångsrum eller *förmak*. Det östra förmaket nåddes från ett ingångsparti i norr, vilket markerades av två stolphål som var indragna från väggrännan. En likartat arrangerad ingång till det västra förmaket tydliggör relationen mellan hall och det palissadomgärdade området i söder.

I hallens båda gavelpartier fanns slutligen *kammare*, som av fyndspridning att döma disponerades på olikartat sätt. Förekomsten av fler djurben och mer hushållskeramik i den östra delen av huset än i övriga delar indikerar att förrådsutrymme och möjligen också faciliteter för viss matberedning fanns i denna del av hallen. Fyndet av stor malsten i ett av stolphålen i detta parti stärker en sådan tolkning. I den västra kammaren fanns en centralt belägen härdrest, som, om den verkligen härrör från huset, även den får anses ha varit belägen i en grop. I enlighet med en tolkning av hallens rumsliga disposition som gjorts i ett annat sammanhang (Söderberg 2003) kan den västra kammaren uppfattas som den privata sfären i hallbyggnaden. Detta förhållande antyds av ett tröskelliknande arrangemang mellan stolpparet som saknar motsvarighet i den östra kammaren (jfr Herschend 1998a:53 f).

Palissaden knyter i skede 2 an till hallen nr 8 på ett sätt som är nästan identiskt med förhållandet mellan hall och palissad i den tidigare nämnda gården vid Tissø i västra Själland, fas 1 och 2 , det vill säga under tiden cirka 600 till 800 (Jørgensen 2001). Här skall jag kort återknyta till problematiken kring hall och palissadomgärdat område. Som ovan redogjorts för, är det knappast troligt att palissaden uppfördes under skede 1. Det rumsliga förhållandet mellan palissad och hallens sydfasad tyder också att förhållandet hall – palissad "fixerades" först vid denna tid.

Det kan emellertid inte uteslutas att palissaden skall delas in i två eller tre byggnadsfaser (Appendix 2), vilket i och för sig framstår som rimligt mot bakgrund av de andra indikerade ombyggnaderna i hallområdet under det långa skede 2. Spåren efter palissaden bestod av en rad tätt placerade, grunda stolphål. Var nionde eller tionde meter avtecknade sig ett kraftigare stolphål, vilka ofta innehöll stenpackning. Med ungefär två meters mellanrum fanns parvis ställda stolphål på ömse sidor om ovannämnda "mittrad". Horisontella plankor kan ha varit infällda i dessa stolpar, eller så lades timmer i horisontella skikt an mot dem; utrymmet däremellan kan ha varit fyllt med jord eller grästorvor.

Palissadens västra långsida var uppbyggd av fyra omkring åtta till tio meter långa sektioner. Östsidan bestod av tre sådana sektioner samt hallens bredd och ett ingångsparti, det sistnämnda markerades genom parställda, kraftiga stolphål. Ingången var belägen lite drygt två meter söder om hallen, på ungefär samma plats som på gården vid Tissø.

Några meter söder om detta ingångsparti fanns det två likartat placerade men betydligt större gropar som var nedgrävda genom anläggningar som ingick i de äldre palissaderna. De båda nedgrävningarna markerar troligen läget för ett yngre ingångsparti. Det kan inte uteslutas att en ny ingång byggdes när palissaden var i bruk, under skede 2. Fyndmaterial och stratigrafi tyder emellertid på att denna ingång anlades under skede 3, möjligen som en del av en nyuppförd palissad.

Det nord–sydligt orienterade sidohuset nr 1 uppfördes i det palissadomgärdade området, något så när vinkelrätt i förhållande till hallen och en smula skevt i förhållande till palissadens västra långsida, där det annars passades väl in i förhållande till palissadens mittsektioner. Det ungefär 21 meter långa huset var uppbyggt av fyra par symmetriskt ställda stolpar, varav de yttre paren var ställda i gavelpartierna, där de kompletterades med hörnstolpar (Appendix 2). Inga spår av vägglinjer var bevarade, men husets största bredd kan beräknas till mellan sju och åtta meter, utifrån de två ingångspartierna som var likadant belägna norr respektive söder om de båda inre stolpparen.

Sidohuset nr 1 var tämligen exakt inpassat i förhållande till palissadens två mittsektioner. Husets dubblerade ingångspartier från öster och troligen också från de båda gavlarna samt den rumslighet som indikeras genom stolpsättningarna, framstår som intressant i förhållande till exempelvis det undersökta kulthuset i Borg, Östergötland, där en rumslig dubblering anses återspegla manliga respektive kvinnliga aspekter av kulten (Nielsen 1997). Andra intressanta likheter uppenbaras i det fyndmaterial som associeras med sidohuset. I samtliga stolphål fanns smidesslagg, och i ett stolphål fanns en deposition med ett hammarhuvud och en holkyxa. Detta fynd kan eventuellt kompletteras med ett litet städ av ålderdomlig typ, som markägaren påträffat vid plöjning på platsen. Också i Borg framkom ett material som indikerade att järnhantering kan ha haft en speciell innebörd i detta sammanhang (a.a.). Andra föremål i stolphålen, exempelvis pärlor av glas och ametist, två glasskärvor från bägare, fragment av keramik, djurben med mera, tyder dock på att smide och hantverk inte var de enda aktiviteterna som ägde rum i sidohuset. De smidesrelaterade fynden uppfattas som medvetet deponerade i stolphålen. Depositionerna kan tänkas härröra från kortare aktivitetsperioder – man kan inte utesluta att det bara rör sig om enstaka tillfällen, exempelvis i samband med byggnadsfaser, men det kan inte heller uteslutas att aktiviteterna var fortlöpande (jfr Grandin & Hjärthner-Holdar, denna volym). För det sistnämnda talar förhållandet att smides- och gjutningsavfall även framkom i en yngre ränna söder om hus 1. Det kunde dessvärre inte utrönas om denna ränna ingick i en yngre byggnad på platsen, vilket dock förefaller troligt. Hus nr 1 ansluter kontextuellt till en rad mindre byggnader i exempelvis ovan nämnda Borg, i Tissø (Jörgensen 1998), Gudme (Sørensen 1994), Lejre (Christensen 1991) och möjligen i Uppåkra (Larsson 2002) med dateringar från folkvandringstid och vendeltid, vilka uppvisar något varierande likheter. Dessa "sidohus" ger intryck av att vara en heterogen grupp, men flera av dem har uppfattats i termer av ceremonihus, eller rent av tempel. Hus nr 1 i Järrestad har utifrån artefaktspridning och kontext uppfattats som en representation av den mytiska smedjan i Asgård, vilket kommer att utvecklas vidare i ett annat sammanhang.

Flera detaljer i palissadens utformning understryker att denna, tillsammans med hall och sidohus, var uppförd som en arkitektonisk helhet. Hallens längd i skede 1 och 2 var oförändrat 37 meter, ett mått som återfinns i palissadens västra långsida. Anslutningen mellan palissad och hall har tidigare framhållits som en nyckel för tolkningen av anläggningens kosmologiska innebörd (Söderberg 2003). Platsen för högsätet markeras därmed exteriört, vilket innebar att de transcendenta kvaliteter som i norrön mytologi förknippades med Odins högsäte (jfr Steinsland 1991; 2002) överfördes till anläggningen som helhet och gränsområdet i synnerhet. Inträdet till det palissadomgärdade området förlänades med en särskild betydelse; här passerades uppenbarligen en viktig gräns.

Frands Herschend har analyserat ingångarnas betydelse i de rituella scheman som tillämpades i olika hallmiljöer över tid, och därvid låtit hallen i Lejre exemplifiera den yngre järnålderns koncept (Herschend 1998a:51 ff, 1998b:37 ff). Detta innebar i korthet att centralperspektivet tillämpades vad beträffar högsätets placering. Värd och gäster inträdde i salen från motsatta sidor. Värdens tillträde till det solitärt belägna högsätet i salens västra kortsida skedde från hallens privata sfär i väster och innebar att den sociala rangordningen garanterades och att framträdandet kunde orkestreras på olika sätt; samtidigt förstärkte centralperspektivet värdens betydelse. I Järrestad kan man konstatera att värden också hade tillförsäkrats ett separat tillträde till det palissadomgärdade området via ingången i det västra förmaket, vilket understryker hans centrala betydelse också i detta sammanhang.

Man kan, i enlighet med Frands Herschends idéer ana en kronologisk utveckling i hallens utformning i Järrestad som relaterar till härskarrollens utveckling och arkitekturen som ett redskap i denna process. Den indikerade omplaceringen av ingångspartiet i den äldsta, breddade hallen kan tolkas i denna riktning. Ytterligare en indikation består i hallens förändrade placering i relation till det palissadomgärdade området. Det har diskuterats om området i söder (med eller utan palissad) togs i bruk för aktiviteter av speciell karaktär redan under skede 1, och huruvida dess läge i stort sett var detsamma som under skede 2. Om så var fallet, kan det konstateras att hallen i sin helhet var belägen utanför detta område, och att tillträde kan ha ägt rum från gavelpartiet i väster. Oavsett om så var fallet eller ej, så är det av intresse att konstatera att den privata sfären som helhet integrerades i det palissadomgärdade området under skede 2, medan den offentliga sfären lämnades utanför.

För att återvända till de timliga aspekterna av anläggningen, så framgick det av tvärsektionerna av stolpålen i sidohuset att minst två av stolparna i husets takbärande konstruktion hade bytts ut. Tydliga spår efter omsättningar fanns för övrigt också i ingångspartierna mot öster. De mycket djupa och ytstora stolphålen i hallen nr 8 har, vilket diskuterades inledningsvis, bedömts vara (bland annat) en konsekvens av att stolpar sattes om. Dubbleringen av stolphål i den nämnda stolpraden utmed hallens centrala rum tyder också på att genomgripande reparationer utfördes.

Det är intressant att konstatera att hallens och sidohusets disposition nu var fastlagda, vilket indikeras av att stolpar sattes åter på samma platser i samband med ombyggnader. De omsättningar som gjordes i den äldsta hallen innebar att själva rumsligheten förändrades i viss mån, vilket tyder på att man i vissa avseenden också ville förändra hallens disposition. Sammantaget tyder förändringarna på att hallen i Järrestad var ett koncept i förändring under 600-talet, och utifrån Herschends ovan nämnda analys framstår det som troligt att Järrestad därvid följer en mer allmän sydskandinavisk utveckling.

Den hall som gestaltades under skede 2 både avviker och knyter an till föregående skede. Eftersom den äldsta hallen inte kunde undersökas i sin helhet så är det svårt att säkert uttrycka dessa skillnader; generellt förefaller det som om konceptet erhöll en betydligt mer sofistikerad och beständig utformning i skede 2.

Anläggningens utformning kan eventuellt ha påverkat den kringliggande bebyggelsens disposition, vilket diskuterades under föregående skede, där en direkt koppling föreslogs mellan omorienteringen av husen nr 2, 9 och 14, och palissadens tillkomst.

Ungefär 100 meter väster om hallområdet uppvisar också det likartade hus nr 5 samma nord–sydliga orientering. Tyvärr var också detta hus delvis beläget utanför undersökningsytan, men den undersökta delen av huset uppvisade stora likheter med de ovan nämnda. Ytterligare några hus fanns nära hus nr 5 (Appendix 2). Ett litet förrådsliknande hus nr 4 var beläget i direkt anslutning till det, och ett stycke åt väster fanns stolphuset nr 3, med spår efter fyra bevarade stolphålspar. Denna husgrupp var belägen på ett avstånd av drygt femtio meter från de närmaste säkert bestämda lämningarna från yngre järnålder och har bedömts representera en separat, mindre gårdsenhet. Dess status kan inte säkert avgöras, och inte heller hur länge den var i bruk, eftersom den endast delvis blev föremål för undersökning. Hus 4 längst i väster uppvisar likheter med hus nr 7, 36 och 38, vilka samtliga var belägna i anslutning till den plats där metallhantverk kunde identifieras, mellan den nyssnämnda perifert belägna gården och hallområdet. Två ^{14}C-dateringar från hus 7 är något divergerande, men det ligger nära till hands att tänka sig att dessa hus huvudsakligen var i bruk under 700-talet (Ua-25956 och 25957).

Uppenbarligen skall inte platsen för det sistnämnda huset och de verkstadsrelaterade fynden och anläggningarna uppfattas som ett renodlat "verkstadsområde", eftersom stolphus funnits på platsen under i stort sett hela den tid då metallhantverk bedrevs. Vid tiden kring år 800 uppfördes hus nr 16 på platsen, vars dimensioner och utformning förstärker detta intryck. Denna byggnad (Appendix 2), som var cirka 42 meter lång och försedd med yttre väggstöttor, avviker påtagligt från den äldre bebyggelsen på platsen.

Inget fyndmaterial kan knytas till den nya byggnaden, vars datering främst baseras på en serie ^{14}C-dateringar. Huset uppvisar en egenartad rumslig disposition, med ett stort, centralt beläget rum och en härdanläggning omedelbart väster om detta, vilket snarast för tankarna till hallarna. Dessvärre kunde ingångspartierna inte lokaliseras med ett större mått av säkerhet. Hustypen med yttre stödstolpar blir mer frekvent förekommande från och med 900-talets mitt. De relativt få äldre exemplar som har påträffats finns i miljöer som exempelvis Lejre (Christensen 1991) och Toftegård i Grødby (Tornbjerg 1998) på Själland, och uppfattas då som hallar. Hustypen förekommer också i Runegård på Bornholm, en kontext som är svårare att bedöma, också vad beträffar dateringen av huslämningarna (Watt 1983). Jag har inte funnit några paralleller till hustypen inom skånskt eller svenskt område under ett så tidigt skede.

Fram till dess att hus 16 etablerades förekom som nämnts verkstadsaktiviteter på platsen. En stödstolpe tillhörig huset var nedgrävd i en "keramikugn" (Brorsson, denna volym), och ett kort stycke söder om huset fanns grophus nr 56, vilket fungerade som smedja (Grandin & Hjärthner-Holdar, denna volym). De nämnda anläggningarna tycks ha varit i bruk under 700-talet.

Hur skall då denna plats uppfattas? Bebyggelsen är uppenbarligen mycket differentierad, och lämningar efter specialiserat metallhantverk förekommer i flera kontexter med dateringar till båda skede 1 och 2. Dessa aktiviteter kan periodvis ha varit av en tämligen intensiv art och platsen tycks vara i bruk kontinuerligt från och med inledningen av skede 1, det vill säga från och med 500-talets andra hälft. Kring år 800 upphörde eller flyttades verkstadsaktiviteterna, i samband med att det halliknande hus nr 16 uppfördes.

Uppenbarligen rör det sig om en mycket speciell miljö. Tolkningsmöjligheterna begränsas även i detta fall av undersökningsytans storlek och av att gränser i form av hägn eller diken saknas. Den rimligaste arbetshypotesen har bedömts vara att uppfatta hus 16 och hallområdet i öster som de primära delarna av en och samma huvudgård, där hus 16 utgjorde ett permanent residens medan hallområdet primärt var av representativ art. Alternativa möjligheter är att byggnaden haft ett annat användningsområde eller att den ingått inom ramen för en annan stor gårdsenhet.

Av de 23 grophus som totalt identifierades inom ytan, kunde nitton fogas in i den kronologiska indelningen. Endast några få av dessa anlades före cirka 850. Från och med denna tid blev hustypen successivt mer frekvent förekommande. Utifrån fyndmaterialet, och då främst keramiktypernas sammansättning, har ett grophus förts till skede 1 och tio grophus till skede 2, varav endast två med rimlig säkerhet kan dateras till 700-talet. Dessa två har förts till fas a, och resterande åtta till fas b. Möjligen kan man ana att färre stolphus anlades under fas b. Jag har valt att föra stolphusen nr 10 och 20 strax väster om hallen till denna fas, huvudsakligen utifrån jämförelser med hustyper i det omfattande

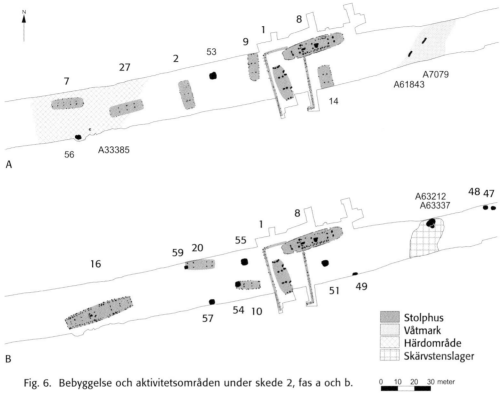

Fig. 6. Bebyggelse och aktivitetsområden under skede 2, fas a och b.

Buildings and activities during phase 2a and b.

danska materialet; helt säkert rör det sig om "uthus" av något slag; förråds-byggnader eller liknande.

Aktiviteterna i våtmarken intensifierades under 800-talet. Två långhärdar dateras till tiden kring år 800 eller något senare. Det massiva lagret med skärvsten, som nämndes under föregående skede, överlagrade dessa. Skärvstenslagret fördes på vid ett och samma tillfälle, och innehöll minst 45 kubikmeter skärvsten inom undersökningsytan. Lagret kunde avgränsas i alla väderstreck utom mot söder, där det tilltog i tjocklek. Depositionen av skärvsten sammanfaller i tid med anläggandet av brunnar på platsen. Den äldsta dendrokronologiskt daterade brunnen härrör från cirka 870, och denna överlagrade en äldre brunns-nedgrävning, vilken innehöll en inre och en yttre korg av flätverk (Appendix 2). Brunnarna på denna plats bör således ha anlagts från och med 800-talets mitt. De var inte djupt nedgrävda; ett ymnigt vattentillflöde säkrades genom ett källsprång, vilket arkeologerna också fick erfara under loppet av utgrävningen. Det skall påpekas att ytterligare en brunn avtecknade sig i den norra schaktkanten. Denna brunn kunde inte undersökas, men dess närvaro indikerar att äldre brunnar skall sökas ett kort stycke norrut. Indikationer på nedgrävningar genom skärvstens-lagret finns också i den södra schaktväggen (Appendix 2, profil).

Sammanfattningsvis definieras skede 2 utifrån de påtagliga förändringarna som skedde i hallområdet. Hall, sidohus och palissad uppfördes som en helhet kring år 700 eller något senare. Trots indikationer på att omfattande reparatio-ner utförts, låg dispositionen sedan fast fram till 900-talets mitt. Skede 2 kan i övrigt delas in i två faser, med en svårpreciserad och något flytande gräns, ungefär mellan 800 och 850.

På ömse sidor av hallområdet anlades stolphus i nord–sydlig riktning. Längst i väster anlades en separat, mindre och troligtvis relativt kortlivad gårdsenhet. I området mellan denna perifert belägna gård och hallområdet var markan-vändningen till synes oförändrad; flera mindre stolphus uppfördes och verk-stadsaktiviteter tycks ha pågått kontinuerligt. Omkring år 800 uppfördes hus nr 16, vilket innebar att platsen disponerades om.

Platsen för hus nr 16 och de äldre verkstadsaktiviteterna har uppfattats som ett residens för permanent boende – en hushållsdel – inom ramen för huvud-gården. Huset antas ha varit i bruk under fas b. Inga yngre byggnader eller akti-viteter har spårats i detta område.

Aktiviteterna i våtmarksområdet intensifierades påtagligt kring 800-talets mitt, då stora mängder skärvsten lades ut, och en rad brunnar uppfördes på samma plats. När det gäller bebyggelsen i övrigt tycks trenden ha varit att stolphus anlades mer sparsamt i hallområdets närhet från och med fas b, medan grophus blev successivt allt vanligare förekommande och är spridda över hela ytan.

Skede 3, cirka 950 till 1050. Omfattande förändringar i hallområdet skedde då en ny hall, nr 25, uppfördes norr om den gamla, med viss överlappning. Den nyuppförda, jämförelsevis svagt konvexa byggnaden var cirka 50 meter lång, och bredden uppgick till 14 meter (Appendix 2). Golvytan uppgick till 580 kvadratmeter, vilket kan jämföras med föregångaren, hus nr 8, med 320 kva-dratmeter. Även om sidohuset inkluderas i beräkningen, vilket något mer osä-kert beräknas till en storlek av cirka 120 kvadratmeter, så innebar det att cirka 140 kvadratmeter tillkom. Med tanke på att aktiviteterna i väster synes upp-höra under det föregående skedet är det kanske rimligt att de funktioner som uppbars av hus nr 16 också överfördes till hus 25, om nu detta huset skall uppfattas som ett residens. En alternativ möjlighet är naturligtvis att en efter-följare till hus nr 16 finns utanför den undersökta ytan.

Vägglinjerna tillhöriga hus 25 bestod av tätt ställda stolphål. Flera av dessa var påtagligt avlånga till formen. Väggarna kunde i vissa partier anas i matjorden redan tio eller femton centimeter under befintlig markyta, genom omrörda koncentrationer av sten. Stenen avtog emellertid djupare ned, i de delar av stolphålen som var belägna under alvens nivå. Fyllningarna i stolphålen avvek också från motsvarande i de äldre hallbyggnaderna, genom ett mer homogent innehåll, där inslaget av silt var påfallande stort.

De egendomliga stolphålen i vägglinjerna har tolkats så, att stolphålen var nedgrävda i rännor, vilka nästan plöjts bort. I dessa rännor placerades stolpar med mellanrum som på vissa platser uppgick till en meter och ibland till ungefär två meter. Invid och mellan stolparna lades stenar i rännan. Utrymmet mellan stolparna kan ha varit utfyllt med vertikalt eller horisontellt träplank, det vill säga i stav- eller skiftesverk. Möjligen kan rännorna och stenbädden eller stenpackningen indikera att väggarna vilade på syllträ. Konstruktionsmässigt avviker byggnaden påtagligt från de äldre hallarna. Trots att en relativt stor yta av hallens inre banades av, så kunde ingen konventionell inre takbärande stolpsättning påvisas. Om nu inte stolpar varit ställda på stenar eller ett bjälklag – eller helt enkelt varit så grunt nedgrävda att spåren efter dem odlats bort – så förefaller det som om väggarna burit takets tyngd, vilken måste ha varit betydande. Eftersom endast mindre delar av husets nordvägg kunde undersökas, så kan det inte med säkerhet sägas att stolparna i vägglinjerna varit regelbundet placerade i en fackindelning. På de platser där nordväggen blottlades konstaterades emellertid att så var fallet, och det är onekligen svårt att tänka sig någon annan möjlighet.

De från vägglinjerna lätt indragna stolphål som fanns nära husets gavlar och i dess mitt, kan möjligen ha utgjort snedstöttor för tvärsgående hopfogade bjälkar – det förefaller inte vara rimligt att fjorton meter långa bjälkar användes. Som ett alternativ till den kanske mest troliga hypotesen att spåren efter en inre takbärande stolpsättning odlats bort, kan man ta fasta på att huset uppvisar vissa drag, exempelvis spår efter indragna stolpar, som erinrar om en så kallad "cruck-frame construction". Detta innebär att timmer ställs parvis i anslutning till respektive väggar, med en lutning inåt mot husets mitt, där de förenas i en taknock; väggstolparna binds således inte ihop med tvärsgående bjälkar i konventionell mening. En slags primitiv "cruck" förekommer på kontinenten fram till 500-talet; därefter anses metoden gå ur bruk. Under 1200-talet framträder en mer utvecklad "cruck" på kontinenten och de brittiska öarna (Chapelot & Fossier 1985:294 ff).

Vidare kan det konstateras att den nya hallens gavelpartier var olikartade; i väster var gaveln sluten och i öster var den öppen, vilket ansluter till schemat "privat – offentligt" som föreslagits vad beträffar det föregående skedet.

Sannolikt skall det indragna stolphål som fanns sex meter från husets östgavel uppfattas som en del av en mellanvägg, vilken avgränsade ett öppet gavelrum från byggnadens inre. Två ingångspartier fanns mot söder. Genom den västra ingången kunde det palissadomgärdade området nås. Husets norra vägg kunde inte undersökas i tillräcklig omfattning och vi vet således inte om tillträde kunde ske från norr.

Den yngsta hallen som uppfördes vid Tissø uppvisar flera likheter med hallen i Järrestad. Denna byggnad var 48 meter lång och upp till 12 meter bred (Jørgensen 1998). Stolpsättningarna i vägglinjerna påminner om motsvarande i Järrestadhallen, dock utan de indragna stolphålen. Istället fanns det spår efter två takbärande stolppar, vilka var belägna nära gavlarna, på så vis att ett drygt 25 meter långt rum, fritt från stolpar, fanns i husets mitt.

Flera arkeologer har vid presentationer av hall nr 25 uttryckt skepsis och ett välgrundat tvivel på att en sådan konstruktion varit möjlig. Ett alternativ som föreslagits var att stolparna aldrig burit något tak; att det var ett slags "symboliskt" hus – kanske en tingsplats som markerats med resta stenar eller timmer? Men med tanke på väggarnas solida och regelbundna utformning samt de nämnda konstruktionsdetaljerna, och likheterna med hallen vid Tissø, så vill jag ändå hävda att hall nr 25 verkligen var ett komplett hus, med tak och väggar. Hur konstruktionen sett ut i detalj kan emellertid endast en fullständig undersökning ge ledtrådar till.

Det är likaså svårt att påvisa att området söder om denna kolossala hall var inhägnat under skede 4. Mycket tyder emellertid på att detta område fortfarande hävdades, och några detaljer indikerar att det också fortsättningsvis var avgränsat, och att en ny palissad uppfördes i samband med att den nya hallen byggdes. Som tidigare anförts döljer det sig eventuellt spår efter två byggnadsfaser i palissaden, och fynd i ett av stolphålen i den presumtiva ingång som skall föras till en yngsta byggnadsfas antyder att en tredje byggnadsfas verkligen kom till stånd i samband med uppförandet av den nya hallen. Man bör inte avvisa tanken på att denna yngsta byggnadsfas inte avsatte några spår överhuvudtaget, bortsett från ingångspartiet. Om en föregångare verkligen uppfördes av timmer och jord- eller torvfyllning, vilket föreslagits ovan, så kan en ny palissad eller hägnad ha uppförts på resterna efter den äldre palissaden, vilka senare plöjts bort.

Det rumsliga förhållandet mellan palissad och de grophus som uppfördes under skede 3 antyder att så kan ha varit fallet. De två grophusen som överlappade stolphål tillhöriga den "gamla" palissaden står inte nödvändigtvis i konflikt med denna. Det gäller hus nr 44 i väster, vilket anlades invid palissaden på platsen för sidohuset nr 1. Huset har daterats till 900-talet senare del och kan placeras initialt i fas 3. Det gäller också hus nr 60 i inhägnadens sydvästra hörn, vilket dock upptäcktes vid utvidgningen, och därmed inte blev föremål för undersökning. Dessa hus kan ha varit inbyggda i palissadvallen.

En alternativ möjlighet är naturligtvis att området inte längre var särhägnat i skede 3. Om vi jämför med förhållandena på storgården vid Tissø så fanns det inte heller där några spår efter en hägnad i den avslutande byggnadsfasen. Däremot undersöktes en ny byggnad av speciell karaktär – möjligen en liten rundkyrka i trä – som hänförts till detta skede. Denna uppfördes ett stycke söder om det gamla inhägnade området (Jørgensen 2001).

I Järrestad kunde en två meter lång ränna med ett centralt placerat stolphål knytas till skede 3. Denna var också belägen i det gamla palissadomgärdade området, nära den del i söder som inte kunde undersökas, och det kan således inte avgöras om den eventuellt utgör den norra delen av en byggnad, och hur denna i så fall förhåller sig rumsligt till palissaden.

Öster om hallområdet uppfördes grophus dels nära det hävdade området invid det nya ingångspartiet, och dels på sluttningen ned mot våtmarken. Åtta grophus kan föras till skede 3. De fyra förstnämnda husen skall sannolikt ses som en kontinuerligt anlagd serie av hus från och med skede 2 b, det vill säga tiden strax före 900-talets mitt och framåt. I övrigt är det värt att notera att flera grophus innehöll härdanläggningar. I ett fall kunde en rökugn påvisas, medan ytterligare några ugnar var svårare att definiera konstruktionsmässigt. Till dessa kommer en jordugn med anslutande grop, som var belägen i sluttningen mellan hall och våtmark, och som antas vara resterna efter ett kokhus. Anläggningen innehöll inga daterande fynd, men en datering till skede 3 framstår som trolig.

Sannolikt uppfördes också en del mindre stolphus under skede 3. Det finns inga indikationer på att större stolphus uppfördes, med undantag av hallen. Hus nr 10 och 20 väster om hallområdet kan möjligen ha uppförts under skede 3. Det är troligt att de fungerade som stall eller ekonomibyggnader. Vidare är det en öppen fråga om några av de sex eller sju fyrstolphus som identifierades tillhör denna fas (Appendix 2). Dessa hus har hittills inte diskuterats överhuvudtaget, eftersom de inte kan dateras närmare. Detta är beklagligt eftersom de visar på en förekomst av förrådsutrymmen och lagringsmöjligheter, vilket naturligtvis är av stort intresse i diskussionen kring en huvudgård.

En ny brunn anlades i våtmarken under skede 3, ett stycke söder om den gamla intensivt utnyttjade brunnsnedgrävningen. Denna bestod till en början av en risflätad korg som byggdes om med sekundäranvänt plank, varav de yngsta daterades till cirka 950. Denna brunn kan således ha varit i bruk under 1000-talets första hälft. I ett fyllningslager på platsen för de äldre brunnarna fanns en koncentration med keramikskärvor av typ östersjökeramik, med inåtsvängda mynningar. På den östra sidan av våtmarken var samma keramiktyp representerad i ett aktivitetslager. Arten av dessa aktiviteter har emellertid inte kunnat preciseras närmare.

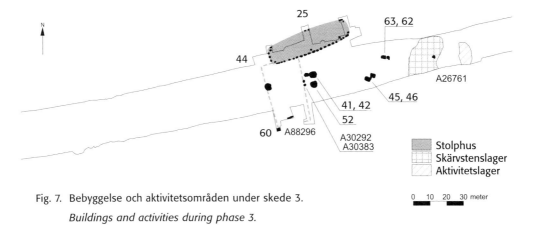

Fig. 7. Bebyggelse och aktivitetsområden under skede 3.

Buildings and activities during phase 3.

Förutom de två yngsta mynten, finns det finns inga indikationer på aktiviteter av mer permanent art väster om hallområdet under skede 3. Det stora huset nr 16 var knappast i bruk; kanske revs det när den kolossala hallen uppfördes. Grophusen och spridningen av keramik av mellan- och senslavisk typ samt östersjökeramik tyder på att de mer permanenta aktiviteterna koncentrerades till hallområdet och den intilliggande våtmarken.

Sammanfattningsvis kan förändringar i hallområdet påvisas under skede 3, vilka inleddes omkring 950 eller något senare, då en mycket stor hallbyggnad uppfördes på ett sätt som dock ger intryck av att en traditionell praxis hävdades. Samtidigt bör det uppmärksammas att en ny byggnadsteknik användes, vilken dessvärre inte kan utredas till fullo.

Området söder om den nya hallen kan inte säkert sägas ha varit inhägnat under skede 3. Flera förhållanden antyder emellertid att det fortfarande hävdades. Sidohuset nr 1 "ersattes" med ett grophus och ytterligare en byggnad kan ha uppförts i områdets södra del. I våtmarken tycks aktiviteterna ha pågått som under föregående skede.

I väster avvecklades hus nr 16 troligtvis under 900-talets första hälft. De byggnader som med säkerhet kan knytas till skede 3 bestod av grophus, vilka i några fall innehöll ugnar. Fyrstolphus kan ha anlagts både under detta skede och tidigare; ett daterbart material saknas.

Skede 4. Tiden efter cirka 1050. Fynd som med säkerhet kan dateras till 1000-talet är överlag få – med undantag för östersjökeramiken – och det samlade materialet tyder på att aktiviteterna på platsen fick en helt ny inriktning efter cirka 1050. Ett lager med stort innehåll av skärvsten, bränd och obränd lera samt djurben överlagrade det nämnda "rena" skärvstenslagret i våtmarken vilket anlades under 800-talet och av allt att döma hölls tämligen rent under hela skede 3 (Appendix 2: profil lager 6). Lagret kan tänkas ha förts på i samband med att skärvstensrösen, bebyggelse och bråte avlägsnades från platsen, möjligen i samband med en röjning som förebådade en första uppodling av den bebyggda delen av *Ååkrarne*.

Få keramikskärvor och andra föremål från medeltid och senare framkom på undersökningsytan och i förekommande fall var de starkt fragmenterade. Det är rimligt att anta att dessa hamnade på platsen i samband med utgödsling. Inga spår efter konstruktioner som antyder någon annan markanvändning har identifierats.

I samband med skiftet i Järrestad i början av 1800-talet karterades byamarkernas bonitet. *Ååkrarne* räknades till markerna med lägst bonitet (Riddersporre, denna volym: Fig. 7), vilket sammanhänger med att detta område dominerades av mycket lätta jordarter. Om aktiviteterna på huvudgården resulterade i en viss kulturlagertillväxt, så var denna resurs definitivt förbrukad vid tiden för nämnda kartering. I de lägre terrängavsnitten öster om hallområdet fanns tjocka lager med humusblandad, finkornig sand omväxlande med vegetationshorisonter och ibland något grövre material, vilket indikerar att markerosion kan ha pågått under lång tid (Appendix 2: lager 1–5)

Under de mindre inventeringsinsatser som kunde utföras inom ramen för projektet framkom medeltida fynd i andra delar av Järrestad. På åkermarken direkt nordost om våtmarken finns det av allt att döma ett relativt rikhaltigt material av östersjökeramik, vilket möjligen kan kopplas till de yngsta aktiviteterna i våtmarksområdets östra del, och som tyder på att en yngre bebyggelse fanns i detta område; huruvida detta skall uppfattas som en sent etablerad bebyggelse är oklart. Thurston påträffade stora mängder slagg och bränd lera i detta område och satte dessa fynd i samband med smide, men analyser som utfördes av likartade slagger från detta område som utfördes i samband med förundersökningen visade att det handlade om "stenkolsslagg, infordring och modern smidesslagg" (Hjärtner-Holdar m fl 2000:8, provet märkt GAL 3). Vid ett senare tillfälle observerades en bit smidesslagg i detta område som dock troligtvis kan hänföras till järnåldersaktiviteterna.

Väster om bykyrkan i nordost tillvaratogs ett slaviskt knivslidsbeslag och ett högmedeltida mynt. Thurston (1996) nämner också några fynd med troliga medeltida dateringar vilka framkom vid hennes inventeringar på andra platser i bytomtens utkanter.

Materialet visar tämligen entydigt att omstruktureringar ägde rum i Järrestad under 1000–1100-talen. Dessa innebar bland annat att de centrala delarna av den yngre järnålderns storgård så småningom omvandlades till åkermark, vilken splittrades upp på flera gårdsenheter. Att bykyrkan så småningom – tiden strax före eller omkring år 1200 – kom att anläggas omkring 300 meter nordost om huvudgården och med rimlig säkerhet ett stycke från dess toft, visar att den kultkontinuitet som påvisats på en del andra platser i södra Skandinavien inte är giltig för Järrestads vidkommande (Riddersporre, denna volym).

Hestebier

I en artikel i denna volym analyserar Berta Stjernquist den rikt utrustade kvinnograv som undersöktes drygt 600 meter öster om hallområdet. Platsen där graven framkom, på lantmäterikartan kallad *Hestebier*, var belägen på byns östra vång, nära kvarnen i söder. Topografiskt var det 50 meter breda undersökningsområdet beläget på sydsluttningen av en markerad höjdsträckning mot ån. Lantmäteriakterna indikerar inte någon förekomst av fornlämningar i omedelbar närhet; bonitetsförhållandena på *Hestebier* var emellertid goda, vilket innebär att kulturlager kan ha funnits på platsen kring år 1800 (Riddersporre, denna volym).

Den gamla vägleden mellan Simrishamn och Järrestad var belägen några hundratal meter norr om *Hestebier*.

På platsen fanns lämningar som visar att den varit attraktiv i ett långt tidsperspektiv, och att människor återkommit dit, från yngre stenålder och framåt. Det har varit förenat med flera svårigheter att kronologiskt analysera och närmare karakterisera dessa aktiviteter, som dessutom tycks ha varierat en del över tid. Uppfattningarna om platsen har därför kommit att förändras upprepade gånger, efter de olika undersökningsetapperna och i samband med provsvar (jfr Hellerström & Söderberg 1999; Söderberg 2000, 2002). Detta beror inte minst på att fornlämningen var kraftigt nedplöjd, och på att många skeden var representerade i förhållande till ett jämförelsevis litet antal anläggningar och ett begränsat fyndmaterial. Det sistnämnda kontrasterade påtagligt mot den materiella rikedom som utmärkte kvinnograven.

En mindre provundersökning kunde genomföras under år 2002 med syfte att komplettera och fördjupa kunskapen om gravens kontext och järnåldersaktiviteterna överhuvudtaget. Sökschakt och mindre ytor banades därvid av på krönet strax norr om kvinnograven.

Det kunde konstateras att bebyggelse- och aktivitetslämningar i form av stolphål och enstaka gropar av olika slag förekom i mindre koncentrationer över i stort sett hela krönet och dess sluttningar, inom en ungefär 2,5 hektar stor yta. Graden av nedplöjning och frånvaron av ett mer substantiellt fyndmaterial påminde starkt om situationen inom det undersökta vägområdet. Undersökningsresultaten indikerade också att den mest omfattande anhopningen av boplatslämningar fanns på sydsluttningen som undersöktes år 2000. Merparten av järnålderns bebyggelse tycks ha varit koncentrerad till denna yta, vilket innebär att denna bosättning, med vissa reservationer för graden av bortodling, kan diskuteras som en helhet.

Till en början kan det konstateras att kvinnograven av allt att döma anlades som en solitär. En gravliknande nedgrävning, vilken emellertid visade sig vara fyndtom, undersöktes visserligen sextio meter norr om kvinnograven. I likhet med kvinnograven var också denna nedgrävning mycket grund, och det kan inte uteslutas att ytterligare gravar har plöjts bort. Troligen har det i så fall rört sig om ett mindre gårdsgravfält, som var beläget på avstånd från kvinnograven. Ytan invid denna banades av och konstaterades vara fri från samtida anläggningar.

Järnåldersbebyggelsen på *Hestebier* bestod av tre långhus, sju mindre stolphus och ett fyrstolphus (Fig. 8). I övrigt kunde en del gropar, bland annat några "arbetsgropar" knytas till bosättningen. Inga nya hus eller gropar tillkom vid den nämnda provundersökningen i norr. De undersökta långhusen var mycket likartade och får antas ha uppförts i en följd. De mindre husen kan delas in i en grupp med något större hus, uppbyggda av fyra eller fem stolppar, och en grupp med något mindre hus, bestående av två till tre stolppar. Denna uppdelning kan i vissa fall vara vilseledande; det kan inte uteslutas att skillnader i antalet stolppar beror på varierande bevaringsförhållanden. Samtliga hus var dåligt bevarade och inga vägglinjer kunde rekonstrueras över huvud taget. I några av de bättre bevarade husen saknades spår efter enstaka takbärande stolpar. I det kanske tydligaste av de mindre husen, som var beläget längst i söder, utgjordes stolphålen i stort sett av ytliga färgningar.

Långhuset nr 1 och det mindre hus nr 3 söder om detta, valdes ut för ^{14}C-datering. Detta motiverades bland annat av att de var belägna i jämförelsevis "rena" kontexter. Dessutom valdes ett antal olikartade gropar ut. Av totalt 16 ^{14}C-dateringar faller nio inom järnålder. Den äldsta dateringen i den sistnämnda gruppen antyder att aktiviteter förekom på platsen under den senare delen av förromersk järnålder. Det daterade träkolet påträffades emellertid sekundärt, i ett stolphål tillhörigt långhuset nr 1, och någon bebyggelse kan inte knytas till detta skede. Möjligen skall några keramikskärvor från en av groparna hänföras till detta skede.

De övriga ^{14}C-dateringarna uppvisar en intressant spridning över tid, inte minst i förhållande till kvinnograven (Fig. 9). Träkol från bottenlagret i en arbetsgrop dateras till romersk järnålder, medan övriga sju dateringar faller inom folkvandrings- och främst vendeltid. Fyra av dem härrör från långhuset nr 1, två från det mindre huset nr 3, och ytterligare en datering från en arbetsgrop. Kvinnograven med de många fyndkombinationerna dateras med precision till 300-talets andra hälft (Stjernquist, denna volym).

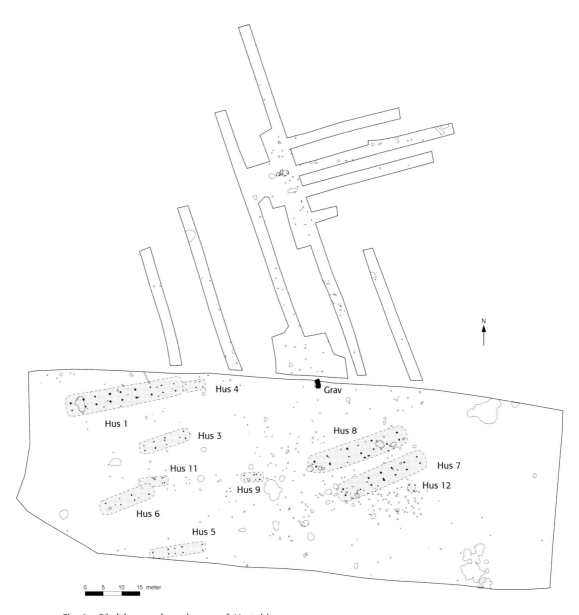

Hus 4
Grav
Hus 1
Hus 3
Hus 8
Hus 11
Hus 7
Hus 9
Hus 12
Hus 6
Hus 5

N

0   5   10   15 meter

Fig. 8. Gårdsbyggnader och grav på Hestebier.
The farm buildings and grave at Hestebier.

144

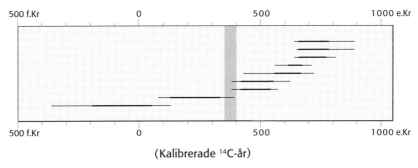

500 f.Kr   0   500   1 000 e.Kr

(Kalibrerade ¹⁴C-år)

Fig. 9. Kalibrerade ¹⁴C-dateringar i relation till kvinnograv från järnålder.

Calibrated radiocarbon datings in relation to the Iron Age woman's grave.

Långhuset nr 1 har i ett jämförande perspektiv bedömts vara det yngsta av de tre långhusen. Stolpsättningen i detta hus skiljer sig något från de båda övriga genom att det uppvisar en tendens till grupperingar. Det kan också konstateras att hus 1 är större än de båda andra långhusen. Avstånden mellan de yttre stolpparen i hus 1, som innehöll nio stolppar, uppgick till cirka 29 meter, medan motsvarande avstånd för de övriga husen med sju par stolpar uppgick till 22 respektive 24 meter. Avstånden i husen med fyra till fem par varierade mellan nio och tolv meter. Till samtliga dessa mått skall avstånden från de yttre stolpparen till gavlarna adderas, vilket bör innebära att de var mellan fyra och sex meter längre. I övrigt är husen svåra att datera närmare utifrån jämförelser, vilket delvis är en konsekvens av de dåliga bevaringsförhållandena. Byggnader med likartad storlek, spann och inbördes avstånd mellan stolpar dateras ofta med tämligen vida marginaler, från äldre romersk järnålder till och med folkvandringstid. En iakttagelse som kan vara av intresse är att hustypen inte företer några påtagliga likheter med de hus och hallar som undersöktes inom *Ååkrarne*, vilket emellertid kan vara såväl kronologiskt som funktionellt och ideologiskt betingat.

Undersökningsresultaten indikerar att bosättningen på Hestebier var en ensamt belägen gård, med en bebyggelse som bestod av ett långhus och ett mindre hus. Resterna efter de tre minsta husen tycks, så långt det kan avgöras, vara tämligen likartade de något större och bättre bevarade husen, och de har bedömts härröra från samma skede. Om detta är korrekt så kan ett långhus ha varit i bruk ungefär dubbelt så lång tid som ett mindre hus.

Samtliga byggnader och gropar var belägna i en halvcirkel söder och väster om graven, med det närmast belägna huset på ett avstånd av femton meter från denna. Inga andra aktivitetsspår från denna period fanns i gravens närhet. Förekomsten av arbetsgropar tyder på att aktiviteterna på gården var i viss

145

utsträckning differentierade. I några av groparna fanns korroderade järnföremål som inte kunde identifieras, tillsammans med bitar av sintrad lera som troligen utgör rester efter ugnsväggar, och hårt brända fragment av föremål som kan vara blästermunstycken eller möjligen vävtyngder. Sammantaget indikerar dessa fynd att både metallhantverk och andra hantverk bedrevs på gården, om än i tämligen begränsad omfattning. Bland övriga fynd i arbetsgroparna märks en underliggare till en handkvarn och fragment av slip- och malstenar.

Vid en mindre metalldetektering framkom en näbbfibula med datering till vendeltid, en vikt av förhistorisk typ och en bronssölja med inläggning av silvertråd i ett tämligen klumpigt utförande; de sistnämnda har inte kunnat dateras närmare. I övrigt bestod fyndmaterialet av tämligen anonyma keramikskärvor. Bevaringsförhållandena för djurben var inte gynnsamma och materialet var mycket litet.

Resultaten av ^{14}C-analyserna, kvinnogravens datering och det i övrigt begränsade fyndmaterialet tyder sammantaget på att gården på *Hestebier* kan ha varit i bruk under cirka trehundra år eller något längre, från 300-talets andra hälft till 600-talets andra hälft. Anledningen att så få ^{14}C-prover på denna plats daterades till folkvandringstid kan bero på urvalet av material till analyser. Om antalet hus som identifierats är representativt, så innebär detta att långhusen i snitt var i bruk omkring 100 år eller något längre, medan de mindre husen var i bruk ungefär 50–75 år. Den höga åldern kan uppfattas som anmärkningsvärd (jfr den inledande diskussionen kring hallarna), sett i ljuset av att inga ombyggnader eller reparationer kunde spåras. Man kan knappast utesluta att ett hus i denna sekvens saknas, och att detta i så fall troligast var beläget i området norr om hus 1.

I ovan anförda tolkningsperspektiv ligger det nära till hands att tillskriva kvinnograven en särskild betydelse; kanske skall den uppfattas som en slags "grundar-grav". Gravläggningen ägde av resultaten att döma rum i ett tidigt skede av gårdens historia, och kan då bland annat ses som ett sätt att hävda anspråk på platsen. Man kan anföra att gårdens invånare under hela den tid då gården var i bruk tycks ha respekterat graven, genom att inte uppföra byggnader eller gräva gropar inom en relativt stor zon kring den. Inte heller tycks andra gravar ha anlagts i nära anslutning till den.

Om kvinnograven på *Hestebier* kan kopplas samman med bebyggelsen på samma plats, blir den naturligtvis mer begriplig. Graven, boplatsen och läget i landskapet kan sammantaget ge en något tydligare bild av hur det lokala elitskiktet organiserade sin tillvaro, även om de dåliga bevaringsförhållandena dessvärre inte medger några långtgående slutsatser.

Gården på *Hestebier* anlades som en ensamt belägen gård. Dess läge kan karakteriseras som både manifest och skyddat, eftersom den anlades på ett markerat höjdparti som i tre väderstreck omgavs av våtmarker och branta sluttningar. Gårdens läge erinrar om hallarnas belägenhet på *Ååkrarne*; i det öppna landskapet syntes gårdsbyggnaderna långväga. Rekognosceringar har visat att en relativt gynnsam passage över ån fanns nära gården på *Hestebier*. Gårdsläget kan också tänkas relatera till förhållanden av ekonomisk art, då väl avgränsade, förhållandevis lättkontrollerade och relativt goda betesmarker fanns invid ån. Djurhållning kan antas ha varit av betydelse i gårdens ekonomi och för dess invånares självbild, vilket måhända också tog sig uttryck vid gravläggningen av kvinnan, då en rejäl stek placerades vid sidan av dryckesutensilierna (Stjernquist, denna volym).

Bosättningskomplexet i Järrestad

De undersökta ytor som ovan redogjorts för, var belägna inom eller i direkt anslutning till den rektangulära ägofigur som framträder i analysen av skifteskartan (Riddersporre, denna volym). Undersökningen kan liknas vid ett tvärsnitt genom denna miljö. Bebyggelse och aktivitetsområden tillhörande de olika skedena kunde inte avgränsas på ett tillfredsställande sätt inom någon av de undersökta ytorna, med undantag för *Hestebier*. Vad beträffar bebyggelsen på *Ååkrarne* så utgör denna begränsning ett allvarligt avbräck; eftersom inga tydliga gränser finns, så blir tolkningar oundvikligen hypotetiska och alternativa möjligheter måste övervägas.

Man kan emellertid uppnå en viss kompletterande kunskap om bosättningskomplexets totala omfattning och sammansättning genom att granska undersökningsresultaten i ljuset av tidigare inventeringar, i synnerhet en kombinerad specialinventering och fosfatkartering med inslag av utgrävning, vilken utfördes under 1990-talet (Thurston 1996, 2001). Till detta kommer några arkeologiska och topografiska iakttagelser som gjordes inom ramen för projektet, samt observationer om topografiska förhållanden. Slutligen har en mindre utgrävningsinsats tidigare utförts i Järrestad (Strömberg 1976:75) och dessutom har några lösfynd registrerats (Strömberg 1961:41).

I det följande skall bosättningskomplexet i Järrestad granskas utifrån detta tämligen fragmentariska källmaterial. Jag har valt att avgränsa undersökningen så att den ungefär sammanfaller med den historiskt kända byns gränser; i något fall nämns företeelser strax utanför bymarkerna.

Den torra våren år 2000 bidrog till att möjligheterna att spåra vegetationsförändringar i strågröda, så kallade *cropmarks*, var särskilt gynnsamma (Fig. 10). Eftersom korn odlades i ett bälte utmed vägsträckan på *Ååkrarne* kunde några viktiga iakttagelser göras i detta område. På åkermarken mot sluttningen

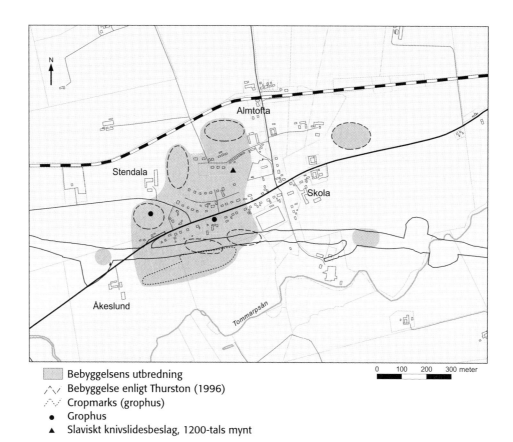

Bebyggelsens utbredning
Bebyggelse enligt Thurston (1996)
Cropmarks (grophus)
● Grophus
▲ Slaviskt knivslidesbeslag, 1200-tals mynt

Fig. 10. Grått markerar bosättningskomplexets ungefärliga utbredning under yngre järnålder.
Grey colour mark the settlement complex during early medieval times.

i söder, mellan skogsdungen i väster och våtmarken i öster, fanns runda, upp-
skattningsvis mellan fem och tio kvadratmeter stora cropmarks på många plat-
ser. Mellan trettio och fyrtio distinkta märken kunde identifieras, vilka med
stor sannolikhet representerar grophus. Enstaka likartade cropmarks förekom
också längre åt väster, på sluttningen söder om skogsdungen. Området med
grophus kunde inte avgränsas mot söder, beroende på att betodlingar vidtog
strax innan terrängen sluttade brantare ned mot ån, i övergången mellan lät-
tare jord och moränlera.

Norr om vägarbetsområdet kunde inga liknande iakttagelser göras, inom den 25 till 50 meter breda åkerremsan mellan vägområdet och villatomterna. Flera byggnader kunde emellertid följas in i schaktkanten. Detta förhållande antyder möjligen att grophusen är en dominerande kategori söder om den undersökta ytan, medan stolphus av olika slag dominerar i norr.

De två ovan nämnda undersökningsinsatserna av Märta Strömberg (1976:75) och Tina Thurston (1996, 2001) som ägde rum norr respektive nordväst om platsen för hallarna ger värdefull kompletterande information om förhållandena utanför vägområdet (Fig. 10). Båda undersökningarna berörde grophus, och fyndmaterialen har åter studerats inom ramen för projektet. I det förstnämnda materialet fanns järnföremål av olika slag, bland annat en järnnål med nålhuvud av brons, som var smyckat med en mångkantig knopp, en gjutform av lera med bandornament (jfr Callmer 1995:59, Fig. 25), ett tämligen stort antal degelfragment och keramikskärvor av typ AIV (Brorsson, denna volym) och smidesslagg. Grophuset dateras utifrån dessa fynd till 800-talet, troligtvis dess första hälft. I anslutning till undersökningen kunde Märta Strömberg avgränsa ett 160 x 60 meter stort boplatsområde kring grophuset, utifrån förekomst av skärvsten och keramik i ploggången. Enligt redogörelsen fanns troligtvis också kulturlager bevarade i detta område.

Tina Thurston undersökte endast en del av ett grophus som framkom i samband med grundgrävning. Det begränsade fyndmaterialet utgjordes av keramikskärvor och smidesslagg och grophuset dateras, något mer osäkert utifrån AIV keramiken till 700–800-talen.

Thurstons inventering i Järrestad ledde bland annat till att sex områden identifierades i utkanterna av Järrestad, utifrån förhöjda fosfatvärden och lösfynd. Två av dessa områden tangerar *Ååkrarne* och ett område är identiskt med den yta som Strömberg avgränsade. De tre övriga ytorna är belägna i byns norra utkanter (Fig. 10). Fynden från de sistnämnda ytorna var av ordinär boplatskaraktär, det vill säga huvudsakligen keramikskärvor, en malsten, med mera.

Slutligen skall några lösfynd från olika delar av byn och byns marker nämnas. Dessa har förtecknats av Strömberg (1961 II:41) och utgörs av en S-formad fibula, en oval, genombruten platt fibula, en armring av silver, en bronsring, en ornerad nyckel, en dräktnål och en näbbfibula (aa: Taf. 61:6). I några fall finns viss information om fyndplatserna. Den ovala fibulan påträffades på åkermark norr om byn. Armringen och bronsringen härrör från Järrestadtorp som är en yngre skapelse, belägen i den östra utkanten av bymarkerna. Dräktnålen påträffades inne i byn och nyckeln på mark tillhörig Åkeslund. I den suggestiva fornlämningsmiljön vid Kvejshög, där Järrestads marker gränsar mot Gröstorps marker i öster, har ett rektangulärt genombrutet spänne med djurornamentik påträffats (Strömberg 1963). Möjligen kan det finnas en koppling till två andra föremål som registrerats under Gröstorp, utan närmare fyndplats; en doppsko med palmettmotiv och ett seltygsbeslag av brons (Strömberg 1961 II:41).

Mats Riddersporres redogörelse av lantmäteriaktens fornlämningsindikationer är av intresse även i detta sammanhang (Riddersporre, denna volym). De fornlämningsindikerande platsnamnen diskuterades kort i anslutning till de arkeologiska resultaten från Torekullarna. I detta sammanhang är det kanske mest intressant att konstatera att områden med hög bonitet finns perifert i förhållande till den historiskt kända bebyggelsen, i utkanterna av de östra och västra vångarna (a.a: Fig. 7).

De samlade inventeringsresultaten är inte helt oproblematiska att strukturera. Lämningar från yngre järnålder tycks förekomma inom en i stora drag sammanhängande yta som tangerar den västra delen av Järrestad och som kan vara upp mot cirka 25 hektar stor. Ett hundratal meter väster om denna finns de undersökta lämningarna på *Torekullarna* som inte tycks ha varit direkt integrerade i denna "kärnbebyggelse". Man kan inte utesluta att de två nordliga inventeringsområdena motsvarar likartade gårdsenheter, och att kärnområdet var något mindre, kring 20 hektar. I öster avgränsas kärnområdet av ett nord–sydligt stråk som är låglänt och som till delar består av utfyllda våtmarker. Öster om detta område finns den konstaterade bebyggelsen på *Hestebier* och ett av Thurstons inventeringsområde. Höjdsträckningen i den sydöstra delen av tätorten, i anslutning till skolan (Fig. 10) och öster om denna, utgör också ett intressant bebyggelseläge, men inga lösfynd eller observationer finns från detta område. Slutligen finns det en del andra lägen i anslutning till detta område som kan vara av intresse i sammanhanget, men det finns inget som tyder på större, mer sammanhängande bebyggelseområden.

Avgränsningen mot ån i söder är också osäker; ungefär i höjd med den angivna begränsningen faller terrängen påtagligt, men terrasslägen finns utmed stora delar av dessa sluttningar som kan ha använts för olika aktiviteter. I sydväst finns det intressanta lägen söder om gården Åkeslund, i nära anslutning till en tänkt kommunikationsled över ån.

Slutligen finns det indikationer på förhistorisk bebyggelse också i vångamarkernas periferi; det gäller såväl bonitetsförhållanden som lösfynd. Flera olika indikationer är koncentrerade till området mellan dagens Järrestadtorp och Kvejshög, i utkanten av den östra vången. I detta område finns också topografiska företeelser av intresse, exempelvis bäckflöden och våtmarker som ansluter till Tommarpsån. En av de få synliga fornlämningarna som möjligen kan dateras till yngre järnålder finns också i detta område, nämligen en rest sten (Fornminnesregistret). I övrigt vet vi ingenting om järnåldern i detta område, där andra monumentala fornlämningar härrör från sten- och bronsålder.

På de högre belägna hällmarkerna i den norra periferin av byns marker finns flera stensättningar och mindre högar. Dessa har besiktigats, och det kan konstateras att de är svåra att datera närmare; några har undersökts tidigare och daterats till bronsålder period V och i synnerhet VI, och det är troligt att samtliga dessa gravar dateras skall dateras till yngre bronsålder och möjligen förromersk och äldre romersk järnålder (Söderberg & Hellerström, denna volym).

Ett uppenbart problem vid bedömningen av den yngre järnåldersbosättningen vid byn består i att dagens tätort är centralt belägen inom bosättningsområdet. Samtliga undersökningar och de flesta observationerna relaterar till områden i tätortens och den historiskt kända bybebyggelsens utkanter. Undantagen utgörs av några enstaka lösfynd och metalldetektorfynd.

Tina Thurston (1996, 2001) har utifrån egen fosfatprovtagning och en analys av Arrhenius fosfatkarta (Arrhenius 1934) samt specialinventeringar uppskattat bosättningens storlek kring år 800 och kring år 1000. Utbredningen av bebyggelsen i Järrestad uppges vara 28,75 hektar i båda fallen.

Uppskattningar av denna art är naturligtvis förenade med en rad källkritiska problem. Man kan exempelvis förhålla sig skeptisk till möjligheten att skilja ut specifika tidshorisonter. En annan invändning som nämnts ovan består i att själva bykärnan inte kunde provtas. Generaliseringen har emellertid, med ledning av resonemangen ovan, bedömts vara i stort sett rimlig. Någon mer precis uppskattning av bebyggelsens utbredning har inte ansetts vara meningsfull att utföra inom ramen för detta projekt. För att nå framgång i detta avseende är det nödvändigt att samla in nya data, exempelvis genom metalldetektering inom större ytor. Detta har inte varit möjligt att göra, och skulle för övrigt ha stött på samma problem, vad gäller tätortens utbredning. I det nuvarande källäget har Thurstons uppskattning bedömts vara i stora drag rimlig. För den äldre järnålderns vidkommande finns i nuläget inte något underlag för beräkningar av detta slag.

Thurstons fosfatanalys i Järrestad är intressant även i ett annat perspektiv. Den rumsliga spridningen av mer differentierade värden gav underlag för något mer detaljerade tolkningsförslag än vad som vanligen är fallet. Som Thurston påpekar, skiljer områdena i den södra delen av Järrestad ut sig gentemot de norra, genom att de uppvisar jämnhöga värden inom större ytor. Det normala mönstret bestod annars i att mycket höga värden var koncentrerade till mindre ytor. Kring dessa avtog värdena successivt, med undantag för enstaka kraftiga förhöjningar. Detta mönster bedömdes vara karakteristiskt för en "ordinär" agrart, inriktad gårdsenhet under yngre järnålder (Thurston 2001:232 f); inventeringsområdet nordöst om byn var ett typexempel på denna spridningsbild.

Det kan konstateras att den yngre järnålderns gravar och gravfält inte har lokaliserats i Järrestad. Tre platser eller områden har nämnts ovan, i något olikartade sammanhang, vilka framstår som särskilt intressanta (se också Söderberg & Hellerström, denna volym). Det gäller i synnerhet namnet *Stenabjerarna* vid åpassagen sydväst om huvudgården och *Torekullarna*; lösfyndet på Åkeslund kan möjligen ha en koppling till denna miljö, vilken erbjuder mycket goda förutsättningar för gravläggningar av ett manifest slag, på en höjd nära ån, åövergången och en viktig vägled. Tilläggas skall att det finns starka indikationer på en tingsplats på andra sidan ån, vilken av avgränsningsskäl inte diskuteras i denna artikel (se Söderberg & Hellerström, denna volym). Vidare indikerar lantmäterikartans namn att fornlämningsmiljön i detta område var av ett betydande omfång, vilket kan ha varit attraktivt för ett elitskikt som ville knyta an till sådana kvaliteter.

En förekomst av stensättningar som möjligen härrör från äldre järnålder och något enstaka lösfynd från yngre järnålder gör att området norr om byn också bör dras in i diskussionen. Här kan också den särpräglade topografin anföras. Slutligen skall området kring *Kvejshög* nära bymarkens gräns i öster nämnas, där det finns registrerade lösfynd och en fornlämningsmiljö som erinrar om förhållandena väster om Järrestad.

Med tanke på att Järrestad framstår som en i hög grad socialt differentierad bosättning i ett mytologiserat landskapsrum är det tänkbart att de döda kan ha delats in i olika kategorier, och gravlagts på platser med olikartade innebörder. Om gravar överhuvudtaget har bevarats i området, vilket dessvärre är osäkert om vi betänker att brandgravskicket dominerade i området under vikingatid (Svanberg 1999) och att synliga gravmonument kan ha brandskattats hårt under agrarexpansionen kring 1800-talets andra hälft, och huruvida de tre nämnda platserna i så fall är relevanta i sammanhanget, får betraktas som en arbetshypotes.

Sammanfattningsvis kan man konstatera att bilden av bebyggelsen i Järrestad under yngre järnålder fortfarande är fragmentarisk och oklar. Resultaten låter föga förvånande antyda att huvudgården var belägen inom ett mer omfattande område som karakteriserades av intensivare aktiviteter och en tätare bebyggelse. Karaktären av denna bebyggelse skall avslutningsvis diskuteras vidare. Detta område kan jämföras med den ägofigur som Mats Riddersporre rekonstruerat utifrån lantmäteriakterna (Riddersporre, denna volym). Det kan också jämföras med Thurstons uppskattning av bebyggelsens utbredning under vikingatid, 28,75 hektar. Utanför detta område är det troligt att bebyggelsen glesar ut, och de gårdsenheter som undersökts eller inventerats fram inom denna yttre zon framstår som tämligen heterogena ur dateringssynpunkt och troligtvis också i ett socialt perspektiv. Slutligen finns indikationer på att bosättningar också fanns perifert inom den historiskt kända byamarkerna, i synnerhet vid Järrestadtorp men möjligen också inom vångamarken i väster. Det är troligt att några mindre bosättningar fanns i närområdet kring huvudgården under yngre järnålder.

Bebyggelseutveckling i Järrestad – en hypotes

Undersökningarna i Järrestad ger vissa möjligheter att diskutera en bebyggelse-utveckling från och med cirka 200 f. Kr. och fram till och med 1000-talet e. Kr. inom ett miljömässigt väl definierat, tämligen väl avgränsat område. De under-sökta lämningarna från äldre järnålder är relativt fåtaliga, dåligt bevarade och i större utsträckning extensivt undersökta, och lämnar naturligtvis i särskilt hög grad utrymme för alternativa möjligheter. I kombination med resultaten av pollenanalyserna är det ändå möjligt att försöka formulera en preliminär hypo-tes kring bebyggelseutveckling över längre tid i lokalområdet, det vill säga på och i direkt anslutning till issjösedimentet i Järrestad.

Den undersökta bebyggelsen i detta område bestod under förromersk och äldre romersk järnålder av små, utspridda gårdsenheter, vilka tycks ha varit i bruk under kort tid. Sådana gårdar framträdde tydligast på *Torekullarna*, medan de var diffusa på *Ååkrarna*; på *Hestebier* antyddes endast närvaron. Gårdsen-heter med dateringar till förromersk och äldre romersk järnålder förundersöktes också på andra platser inom ramen för projektet. Ytterligare fem sådana bo-platser konstaterades utmed vägsträckningen; ett stycke väster om Torekullarna samt på fyra platser söder om ån, vid Viarp och Simris. Som regel tangerades endast dessa boplatser, men det allmänna intrycket var att det även i dessa fall rörde sig om små gårdsenheter. Bosättningarna med dateringar inom perioden sen förromersk järnålder och äldre romersk järnålder var i själva verket den mest frekvent förekommande fornlämningskategorin som förundersöktes, och dessa tycktes ofta förekomma i perifera lägen i förhållande till vad som uppfat-tades vara de mer intensivt utnyttjade delarna av större boplatsområden (Sö-derberg 2002:13).

Eftersom endast mindre ytor och schakt förundersöktes, är det emellertid svårt eller omöjligt att avgöra huruvida dessa lämningar representerade en-staka gårdar eller gårdsagglomerationer av en mer permanent karaktär, vilka tycks introduceras exempelvis i Köpingeområdet vid Ystad vid tiden för Kr. f. (Tesch 1993). Värt att notera är slutligen att de små hus som undersöktes på Järrestadplatån skiljer sig från husen i Köpingeområdet, som kunde vara på-tagligt större, även under förromersk järnålder.

Det relativt stora antalet bosättningar som slumpmässigt fångades upp ut-med vägsträckan låter antyda att det bebyggelsemönstrer som indikeras i mate-rialet från Järrestadplatån kan ha varit giltigt även i områdena strax utanför – åtminstone vad avser den äldre delen av perioden. Det indikerade bebyggelse-mönstret – små, utspridda gårdar som tycks uppvisa en stor rörlighet – kopplas ofta samman med betesdrift och en ”extensiv”, eller rörlig odling (jfr Pedersen & Widgren 1998). Två lokala pollendiagram från Järrestadplatån visar att issjösedimentet på platån uppvisade en lång tradition som öppen, hävdad betesmark, och att inslaget av odlingsindikerande pollen var mycket lågt (Liljegren & Björkman, denna volym).

En rad förändringar skedde i denna miljö under loppet av romersk järnålder, varav den tydligaste bestod i etableringen av gården på *Hestebier*. Det specifika med denna gård antyds genom gravläggningen av en kvinna på gårdstomten, i ett tidigt skede av gårdens historia. Vid begravningen var kvinnan iklädd en praktdräkt, och graven utrustades med en dryckesservis. Flera enskildheter i graven visar att kvinnan representerade ett resursstarkt hushåll – ett lokalt elitskikt – som var delaktigt i en vidare kultursfär. Sett i ljuset av det äldre bebyggelsemönstret på Järrestadplatån kan kvinnograven, som betecknats "grundargrav", hypotetiskt ses som en yttring av ett "nytt" förhållningssätt till markanvändning på Järrestadplatån, vilket förhandlades och sanktionerades genom förfäderna (jfr exempelvis Theuws 1999:343 ff). Det nya kan då främst tänkas ha bestått i att gårdens läge i landskapet fixerades.

Frågan är då naturligtvis om den bild som undersökningarna gav av det äldre bebyggelsemönstret är representativt. Stora gårdar med fixerade lägen av mer permanent karaktär bör rimligen ha anlagts i närområdet betydligt tidigare, vilket inte minst den långa kontinuiteten av mycket rika vapengravar på det närbelägna Simrisgravfältet och enstaka likaså rika gravar i norr och sydväst antyder (Stjernquist, denna volym och där anförd litteratur). Detta behöver dock inte nödvändigtvis ha varit fallet på Järrestadplatån, där en delvis annorlunda markanvändning kan ha varit rådande. Pollenanalyserna visar som nämnts att issjösedimentet utgjordes av hävdad betesmark under äldre romersk järnålder och tidigare. I den översta delen av pollenstapeln från *Ååkrarne*, vilken ungefär motsvarar tiden kring år 200 e. Kr., finns det emellertid tecken på förändring. Det rörde sig fortfarande om ett öppet beteslandskap, men en viss utarmning kan anas på själva platån, samtidigt som ett mindre inslag av sädesslagpollen indikerar viss odling på platåns moränsluttningar (Björkman & Liljegren, denna volym). Möjligen kan förändringen sättas i samband med ett markutnyttjande som förändrades genom introduktionen av mer permanenta gårdsenheter som gården på *Hestebier*. Det kan dock inte uteslutas att en mindre gård som anlades på *Ååkrarne* strax invid kärret avsatte dessa spår; en ^{14}C-datering från *Ååkrarne* kan eventuellt sättas i samband med detta skede, liksom de svårdaterade äldre huslämningarna.

En fråga som inställer sig är om det kan tänkas föreligga några orsakssamband mellan utvecklingen i Simris och på Järrestadplatån? Gravfältet i Simris anses upphöra att vara i bruk under 300-talets första hälft, det vill säga ungefär då gården på Hestebier anlades. Därefter är de kända, mera påtagliga prestigemanifestationerna i regionen primärt knutna till den kustnära bygden mellan

Hoby och Hagestad i den sydvästra delen av regionen, och möjligen i viss utsträckning också i inlandet, vid "gränsområdet" mot Albo härad i norr, där ett krigsbytesoffer har framkommit i Onslunda (Helgesson 2002).

Man bör inte utesluta möjligheten av att det kan ha existerat flera socioekonomiska "system" i regionen under äldre järnålder. Stora, permanenta gårdsenheter, kanske tidiga godsbildningar, kan ha brutits ut ur ett mer traditionellt samhälle och bildat enklaver som skiljde ut sig från området i övrigt, där traditionella, och i högre (men varierande) utsträckning korporativt präglade förhållningssätt till mark och mobilitet var rådande längre fram i tiden (jfr Andersson & Herschend 1997:119). Man kan också tänka sig att tidiga maktcentrum som Simris dominerade de kringliggande områden, exempelvis Järrestad, och att bebyggelsen i sådana områden var involverade i olika former av beroendeförhållanden gentemot de större "hövdingagårdarna".

I det nuvarande kunskapsläget framstår Simris med sina statusvapengravar som ett aristokratiskt "centrum" från cirka 150 e. Kr och fram till 300-talets inledande del, medan Järrestad fram till denna tid kan liknas vid en traditionellt hävdad "periferi". Frågan är då om förändringsprocesser i "centrum", exempelvis en politisk neutralisering som ett resultat av konkurrens inom aristokratin i regionen kan ha orsakat eller bidragit till att större, permanenta gårdsenheter kom att anläggas i de mer perifera, traditionellt hävdade områden? Detta kan ha lett till fortsatta sociala spänningar och tagit sig uttryck som statusbegravningen i Järrestad, utifrån vilken nya anspråk kom att förhandlas.

Framåt i tid tyder den omkring 300 år långa kontinuitet som gården på *Hestebier* uppvisar att den var i bruk parallellt med huvudgården på *Ååkrarne* under flera generationer. Detta väcker naturligtvis frågor kring förhållandet mellan dem, och om huvudgårdens ursprung. Skall detta ursprung verkligen sökas i gårdar av typ *Hestebier*, där en tydlig expansion inte kan utläsas i det arkeologiska materialet? Visserligen byggdes långhuset något större för var gång det byggdes upp, och möjligen kan de mindre husen ha varit fler under senare perioder, men spåren efter differentierade aktiviteter är få och gården ger ett tämligen statiskt intryck. Det bör också tilläggas att dess storlek framstår som relativt beskedlig i ett jämförande sydskandinaviskt perspektiv. Den uppskattade gården på *Hestebier* var – mätt i antalet byggnader och deras storlek – något mindre än en "mellanstor" gård i jylländska Vorbasse under perioden yngre romersk järnålder–folkvandringstid (Hvass 1988: 73, Fig. 19).

Under alla omständigheter antyder parallelliteten att det fanns nära band mellan gårdarna. Detta förhållande kan ju också förklara varför gården på Hestebier inte uppvisar tecken på expansion under dess slutfas. Man kan föreställa sig en rad alternativa scenarier, vilka ledde till huvudgårdens genes, exempelvis att det fanns en annan gård på Järrestadplatån som uppvisade de dynamiska kvaliteter som möjligen saknades på *Hestebier*. Etableringen på *Ååkrarne* kan exempelvis förklaras med att två sådana gårdar förenades som en följd av att äktenskapsförbindelser inleddes, eller att ett dominansförhållande inträdde. Den kan naturligtvis också tänkas ha involverat bebyggelseenheter inom ett större område och relationer av extern art. I alla händelser är det av stort intresse att gården på Hestebier fortfor att existera efter etableringen, vilket antyder att huvudgårdens uppkomst var en komplex process, och möjligen också att det inte rådde något konkurrensförhållande mellan de båda gårdarna.

Som kontrast mot förhållandena på *Hestebier* framstår etableringen på *Ååkrarne* som en oerhört dynamisk process. En stor yta togs snabbt i anspråk för en i hög grad differentierad bebyggelse, och ett jämförelsevis stort antal människor måste ha varit knutna till hushållet i etableringsskedet. Resultaten indikerar att hallen var styrande för platsvalet och bosättningens utformning, och elitära anspråk tycks genomsyra bosättningen från första början. Dessa manifesterades tydligt genom den första genomgripande ombyggnaden av hallen, samtidigt som flera små förändringar i dess disposition tyder på att den ännu inte funnit en mer bestående form.

Det finns anledning att i korthet reflektera över platsvalet. Många förhållningssätt har diskuterats, exempelvis att hallar byggdes för att synas, att platsen skulle vara kommunikativt fördelaktigt belägen, att den relaterade till en rad ekonomiska aspekter, med mera. Men vilka överväganden gjordes vid platsvalet om vi betänker den föreslagna och delvis ifrågasatta dikotomin mellan den äldre, perifera, "kollektiva" våtmarkscentrade kulten (Grendel) och den yngre, centrala, "elitära" hallcentrerade kulten (Heorot)? Vilka föreställningar fanns kring platsens kvaliteter utifrån ett sådant perspektiv? Och hur relaterade platsen till det kringliggande landskapet? Nu fanns det förvisso inga spår av en kultplats från tiden innan hallens etablering i Järrestad – i alla fall inte inom det undersökta utsnittet av våtmarken – men frågan framstår som principiellt intressant; hur skapade eliten sina integrerade hall- och kultplatser (jfr Fabech 1991; Hedeager 1998; Andrén 2002)? Undersökningsresultaten tyder på att förekomsten av en våtmark och källflöde invid hallområdet också var en aspekt av platsvalet.

Kring år 700 eller något senare uppfördes så en komplex anläggning med en arkitektur som tydligt gav uttryck för aristokratiska ideal och ansluter till överregionala ideologiska strömningar. Arkitekturen knöt nu explicit an till en mytisk kosmologi och ett härskarideal. Denna manifestation skedde vid en tid då bosättningen vid *Hestebier* hade upphört.

Istället framträdde under 700-talet två mindre gårdsenheter, i den västra delen av *Ååkrarne* och på *Torekullarna*. Med vissa reservationer som föranleds av att dessa gårdar inte kunde avgränsas och dateras på ett tillfredsställande sätt, så förefaller de att ha varit i bruk under relativt kort tid, högst ett par, tre generationer (75–100 år). På den sistnämnda gården tyder förekomsten av grophus på en viss differentiering av verksamheterna. Vår kunskap om dessa gårdar är tämligen ytlig, men något hypotetiskt kan de tänkas ha drivits av fria egendomslösa inom ramen för en godsdrift. Gårdarna bör rimligen ha varit mer direkt knutna till huvudgården.

Det stora boningshuset väster om hallområdet uppfördes omkring år 800. På samma plats hade mindre stolphus uppförts tidigare, och verkstadsaktiviteter hade ägt rum sedan etableringsskedet. Etableringen av huset behöver naturligtvis inte innebära att det var en ny företeelse; föregångare (och efterföljare) kan finnas utanför undersökningsytan.

Till ungefär samma skede hör de grophus som tidigare undersökts i byn, och som dels visar på bosättningens omfattning, och dels på närvaron av fler bebyggelseenheter, alternativt områden avsedda för specialiserade verksamheter.

Något senare, kring 800-talets mitt, lades stora kvantiteter skärvsten ut i våtmarken och ett område med brunnar togs i bruk. Flera indikationer tyder emellertid på att inte heller detta var en ny företeelse. Våtmarken förefaller att ha varit nära knuten till hallarna från och med etableringsskedet vilket dock inte utesluter att aktiviteternas inriktning och omfattning kan ha varierat över tid.

Kring 900-talets mitt uppfördes den sista hallen i ordningen, vilket medförde vissa förändringar av det palissadomgärdade områdets utformning. I allt väsentligt tycks området och aktiviteterna emellertid att hävdas i enlighet med en traditionell praxis. Det kan konstateras att det stora boningshuset inte längre var i bruk vid denna tid, och att aktiviteterna i detta område överhuvudtaget tycks ha upphört då den monumentala hallen uppfördes.

Bebyggelsens karaktär förändrades också mer "långsiktigt", från mitten av 800-talet, genom att färre stolphus uppfördes, medan grophus anlades i ökad omfattning. Aktiviteterna tycks ha koncentrerats till området kring hallen och våtmark. Kring mitten av 1000-talet upphör spåren, då huvudgården slutligen togs ur bruk.

De samlade paleobotaniska resultaten tyder på att det uråldriga beteslandskapet i stort sätt hävdades under hela den tid då huvudgården var i drift. Den marginella förändring som skedde under 200-talet fick således inte något fortsatt genomslag. I de översta delarna av pollenstaplarna från området väster om Järrestad och kyrkan inne i byn, vilka något osäkert dateras till vikingatid–medeltid, möter vi samma öppna landskap, men med en ökning av sädesslagspollen och odlingsindikerande arter. Denna förändring relateras till uppkomsten av Järrestad som en agrart inriktad by, efter huvudgårdens nedläggning (Liljegren & Björkman, denna volym). Bedömningen låter sig väl förenas med resultaten av pollen- och insektsanalyserna från brunnarna vid hallområdet, vilka tyder på att odling var av tämligen marginell betydelse i alla fall under 800- och 900-talen, vilket var den period som erbjöd mest analysmaterial.

Avslutande diskussion

Sedan 1980-talets andra hälft har en rad platser som i flera avseenden företer likheter med Järrestad varit föremål för intensifierad forskning. Det alltför allmänna, från ekonomisk geografi inlånade begreppet "centralplats", introducerades i ett tidigt skede av denna process, då det fanns ett behov av en term för att karakterisera de då nyupptäckta platserna med rika metallfynd vilka framkom genom metalldetektorns ökade användning. Med begreppet avsågs att en boplats var central också för andra bosättningar, men inte i den specifikt ekonomiska mening som klassisk centralplatsteori avser (jfr Christaller 1933). Det framhölls, utifrån de resultat som undersökningarna av Gudmekomplexet hade givit, att "Et overordnat centrum er i jernalder et samordnet komplex af pladser med forskellige funktioner af samfundsbevarande art" (Näsman 1991:237 f).

Arkeologiskt kom "centralplatserna" att definieras utifrån förekomsten av ovanligt förekommande och i någon bemärkelse exklusiva föremål, vilka sorterades in i de övre nivåerna i en hierarkisk modell – bosättningar av överregional, regional och lokal betydelse – vilken snart utarbetades och vann stor spridning (Fabech & Ringtved 1995:14).

Denna fokusering på själva centralplatsen och dess exklusiva materiella kultur kritiserades av kulturgeograf Mats Widgren (1998) som påpekade att arkeologin fokuserade på "lyxkonsumtionen och maktens kulturella uttryck" i forskningen kring dessa platser, medan man i mindre utsträckning hade "lyckats klarlägga dessa centralplatsers roll i det ekonomiska systemet och vilka relationer som de haft med de vanliga boplatserna" (a.a:283). En alternativ bebyggelsehierarki i fyra nivåer skisserades utifrån socioekonomiska grunder, där A motsvarar små hushåll med en ofri arbetskraft, B är "ordinära" gårdar tillhörande fria personer, eventuellt med ett inslag av ofri arbetskraft i hushållet, C är stora gårdar med en stor andel ofri arbetskraft och många djur, och D utgör "toppnivån", bestående av ett fåtal gårdar med central betydelse för militär organisation, kult, specialiserat hantverk och handel. Ett försök att kombinera de båda modellerna har sedermera gjorts (Fabech 1999:456), och under senare år utmärks forskningsfältet i allt högre grad av att ansatser görs att kontextualisera centralplatserna.

Widgrens modell avsåg att belysa centralplatsens ekonomiska bas eller snarare hur det överskott skapades som möjliggjorde "centralplatsens lyx", och fokuserade på den agrarekonomiska organisationen. Andra aspekter kring överskottets uppkomst involverar problematiken kring exempelvis "den externa tillägnelsen", det vill säga plundringens, tributtagningens, men också handelns betydelse i förhållande till en "intern tillägelse", som grundades på olika slags skatter och avgifter (jfr Lindkvist 1988). Hur stor andel av ekonomin kan hänföras till det ena eller det andra under olika tider? Vilken betydelse hade dessa faktorer för "centralplatsens" framväxt? Frågan är komplex i och med att de olika typerna av tillägnelse i praktiken griper in i varandra, exempelvis genom att behovet av arbetskraft till viss del tillgodosågs genom härtagning av slavar (Iversen 1994:145). Något förenklat kan man säga att plundringståg och tagande av tribut tenderar att uppfattas som ett "förstatligt" sätt att skapa ett överskott, där det saknas ideologiska och andra incitament för inre exploatering eftersom en extern tillägnelse svarar mot en traditionell ideologi och de övriga behov som föreligger. Upprätthållandet av en stat fordrar en mer stabil ekonomisk grund, vilken endast en mer omfattande organiserad inre exploatering kan bidraga till (för diskussioner se exempelvis Lindqvist 1988; Nicklasson 2001; Callmer 2001). Denna diskussion fördes redan tidigt av Leif Chr. Nielsen (1990), som i ett historiematerialistiskt perspektiv såg uppkomsten av de reglerade landsbyarna på Jylland som en konsekvens av en intern tillägnelse som följde i ett "plundringsvacuum" som infann sig efter de första vikingatågen. Det är i detta sammanhang också värt att notera de tidiga ansatserna till arkeologisk forskning kring godsmiljöer (jfr Callmer 1997:13). Så skissade exempelvis Leif Chr. Nielsen (1981) på en forskning kring denna problematik, vilken bland annat grundades på hans erfarenheter av Omgård-undersökningen, och tecknade därvid en bild av jordegodsets utveckling från yngre romersk järnålder till medeltid, vilken framstår som synnerligen aktuell idag.

Ett liknande forskningsperspektiv utvecklades i Norge under 1990-talet, med fokus på produktionsförhållandena under järnåldern, vilket exemplifierats ovan med Widgrens artikel, som introducerade detta perspektiv i centralplatsdebatten. Historikern Tore Iversens analyser av slaveriet i Norge (1994) och det medeltida landbosystemets framväxt (1995) bör nämnas som centrala arbeten. Det sistnämnda arbetet resulterade bland annat i att en modell av ett förmedeltida landboväsende utarbetades, vilken karakteriseras av att personavhängiga relationer rådde mellan jordherre och landbo; landbons grundläggande behov garanterades av jordherren, och risken fördelades mellan landbo och jordherre, eftersom räntan inte var fixerad (Iversen 1995:172).

Detta socialhistoriska perspektiv karakteriserar också den studie som Dagfinn Skre (1998) utförde över herredömets utveckling under järnålder och medeltid i Romerike, där en primär målsättning bestod i att klarlägga "forhistorien till middelalderens aristokratiske samfunnsorden og aristokratiets jordegordsbesittelser". I analysen av bebyggelseutveckling kombinerade Skre bland annat arkeologiskt och skriftligt källmaterial, i synnerhet ortnamn, vilket utgjorde grunden för en hypotes om herraväldets och jordinnehavets framväxt, som i flera avseenden framstår som generellt intressant i ett sydskandinaviskt perspektiv. Men framför allt betonade han att utvecklingen i Norge under yngre järnålder och tidig medeltid inte skiljde sig på något avgörande sätt från en "europeisk utveckling". Dekonstruktionen av idealtypen "feodalsamhället" (jfr Reynolds 1994) har resulterat i att den europeiska utvecklingen tydligt framstår som en heterogen uppsättning av sociala system med vissa gemensamma likheter, och därvidlag utgör de Skandinaviska samhällena en grupp av många.

Under 200-talet skedde en agrar bebyggelseexpansion i Romerike, vilken ses mot bakgrund av den krigföring som anses utmärka perioden, och som bland annat innebar att större grupper av människor frikopplades från den agrara produktionen. En av "krigsherrens" centrala problem bestod i att ombesörja så att mat och övriga nödvändigheter producerades för att kunna föda en växande krigarskara. Problemet löstes genom att ofria och i viss utsträckning också fria egendomslösa sattes att driva jordbruk i huvudgårdens periferier, på marker som tidigare brukats extensivt. Parallellt med detta togs nya marginalområden upp för ett extensivt utnyttjande. Denna fas varade ungefär fram till tiden kring år 600, och "kapprustningen" resulterade på sikt i att antalet konkurrerande "krigsherrar" på lokal nivå blev färre, genom giftermål, arv och politisk dominans. Den politiska kulturen förändrades över tid på så vis att "krigsherren" ersattes av "herremannen", som kom att inta en central roll i kulthandlingar, och som stod som garant för fruktbarhet och fred i herredömet. Eftersom konkurrensen på lokal nivå avtog, kunde krigföring i större utsträckning kanaliseras utåt. Så småningom omvandlades också vissa gods till kronojord. Underliggande gårdar drevs framledes i större utsträckning av fria egendomslösa (frigivna?), men ofria brukare förekom fortfarande. De underliggande gårdarna delades upp i flera enheter och den extensiva driften introducerades i ändå mer marginella områden (Skre 1998: 242 f, 334 ff).

Under senare år har platser som exempelvis Gl Lejre (Christensen 1991), Tissø (Jørgensen 1998, 2001, 2002) och Strøby (Tornbjerg 1998) på Själland samt halländska Slöinge (Lundquist 2000), diskuterats som exempel på kungs-, magnat- eller storgårdar som relaterade till godskomplex. De nämnda platserna uppvisar likartade dateringar och en jämförbar kontinuitet, och är strukturerade på ett delvis likartat sätt, med hallar, integrerade kultplatser (jfr Fabech 1991; Jørgensen 1998), kringliggande bebyggelse och något varierande men generellt rika fyndmaterial och förekomst av specialiserat hantverk. Variationerna indikerar att dessa platser skall tillmätas en mycket hög, men något varierande status (jfr Jørgensen 2001). De uppvisar stora likheter (men också skillnader) sinsemellan och i jämförelse med Järrestad. I det nuvarande kunskapsläget förefaller det troligt att den etablering och kontinuitet som hallbyggnaderna på dessa platser företer, kan relateras till den historiska utveckling som diskuterats ovan och inledningsvis.

Studiet av dessa platser är således av direkt betydelse för uppfattningen om den yngre järnålderns Järrestad. Det har tidigare nämnts att hallområdet i Järrestad uppvisar påfallande likheter med motsvarande område vid själländska Tissø. Lars Jørgensen (2001) har föreslagit att denna anläggning skall uppfattas som en storgård inom ramen för en föränderlig godsorganisation – där erläggande av tribut ersattes med egen produktion – under tiden från 600-talet till tiden omkring år 1000. Denna hypotes bygger på en analys av "magnatgårdens" bebyggelsestruktur. I ett senare arbete (2002) föreslås att gården skall uppfattas som en kungsgård, vilken kan ha fungerat inom ramen för "det resande kungadömet", till skillnad från anläggningen i Gl Lejre, vilken skall uppfattas som ett permanent residens. Flera förhållanden ligger som grund för denna hypotes. Fyndmaterialet i Tissø är högklassigt under hela anläggningens brukningstid, vilket knyter platsen till det högsta sociala skiktet. Vidare tyder bebyggelsens sammansättning under i synnerhet fas 1 och 2 på att det inte finns något permanent residens på platsen, och det finns inte heller några gravar i anslutning till anläggningen. Jämförelser med de karolingiska kejsarpfalzen, vilka fungerade som uppehållsorter för ett mobilt kungadöme, visar på strukturella likheter. Där, liksom i gården vid Tissø, kan det konstateras att representation, kulthandlingar, rättshandlingar och marknader ägde rum, och att hirden var närvarande.

Johan Callmer (2001) diskuterar "centralplatser" i södra Skandinavien i egenskap av gods, och försöker att identifiera och beskriva hur dessa varit uppbyggda. Arbetshypotesen är att järnålderns godskomplex var samlat, och bestod av bebyggelseenheter (satelliter) som var grupperade kring en stor, centralt placerad gård och bosättning. En liknande hypotes framfördes också av Dagfinn Skre, som uppfattade det "samlade godset" som en följd av stridigheter mellan stamaristokratier och den dominans som en mäktig jordherre utövade över de mindre mäktiga i sin närhet (Skre 1998:337).

I Järrestad, som är ett av de exempel som Calllmer diskuterar, spåras underliggande och "utgrupperade" bebyggelseenheter till omgivningarna av de historiskt kända byar med efterleden -torp, vilka omger den centrala bosättningen (Tågarp, Tommarp, Vranarp, Viarp och Gröstorp). Dessa platser kan inte, menar Callmer, uppfattas som ett resultat av en sen, inre kolonisation eftersom de är belägna i hjärtat av den rika bygden. Äldre fynd och fosfatkoncentrationer finns i nära anslutning till dem, vilket tyder på en bebyggelsekontinuitet som går längre tillbaka i tid än de dateringar som vanligen tillskrivs torpenheter. En alternativ möjlighet är att dessa torpenheter ersatte äldre enheter och att de erhöll nya namn i samband med att godset strukturerades om under 1000-talet.

Vidare framhåller Callmer vissa strukturella likheter mellan Järrestad och Upp-åkra. De uppvisar likartade lägen i landskapet, och är omgivna av torpbosättningar som i flera fall synes ha äldre föregångare. Av stort intresse är också det snarlika rumsliga förhållandet till de platser där den äldsta generationen av medeltida städer i Skåne växte fram, det vill säga Lund och *Tumathorp* (i dagens Östra Tommarp).

Perspektiv på Järrestad

Diskussionen ovan kan sägas ge uttryck för att järnåldersforskningen har inträtt i ett skede där man i allt större utsträckning intresserar sig för de så kallade "centralplatsernas" betydelser och relationer i ett socialt och ekonomiskt organisatoriskt perspektiv, och som en följd av detta också strävar mot att bryta ner begreppet "centralplats" och tillämpa en mer specifik terminologi.

Arkeologer har med några få undantag hittills för det mesta undvikit begreppet "huvudgård" i dessa sammanhang, kanske för att detta begrepp förknippas med en specifik, tidsbunden typ av godsorganisation. Någon entydig definition av begreppet finns emellertid inte (för forskningshistorik och definitioner, se Hansson 2001). I Kulturhistoriskt lexikon för nordisk medeltid (KL) anges att "en gård var hovedgård hvis den var bopæl for en stormand, hvis den havde et stort jordtilliggende el. hvis den havde bøndergods under sig". Också den medeltida huvudgården är en i hög grad okänd, heterogent utformad och föränderlig storhet. Begreppet har fördelar i och med att det implicerar existensen av beroendeförhållanden och en övergripande social organisation. Vidare menar jag att en mer enhetlig begreppsapparat kan vara en utgångspunkt för det långa tidsperspektivet, där de traditionella periodgränserna bör överbryggas. Begreppet kan naturligtvis vara problematiskt i vissa avseenden, exempelvis för att huvudgården under järnålder ofta synes att relatera till ett större antal icke-agrara enheter eller "pladser med forskellige funktioner af samfundsbevarande art" (Näsman 1991:237 f) utöver själva huvudgården. Den agrara produktionen och ekonomiska organisationen stod också under förändring, liksom de sociala relationerna. Men på samma sätt som man talar om "feodala gods" eller "kapitalistiska gods" (NE), vilka företer vissa karakteristika drag och var utformade i förhållande till en tidsspecifik övergripande social organisation, bör man kunna använda sig av begreppen gods/huvudgård och definiera dem närmare i ett järnåldersperspektiv.

Man kan invända att man då ensidigt bryter ut och överbetonar en av många företeelser, den agrara produktionen. Denna framstår dessutom ofta som en av de arkeologiskt sett mindre iögonfallande kategorierna på järnålderns "centralplatser". Så har exempelvis en "idealistisk helhetssyn" presenterats av Lotte

Hedeager (2001) utifrån en analys av Gudmekomplexet i ljuset av fornnordisk kosmologi och ett antropologiskt perspektiv. En liknande analysmetod kan tillämpas på Järrestad, och är, som Hedeager föreslår, tillämpbar på alla järnåldersplatser som uppvisar en "multifunktionell centralitet". Detta perspektiv möjliggör en fördjupad *tidsspecifik* förståelse av den totalitet som sociala relationer, materiell produktion och ideologi utgjorde.

Avslutningsvis skall jag skissera några möjligheter och problem som Järrestadmaterialet kan erbjuda i några av dessa materiella och idealistiska perspektiv. Hallen och området kring denna är då utgångspunkten. Hallområdet kan förslagsvis liknas vid en ideologisk motor i den sociala konstruktion som godset utgjorde. Martin Hansson uttrycker detta väl, vad avser den medeltida huvudgårdens funktion: "Huvudgårdens utformning och rumsliga struktur användes som ett medium för att reproducera detta herravälde" (Hansson 2001: 52). För Järrestads och flera andra platsers vidkommande är det tydligt att man också syftade till att nå utöver denna konstruktion. Inledningsvis framhölls godset som en viktig resurs i den sociala elitens maktspel, där man syftade till att vidmakthålla och om möjligt utöka sina intresseområden (jfr Hermansson 2000).

Om man tar fasta på det sätt som hallområdet var gestaltat, med dess exkluderande och formaliserade arkitektur, vilken till synes karakteriseras av kopplingar till en gudadominerad mytologi med fokus på härskaren och dennes gränsöverskridande förmåga, så råder det inget tvivel om att maktens legitimering utgjorde ett viktigt inslag i en sakralt präglad rituell praxis i denna miljö (jfr Andrén 2002:331 f). En infallsvinkel är då att landskapet kring denna plats tillskrevs en rad mytiska kvaliteter av korresponderande karaktär, och att dessa på olika sätt kan antas vara avläsbara (jfr Hedeager 2001). Detta tema har i viss utsträckning prövats redan i ett tidigt skede av tolkningsprocessen (Söderberg 2003) och avses att utvecklas vidare.

De likheter som hallanläggningen i Järrestad företer med gården vid Tissø från och med skede 2 antyder att det fanns kopplingar mellan de individer eller grupperingar som innehade dessa gårdar, i alla händelser en förkärlek för ett specifikt, arkitektoniskt *Asgårdsideal* (jfr Hedeager 2001). Det bör då noteras att likheterna mellan anläggningarna inte inskränker sig till ett skede. Utformningen av den yngsta hallen uppvisar också vissa påfallande likheter, och det framstår som angeläget att också genom andra aspekter av materiell kultur försöka belysa detta förhållande närmare. Rör det sig om en effekt av processer som kan diskuteras i termer av "peer-polity interaction" (jfr Näsman 1998), eller skall likheterna förklaras utifrån överhöghetsrelationer? En mer specifik tolkning är att likheterna indikerar att en överregional godsmassa med koppling till de mer inflytelserika sydskandinaviska släkterna utformades under 700-talet? En "riksbildningsprocess" från och med denna tid har föreslagits av exempelvis Ulf Näsman, i huvudsak utifrån artefaktspridning och analogier med frankisk historia (Näsman 1998). Kontextbundna likheter av den art som uppvisas här är enligt min uppfattning en betydligt starkare indikation på maktsträvanden av överregional art, även om termen "riksbildning" framstår som mindre väl lämpad i sammanhanget. Man kan öppna för möjligheten att anspråk på politisk överhöghet kan ha närts genom en expansiv alliansspolitik, där godsen utgjorde de centrala och oumbärliga redskapen för att befästa och utvidga överhögheten; "riksbildningsprocessen" utgör då kanske snarare en slags "godsbildningsprocess" av överregional art (jfr Dodgshon 1987:182).

Hur förhåller sig exempelvis hallen i Järrestad till det mycket stora huset i väster, som var i bruk under 800-talet? Arbetshypotesen är att också detta hus – som ju i sig påminner om en hall – var en del av huvudgården. Det stora huset kan ses som ett slags "permanent residens", för huvudgårdens innehavare eller för dennas ställföreträdare på platsen. I det sistnämnda fallet kan hallen då tänkas ha fungerat som bostad, mottagnings- och festplats vid de tillfällen denne individ med följe uppehöll sig på platsen. Diskussionen av dessa aspekter av Järrestad försvåras naturligtvis i och med undersökningsytans begränsningar, och kan i nuläget främst diskuteras utifrån analogier med liknande platser. En utgångspunkt är då att flera "lager" av ägo- och brukanderelationer kan ha avsatt komplexa och svårtolkade spår i Järrestad och jämförbara platser.

När det gäller problematiken kring huvudgårdens roll inom ramen för en föränderlig godsorganisation – dess "ekonomiska bas" – så framstår miljöanalyserna som särskilt intressanta. De visar entydigt att odling och vidare förädling av spannmål endast förekom i begränsad omfattning i anslutning till de undersökta delarna av huvudgården. Detta tycks vara giltigt för gårdens hela brukningstid, även om materialets tyngdpunkt ligger kring 850 och framåt. Det är också tankeväckande att huvudgårdens markanvändning i stora drag ansluter till ett markutnyttjande som uppvisar en mycket lång hävd och att dess introduktion och fortsatta bruk inte genererade någon avläsbar förändring i detta avseende. Den lilla stegring av sädespollen som kan skönjas under 200-talet e. Kr. fortfor att ligga på en låg nivå under hela den yngre järnåldern. Ur källkritisk synpunkt skall det framhållas att de paleoekologiska resultaten korresponderar sinsemellan; pollenstaplar i våtmarker (Liljegren & Björkman, denna volym), pollenanalyser av brunnsinnehåll och makrofossil (Lagerås, denna volym) samt insekter i brunnar (Lemdahl, denna volym) kombineras.

Ytterligare paleobotaniska resultat bör framhållas; den lokala bristen på timmer och brännbart trä, kombinerat med den preferens för ek som kan avläsas av vedartsanalyserna är av stort intresse (Lagerås, denna volym). Timmer och ved forslades till Järrestad, och i perioder av byggnation måste det ha rört sig om avsevärda kvantiteter.

Bland de människor som permanent uppehöll sig i Järrestad fanns de som var direkt knutna till huvudgården, och de som bildade egna hushåll i dess omedelbara närhet. Här skall de "ordinära", och av resultaten att döma, tämligen kortlivade gårdsenheter nämnas, vilka anlades i den västra delen av bosättningen under 700-talet. Hushållen i dessa kringliggande gårdsenheter uppfattas som involverade i olika slags beroendeförhållanden till huvudgårdens innehavare och gruppen kan ha innefattat både agrart inriktade hushåll och "specialister".

Till dessa kategorier kommer så de människor som vistades på platsen på en icke-permanent basis. Analyserna av metallhantverket (Grandin & Hjärthner-Holdar, denna volym) samt keramikhantverket (Brorsson, denna volym) låter antyda att hantverkare kan ha funnits bland såväl de permanenta som de icke-permanenta befolkningsgrupperna. Mycket av hantverket i Järrestad är emellertid svårgreppbart och kanske är de analyserade materialen egentligen inte representativa för produktionen, i och med att undersökningen primärt berörde huvudgårdens centrala, "representativa" delar. Många av de hantverksrelaterade fynd som framkom skall kanske relateras till huvudgårdens ideologiska dimensioner – i flera fall bör de ses som depositioner – och utgör därmed en kategori som visserligen inte står i ett motsatsförhållande till övrig produktion, men som sannolikt skall uppfattas som en mindre, utvald del av en helhet.

Grophus i relativt stort antal har observerats och i några få fall också undersökts utanför undersökningsytan; i ett av de tidigare undersökta grophusen framkom ett varierat material med lämningar efter såväl smide som gjutning. Vilka hantverk var representerade och i vilken omfattning bedrevs de? Hur var hantverket organiserat? Var det koncentrerat till särskilda, definierade områden, och/eller förekom det mer sporadiskt i anslutning till huvudgården och/eller de kringliggande gårdarna?

Osäkerheten kring sådana fundamentala frågor försvårar bedömningen av huvudgårdens betydelse på en rad plan – sett i relation till de andra bebyggelseenheter som kan ha ingått i en godsbildning, sett i relation till regionen och i det vidare, jämförande perspektivet. Den specialiserade produktionen har ju framhållits som den kanske bästa möjligheten att kartlägga såväl godsorganisation som huvudgårdens relationer till andra bosättningar (jfr Callmer 1995, 1997).

Man bör räkna med att ett jämförelsevis stort antal människor uppehöll sig i Järrestad på permanent basis, och att detta antal kunde utökas väsentligt vid vissa tillfällen. Kött utgjorde knappast den huvudsakliga kosten för många av dessa personer (jfr Isaksson 2000: paper VII), vilket ställer frågor om agrar produktion och social organisation på sin spets. I den andra änden av den sociala mätstocken antyder de stora mängderna skärvsten i våtmarken vid hallområdet och de deponerade djurbenen (Nilsson, denna volym), närvaron av helt andra

besökare, högre rankade individer och deras följeslagare, vilka deltog i gästa-
bud, blot och aktiviteter som sannolikt kan beskrivas i termer av festande (Dietler
& Hayden 2001) och som bidrog till att återskapa – och förändra – herraväldet
i Järrestad.

*Ett stort tack till Birgitta Hårdh och Mats Mogren för läsning och kommentarer
av manus.*

Summary

Early Medieval Järrestad. Settlement, chronology and perspectives.

The settlement history of Järrestad is thought to include the early formation, further development and reorganization of a manor in an early medieval estate, which is possibly referred to in the village name: "the settlement of (the) Earl". This complex history was partly unearthed, and the article largely deals with the chronology and characteristics of the manorial fragments investigated. However, the features of earlier settlements are also considered to some extent, and a hypothesis of long-term settlement development at local scale, *c.* 200 BC. to AD 1050, is presented. Finally, some outlines of future work involving the manor and estate in relation to "central place" research in Scandinavia are briefly discussed.

Archaeological results in combination with palaeobotanical analysis indicate that the Iron Age settlement pattern at the glaciofluvial deposit in Järrestad consisted of dispersed, small and rather mobile farm units. Animal husbandry was of vital importance in comparison with cultivation, which was probably extensive, characterized by high mobility. A traditional way of living, supposedly with a strong sense of communitas, is thought to have lingered on somewhat longer in this area than in nearby Simris. This community has been considered somewhat of a regional elite centre during the period c. AD. 150–300, on the basis of a famous gravefield, containing an unusually large proportion of richly furnished warrior graves.

The permanent farm is thought to have been introduced at the Järrestad pasture during the 4th century, possibly an outcome of internal colonization or regional turbulence. A richly equipped woman's grave was found at the toft of one such farm unit and dated to the early days of its history. The grave is interpreted as a founder's grave, manifesting the identities of a local elite and legitimizing a new way of life and new claims to the land. The permanent farm is possibly to some extent reflected in the pollen analysis, where a higher grazing pressure on the land is indicated, in combination with an increase in cereal pollen.

In the second half of the 6th century the supposed manor was established in the near vicinity of the farm. Close but hard-to-define ties are suggested between the two, partly as a consequence of a possible century-long overlap in time and the elite character – albeit quite shifting – of both the farms.

The chronology of the manor and settlement has been structured in three main phases in accordance with the datings of the halls. The hall area could not be excavated in its entirety, however, and the middle phase is considered to be the most complete.

In the initial phase, *c*. AD. 550–700, a post-built hall was erected close to a steep slope and marshy ground with a spring. The hall was soon to be widened and rebuilt at the very same spot. About AD. 700 a new hall was built in the same manner, partly overlapping the old one. This hall differed in some important respects from the previous. It formed part of a larger, architectural whole, physically integrated as it was in an earth and timber palisaded enclosure. Inside this enclosure south of the hall, there was a small post-built house. The architecture was, in essence, elaborated and formalistic; it is thought of as a representation of Scandinavian cosmology, depicturing Asgard, the home of the Æsir gods and thereby emphasizing the divine rulership.

Extensive repairs and rebuilding were carried out, and the structure continued to be in use until *c*. AD. 950. It was replaced by a hall 50 metres long and up to 14 metres wide, also partly overlapping its predecessor. The internal posts in the roof-bearing structure were dispensed with, and the outer walls carried the heavy load of the roof; some kind of extended timber-frame construction is suggested. The enclosed space to the south was partly changed. The small house was replaced by a sunken dwelling, but the overall space is thought to have been used very much in the traditional way, although the palisade was probably built in a slightly different manner, leaving fewer imprints in the ground. The manor ceased to exist in the mid 11th century, probably an outcome of a major reorganization of the estate and the establishment of a royal demesne in nearby Tommarp.

The material from Järrestad includes evidence of specialized craft, e.g. different types of smithing and casting, as well as the performance of cultic activities, including feasting and animal sacrifice. It is suggested that the remains of craft activities in the hall area are not representative of the settlement as a whole. To some extent it should be viewed as depositions and is therefore considered a small selected part of a larger body of material.

The architecture of the hall area strongly resemble the magnate's farm situated at lake Tissø in western Zealand, which indicate personal ties between the estates; or should they rather be viewed as a result of peer polity interaction, or political bonds, for example, an overlordship? At both places a variety of functions were displayed – in terms of economy, ideology and military strength – although the evidence is less explicit in the case of Järrestad.

The early medieval settlement has been estimated to cover an area of about 300,000 m^2. The long, narrow excavation area, in combination with a lack of identifiable boundary structures such as fences or ditches, makes it difficult to conclude basic facts such as overall settlement structure and population density. In the open field south of the excavated area a large number of sunken dwellings were revealed by cropmarks, indicating a dense structure of post-built houses and sunken dwellings similar to the investigated area. In other parts of the settlement the units may well have been rather dispersed.

On the periphery of the settlement it was possible to identify two distinct small farm units. They were partly excavated and interpreted as rather short-lived 8th-century households of commoners. In contrast, a previously carried out excavation of a sunken dwelling located at some distance north-west of the manor probably show the existence of specialized craft outside the manor toft. As a consequence, it is suggested that the population as a whole was socially heterogeneous, linked by a variety of personal bonds to the lords of the manor. A very large post-built house (no. 16) situated to the west of the hall area also raises the difficult question of settlement structure; it is discussed as a possible permanent residence belonging to the manor, but alternative interpretations are certainly possible.

A variety of palaeobotanical evidence, such as pollen, macrofossil and insect analysis, shows that the level of agricultural production – animal husbandry excluded – was quite low in Järrestad throughout the period. Cultivation and further processing of cereals must have taken place at other settlements, and more or less finished products brought to Järrestad. This is perhaps the best single argument – in combination with the overall character of the manor/settlement – for the interpretation of Järrestad as a manor and estate.

Referenser

Andersson, K. och Herschend, F. 1997. *Germanerna och Rom*. Occasional Papers in Archaeology 13. Uppsala.

Andrén, A. 1989. Dörrar till förgångna myter – en tolkning av de gotländska bildstenarna. I Andrén, A. (red.). *Medeltidens födelse*. Symposier på Krapperups borg 1. Lund.

– 1997. *Mellan ting och text. En introduktion till de historiska arkeologierna*. Stockholm / Stehag.

– 2002. Platsernas betydelse. Norrön ritual och kultplatskontinuitet. I: Jennbert, K., Andrén, A. och Raudvere, C. (red.). *Plats och praxis. Studier av nordisk förkristen ritual*. Vägar till Midgård 2. Lund.

Arrhenius, O, 1934. *Fosfathalten i skånska jordar*. Sveriges Geologiska Undersökning. Årsbok 28. N.o 3. Stockholm.

Brink, S. 1999. Social order in the early Scandinavian landscape. I: Fabech, C. & Ringtved, J. (eds.). *Settlement and Landscape. Proceedings of a Conference in Århus, Denmark, May 4–7 1998*. Jysk Arkæologisk Selskab. Århus.

Callmer, J. 1995. Hantverksproduktion, samhällsförändringar och bebyggelse. Iakttagelser från östra Sydskandinavien ca 600–1100 e. Kr. I: Resi, H.G. (red.). *Produksjon og samfunn. Beretning fra 2. Nordiske jernaldersymposium på Granavolden 7-10 mai 1992*. Varia 30. Universitetets oldsakssamling, Oslo.

– 1997. Aristokratiskt präglade residens från den yngre järnåldern i forskningshistorien och deras problematik. Hövdingahallen i Fornnordisk myt och saga. I: Callmer, J. & Rosengren, E. (red.) ”… gick Grendel att söka det höga huset…” *Arkeologiska källor till aristokratiska miljöer i Skandinavien under yngre järnålder. Rapport från ett seminarium i Falkenberg 16–17 november 1995*. Hallands Länsmuseers Skriftserie No 9 / Gotarc C. Arkeologiska Skrifter No 17. Halmstad.

– 2001. Extinguished solar systems and black holes: traces of estates in the Scandinavian Late Iron Age. I: Hårdh, B. (red.). *Uppåkra. Centrum och sammanhang*. Uppåkrastudier 3. Acta Archaeologica Lundensia. Series in 8° N° 34. Stockholm.

Chapelot, J. & Fossier, R. 1985. *The Village & House in the Middle Ages*. London.

Christaller, W. 1933. *Die Zentralen Orte in Süddeutschland*. Jena:Zeiss.

Christensen, T. 1991. *Lejre – syn og sagn*. Roskilde.

Crumley, C. 1995. Heterarchy and the Analysis of Complex Societies. I: Ehrenreich, R. M., Crumley, C., and Levy, J.E. (eds.). *Heterarchy and the Analysis of Complex Societies*. Archaeological Papers of the American Anthropological Association No. 6. Arlington, Virigina.

Dietler, M. and Hayden, B. 2001. Digesting the Feast: Good to Eat, Good to Drink, Good to Think. An introduction. I: Dietler, M. and Hayden, B. (eds.). *Feasts. Archaeological, and Ethnographic Perspectives on Food, Politics, and Power*. Washington and London.

Dogdshon, R. A. 1987. *The European Past. Social Evolution and Spatial Order.* London.

Fabech, C. 1991. Samfundsorganisation, religiøse ceremonier og regional variation. I: Fabech, C. & Ringtved, J. (red.). *Samfundsorganisation og Regional Variation. Norden i romersk jernalder og folkevandringstid. Beretning fra 1. mordiske jernaldersymposium på Sandbjerg Slot 11–15 april 1989.* Jysk Arkæologisk Selskabs Skrifter XXVII, 1991. Århus.

– 1999. Centrality in sites and landscapes. I: Fabech, C. & Ringtved, J. (eds.). *Settlement and Landscape. Proceedings of a Conference in Århus, Denmark, May 4-7 1998.* Jysk Arkæologisk Selskab. Århus.

Fabech, C. & Ringtved, J. 1995. Magtens geografi i Sydskandinavien – om kulturlandskap, produktion og bebyggelsemønster. I: Resi, H.G. (red.). *Produksjon og samfunn. Beretning fra 2. Nordiske jernaldersymposium på Granavolden 7-10 mai 1992.* Varia 30. Universitetets oldsakssamling, Oslo.

Fornminnesregistret, Riksantikvarieämbetets fornminnesinventering.

Göthberg, H. 2000. *Bebyggelse i förändring. Uppland från slutet av yngre bronsålder till tidig medeltid.* Occasional Papers in Archaeology 25. Uppsala.

Hansson, M. 2001. *Huvudgårdar och herravälden. En studie av småländsk medeltid.* Lund Studies in Medieval Archaeology 25. Stockholm.

Hedeager, L. 1998. Sacred topography. Depositions of wealth in the cultural landscape. I: Gustafsson, A. & Karlsson, H. (red.). *Glyfer och arkeologiska rum – en vänbok till Jarl Nordbladh.* Gotarc Series A vol. 3. Göteborg.

– 2001. *Asgard* reconstructed? Gudme – a "central place" in the north. I: De Jong, M. and Theuws, F. (eds.). *Topographies of Power in the Early Middle Ages.* The Transformations of the Roman World vol. 6. Leiden – Köln – Boston.

Helgesson, B. 2002 *Järnålderns Skåne. Samhälle, centra och regioner.* Uppåkrastudier 5. Acta Archaeologica Lundensia. Series in 8° N° 39. Stockholm.

Hellerström, S. & Söderberg, B., m fl. 2000. Väg 11. Sträckan Östra Tommarp – Simrishamn. Arkeologisk utredning och förundersökning. *Riksantikvarieämbetet UV Syd Rapport* 2000:25.

Hermansson, L. 2000. *Släkt, vänner och makt. En studie av elitens politiska kultur i 1100-talets Danmark.* Avhandlingar från historiska institutionen, Göteborgs universitet, 24. Göteborg.

Herschend, F. 1995. Hus på Helgö. *Fornvännen*, vol. 90.

– 1998a. *Livet i hallen.* Occasional Papers in Archaeology 14. Uppsala.

– 1998b. *The Idea of the Good in Late Iron Age Society.* Occasional Papers in Archaeology 15. Uppsala.

– 2002. *Journey of Civilisation. The late Iron Age View of the Human World.* Occasional Papers in Archaeology 24. Uppsala.

Hjärtner-Holdar, E., Grandin, L. & Englund, L.-E. 2000. Järn- och metallhantering i en stormannamiljö. Förundersökning, Väg 11, delsträckan Östra Tommarp – Järrestad. *Riksantikvarieämbetet UV Gal Rapport* nr 2–2000.

Hvass, S. 1988. Jernalderens bebyggelse. I: Mortensen, P. & Rasmussen, B.M. (red.). *Fra stamme till stat i Danmark 1. Jernalderens stammesamfund.* Jysk Arkæologisk Selskabs Skrifter XXII. Aarhus.

Isaksson, S. 2000. *Food and Rank in Early Medieval Time.* Theses and Papers in Scientific Archaeology 3. Archaeological Research Laboratory, Stockholm University. Stockholm.

Iversen, T. 1994. *Trelldomen. Norsk slaveri i middelalderen.* Historisk Institutt, Universitetet i Bergen.

– 1995. Framveksten av det norske leilendningsvesenet i middelalderen – en forklaringsskisse. *Heimen*, bd. 32, nr. 3.

Jakobsson, M. 1992. *Krigarideologi och vikingatida svärdstypologi.* Stockholm Studies in Archaeology 11. Stockholm.

Jørgensen, L. 1998. En storgård från vikingetid ved Tissø, Sjælland – en foreløbig presentation. I: Larsson, L. och Hårdh, B. (red.). *Centrala platser, centrala frågor. Samhällsstrukturen under järnåldern.* Uppåkrastudier 1. Acta Archaeologica Lundensia. Series in 8° N° 28. Stockholm.

– 2001. From tribute to the estate system, 3rd–12th century. A proposal for the economic development of the magnate´s residence in Scandinavia based on settlement structure from Gudme, Tissø and Lejre, Denmark. *Kingdoms and Regionality. 49th Sachsensymposum*, Uppsala.

– 2002. Kongsgård – kultsted – marked. Overvejelser omkring Tissøkomplexets struktur og funktion. I: Jennbert, K., Andrén, A. och Raudvere, C. (red.). *Plats och praxis. Studier av nordisk förkristen ritual.* Vägar till Midgård 2. Lund.

KL. *Kulturhistoriskt lexikon för nordisk medeltid.* 2. upplaga 1981. Band 6. Uppslagsord: Hovedgård.

Kresten, P. & Melkerud, P. 2001. Geotermometri och TL-datering av stenmaterialet från väg 11. *Geoarkeologiskt laboratorium, Analysrapport* nr 9-2001. Riksantikvarieämbetet UV GAL.

Larsson, L. 2002. Uppåkra – Research on a Central Place. Recent Excavations and Results. I: I: Hårdh, B. and Larsson, L. (eds.). *Central places in the Migration and Merovingian Periods. Papers from the 52nd Sachsensymposium Lund, August 2001.* Uppåkrastudier 6. Acta Archaeologica Lundensia. Series in 8° N° 39. Stockholm.

Lindkvist, T. 1988. *Plundring, skatter och den feodala statens framväxt.* Uppsala.

Lundqvist, L. 2000. *Järnålderns centra – exempel från Halland och Västergötland.* Gotarc serie C. Arkeologiska skrifter No. 5. Göteborg.

NE. *Nationalencyclopedin.* 1992. Band 7. Uppslagsord: Gods.

Nicklasson, P. 2001. *Strävsamma bönder och sturska stormän. Stafsinge och Halland från bronsålder till medeltid.* Acta Archaeologica Lundensia. Series in 8° N° 35. Stockholm.

Nielsen, A-L. 1997. Pagan Cultic and Votive acts at Borg. An Expression of the Central Significance of the Farmstead in the Late Iron Age. I: Andersson, H., Carelli, P. & Ersgård, L. (red.). *Visions of the past. Trends and Traditions in Swedish Medieval*

Archaeology. Lund Studies in Medieval Archaeology 19 / Riksantikvarieämbetet Arkeologiska undersökning Skrifter nr 24. Stockholm.

Nielsen, L. Chr. 1981. Bebyggelsehistoriske problemer. *Meta* nr 1, 1981.

– 1990. Trelleborg. *Aarbøger for Nordisk oldkyndighed og historie* 1990.

Näsman, U. 1991. Nogle bemærkninger om det nordiske symposium "Samfunds-organisation og Regional Variation" på Sandbjerg Slot den 11. – 15. april 1989. I: Fabech, C. & Ringtved, J. (red.). *Samfundsorganisation og Regional Variation. Norden i romersk jernalder og folkevandringstid. Beretning fra 1. nordiske jernaldersymposium på Sandbjerg Slot 11–15 april 1989.* Jysk Arkæologisk Selskabs Skrifter XXVII, 1991. Århus.

– 1998. Sydskandinavisk samhällsstruktur i ljuset av merovingisk och anglosaxisk analogi eller i vad är det som centralplatserna är centrala? I: Larsson, L. och Hårdh, B. (red.). *Centrala platser, centrala frågor. Samhällsstrukturen under järnåldern.* Uppåkrastudier 1. Acta Archaeologica Lundensia. Series in 8° N° 28. Stockholm.

Olsen, O. 1966. *Hørg, hov og kirke. Historiske og arkæologiske vikingetidsstudier.* København.

Pedersen, E. A. & Widgren, M. Del 2. Järnålder. i: Welinder, S., Pedersen, E. A. & Widgren, M. *Jordbrukets första femtusen år. 4000 f. Kr.–1000 e. Kr.* Stockholm.

Reynolds, S. 1994. *Fiefs and Vasalls.* Oxford

Schmidt, H. 1999. *Vikingetidens byggeskik i Danmark.* Moesgård Museum. Jysk Arkæologisk Selskab. Højbjerg.

Skre, D. 1998. *Herredømet. Bosetning og besittelse på Romerike 200–1350 e. Kr.* Acta Humaniora nr 32. Oslo.

Steinsland, G. 1991. *Det hellige bryllup og norrøn kongeideologi. En analyse av hiero-gami-myten i Skirnismal, Ynglingatal, Haleygjatal og Hyndluljod.* Oslo.

– 2002. Herskermaktens ritualer. Kan mytologien sette oss på spor av riter, gjenstander og kult knyttet till herskerens intrisasjon? I: Jennbert, K., Andrén, A. och Raudvere, C. (red.). *Plats och praxis. Studier av nordisk förkristen ritual.* Vägar till Midgård 2. Lund.

Stjernquist, B. 1955. *Simris. On cultural connections of Scania in the Roman Iron Age.* Acta Archaeologica Lundensia. Series in 4° N° 2. Lund.

Strömberg, M. 1961. *Untersuchungen zur jüngeren Eisenzeit in Schonen.* Acta Archaeologica Lundensia. Series in 4° N° 4. Lund.

– 1963. Eine Vendelzeitliche Fibel von Gladsax. *Meddelanden från Lunds Universitets Historiska Museum* 1962-63.

– 1976. *Forntid i Sydostskåne.* Föreningen för Fornminnes- och hembygdsvård i Sydöstra Skåne Småskrifter 14. Simrishamn.

Svanberg, F. 1999. *I vikingatidens skugga. Om Skåne, Halland, Blekinge och Själland.* University of Lund. Institute of Archaeology Report Series 66. Lund

Söderberg, B. 2001. Järnålderns Järrestad. I: Burman, P. (red.). *Tidsresa längs Tommarpsån. Österlen* 2001. Årsbok för den samlade hembygdsrörelsen på Österlen. Simrishamn.

– 2001b. Guldgubbar och hov i Järrestad. I: Flodin, L. & Modig, A. (red.). *Möten med forntiden. Arkeologiska fynd år 2000*. Riksantikvarieämbetet. Stockholm.

– (red.) 2002. Järrestad i centrum. Arkeologisk undersökning. Väg 11, sträckan Östra Tommarp–Simrishamn, Järrestads sn, Skåne. *Riksantikvarieämbetet UV Syd Rapport* 2002:16.

– 2003. Integrating Power. Some Aspect of a Magnates Farm and Presumed Central Place in Järrestad, Southeast Scania. I: Larsson, L. & Hårdh, B. (eds.). *Centrality – Regionality. The Social Structure of Southern Sweden during the Iron Age*. Uppåkrastudier 7. Acta Archaeologica Lundensia. Series in 8° N° 40. Stockholm.

Sørensen, P. Ø. 1994. Gudmehallarna. Kongeligt byggeri fra jernalderen. *Nationalmuseets Arbejdsmark* 1994.

Tesch, S. 1993. *Houses, Farmsteads, and Long-term Change. A Regional Study of Prehistoric Settlements, in Scania, Southern Sweden*. Uppsala.

Theuws, F. 1999. Changing settlement patterns, burial grounds and the symbolic construction of ancestors and communities in the late Merovingian southern Netherlands. I: Fabech, C. & Ringtved, J. (eds.). *Settlement and Landscape. Proceedings of a Conference in Århus, Denmark, May 4-7 1998*. Jysk Arkæologisk Selskab. Århus.

Thompson, M. 1995. *The Medieval Hall. The Basis of Secular Domestic Life, 600–1600 AD*. Aldershot.

Thurston, T. L. 1996. *The development and transformation of a prehistoric cultural landscape: boundaries, integration and political in the south Scandinavian Iron Age*. Unprinted dissertation at the University of Wisconsin Madison.

– 2001. *Landscapes of power, Landscapes of Conflict. State Formation in the South Scandinavian Iron Age*. Fundamental Issues in Archaeology. New York.

Tornbjerg, S.-A. 1998. Toftegård – en fundrig gård fra sen jernalder og vikingetid. I: Larsson, L. och Hårdh, B. (red.). *Centrala platser, centrala frågor. Samhällsstrukturen under järnåldern*. Uppåkrastudier 1. Acta Archaeologica Lundensia. Series in 8° N° 28. Stockholm.

Varenius, B. 1998. *Han ägde bo och skeppslid. Om rumslighet och relationer i vikingatid och medeltid*. Studia Archaeologica Universitatis Umensis 10. Umeå.

Watt, M. 1983. A Viking Age Settlement at Runegård (Grødby), Bornholm. An Interim Report of the investigations 1979-82. *Journal of Danish Archaeology* Volume 2.

Widgren, M. 1998. Kulturgeografernas bönder och arkeologernas guld – finns det någon väg till en syntes? I: Larsson, L. och Hårdh, B. (red.). *Centrala platser, centrala frågor. Samhällsstrukturen under järnåldern*. Uppåkrastudier 1. Acta Archaeologica Lundensia 8° N° 28. Stockholm.

Ängeby, G. 1999. Långhusens livstid. I: Artelius, T., Englund, E. & Ersgård, L. (red.). *Kring västsvenska hus – Boendets organisation i förhistorisk och historisk tid*. Gotarc Serie C. Arkeologiska Skrifter No 22. Göteborg.

▶ Under romersk järnålder var Tommarpsåns dalgång en betydelsefull förbindelseled mellan havet och de inre bygderna av Österlen. Många fyndplatser längs ån visar detta. Vid Smedstorp, ett par mil inåt land, flyter den förbi den höga Gårdlösaåsen där människor under hela järnåldern haft sina boplatser. På sin väg mot havet passerar den genom bygder kända för sina fynd från romersk järnålder. På den södra sidan visar fynden en rik bebyggelse vid Viarp och vid Simris har gravfält med rika krigargravar grävts ut. Till detta kan man lägga en liknande grav från Roeshög i Hammenhög socken. På den norra sidan känner man en mansgrav från Vemmerlövstorp, Östra Vemmerlöv. Där har en krigare fått sitt sista vilorum utrustad med bl.a ett fint bronskärl med stämplar som anger att det tillverkats på romerskt område. Alla dessa fynd visar en miljö med inbyggare som tillhört eliten och som haft kontakter med ledande samhällen i västra och södra Europa.

Dessa fynd bildar bakgrunden till den kraftsamling och samhällsutveckling med centralorter som sker under den yngre järnåldern från och med 400-talet e.Kr. Övergångstiden, 300-talet, kan beläggas med många fynd men har inte varit lika gripbart som samhället under de första århundraderna av vår tideräkning.

En rik kvinna i Järrestad
Gravlagd under senromersk järnålder

av Berta Stjernquist

Simrisgravfältet och många samtidiga ebbar ut under 300-talet. Vad som sker under övergångstiden har sedan länge varit oklart. Ett problem vid arbetet med Simrismaterialet var avsaknaden av en direkt fortsättning på platsen eller i dess omedelbara närhet. Bebyggelsens kontinuitet kunde man ana men den var svår att belägga med boplats- och gravmaterial. En stående fråga var på vilket sätt och var befolkningen levde vidare. Problemställningen har aktualiserats i samband med de arkeologiska förarbetena på vägsträckan mellan Östra Tommarp och Simrishamn.

Man har länge trott att det skulle finnas en järnåldersbebyggelse längs Tommarpsån. Vid undersökningarna i Vä under åren 1945–1946 kunde en rik bebyggelse från järnåldern beläggas där i den centralort som sedan utvecklades till stad. Under dessa utgrävningar, där författaren samarbetade med Holger Arbman, väcktes tanken på att vidga undersökningarna till andra platser där förändringen från vanlig järnåldersbebyggelse till centralplatser skulle kunna studeras (Stjernquist 1951). Östra Tommarp, platsen för det tidigmedeltida Thumatorp, diskuterades. Vid de utgrävningar av anläggningar i de centrala delarna av Östra Tommarp som senare kom till stånd påträffades emellertid inte någon järnåldersbebyggelse. Den fanns längre österut vid ån i och omkring Järrestad.

Namnet Järrestad lät förmoda att där funnits ett centrum under yngre järn-ålder. Platsen nämnes första gången 1322 som Jarllestatha. Man kan också nämna att platsen senare varit administrativt centrum med tingsplats (Redin 1972). Mindre utgrävningar i byns närhet hade visat förekomsten av bebyg-gelse från yngre järnåldern. Förväntningarna var därför stora då de arkeolo-giska förundersökningarna för vägbygget mellan Östra Tommarp och Simris-hamn kom igång 2000 (Söderberg 2001a-b).

Graven

I ett undersökningsområde sydost om Järrestads samhälle stötte man på en rik skelettgrav från senromersk järnålder (Fig. 1). Den låg på norra sidan om ån på en förhöjning vid sluttningen ned mot åfåran. Inom detta undersökningsom-råde med namnet Hestebjer fanns rester av bebyggelse från olika perioder av järnåldern men det stora materialet är en boplats ca 500 m västerut med hus-konstruktioner (hallbyggnader) som byggts och byggts om under yngre järn-ålder, från 600-talet till 1000-talet (Söderberg 2001a–b; 2002). Inom hela om-rådet påträffades dessutom spridda fynd från järnåldern. Man kunde därför tänka sig att skelettgraven inte var isolerad utan att det fanns andra gravar i närheten. Ett område banades av men inga andra gravar påträffades (Söder-berg i denna volym).

Graven var orienterad i nord-sydlig riktning och mätte 2,45 x 1,25 m (Fig. 2). Den var delvis täckt av några större stenar som var synliga i ytan. Bearbet-ningen av marken hade avlägsnat de lager som täckt stenarna och sannolikt tagit bort en del av dem. Graven låg vid fyndtillfället ytligt. Nedgrävningen var rektangulär med färgningar som tyder på att det funnits en kista utformad som en liten kammare på platsen. I färgningarna runt nedgrävningen fanns nämli-gen svaga spår av plankor (Stjernquist 2001).

I graven påträffades delar av ett skelett. Dessa rester visade att den döda legat med lätt böjda ben på vänster sida med huvudet i söder och ansiktet vänt mot väster. Enligt Caroline Ahlström Arcinis beräkningar var det en kvinna som haft en längd av 1.76 m och en ålder av 40–50 år (Rapport: *Järrestad – Skelettgraven, datering ca 350-375 e.Kr. 2001-07-17*). Den ansenliga längden har den döda gemensamt med andra kvinnor från motsvarande tid (Sellevold *et al* 1984; Arcini 1997). Vissa sjukliga förändringar kunde iakttagas i tänder och kranium.

Graven var rikt utrustad (Fig. 3) (Stjernquist 2001; 2002a–b;2003). Av smycken hade den döda sex spännen, ett hänge, en nål, en bronsspiral och en uppsättning av ca 310 (312) pärlor. Trots att det organiska materialet av hennes klädsel hade försvunnit kan man med hjälp av smyckena och med den kännedom

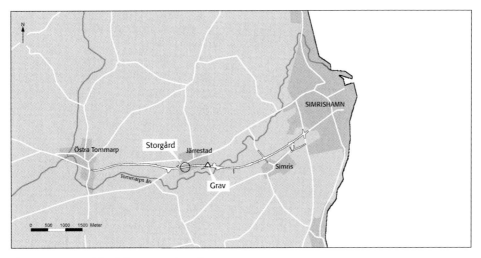

Fig. 1. Karta med fyndplatsen markerad.

Map with the site indicated.

man har om kvinnodräkten få en uppfattning om hennes utstyrsel. Av den personliga utrustningen återstår att nämna resterna av en kam, ett i såväl mans- som kvinnogravar vanligt föremål. Den har varit sammansatt av flera skivor av ben eller horn. Bevarade är bronsnitar som fäst dessa samman. Detaljerna i utformningen är oklara. Ett järnfragment i närheten kunde inte bestämmas närmare.

Med sig i graven hade kvinnan fått en uppsättning dryckeskärl bestående av en glasbägare och två lerkärl. De var placerade vid huvudet i södra delen av graven. Två lösa krukskärvor är obestämbara. Tillsammans med kärlen låg ett kraftigt lårben av nötboskap som lagts ned som kost för resan till andra sidan eller för livet efter döden. Några mörkfärgade partier i den norra delen av graven tyder på att det där funnits föremål av organiskt material, kanske ytterligare hushållsvaror eller kanske hopvikta textilier och kuddar.

I fyllningen över graven fanns bland stenarna obrända och brända ben av djur. De flesta av de obrända benen är tänder från nötboskap. En tand kommer emellertid från får/get och ett tandanlag från gris. De brända benen är fåtaliga och kan inte bestämmas närmare. Detta benmaterial kan kanske tolkas som offer vid gravläggningen. En rikedom på sådana gåvor förekommer främst under yngre järnålder från folkvandringstid, vendeltid och vikingatid. Djurbenen har bestämts av Lena Nilsson (Rapport: *Järrestad – Djurbenen i graven*).

177

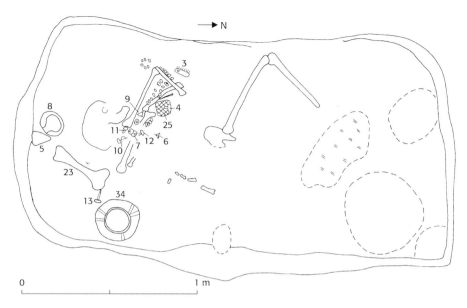

Fig. 2. Graven.

The grave. Drawing by Annika Jeppsson.

Fig. 3. Graven under utgrävning.

The grave during the excavation. Photo by Sven Waldemarsson.

Analys av fyndmaterialet

Spännen

Fibulorna av haraldstedform (Fig. 4). Dessa två fibulor är av brons och varandra mycket lika. Den ena har en längd av ca 4,4 cm. Bågen är bandformad med bredden ca 3 mm, ornerad med en tunn linje vid kanten. Foten är spetsig och snedstrierad. Endast ena sidan av spiralen är bevarad. Både den och nålen är lösa. Den andra fibulan är endast 4 cm lång men bågen är något mera böjd än den första vilket innebär att de är lika stora. Orneringen är densamma. Foten är kort, spetsig och snedstrierad. Både nål och spiralsträng är fragmentariska.

Haraldstedfibulorna har definierats av Norling-Christensen (1957) och sedan diskuterats i olika sammanhang. De synas ha sitt ursprung på kontinenten där Niemberger fibulorna är en besläktad form (Werner 1951; Reichstein 1975). Det finns ett stort material på skandinaviskt område bl.a. i fynden från Uppåkra (Ringtved 1988; Helgesson & Stjernquist 2001 med hänvisningar).

I sin mest typiska form har fibulan bandformad båge men bågen kan vara mer eller mindre rundad. Ornamentiken är förhållandevis standardiserad men uppträder i variationer. Detta gäller exempelvis bågens kantornament som kan vara rader av bågformade intryck i stället för en sammanhängande linje. Olika facetter och tvärstreck förekommer (Helgesson & Stjernquist 2001, Fig. 6-9). Fibulatypen dateras av Norling-Christensen till övergången mellan romersk järnålder och folkvandringstid eller till tidig folkvandringstid.

Nya fynd visar att haraldstedfibulan är vanlig i C3 som i den här tillämpade kronologien betyder slutet av romersk järnålder. Den finns vid denna tid i många sydsvenska gravfynd. Utom graven från Järrestad kan man nämna gravarna 4 och 5 från Kristineberg, grav nr 5 från Dybeck samt gravar från Källby och Önsvala från romersk järnålders slutskede (Stjernquist 2002b). Formen finns emellertid inte i Simris eller på motsvarnade gravfält där fibulor med hög nålhållare och fibulor med omslagen fot dominerar. Detta understryker att Simrismaterialet tillhör en något tidigare miljö. Haraldstedfibulorna förekommer

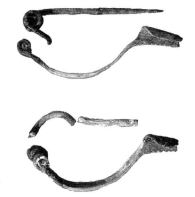

Fig. 4. Två bronsfibulor av Haraldstedtyp. Längd ca 4,4 cm.

Two bronze fibulae of Haraldsted type. Length approx. 4.4 cm. Photo by Bengt Almgren.

179

från C3 in i folkvandringstid. För att fastställa hur långt ned de går behövs för analysen ett större material än det nu kända.

Fibulorna med omslagen fot (Fig. 5). Dessa två fibulor är varandra mycket lika. De är av brons och har en längd av 3,7 cm. Som namnet anger är foten tillbakaböjd, öppen och med en tråd snodd runt bågen. Bågen är bandformad med konvex ryggyta. På huvudtypen är foten smal men den kan uppträda i utpräglad trekantform. I denna utformning är den vanlig på Bornholm varifrån formen kan ha spritt sig till Skåne. Den finns bl.a. i Uppåkra (Jørgensen 1989; Helgesson & Stjernquist 2001).

Fibulor med omslagen fot är vanliga i olika delar av Sydskandinavien och i angränsande områden av kontinenten. De kan dateras till C1 och C2 med utlöpare i C3. De finns exempelvis i många exemplar på Simrisgravfältet. De sena har ibland speciell utformning som exempelvis i gravarna från Dybeck nr 5 och Kristineberg nr 4. Fibulan i den sistnämnda graven har båge av trekantigt snitt, bred fot och imiterad omböjning (Stjernquist 1994: Fig. 4; Rudebeck & Ödman 2000: Plansch 22). Typen är ovanlig på norskt område där den förekommer i sena varianter under romersk järnålders slutskede. Ett sådant sent exemplar med lång fot kan nämnas från Modvo (Straume 1993:214).

Pressblecksfibulan är 10,5 cm lång. Den består av en bottenplatta av brons som är täckt av silverbleck (Fig. 6). Det halvcirkelformade huvudet, den trapetsformade foten och en cirkelformad platta på den bandformade bågen är prydda med förgyllda silverbleck med inpressad ornamentik i form av pärlrader och små kransar (Fig. 7). Varje bleck har som fäste ett centralt placerat stift. Huvudet har uppåt och åt sidorna tre utskjutande runda fält som imiterar knoppar. På baksidan av huvudet sitter en fästeanordning med spiraler och på foten spår av nålhållare.

Lund Hansen har ingående behandlat spänneformen 1972 med utgångspunkt från det danska materialet som upptar det runristade spännet från Himlingøje,

en ganska god parallell till det här diskuterade (Hansen *et alii* 1995:143).

Det danska materialet utmärkes av en dekoration med såväl pressbleck som inlagda glasbitar. Ett spänne från Lundby liknar Järrestadspännet genom sin trapetsformade fot och runda utsprång på huvudplattan. Även den

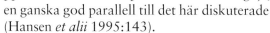

Fig. 5. Två bronsfibulor med omslagen fot. Längd 3,7 cm.

Two bronze fibulae with returned foot. Length 3.7 cm. Photo by Bengt Almgren.

Fig. 6. Spänne med ornament av förgyllda silver-
bleck. Längd 10,5 cm.

*A brooch decorated with gilt sheet silver.
Length 10.5 cm. Photo by Bengt Almgren.*

Fig. 7. Detaljer av spännets pressblecksdekor. Förstorat.

*Details of the gilt sheet silver decoration of the brooch.
Enlarged. Photo by Bengt Almgren.*

pressade ornamentiken visar likheter. Från Norge kommer flera exemplar av denna spännetyp men några är starkt fragmentariska, de ornerade blecken saknas. Störst likhet har det stora spännet från Foss (Straume 1961). Flera fynd är daterade till C3, där tyngdpunkten av materialet synes ligga. Endast i enstaka fall anges en något tidigare datering (C1-C2). Besläktade är två sydsvenska fynd från Simlinge och Fröslunda (Hansen 1972).

Spännet från Simlinge, Simlinge sn, har halvrunt huvud, bandformad båge med rund skiva samt fragmentariskt fotparti. Det är av brons men har varit beklätt med silverbleck som till stora delar har fallit bort. Dekoren längs huvudets och den runda plattans kanter består av små runda bleck fästa med stift. Plattan på bågen har bevarade pressbleck med inpressade ornament och i mitten ett runt blått glasstycke. Nuvarande längd är 9,7 cm. Spännet är ett lösfynd.

Det andra spännet kommer från Fröslunda, Stenåsa sn. Det har halvrunt huvud, trapetsformad fot och på bågen en rund platta. Stommen är av brons. Delar av huvudet, foten samt all metallbeklädnad saknas. Nuvarande längd är 8,5 cm. På huvudets baksida sitter rester av en spiral. Den är ett osäkert gravfynd.

Ett besläktat spänne ingår i fynden från Kristineberg grav 4 vid Malmö, daterad till slutet av romersk järnålder. Spännet är av silverbleck och har halvrunt huvud men saknar dekoration med pressbleck. Den takformade foten är fragmentarisk (Stjernquist 1994; jfr Rudebeck & Ödman 2000). Detta spänne står dock närmare silverblecksspännena som i vissa fall har halvmånformat huvud.

Lund Hansen har i den nämnda uppsatsen ingående granskat pressblecksspännenas dekoration och uppträdande i senromersk järnålder. På kontinenten finns ett rikt material som påverkat utvecklingen i Skandinavien (jfr. Stjernquist 1955). Betydelsefullt i detta sammanhang är ett senare arbete av Carnap-Bornheim, vilket ger en allsidig översikt över pressblecktekniken under romersk järnålder och dess bakgrund på kontinenten (Carnap-Bornheim 1994).

Silverblecksfibulan (Fig. 8). Det sjätte spännet är av silverbleck och har en längd av ca 11 cm. Det har en rektangulär huvudplatta, en konvext bandformad båge och ett takformat fotparti, närmast av trekantform. Dekoren är en sparsam stämpelornamentik, en rad små ringar mellan två rader koncentriska punktbågar (Fig. 9), som bildar en bård längs kanterna, längs fotens ås, på bågen och, som en fortsättning på den, i en linje tvärs över den rektangulära huvudplattan. Vid övergången mellan huvud och båge och mellan båge och fot sitter pärlade trådar. Fästeanordningen bildar under huvudplattan ett system av tre spiraler som är inträdda i hål i bågens förlängning, en smal vertikal platta. Ytterligare två smala plattor ger stöd åt spiralerna som avslutas med profilerade knoppar (Fig. 8). Den något fragmentariska spiralen vid bågens

Fig. 8. Spänne av silverbleck. Längd ca 11 cm.

Silver sheet brooch. Length approx. 11 cm. Photo by Bengt Almgren.

avslutning är kraftigare än de andra och har upptagit nålen medan de övriga synes vara prydnadsspiraler utan funktion. Spiralerna är av brons men åtminstone delvis försilvrade (jfr Ethelberg 1986:25ff).

Silverblecksfibulan är en förhållandevis tidig variant av gruppen reliefspännen med rektangulär eller i vissa fall halvmånformad huvudplatta. Bleckpännen av silver och brons har ingående behandlats av Nielsen *et al.*1985 mot bakgrund av tidigare forskning. Utgångspunkten är spännen från Sejlflodgravplatsen på Jylland (Nielsen 2000). Nielsen diskuterar problem som rör utformningen, ursprunget, utbredning och datering. Dessa spännen uppträder i fynden under senare delen av 300-talet och fortsätter med vissa formförändringar in i folkvandringstid. Den viktigaste är avsaknad eller förekomst av djurhuvud på övergången mellan båge och fot eftersom tillkomsten av djurhuvud markerar övergång till folkvandringstid. Ornamentiken förändras även i övrigt. De sparsamma stämpelornamenten från det äldre skedet blir efterhand mera sammansatta och får successivt karvsnittsdetaljer (Hansen 1970). Ett exempel på den tidigare gruppen är ett spänne från Gaalaas, Hedemarken, Norge, som ingår i en mycket rik, kortfattat publicerad grav med en mängd pärlor (Nybruget 1986).

Skillnaden mellan spännen med halvrund och rektangulär huvudplatta, som tidigare betraktats som kronologiskt betingad, utjämnas däremot i Nielsens undersökning eftersom båda typerna förekommer i samma fynd på Sejlflodgravfältet. Den halvrunda huvudplattan har dock betydelse för en härledning

Fig. 9. Spänne av silverbleck. Detaljer av ornamentiken. Förstorat.

The silver sheet brooch. Details of the decoration. Enlarged.
Photo by Bengt Almgren.

av spännena till den kontinentala Sachrautypen. Formen med halvrund huvud-platta förekommer på ett i det föregående nämnt spänne från Kristineberg, grav 4. Det är av silverbleck, har halvrunt huvud, bandformig båge ornerad med kantlinjer och takformad fot som dock är något fragmentarisk (Stjernquist 1994). Flera spännen från senromersk järnålder visar denna stilblandning. Ett spänne av brons från Kristianstad har den halvrunda huvudplattan kombinerad med båge och fotparti med stämpelornamentik (Åberg 1924).

Dräkten

Eftersom dräktens organiska material inte är bevarat får man vid tolkningen av spännenas funktion lita till iakttagelser av läget i graven och den kunskap om dräkten som man har från andra fynd. Ett sammanfattande arbete om järn-åldersdräkten, både kvinno- och mansdräkt, publicerades 1974 av Elisabeth Munksgaard. Hennes rekonstruktioner är fortfarande aktuella trots att mate-rialet kompletterats med många fynd som belyser detaljer (jfr Jørgensen & Nørgård Jørgensen 1997). Detta gäller inte minst pärluppsättningarna som behandlas nedan.

Klänningen, som sannolikt varit av ylletyg, har fästs samman på axlarna med de två bronsfibulorna av haraldstedform. De två andra bronsfibulorna har suttit framtill vid linningen där en underklänning av lättare tyg troligen varit synlig. Många detaljer i fråga om antalet plagg och deras kombinationer är fortfarande oklara. Både klänning och underklänning kan ha bestått av blus och kjol eller av hela plagg. Man måste även räkna med variationer i olika områden. Detta framgår av fynden (Munksgaard & Østergaard 1988).

Ett fint pressblecksspänne har suttit på bröstet som fäste för ett imponerande pärlhalsband. Detta har sannolikt hängt ned i ett par rader men låg vid fyndtillfället i flera lager vid de lätt framåtsträckta armarna (Fig. 10). Bland pärlorna fanns ett timglasformat amuletthänge av silver med dekorativa mönster. Läget tyder på att det varit upphängt på halsbandet. Längre ned på bröstet påträffades det stora silverblecksspännet som använts för att hålla samman ett ytterplagg: en schal eller en kappa. Silvernålen och bronsspiralen låg i närheten av huvudet. Nålen har troligen suttit i håret och bronsspiralen i örat. Den rekonstruktion av dräkten som gjorts av Ethelberg med utgångspunkt bl.a. från materialet från Skovgårde visar stora likheter (Ethelberg 2000:62).

Pärlbandet

Pärlbandet bestod av 310 (312) pärlor nämligen 262 av bärnsten och 48 av glas. Ytterligare två registrerades men har vid bearbetningen på konserveringsavdelningen inte kunnat beläggas som pärlor. Pärlorna har mätts med en noggrannhet av en halv millimeter (Stjernquist 2003). De faller inom tre grupper: små, mellanstora och stora. De stora pärlorna är 15–25,5 mm i diam, de mellanstora är 11,5–14,5 mm och de små 0-11 mm. Gränsen mellan grupperna ligger vid 15 och vid 11 mm. De små är alla glaspärlor, de mellanstora och de stora är bärnstenspärlor. Endast en bärnstenspärla har en diam av 11 mm. Denna mindre diam beror på att den är cylindrisk med en längd som överstiger diam.

De flesta glaspärlorna är klotformade medan några är ringformade. De är av tre färger: 19 är gula, 16 röda och 13 blå. Många av dem har trattformade hål (Olldag 1994). De flesta bärnstenspärlorna är skivformade, större eller mindre. De är ganska oregelbundna och slitna med defekter som anger att de tillverkats av för små bitar. Detta talar för att de tillverkats lokalt av bärnsten som samlats in vid kusten i östra Skåne. Avvikelser i formen visar 4 stora och 6 mellanstora bärnstenspärlor, som är cylindriska med större längd än diam.

Tråden som pärlorna varit uppträdda på är nu borta och det är därför svårt att helt rekonstruera halsbandet. För att i görligaste mån få en uppfattning om dess längd mättes pärlornas tjocklek. Med denna metod beräknades hela längden till ca 2,5 meter. Förhållandena talar för att det var fäst på dräkten med det

Fig. 10. Pärlor och spännen *in situ* under konserveringen.

Beads and brooches in situ during the preparation. Photo by Bernd Gerlach.

fina spännet med pressbleck. Om det var ett pärlband som hängde ned från spännet skulle längden i så fall bli ca 1,25 meter. Många av pärlorna var emellertid oregelbundna och sneda. Måttet på den tjockaste punkten kan därför vara för stort för att ange bandets längd. En sammanlagd längd på 2,3 meter är mera rimlig. Detta ger ett pärlband som hängde ned ca 1,15 meter. Det finns gravfynd från romersk järnålder med mycket långa pärlband. Det bästa exemplet är en grav från Himlingøje där måttet är 0, 75 meter. Eftersom kvinnan i Järrestadgraven var mycket lång, 1,76 meter, är ett så långt pärlband fullt möjligt för en statussituation. Pärlornas sammanlagda vikt är 315 gr, en vikt som inte kan ha varit besvärande.

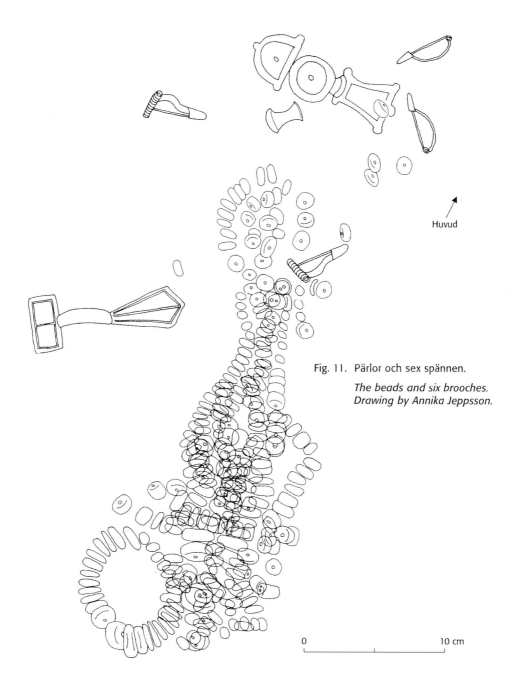

Huvud

Fig. 11. Pärlor och sex spännen.

The beads and six brooches.
Drawing by Annika Jeppsson.

0   10 cm

187

Läget i graven skapar inte klarhet om pärlbandets längd eller utformning. Pärlorna låg i flera rader längs de utsträckta armarna. Om det varit ett enda pärlband kan det ha vikts vid gravläggningen (Fig. 11). Vid utgrävningen på konserveringsanstalten ritades pärlgarnityret i det läge som det då hade. Man kunde konstatera att pärlorna nere på bröstet låg i ca fyra rader men det var ej möjligt att säkert se sammanhanget mellan raderna. Det kan alltså ha varit ett pärlband som vikts eller två halsband som varit samlade i ett bröstsmycke. Av läget synes framgå att glaspärlorna satt i grupper dels uppe vid fästet dels i nedre delen av garnityret. Det fanns ingenting som tydde på att det funnits ett pärlband runt halsen (Stjernquist 2003).

Det finns andra gravar från romersk järnålder i Skåne med många bärnstenspärlor men ingen med denna mängd eller med så många stora. Som jämförelse kan man nämna en rik grav från Dybeck där det finns många glas-

Fig. 12. Spänne från Göingeholm, Häglinge sn. 1:1.

Brooch from Göingeholm, Häglinge Parish. 1:1. Photo by ATA.

pärlor i färg och en rad bärnstenspärlor av mindre format, bland dem en del 8-formade. Några gravar från Kristineberg vid Malmö har bärnstenspärlor tillsammans med ett stort antal stora och små glaspärlor. Från sydöstra Skåne finns ett fynd från Löderup med många bärnstenspärlor av mindre format (Stjernquist 1994; Stjernquist 2002a; 2003).

Vid analys av Järrestadgraven bör man även nämna ett fynd från Göingeholm, Häglinge socken i Skåne, som innehåller såväl bärnstenspärlor som ett förgyllt silverspänne med fyrkantig huvudplatta (Fig. 12) (Arne 1937; Stjernquist 1994). Det är inte ett gravfynd utan ett depåfynd men det visar skillnaden mellan material från senromersk järnålder och folkvandringstid. Det innehåller 47 bärnstenspärlor varav några är över 4 cm i diam. Andra föremål i fyndet är flera spännen, häktor och hakar samt lerkärl. Fyndet kan dateras till 400-talet genom lerkärlen, korsformade spännen och silverspännet med begynnande karvsnittsornamentik och med djurhuvud på foten vid bågens bas. Det finns alltså i fyndet

Fig. 13. Hänge samt locket och bottnen av hänget. Längd 2,4 cm.

The pendant, the cover and its base. Length 2.4 cm.
Photo by Bengt Almgren.

många drag som är karakteristiska för folkvandringstiden och som inte finns i fyndet från Järrestad. Detta gäller även bärnstenspärlornas utformning. De är svarvade med tydliga runtlöpande linjer.

Hänge

Bland pärlorna påträffades ett 2,4 cm långt amuletthänge av kopparblandat silver med förgyllning (Fig. 13). Det är timglasformat med konvex bottenplatta. Mynningen täcks av ett runt lock. På detta vilar en upphängningsanordning bestående av ett smalt rör som avslutas med öglor av vilka den ena är bevarad. Hänget har stämpelornament. Man kan urskilja vinklar på sidan samt en stjärna i bottenplattan. Liknande amuletthängen förekommer i rika gravar från slutet av romersk järnålder och början av folkvandringstid (Åberg 1956; Nielsen 1997). De kan som i detta fall vara av silver men också av brons och i enstaka fall av guld.

189

Nål, bronsspiral, kam

Till smyckeuppsättningen hör också hårnålen av silver (Fig. 14). Den har ett enkelt skivformat huvud och är 16,3 cm lång (Beckmann 1966). Hårnålar av silver i olika utformning förekommer ofta i rika gravar från romersk järnålder. Man kan t.ex. nämna grav 47 på Simrisgravfältet. Järrestadnålen är enkel och rak med huvud som en spik. Genom läget i gravarna kan man sluta sig till att dessa nålar använts i håruppsättningen eller i en huvudbonad. Det finns emellertid fynd som visar att nålar inte bara använts i håret utan att de haft andra funktioner i klädedräkten (jfr Hansen 1976; Niklasson 2000; Stjernquist 2002a; 2003).

En liten spiral (Fig. 14) med en diam av 1,2 cm bestående av ett 2-3 mm brett bronsband, nu i två delar, som låg i närheten av nålen, kan ha varit en örring.

Kammen var mycket upplöst. Den har i nuvarande skick 6-7 bronsnitar vars placering anger formen, som är avlång med en längd av 7-8 cm.

Dryckeskärl

Dryckeskärl brukar ingå i utrustningen av såväl mans- som kvinnogravar med rika gravgåvor. I detta fall påträffades två lerkärl samt ett starkt skadat kärl av glas. Detta liksom övriga fina föremål visar att kvinnan tillhörde en rik överklass med traditioner.

Glas. Glaset är till större delen upplöst men man kan urskilja både form och dekor (Fig. 15). Det är koniskt med svagt rundad botten. Höjden är ca 12 cm och bredden ca 9.5 cm. På ytan finns svaga spår av slipade ornament, sannolikt ovaler. Det tillhör en grupp glasbägare med ornering av inslipade ovaler som suttit tätt över ytan. Dessa bägare är importerade från kontinenten och förekommer i fynd från sen romersk järnålder (Näsman 1984; Straume 1987). Man kan utgå ifrån att kärlet varit en dyrbarhet.

Fig. 14. En nål av silver, längd 16,3 cm, och en bronsspiral, diam ca 1,2 cm.

A pin of silver, length 16.3 cm, and a spiral of bronze, diam approx. 1.2 cm. Photo by Bengt Almgren.

Det visar att man haft kontakter med det system för gåvoutbyte mellan förnäma släkter som förmedlade importvaror till Skandinavien.

Lerkärl (Fig. 16). Det ena lerkärlet är dubbelkoniskt med markerad bukkant och lätt utsvängd mynning. Det saknar öra. Höjden är 16 cm, mynningsdiam 16,5 cm, bukdiam ca 22 cm och bottnen ca 11 cm (Fig. 17). Godset är gråbrunt, godstjockleken varierar mellan 0,05 och 0,07 cm. Ornamentiken på skuldran består av horisontella skrafferade vulster, linjer och vinkelband av linjer och prickar. Den horisontella ornamentiken bryts på tre ställen av ett motiv bestående av vertikala linjer omgivna av tre uppifrån divergerande vulster.

Det andra lerkärlet är en bägare med bandformigt öra mellan mynning och buk (Fig. 18). Formen är mjukt dubbelkonisk med utsvängd mynningskant. Höjden är ca 10,5 cm. Godset är gråbrunt, godstjockleken ca 0,05 cm. Ornamentiken på skuldran består av horisontella linjer, prickrader och vinkellinjer. Den bryts av ett vertikalt band med linjer och korta snedstreck, ett ornament som förekommer även på den bandformade hanken.

De båda lerkärlen är av former som ofta förekommer i skelettgravar från romersk järnålder i sydöstra Skåne och Sydsverige i övrigt (Stjernquist 1955). De utgör tillsammans med glaset ett dryckeset. Kärlet utan öra är sannolikt en bål, huvudkärlet för drycken. Lerkärlet med öra och glasbägaren kan tolkas som dryckeskärl i servisen. Båda lerkärlen har i fråga om såväl form som ornamentik nära paralleller i det bornholmska materialet. Kärlet utan öra kan jämföras med kärl i slutskedet av keramikutvecklingen under romersk järnålder på Slusegård vilket motsvarar senare delen av 300-talet (Bech 1996). I kontrast till detta står det mörka lerkärlet från Göingeholm med sin ornamentik av kraftiga vulster. Keramiken i Skåne vid övergången mellan romersk järnålder och folkvandringstid har diskuterats i Stjernquist 1971 och 1977a.

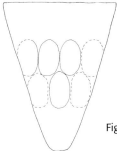

Fig. 15. Glasbägare. Ca 1:3.

The glass beaker. Reconstruction by Annika Jeppsson. Approx. 1:3.

Fig. 16. Lerkärlen.

The pottery vessels. Photo by Bengt Almgren.

Dateringen

En förutsättning för dateringen av graven är ett ställningstagande till olika kronologiska indelningar. Ulla Lund Hansen har i sitt stora arbete om den romerska importen gjort en detaljerad genomgång av hela problemområdet. Efter olika överväganden har hon stannat för en periodindelning där gränsen mellan romersk järnålder och folkvandringstid sättes till ca 400 e.Kr. Det innebär att C2 från 200-talet fortsätter in i 300-talet fram till 310/320 samt att C3 upptar resten av århundradet (Hansen 1987:29ff.). Denna kronologi kommer att tillämpas här.

Det samlade materialet daterar graven till 300-talets senare del. Det avgörande för denna datering är fibulorna och de stora spännena. Silverspännet med den fina stämpelornamentiken är särskilt upplysande. Det är en form som

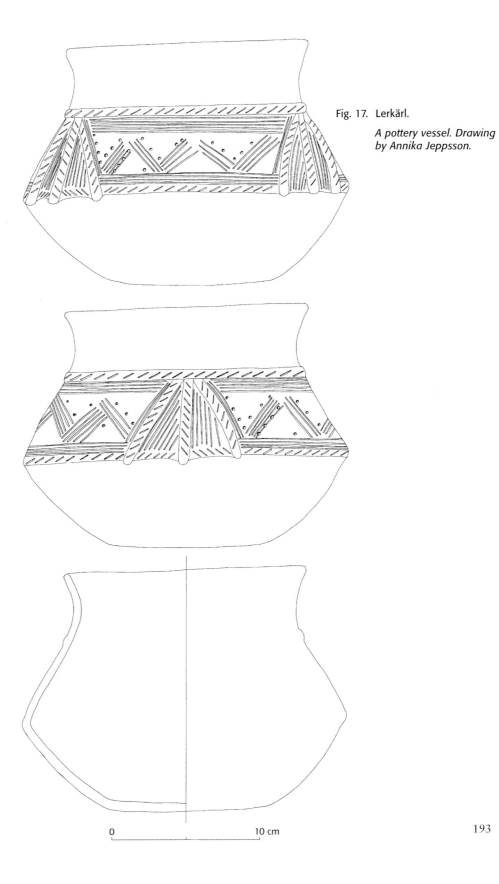

Fig. 17. Lerkärl.

A pottery vessel. Drawing by Annika Jeppsson.

0   10 cm

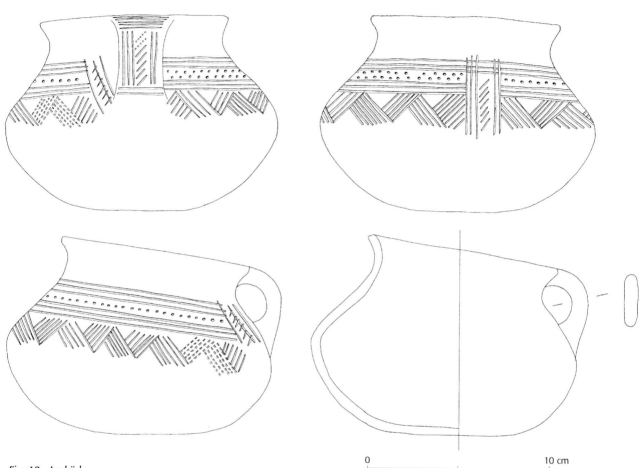

Fig. 18. Lerkärl.

A pottery vessel. Drawing by Annika Jeppsson.

0   10 cm

194

under det följande århundradet får en förändrad ornamentik med profilsedda djurhuvud och karvsnittsornament. Ett exempel som behandlats i det föregående är depåfyndet från Göingeholm med ett silverblecksspänne av en utformning som kan beläggas till en förhållandevis tidig del av folkvandringstiden. Järrestadgravens silverblecksspänne har form och dekor som ligger tidigt i raden av spännen. Dessa spännen anses bygga på äldre kontinentalt material från romersk järnålder (Nielsen *et al.*1985; Ethelberg 1986).

Stora bleckspännen har sin tyngdpunkt i de västra delarna av Skandinavien. Man kan erinra om det rika gravfältet från Sejlflod på Jylland där det finns gravar med sådana spännen, både den tidiga typen med den sparsamma stämpelornamentiken och de senare varianterna med ornamentik av djurhuvud och karvsnitt (Nielsen 2000).

Betydelsefullt ur dateringssynpunkt är materialet i en rik kvinnograv från Torstorp Vesterby på Själland. Den innehöll bl.a. ett silverblecksspänne med fyrkantigt huvud prytt med stämpelornament som upptar stjärnmotiv, ett hängsmycke av silver liknande Järrestadkvinnans med stämpelornament, ytterligare en fibula, ca 400 pärlor av glas och bärnsten, ett romerskt glas och ett mynt, en romersk siliqua slagen för Konstantius II under åren 340–351 e.Kr. Genom sitt mynt bekräftar graven en datering till 300-talets senare del, en datering som framgår av flera andra parallellfynd med bl.a. fibulor (Madsen 1975; Stjernquist 2002b; Fonnesbech-Sandberg 2002, in press).

Gravläggningen

Gravläggningen av de döda obrända har varit en vanlig sed under yngre romersk järnålder i sydöstra Skåne. Detaljerna i denna grav vittnar om stor omsorg och om en önskan att ge uttryck för de anhörigas uppfattning om döden och om ett liv efter detta. Den ger en samlad bild av deras mentalitet (Wells 1998). Eftersom graven var skadad av markarbete vet man ingenting om den yttre anordningen över kistan. Den kan ha varit täckt av en låg hög vilket indikeras av det ringa nedgrävningsdjupet.

Enskildheter i anordningen har ett starkt socialt och religiöst symbolvärde. Man kan antaga att den rika utstyrseln skulle imponera på de närvarande och förmedla intrycket av stor rikedom och makt, en social dimension. Den avlidna ligger i sovställning vilket lätt kan förklaras. Men vad kan placeringen med huvudet mot söder och ansiktet mot väster innebära? Är orienteringen ett uttryck för en religiös dimension?

Det finns forskare som diskuterat inte bara religiösa utan även astronomiska förutsättningar för skiftningar i gravorienteringen med solens ställning som styrande vid gravläggning. Ett sådant samband har belysts för stenålder, bronsålder och vikingatid (Randsborg & Nybo 1986). Å andra sidan är orienteringarna vid gravläggningen så varierade att det knappast kan förklaras som ett resultat av gravläggning vid olika årstider. Detta gäller i hög grad för romersk järnålder.

Den allmänna uppfattning är att orienteringen av graven under förhistorisk tid åtminstone i viss utsträckning är religiöst betingad. Ibland synes riktningen emellertid ha påverkats av lokala sedvänjor. Problemet om gravorienteringen är i själva verket mycket komplext och kan med nuvarande material inte lösas. Frågan om den mentala bakgrunden till gravläggning och gravutrustning har under senare år fått förhållandevis stort utrymme i den vetenskapliga diskussionen.

Utrustningen av den gravlagda är rik. Den omfattar dels smycken m.m. som synes vara hennes personliga utrustning, dels föremål såsom matvaror och dryckeskärl avsedda för resan och en kommande tillvaro. Vilka slutsatser kan man då draga av detta? Problemen gäller om man kan använda gravskick och gravgåvor för slutsatser om samhällsstrukturen eller om gravläggningens detaljer till stor del har symbolvärde och beror på rådande religion och riter (Bennett 1987; Jensen & Nielsen 1997).

Det är svårt att skilja mellan samhällsstruktur och religiöst betingat handlande. Om rikedomen i Järrestadkvinnans utrustning inte är hennes egen så tillhör den under alla förhållanden familjen eller släkten och avslöjar på så sätt något om levnadsförhållanden under övergången från romersk järnålder till folkvandringstid. Sättet att bära smycken och dräktens utformning synes vara ett uttryck för identitet och anordningen med dryckeset för en statusbetonad livsstil.

Sammanhang lokalt och regionalt

I Gårdlösapublikationen diskuteras järnåldersbebyggelsen i sydöstra Skåne mot bakgrunden av naturmiljön med åsystemen som nerver i ett nätverk av kommunikationer (Stjernquist 1981; 1993b:93ff.). Det område som omfattas av kartan går från Verkeån i norr till Svarteån i söder. Mellan dessa ligger den mindre Kabusaån samt Tommarpsån och Nybroån, som båda kantas av rik bebyggelse. Sedan publikationen utkom har antalet boplatser och gravar utökats inte minst genom de undersökningar som genomförts vid Tommarpsån. I samband med dessa undersökningar har naturförhållandena som en förutsättning för goda livsbetingelser under förhistorisk tid ytterligare analyserats, framför allt längs Tommarpsån (Liljegren 2001; cf. Thurston 2001).

Fig. 19. Karta över sydöstra Skåne med fyndplatser nämnda i texten.

Map of south-eastern Scania with sites mentioned in the text.

197

Fig. 20. Simris grav 47, diadem.

Simris grave 47, diadem. Photo by Berta Stjernquist taken during the excavation.

Tommarpsåns dalgång har varit en kommunikationsled som förenat inbyggare ute vid kusten med dem som bott längre in i landet. Ett exempel från järnåldern är ett lerkärl från Simris nr 10 som har en direkt parallell i den nedan diskuterade grav 2 på Gårdlösagravfältet (Stjernquist 1997). Ett annat är att inbyggare i Gårdlösa sökt material för sländtrissor, brynen och malstenar i stråk längs Tommarpsån (Stjernquist 1981; Stjernquist 1993b, Appendix II av J. Bergström). Utöver Gårdlösa är flera rika gravar med vapen och importfynd från romersk järnålder grupperade vid ån (Simris, Roeshög, Smedstorp, Vemmerlövstorp). De vittnar om en elit som behärskat den viktiga leden (Stjernquist 1977b; 1999). Bland de rika kvinnogravarna som är något äldre än Järrestadgraven märkes gravar på Simrisfältet med rik fibuladräkt och halsringar av silver. En av dessa, grav 47, har ett diadem av pärlor runt hjässan, en sällsynthet i dräktutstyrseln (Fig. 20) (Stjernquist 1955; 2002b). Graven har samma fibulaordning som Järrestadgraven.

En av de märkligaste gravarna vid Tommarpsån är nr 2 på Gårdlösagravfältet med bl.a. två fibulor av silver och två av brons, 31 pärlor, kam, synål, nålhus och ett lerkärl. Silverfibulan med hög nålhållare har runinskriften ekunwodR, som är beskriven i många arbeten om runor och nu senast av Marie Stoklund och Klaus Düwel med tolkningen *"ich, der Unwütige" (der ohne Ekstase auftritt; der nicht Rasende; der Ruhige)* (Stjernquist 1993a–b; Stoklund 1994, jfr Hansen *et alii* 1995:319ff.; Düwel 2001) (Fig. 22). Vid utgrävningen 1949/1950 transporterades graven in till institutionen där den utgrävdes och ritades i skala 1:1 (Fig. 21). Denna detaljritning, som inte publicerats tidigare, är upplysande för problemet om kvinnornas dräkt och smyckeuppsättning under romersk järnålder. Eftersom graven hade kant- och täckstenar av kalksten var skelettet tämligen välbevarat. Det är en kvinna i 20–30 årsåldern som här fått sitt vilorum (Stjernquist 1981:73). Hon låg på höger sida med lätt böjda ben och med huvudet i ostlig riktning. Vänster axel hade förskjutits ned mot mitten där nyckelbenet låg tillsammans med en bronsfibula som troligen suttit på axeln. Den andra parfibulan av brons fanns vid höger axel. Silverfibulan med runor låg under hakan där rester av organiskt material kunde spåras. Den har burits framtill på dräkten. De flesta pärlorna låg i en rad i bröstregionen vid den andra silverfibulan som sannolikt varit fäste för detta bröstsmycke (Fig. 22). Lerkärlet som gått i bitar låg vid vänster axel och hade förskjutits liksom nyckelbenet. Graven, som kan dateras till tiden omkring 300 e.Kr., har ungefär samma anordning som Järrestadgraven och andra gravar från yngre romersk järnålder. Det skall dock framhållas att antalet fibulor kan variera i gravarna så att smyckeuppsättningen och dräkten visar individuella drag (Stjernquist 2002b).

Simrisgravfältet har inte några gravar som tidsmässigt sammanfaller med Järrestadgraven. Det finns därmot i Gårdlösamaterialet en grav, nr 72, som på olika sätt anknyter till den. Denna Gårdlösagrav kan dateras till övergångsskedet mellan romersk järnålder och folkvandringstid. Den gravlagda kvinnan har som smycken fått två fibulor, en av järn och en av brons, samt två bronsnålar och

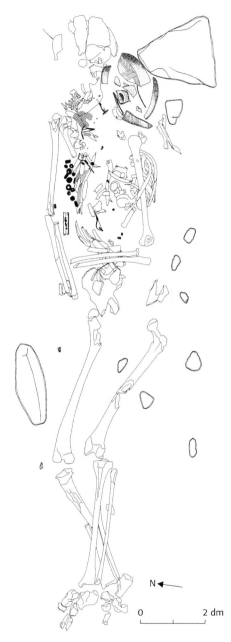

N ←

0   2 dm

Fig. 21. Gårdlösa grav 2.

Gårdlösa grave 2. Drawing by Eva Wilson and Berta Stjernquist.

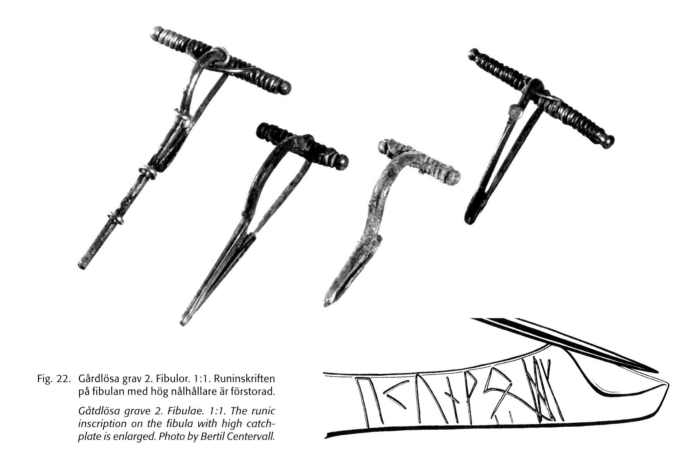

Fig. 22. Gårdlösa grav 2. Fibulor. 1:1. Runinskriften på fibulan med hög nålhållare är förstorad.

Gåtdlösa grave 2. Fibulae. 1:1. The runic inscription on the fibula with high catchplate is enlarged. Photo by Bertil Centervall.

dessutom några pärlor av bärnsten av den i Järrestadgraven förekommande skivformade typen. Bronsfibulan är av en form med en förhållandevis lång fot med profileringar, känd bl.a. från materialet på Bornholm under järnåldern. Denna grav visar en variant av kvinnornas gravutrustning under sen romersk järnålder (Stjernquist 1993a; 2002b).

Diskussionen av fynd från Tommarpsåns dalgång kan kompletteras med material från Viarp söder om ån, en plats som med hänsyn till namnet kan ha haft stor betydelse även ur religiös synpunkt (Stjernquist 1968). Längre söderut finns bebyggelse vid Gislöv och längs kusten vid Skillinge, Hagestad och Löderup. I Skillinge, Östra Hoby socken, undersöktes 1952 en skadad kvinnograv med fyra fibulor, alla med hög nålhållare, samt pärlor med guldfolie och av blått glas. De två enkla bronsfibulorna har sannolikt varit parfibulor på axlarna, en

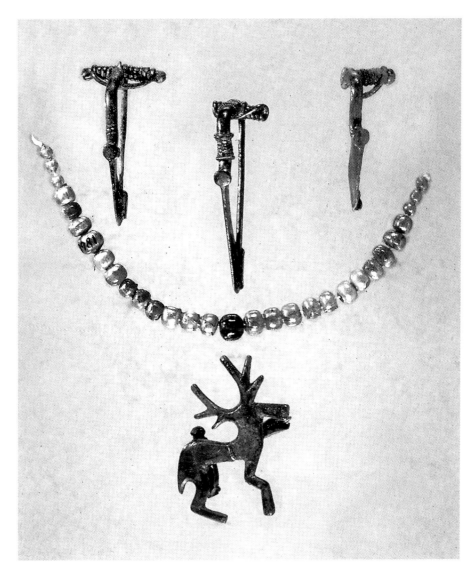

Fig. 23. Grav påträffad i Skillinge. Fibulor och pärlor. Ca 1:1.
Grave found in Skillinge. Fibulae and beads. Approx. 1:1. Photo by Bengt Almgren.

Fig. 24. Halsring av guld från Ravlunda. Diam ca 15,3 cm.

Neck-ring of gold from Ravlunda. Diam approx. 15.3 cm. Photo by Ulf Bruxe SHM.

silverfibula med pressbleck och en unik bronsfibula i form av en hjort har suttit framtill (Fig. 23). Det har troligen varit samma schema för denna smycke-uppsättning som för de tidigare nämnda med silverfibulan som fäste för pärlorna och den representativa hjortfibulan för ett överplagg. Ett annat fint fynd från Östra Hoby är en guldhalsring. Den är ett uttryck för områdets rikedom under folkvandringstid (Helgesson 1990).

Tommarpsåns dalgång har i väster och sydväst genom ett stråk förbi Kverrestad förbindelse med en rik järnåldersbebyggelse längs Nybroån vid sydkusten (Stjernquist 1992). Nybroån har i sin tur kontakt med vattendraget i Fyledalen norrut. Över dessa trakter nådde man även Ystadområdet inte bara längs kusten utan också landvägen. Att man utnyttjat denna förbindelseled kan man se av det råmaterial av sandsten för sländtrissor som inbyggarna i Gård-lösa hämtat i Fyledalen mellan Röddinge och Stora Köpinge (Bergström a.a.). Norr om dalgången vid Tommarpsån fästes uppmärksamheten främst vid Verkeån med Ravlunda komplexet som nu börjar framträda som ett centrum (Fabech 1998; 1999). Bland fina fynd märkes en halsring med kapsellås från yngre romersk järnålder vilken använts som belägg för kontakter med det Östromerska riket (Fig. 24) (Arrhenius 1990; Andersson 1995; Wamers 2000:48f.). Även boplatserna, som nu lokaliserats i det av bärnstenen präglade området, anger järnåldersinbyggarnas närvaro.

Till andra anmärkningsvärda fyndplatser norr och nordväst om Tommarpsån hör utom det nämnda Vemmerlövstorp, med ett importfynd i form av ett romersk bronskärl i gravläggningen, även Onslunda med det kända offerfyndet av beslag till hästutrustning.

Fyndmaterialet i sydöstra Skåne visar ett lokalt nätverk både längs kusten norr och söderut och mellan bygderna i det inre av landskapet. Åarna bildar system som kan ha lockat till kommunikation. De har med sitt vatten troligen haft betydelse för den lokala trafiken men har i första hand öppnat landskapet för utifrån kommande impulser (cf. Thurston 2001).

Ett vidare perspektiv

Sammanhang i ett vidare perspektiv kan man kalla förbindelserna till de västra delarna av Skåne. Det västra området av landskapet vänder ansiktet mot väster. Centrala problem där rör den process som under järnåldern successivt gör denna landsdel till en del av det danska riket. Det har länge stått klart att fyndmaterialet i östra Skåne har drag som skiljer sig från det man finner i den västra delen av landskapet. Gränsen mellan dessa kulturområden är emellertid inte skarp utan i hög grad flytande (jfr exempelvis Stjernquist 1955; Helgesson 2002). Det finns många paralleller både i spännen och pärluppsättning mellan Järrestadgraven och fynd från gravar i väster bl.a. från de rika gravarna i Kristineberg vid Malmö från ungefär samma tid som Järrestadgraven. Skillnaderna mellan öster och väster är mera märkbara i fråga om keramik än i fråga om metallföremål. Det skall tilläggas att bilden varierar från tidsavsnitt till tidsavsnitt.

Järrestadgraven har sin bakgrund i den förhållandevis rika romerska järnåldern i sydöstra Skåne med stark anknytning till Östersjöområdet och främst till Bornholm i fråga om keramik, smyckeset med fibulor och pärlor och i fråga om gravläggningen. Likheterna i keramiken finns under hela romersk järnålder (Stjernquist 1955; Klindt-Jensen 1978). En likartad utveckling inom detta område kan även spåras i beläggningen på gravfälten med intensitet under romersk järnålder, med nedgång i slutet av den perioden samt med förnyelse i folkvandringstid. Det har tolkats som en omläggning av bebyggelsen (Steuer 1982; jfr Jørgensen 1990; 1991). En sådan process sätter sin prägel också på området vid Tommarpsån. Det är mycket som förenar kulturutvecklingen i sydöstra Skåne och på Bornholm vid denna tid.

Fig. 25. Glasbägare från Borrby. Ca 2:3.

Glass beaker from Borrby. Approx. 2:3.
Photo by Bengt Almgren.

Samtidigt finns förbindelser med andra delar av det danska området. Den nämnda runristade fibulan från Gårdlösa tillhör ett sydskandinaviskt komplex av fynd med tidiga runor. Till detta hör inte mindre än sju fibulor från yngre romersk järnålder (Stoklund 1994). Gårdlösafibulan är en av dem. De övriga kommer från Själland (Himlingøje 2 st, Vaerløse, Skovgårde) och Jylland (Nøvling, Næsbjerg). Det nära sambandet mellan dem understrykes av att de med undantag av en från Himlingøje alla tillhör typen rosettfibulor. Den avvikande är ett ovan diskuterat bågspänne med pressblecksdekor, ett parallellfynd till motsvarande i Järrestadgraven. Runtexten är ofta svår att tyda. Dess betydelse är ett omdiskuterat problem. Klart är emellertid att den i vissa fall innehåller namn som kan vara runristaren eller ägaren. Det är en kvinna som i Gårdlösa fått den fina fibulan men man vet inte om namnet *UnwodR* (den ej rasande, den lugne/a) är kvinnligt eller manligt. Genom att man fått fram ett namn har man dock kommit järnåldersmänniskorna ganska nära.

Samband på långa avstånd kan spåras i de båda praktspännena från Järrestad, vilkas kontaktmönster i grova drag tecknats ovan. Västra Danmark med Himlingøje, Torstorp Vesterby och Sejlflod och norskt område med bl.a. Foss och Gaalaas har många exempel på parallellfynd. Järrestadgravens övriga spännen kan ses i ett annat perspektiv med fynd spridda över södra Skandinavien och de norra delarna av kontinenten.

Glaset med slipad ornamentik, en importvara från kontinenten, är ett annat exempel på material som kommit utifrån. Detsamma gäller en ungefär samtidig glasbägare från Borrby, slipad med ovaler (Fig. 25) (Straume 1987; Helgesson 2002). Glasens vandringsvägar i nätverket av utbytesrelationer har diskuterats ingående liksom tillverkningsområden utan att dessa problem helt kunnat lösas. Man har antagit samband med slipade glas och glastillverkning i Svarta havsområdet eller i vissa fall med slipade glas längre västerut på kontinenten (Näsman 1984; Hansen 1987; Straume 1987). Andra importföremål ligger i rika mansgravar som omtalats ovan.

En särställning i detta sammanhang har den stora silverskatten från Hagestaborg med ca 600 romerska silvermynt, denarer. Mynten spänner över lång tid av romersk järnålder, från kejsar Nero till Septimius Severus. Skatten är ett av de bästa bevisen för sydöstra Skånes förbindelser utåt vid denna tid (Lind 1981; 1988).

Fyndmaterialet visar att kommunikationerna fört impulser från andra delar av Sydskandinavien och från kontinenten till kusten och till dalgångar i sydöstra Skåne. Fynden i Järrestadgraven är belägg för befolkningens anknytning till ett vidsträckt kontaktnät.

Kommentarer

Tack vare sin rika fibulauppsättning med olika former som är ungefär samtidiga, har Järrestadgraven ett mycket stort vetenskapligt värde. Den kan användas för att tidfästa och tolka andra fynd som inte har lika mångsidiga kombinationer. Eftersom rika gravar från 300-talet inte är vanliga i Skåne har tillskottet genom denna grav blivit betydande. Man kan exempelvis nämna de enkla fibulorna av haraldstedtyp som uppträder i material från och med 300-talet och som förekommer in i det följande århundradet. Här får man typiska exemplar av den formen tillsammans med praktspännen och med en fibulaform med omslagen fot. Den sistnämnda formen går längre tillbaka i romersk järnålder men finns i sena exemplar och i vissa formvarianter sent under 300-talet. Exempel på detta är en av de tidigare nämnda gravarna från Kristineberg, där vi också har fibulor av haraldstedtyp.

Kronologi och funktion av smycket och pärluppsättningar under senromersk järnålder i Sydsverige diskuteras mera ingående i Stjernquist 2002b.

Problemen om tillverkningen av gravfynden skall kort beröras. Keramiken är med stor sannolikhet tillverkad lokalt. Lokal tillverkning har antagits även för bärnstenspärlorna. Frågan om metallfynden är mera komplicerad. De enkla fibulorna, av haraldstedtyp och med omslagen fot, är liksom keramiken sannolikt av lokal tillverkning. Även praktspännena kan vara tillverkade lokalt eller inom regionen men det krävs större jämförelsematerial eller boplatser med spår av tillverkning för att belägga detta. Pressblecken på spännet med halvrund huvudplatta har ornamentik med kransar, spiraler, pärlrader och stift. Jämförelsen med andra spännen av samma typ (Himlingøje, Foss m.fl.) visar variationer av motivvalet på pressblecken vilket är individuella drag av betydelse för slutsatser om tillverkningen. Men det krävs som nämnts ett större jämförelsematerial för analyser av tillverkningen.

På höjden där graven påträffades fanns också boplatslämningar. Nio ^{14}C analyser från detta material anger dateringar tidsmässigt från sen förromersk järnålder till vendeltid. Detta tyder på bebyggelse under en stor del av järnåldern. Det har varit problematiskt att med säkerhet avgöra om den är samtidig med graven (se Söderberg denna volym). Genom sitt läge i denna miljö ger graven ändå intryck av att det finns ett samband. Man kan se dess rikedom som en förutsättning för etableringen av en stormansgård på platsen. Den kan vara en länk mellan den äldre järnålderns bebyggelse i området vid Tommarpsån och den rika utvecklingen under yngre järnålder.

Not

Ett varmt tack till Bengt Söderberg för att jag tilldelats uppgiften att publicera Järrestadgraven och för stimulerande samarbete. Varmt tack också till Annika Jeppsson för samarbete och för tillstånd att använda hennes fina ritningar av fyndmaterial. Till personalen på den arkeologiska institutionens konserverings- och fotoanstalt går ett varmt tack för deras skickliga arbete med fynden. Bengt Almgren och Bernd Gerlach skall nämnas särskilt för hjälp vid framställningen av bildmaterialet. Varmt tack också till Deborah Olausson för granskning av den engelska texten.

Summary

A rich woman in Järrestad. Buried in the Late Roman Iron Age.

The water system of the Tommarp River curves around the Gårdlösa ridge where there is a complex of settlements and graves situated about 20 km from the coast of south-eastern Scania, southern Sweden, and continues past Östra Tommarp and Järrestad. The river runs from the interior to the Baltic Sea where it reaches a network of trade routes. Many sites along the river show that the valley was an important connecting link during the Iron Age, not least the Roman Iron Age. The well-known cemetery at Simris with a series of rich male burials with weapons and well-equipped female graves is located to the south of the river as well as settlement remains at Viarp. A similar grave from Roeshög, Hammenhög Parish, can also be mentioned. To the north of the river remains of a very fine grave have been collected at Vemmerlövstorp, Östra Vemmerlöv Parish.

Accordingly, the area around the Tommarp River has a number of finds characteristic of a high social level. This is the background of the rich development during the Late Iron Age. A settlement from this time was previously known at the village of Järrestad, recorded as Jarllestatha in 1322. The site was affected by a large excavation which began in the year 2000 as a preparatory work for the construction of a main road between Östra Tommarp and Simrishamn. In that connection a rich grave from the Late Roman Iron Age was discovered at Järrestad, located north of the river on a small rise called Hestebjer.

The grave, an inhumation, was partly covered by large stones which had been shifted by the plough. The deceased was a woman with a height estimated as 1.76 m, resting on her left side with her head to the south. She was richly equipped with six brooches, a silver pin, a bronze spiral, a large necklace of 310 beads of amber and glass and with a pendant as amulet. A comb was represented by bronze rivets. A drinking set of three pieces, a glass beaker and two pottery vessels belonged to the equipment. The grave can be dated to the second half of the 4th century AD.

Owing to the many brooches the grave can be used as a basis for chronological studies concerning the end of the Roman Iron Age and the transition to the Migration Period. Other problems which can be elucidated by the grave are the international contacts of the inhabitants of the site as well as their social conditions and economic life. The finds show that influences from other parts of southern Scandinavia and from the Continent traveled to the coast and to the valleys of south-eastern Scania. We may assume that the inhabitants took part in an international network with amber as a resource.

Referenser

Arcini, C. 1997. Ståtliga var järnåldersmännen från Albäcksbacken. *Carpe Scaniam. Axplock ur Skånes förflutna.* Riksantikvarieämbetet Arkeologiska undersökningar. Skrifter 22. Stockholm.

Andersson, K. 1995. *Romartida guldsmide i Norden III.* Uppsala.

Arne, T.J., 1937. Ett skånskt fynd från folkvandringstiden. *Från Stenålder till Rokoko. Studier tillägnade Otto Rydbeck den 25 augusti 1937.* Lund.

Arrhenius, B. 1990. Connections between Scandinavia and the East Roman Empire in the Migration Period. Austin, D. & Alcock, L. (Hrsg.), *From the Baltic to the Black Sea. Studies in Medieval Archaeology.* London.

Bech, H.-J. 1996. Keramikken. I Rasmussen, B.M., Andersen, P.H. & Kjærum, P. (red.), *Slusegårdgravpladsen IV. Keramikken. Tekstilerne. Skeletterne. De brændte knogler. Tænderne.* Jysk Arkeologisk Selskabs Skrifter XIV:4. Aarhus.

Beckmann, B. 1966. Studien über die Metallnadeln der römischen Kaiserzeit im freien Germanien. *Saalburger Jahrbuch* 23. Bad Homburg.

Bennett, A. 1987. *Graven. Religiös och Social Symbol. Strukturer i folkvandringstiden gravskick i Mälarområdet.* Stockholm.

Carnap-Bornheim, C. von. 1994. Zur Entwicklung des germanischen Gold- und Silverschmiedehandwerks vor und nach den Markomannenkriegen – Vergoldung, Filigran und Pressblech. I *Markomannenkriege. Ursachen und Wirkungen. Archäologisches Institut der Akademie der Wissenschaften der Tschechichen Republik Brno.* Brno.

Düwel, K. 2001. *Runenkunde.* 3 Auflage. Sammlung Metzler B. 72. Stuttgart-Weimar.

Ethelberg, P. 1986. *Hjemsted – en gravplads fra 4. og 5. årh. e.Kr.* Haderslev.

- 2000. *Skovgårde. Ein Bestattungsplatz mit reichen Frauengräbern des 3.Jhs. n.Chr. auf Seeland.* København.

Fabech, Ch. 1998. Kult og Samfund i yngre jernalder - Ravlunda som eksempel. Larsson, L. & Hårdh, B. (red.) *Centrala Platser – Centrala Frågor. Samhällsstrukturen under Järnåldern. En Vänbok till Berta Stjernquist.* Uppåkrastudier 1. Stockholm.

- 1999. Centrality in sites and landscapes. *Settlement and landscape. Proceedings of a conference in Århus, Denmark, May 4–7 1998.* Aarhus.

Fonnesbech-Sandberg, E. 2002. Torstorp Vesterby. A cemetery from the Late Roman Iron Age. *Journal of Danish Archaeology* 14. In press.

Hansen, U. Lund. 1970. Kvarmløsefundet – en analyse af Sösdalastilen og dens forudsætninger. *Aarbøger for Nordisk Oldkyndighed og Historie* 1969 (1970). København.

- 1972. Blik- og glasornamenterede fibler af Mackeprang type IX. *Aarbøger for Nordisk Oldkyndighed og Historie* 1971 (1972). København.

- 1976. Das Gräberfeld bei Harpelev, Seeland. *Acta archaeologica* XLVII. København.

- 1987. *Römischer Import im Norden.* Nordiske Fortidsminder B:10. København.

Hansen, U. Lund *et alii.* 1995. *Himlingøje – Seeland – Europa. Ein Gräberfeld der jüngeren römischen Kaiserzeit auf Seeland, seine Bedeutung und internationalen Beziehungen.* København.

Helgesson, B. 1990. The Gold Neclet from Kyhl. *Meddelanden från Lunds universitets historiska museum 1989–1990.* Stockholm.

- 2002. *Järnålderns Skåne. Samhälle, centra och regioner.* Uppåkrastudier 5. Acta Archaeologica Lundensia 8:38. Stockholm.

Helgesson, B. & Stjernquist, B. 2001. Fibulor från äldre järnålder på Uppåkraboplatsen. Preliminära studier. Hårdh, B. (red.), *Centrum och sammanhang.* Uppåkrastudier 3. Acta Archaeologica Lundensia 8:34. Stockholm.

Jensen, C. K. & Nielsen, K.H. 1997 (eds.) *Burial and Society. The Chronological and Social Analysis of Archaeological Burial Data.* Aarhus.

Jørgensen, L. 1989. En kronologi for yngre romersk og ældre germansk jernalder på Bornholm. Jørgensen, L. (ed.). *Simblegård – Trelleborg. Danske gravfund fra førromersk jernalder til vikingetid.* Arkæologiske Skrifter 3. København 1990.

- 1990. *Bækkegård and Glasergård. Two Cemeteries from the Late Iron Age on Bornholm.* Arkeologiske Studier VIII. København.

- 1991. Schatzfunde und Agrarproduktion – Zentrumbildung auf Bornholm im 5.–6. Jh. n. Chr. *Studien zur Sachsenforschung* 7. Hildesheim.

Jørgensen, L. & Nørgård Jørgensen, A. 1997. *Nørre Sandegård Vest. A Cemetery from the 6th–8th Centuries on Bornholm.* København.

Klindt-Jensen, O. 1978. *Slusegårdgravpladsen* I–II. København.

Liljegren, R. 2001. Tommarpsån och dess omgivningar. *Österlen. Tidsresa längs Tommarpsån 2001. Föreningen för Fornminnes- och Hembygdsvård i Sydöstra Skåne.* Simrishamn.

Lind, L. 1981. *Roman Denarii Found in Schweden* 2. Catalogue. Stockholm.

- 1988. *Romerska denarer funna i Sverige.* Stockholm.

Madsen, H. Brinch. 1975. En nordjysk kvindegrav fra omkring 400 e.Kr. *Hikuin* 2. Aarhus.

Munksgaard, E. 1974. *Oldtidsdragter.* København.

Munksgaard, E. & Østergaard, E. 1988. Textiles and Costume from Lønne Hede. An Early Roman Iron Age Burial. *Archaeological Textiles.* Copenhagen.

Nielsen, J. N. 1997. Doppeltkoniske hængesmykker – og andre amuletter fra jernalderen. *Aarbøger for Nordisk Oldkyndighed og Historie 1996 (1997).*

- 2000. *Sejlflod - ein eisenzeitliches Dorf in Nordjütland I–II.* Nordiske fortidsminder B:20. København.

Nielsen, J. N., Bender Jørgensen, L., Fabech, E. & Munksgaard, E. 1985. En rig germanertidsgrav fra Sejlflod, Nordjylland. *Aarbøger for Nordisk Oldkyndighed og Historie 1983 (1985).* København.

Niklasson, P. 2000. Västgötska hårnålar från äldre romersk järnålder. Bilden av den germanska kvinnan. Högberg, A. (red.) *Artefakter – arkeologiska ting. En bok om föremål ur ett arkeologiskt perspektiv.* University of Lund, Institute of Archaeology. Report series No. 71. Lund.

Norling-Christensen, H. 1957. Haraldstedgravpladsen og Ældre germansk jærnalder i Danmark. *Aarbøger for Nordisk Oldkyndighed og Historie* 1956 (1957). København-havn.

Nybruget, P. O. 1986. En Hedmarksdronning fra yngre romertid. *Viking* 49, 1985/86. Oslo 1986.

Näsman, U. 1984. *Glas och handel i senromersk tid och folkvandringstid.* Uppsala.

Olldag, I. E. 1994. Glasperler i danske fund fra romersk jernalder. *Aarbøger fra Nordisk Oldkyndighed og Historie 1992.* København.

Randsborg, K. & Nybo C. 1986. The Coffin and the Sun. Demography and Ideology in Scandinavian Prehistory. *Acta archaeologica* LV, 1984 (1986).

Redin, L. 1972. Tommarp. *Skånes Hembygdsförbund Årsbok* 1972. Lund.

Reichstein, J. 1975. *Die kreuzförmige Fibel. Zur Chronologie der späten römischen Kaiserzeit und der Völkerwanderungszeit, in Skandinavien, auf dem Kontinent und in England.* Neumünster.

Ringtved. J. 1988. Jyske gravfund fra yngre romertid og ældre germanertid. *Kuml* 1986 (1988). Århus.

Rudebeck, E. & Ödman, Ch. 2000. *Kristineberg. En gravplats under 4500 år.* Malmö-fynd 7. Stadsantikvariska avdelningen Kultur Malmö.

Sellevold, B., Hansen, U.L. & Jørgensen, J. 1984. I*ron Age Man in Denmark. Nordiske Fortidsminder* B:8. København.

Steuer, H. 1982. *Frühgeschichtliche Sozialstrukturen in Mitteleuropa.* Abhand. Akad. d. Wissenschaften in Göttingen. Phil.-Hist. Kl. 3:128. Göttingen.

Stjernquist, B. 1951. *Vä under järnåldern.* Acta Regiae Societatis Humaniorum Litterarum Lundensis XLVII. Lund.

   - 1955. *Simris. On Cultural Connections of Scania in the Roman Iron Age.* Acta Archaeologica Lundensia 4:2. Lund.

   - 1968. En fornsaksamling från sydöstra Skåne. *Ale. Historisk tidskrift för Skåneland* 1968:1. Lund.

   - 1971. Zur Frage der Siedlungskontinuität der Völkerwanderungszeit. *Meddelanden från Lunds universitets historiska museum 1969–1970* (1971). Lund.

   - 1977a. Chronologische Probleme der Völkerwanderungszeit in Südschweden. Kossack, G. & Reichstein, J. (Hrsg.) *Archäologische Beiträge zur Chronologie der Völkerwanderungszeit.* Antiquitas 3:20.

   - 1977b. *Roman objects from the equipment of a Scandinavian warrior of the second century A.D.* Scripta Minora Regiae Societatis Humaniorum Litterarum Lundensis 1977–1978:5. Lund.

- 1981. *Gårdlösa. An Iron Age Community in its Natural and Social Setting 1. Interdisciplinary Studies.* Acta Regiae Societatis Humaniorum Litterarum Lundensis LXXV. Lund.

- 1992. An Iron Age Site at Kverrestad, in South-East Scania, with Finds of Pottery with Stamped Decoration. *Meddelanden från Lunds universitets historiska museum 1991-1992.* Lund.

- 1993a. *Gårdlösa. An Iron Age Community in its Natural and Social Setting II. The Archaeological Fieldwork, the Features and the Finds.* Acta Regiae Societatis Humaniorum Litterarum Lundensis LXXX. Lund.

- 1993b. *Gårdlösa. An Iron Age Community in its Natuiral and Social Setting III. Chronological, Economic, and Social Analyses.* Acta Regiae Societatis Humaniorum Litterarum Lundensis LXXXI. Lund.

- 1994 Amber in Iron Age Finds in Sweden. Analyses and Discussions. I *Stjernquist et al.* 1994.

- 1997. Järnåldersgravar på Simris Nr 10, Simris socken. *Ale. Historisk tidskrift för Skåne, Halland och Blekinge* 1996:4.

- 1999. The Warrior Elite of South-East Scania in the Roman Iron Age and its Function in the Social and Political Structure. Hässler, H.-J. (Hrsg.) *Studien zur Sachsenforschung* 13. Oldenburg.

- 2001. En förnäm kvinnas grav. *Österlen. Tidsresa längs Tommarpsån 2001. Föreningen för Fornminnes- och Hembygdsvård i Sydöstra Skåne.* Simrishamn.

- 2002a. A Tall Iron Age Lady with Magnificent Jewellery. Hårdh, B. & Larsson, L. (eds.) *Central Places in the Migration and Merovingian Periods. Papers from the 52nd Sachsensymposium Lund, August 2001.* Uppåkrastudier 6. Acta Archaeologica Lundensia 8:39. Stockholm.

- 2002b. Om rika kvinnogravar från senromersk järnålder i Sydsverige. Pind, J., Nørgård Jørgensen, A., Jørgensen, L., Storgård, B., Rindal, P.O. & Ilkjær, J. (red.) *Drik – og du vil leve skønt. Festskrift til Ulla Lund Hansen på 60-årsdagen 18 August 2002.* PNM Publications from the National Museum. Studies in Archaeology & History Vol. 7. Copenhagen.

- 2003. The grave of a noble Iron Age woman with many amber beads in Järrestad, South-East Sweden. In Bech, C. W., Loze, I., Todd, J. M. (eds.) *Amber in Archaeology. Proceedings of the Fourth International Conference on Amber in Archaeology Talsi 2001.* Riga 2003.

Stjernquist, B., Beck, C.W. & Bergström, J. 1994. *Archaeological and Scientific Studies of Amber from the Swedish Iron Age.* Scripta Minora Regiae Societatis Humaniorum Litterarum Lundensis 1994–1995:1. Lund.

Stoklund, M. 1994. Von Thorsberg nach Haithabu. Ein Überblick über die dänischen Inschriften unter besonderer Berücksichtigung der möglichen Spuren von kulturellen und sprachlichen Kontakten nach aussen. Düwel, K. (Hrsg.) *Runische Schriftkultur in kontinental-skandinavischer und angelsächsischer Wechselbeziehung.* Berlin . New York.

Straume, E. 1961. To romertids gravfunn fra Trøndelag. *Viking* 25. Oslo.

- 1987. *Gläser mit Facettenschliff aus skandinavischen Gräbern des 4. und 5. Jahrhunderts n.Chr.* Oslo.

- 1993. Modvo – et gårdsanlegg fra eldre jernalder i Hafslo, Indre Sogn. Gravene. I *Minnesskrift Egil Bakka. Arkeologisske Skrifter Historisk Museum. Universitetet i Bergen.* No. 7. 1993.

Söderberg, B. 2001a. Väg 11 – ett pågående arkeologiskt projekt i sydöstra Skåne. *Ale. Historisk tidskrift för Skåne, Halland och Blekinge.* Lund.

- 2001b. Järnålderns Järrestad. *Österlen. Tidsresa längs Tommarpsån 2001. Föreningen för Fornminnes- och Hembygdsvård i Sydöstra Skåne.* Simrishamn.

Söderberg, B. (red.) 2002. Järrestad i centrum. Väg 11, sträckan Östra Tommarp– Simrishamn, Järrestad sn, Skåne. Riksantikvarieämbetet. Avdelningen för arkeologiska undersökningar. *UV Syd Rapport* 2002:16.

Thurston, T.L. 2001. *Landscapes of Power; Landscapes of Conflict. State Formation in the South Scandinavian Iron Age.* New York Boston Dordrecht London Moscow.

Wamers, E. 2000. *Der Runenreif aus Aalen.* Museum für Vor- und Frühgeschichte - Archäologisches Museum. Frankfurt am Main.

Werner, J. 1951. Das Grab von München-Ramersdorf und die Zeitstellung der Niemberger Fibeln. *Jahresschrift für Mitteldeutsche Vorgeschichte* 35,1951. Halle/Saale.

Wells, P.S. 1998. Identity and Material Culture in the Later Prehistory of Central Europe. *Journal of Archaeological Research* Vol 6, No.3.

Åberg, N. 1924. *Den nordiska folkvandringstidens kronologi.* Stockholm.

- 1956. *Den historiska relationen mellan senromersk tid och nordisk folkvandringstid.* Stockholm.

ATA *Antikvarisk-topografiska arkivet, Stockholm.*

SHM *Statens Historiska Museum, Stockholm.*

▶ Den arkeologiska undersökningen av järnåldersbebyggelse vid Järrestad inbegriper ett flertal forskningsfält av såväl inom- som tvärvetenskaplig karaktär. I undesökningen ingår bland annat en kulturgeografisk detaljanalys av det äldsta kartmaterialet för Järrestads by. Metoden för denna analys har sin bakgrund i en kulturgeografisk forskningstradition och har utformats vid ett flertal undersökningar av skånska byar (Riddersporre 1995). Syftet med denna artikel är att presentera källmaterialet, att redovisa analysen och att förmedla iakttagelser och tolkningar av betydelse för den arkeologiska undersökningen. Huvudresultatet av kartanalysen består i blottläggande av strukturer som kan tolkas som en eller flera försvunna storgårdar, vilka till väsentliga delar sammanfaller med det arkeologiskt undersökta hallbyggnadsområde från yngre järnålder som framträder i anslutning till Järrestads historiska bytomt. Resultaten har tidigare presenterats kortfattat (Söderberg 2001, 2002; Riddersporre 2002).

Mellan enskifte och järnålder
Järrestad i kulturgeografisk analys
av Mats Riddersporre

Undersökningen berör ett område som från arkeologiskt håll sedan länge uppfattats som centralt. För järnåldern och den tidiga medeltiden rör det sig om det rika gravmaterialet med romersk import i Simris, om Järrestad som genom sitt namn (1322 *in Iarllestatha*) ansetts tyda på närvaro av en person med titeln jarl, och om engagemang från kung och ärkebiskop i den tidigmedeltida stadsbildningen och kungalevet Tommarp med sitt premonstratenserkloster. Järrestad framstår i sin egenskap av namngivare åt häradet med samma namn, som en centralort under järnåldern. För andra av järnålderns "centralplatser" i Skåne har kulturgeografiska analyser baserade på de äldsta lantmäterikartorna bidragit till förståelsen av platsen (Riddersporre 1996, 1998, 2003). Det kan handla om spår efter tidiga storgårdsstrukturer, som exempelvis i Ravlunda ger sig tillkänna genom en specifik toftstruktur, eller om indikationer på markanvändningens historia, där kulturlagret i Uppåkra framträder i lantmäterikartornas bonitetsuppgifter. Inför undersökningarna i Järrestad framstod därför en kulturgeografisk medverkan i projektet som motiverad, liksom behovet av en bearbetning av äldre skriftligt källmaterial.

Redan från projektstarten fanns en uttalad ambition att involvera kulturgeografiska och historiska insatser i projektet. På grund av ekonomiska prioriteringar kom dock endast de kulturgeografiska delarna att genomföras. På utredningsstadiet framställde Elisabet Essen så kallade historiska kulturlandskapsöverlägg för samtliga byar som berördes av undersökningen (Söderberg 1995).

Kulturlandskapsöverläggen redovisar ett urval av information som genom en översiktlig bearbetning kan hämtas från de äldre lantmäterikartorna och som redovisas i generaliserad form. De har däremot inte ambitionen att ersätta en detaljerad undersökning där kartor och tillhörande beskrivningar används för en djupgående analys. En sådan undersökning innebär att företeelser som toftstruktur, ägoförhållanden, gränser, marknamn, markanvändning och bonitet ingår i en integrerad analys och relateras till historiskt och arkeologiskt källmaterial. Idealt bör även en sådan analys göras på utredningsstadiet och beröra hela det område som är aktuellt för den arkeologiska undersökningen (i det aktuella fallet Tommarp, Järrestad, Viarp och Simris). Av ekonomiska och administrativa skäl blev detaljanalysen dock aktuell först i samband med slutundersökningsskedet och kom enbart att beröra Järrestad.

Järrestad mellan enskifte och jordrevning

Lantmäterimaterialet för Järrestad är tämligen magert, och i likhet med många byar i östra Skåne saknas såväl geometrisk tegskifteskarta som storskifteskarta. Den äldsta lantmäterikartan utgörs av en gatumarksdelning upprättad 1794–97 och fastställd 1800 (Lantmäteriets förrättningsarkiv i Kristianstad, Järrestads sn akt 1; Lantmäteristyrelsens arkiv i Gävle, K60 4:1). Den tidigaste karta som visar byns marker är en enskifteskarta upprättad 1801–1810 och fastställd 1811 (Lantmäteriets förrättningsarkiv i Kristianstad, Järrestads sn akt 3; Lantmäteristyrelsens arkiv i Gävle, K60 4:2). De kartor med tillhörande beskrivningar som finns i Lantmäteriets förrättningsarkiv är så kallade koncept och utgör de originalhandlingar som lantmätaren upprättade vid arbetet i respektive by. Konceptmaterialet låg i sin tur till grund för så kallade renovationer (renskrivning av text och renritning och färgläggning av kartan) vilka förvaras i Lantmäteristyrelsens arkiv.

Källsituationen för Järrestad innebär att det äldsta kartmaterialet primärt har tillkommit i syfte att vara plan för förändringar. Kartan över bygatan redovisar därmed en kombination av rådande förhållanden och tänkta nyheter, varför det är svårt att avgöra vilka företeelser som kan ha hög ålder. När det gäller enskifteskartan visar det renoverade exemplaret enbart det nya skiftet mot bakgrund av utbredningen av åker och äng (Fig. 1). På konceptkartan framträder, om än svagt, även det bakomliggande tegskiftet (Fig. 2). Tegskiftet framträder genom streckade markeringar och genom att gårdsnummer och litterabeteckningar, vilka hänvisar till beskrivningen, skrivits ut på platsen för respektive teg. I beskrivningen till konceptkartan finns även en detaljerad beskrivning av tegskiftet, vilken saknas i renovationen. Genom att utnyttja konceptmaterialet har det varit möjligt att med förhållandevis stor säkerhet rekonstruera det teg-skifte som rådde före enskiftet (Fig. 3), vilket är en förutsättning för en detaljerad kartanalys.

Vid tiden för enskiftet fanns 26 numrerade enheter (gårdar och gatehus) i Järrestads by (Tabell 1). En stor andel av byns gårdar var vid denna tid skatteköpta kronogårdar och ägdes av sina åbor. Frälsegårdarna ingick med ett undantag i godsmassan under det närbelägna Gärsnäs. Jordnatur och ägarsituation vid 1800-talets början har inte någon större relevans för äldre förhållanden, men det kan noteras att det varken fanns prästgård eller klockaregård i Järrestad. Mantalstaxeringen speglar gårdarnas relativa storlek men är svårhanterlig vid jämförelse med äldre källor, dels på grund av att jordtaxeringen inte hade jämförbar betydelse för skatteuppbörd under dansk och svensk tid, dels på grund av att den svenska mantalsättningen ofta blev föremål för klagomål och revideringar.

Skillnaderna mellan dansk och svensk taxering framträder genom den jordrevning som företogs i Skåne 1670–71. Vid delningen av Järrestads bygata på 1790-talet ansåg, med ett undantag, samtliga jordägare att man skulle utgå ifrån de gamla hemmantalen från den danska tiden. Detta föranledde lantmätaren att utreda frågan, varför ett vidimerat utdrag ur 1670–1671 års jordrevningsprotokoll ingår i handlingarna (Tabell 2). De två gatehusen nr 25 och nr 26 som uppträder i lantmäterimaterialet uppträder inte i jordrevningsprotokollet. Vid gatudelningen på 1790-talet menade dock en majoritet av jordägarna att den vid jordrevningen noterade kyrkojorden till nr 13 skulle motsvara kyrkans gatehus nr 25.

Även om förändringarna vid den svenska mantalsättningen kunde vara ganska stora, kan man vid en jämförelse skönja ett visst mönster. Den svenska taxeringen var mera nyanserad än den danska som enbart räknade med helgårdar, halvgårdar etc. Samtidigt kan man notera att huvuddelen av de gamla helgårdarna fått hemmantal på 3/4 och däröver medan de flesta halvgårdarna ligger i intervallet 3/8–5/8. Undantag är helgården nr 18 och halvgården nr 15, som blivit halverade, och halvgårdarna nr 8 och nr 11, som blivit upptaxerade. Vid jämförelse med hemmantalen från omkring 1800 framgår att taxeringen då reviderats för ett flertal hemman.

En ytterligare skillnad som framträder vid en jämförelse är att det fanns flera frälseägda gårdar i Järrestad kring 1670 än vid tiden för enskiftet.

Klostergods och ärkebiskopslän

Förändringar i jordägandet kan följas tillbaka till medeltiden. Även om en specialinriktad bearbetning och kritisk värdering av det skriftliga källmaterialet

Fig. 1. Järrestad 1810. Del av enskifteskarta. Kartan är en s. k. renovation, dvs. ett renritat och färglagt exemplar, som förvaras i Lantmäteristyrelsens arkiv. Kartan visar det planerade nya skiftet. Av bebyggelsen redovisas endast de gårdar som kunde ligga kvar på ursprunglig plats vid bygatan (jfr. Fig. 2).

Järrestad 1810. Part of map showing the enskifte reallotment. The map is a redrawn contemporary copy (renovation) of the original map shown in Fig. 2 and is kept in the central archive of the National Land Survey. It shows the planned reallotment of lands, but only the farmsteads that could remain on their old location in the village core.

Fig. 2. Järrestad 1810. Del av konceptkarta till enskifte, förvarad i Lantmäteriets förrättningsarkiv. Kartan visar, utöver det planerade enskiftet, även det tidigare tegskiftet och bebyggelsen till samtliga gårdar på by-tomten (jfr. Fig. 1).

Järrestad 1810. Part of original map (konceptkarta) for the enskifte reallotment, kept in the regional archive of the National Land Survey. The map shows both the planned reallotment of land, the previous strip-field system, and the location of all the farmsteads in the village core prior to the reallotment (cf. Fig. 1).

Tabell 1. Järrestad 1810. Gårdar och gatehus enligt enskifteshandlingar.

Järrestad 1810. Farms and cottages at the time of the enskifte reallotment.

Nr	Mantal	Jordnatur	Frälseägare
1	1/2	Krono skatte rusthåll	
2	5/6	Utsockne frälse	Gärsnäs
3	1/2	Krono skatte hästhemman	
4	1/2	Krono skatte rusthåll	
5	1/2	Korpralsboställe	
6	1/8	Utsockne frälse	Gärsnäs
7	1/4	Korpralsboställe	
8	5/6	Utsockne frälse	Gärsnäs
9	3/8	Utsockne frälse	Gärsnäs
10	1/4	Skatte rusthåll	
11	1/2	Krono skatte hästhemman	
12	1/4	Skatte rusthåll	
13	1/2	Utsockne frälse	Gärsnäs
14	1/4	Skatte rusthåll	
15	3/16	Skatte fördelshemman	
16	Gatehus	Krono	
17	1/4	Indragen profossindelning	
18	5/16*	Skatte rusthåll	
19	5/16	Krono skatte ograverat	
20	1/4	Krono skatte fördelshemman	
21	5/8	Utsockne frälse	Rosencrantz
22	3/8	Utsockne frälse	Gärsnäs
23	5/16	Korpralsboställe	
24	1/2	Skatte rusthåll	
25	Gatehus	Kyrko	
26	Gatehus	Krono	

* Uppges i gatudelningen 1794, Järrestads sn. akt 1, vara 5/6 mantal.

Tabell 2. Järrestad 1670-71. Gårdar och gatehus enligt jordrevningsprotokoll.

Järrestad 1670-71. Farms and cottages according to the Civil Survey.

Nr	I dansk tid	Mantal efter revning	Jordnatur
1	1	3/4	Krono
2	1	5/6	Frälse
3	1	3/4	Krono
4	1	7/8	Krono
5	1	7/8	Frälse
6	1/8	1/8	Frälse
7	1/2	3/8	Krono
8	1/2	5/6	Frälse
9	1/2	3/8	Frälse
10	1/2	3/8	Krono
11	1/2	3/4	Krono
12	1/2	3/8	Frälse
13	1/2	1/2	Frälse*
14	1/2	3/8	Krono
15	1/2	1/4	Krono
16	-	-	-**
17	1/2	3/8	Krono
18	1	1/2	Frälse
19	1/2	1/2	Frälse
20	1/2	1/2	Frälse
21	1/2	5/8	Frälse
22	1/2	3/8	Frälse
23	1/2	1/2	Frälse
24	1	3/4	Krono

Till nr. 13 räknades även en kyrkojord, efter revning på 1/6 mtl.

** *Om denna noteras "finns intet", dvs. ett gatehus utan jord.*

inte rymts inom undersökningen, är sådant material indraget i den kulturgeografiska analysen. I huvudsak utnyttjas därvid Curt Wallins bearbetning av urkunder som berör Tommarps kloster (Tommarps Urkundsbok, TU) och en genomgång av de publicerade medeltida diplom och urkundnotiser som berör Järrestad. För de senare utnyttjas i första hand den parallellutgåva med översättningar till danska av *Diplomatarium danicum* som föreligger i utgåvan Danmarks Riges Breve (DRB), vilken för närvarande innefattar tiden fram till 1400, kompletterat med den äldre utgåvan *Repertorium diplomaticum regni Danici mediævalis* (Rep.), vilken sträcker sig fram till 1513.

För Järrestad framträder genom de skriftliga källorna framför allt ett kyrkligt ägande under medeltid. Det äldsta bevarade omnämnandet av by- och sockennamnet (*in Iarllestatha*) återfinns i ett brev utfärdat 1322 och bevarat i original, där ärkebiskop Esger bekräftar de gåvor med vilka ärkebiskop Eskil vid mitten av 1100-talet hade grundat premonstratenserklostret i Tommarp (DRB 2:8 nr 451). Utöver vad Eskil sägs ha skänkt av eget gods i Tommarp, inklusive S:t Petri kyrka, skall då också Vårfrukyrkan i Tommarp samt kyrkorna i Järrestad, Gladsax, Simrishamn och Vallby ha annekterats till klostrets uppbyggnad och underhåll (jfr Wallin/TU I 1955–62:150, 152ff; Thun 1967:49).

Påven Hadrianus IV intygade enligt en avskrift från 1430 i sitt fundationsbrev 1155 att ärkebiskop Eskil lagt "de två kyrkorna i Tommarp" under klostret (DRB 1:2 nr 116). De övriga kyrkorna nämns inte i denna källa.

I sitt privilegiebrev från 1161, även det enligt avskrift från 1430, tillerkände kung Valdemar klostret de två kyrkorna i Tommarp samt S:t Nicolai i Simrishamn och fem vattenmöllor i Tommarpsån: Valkemölla, Vippamölla, Cubomölla, Bromölla och Översta mölla (DRB 1:2 nr 143). Sven B. Ek menar att namnen på kvarnarna inte ingått i det ursprungliga dokumentet utan att de är av senare datum (Ek 1962:166).

I ett brev från 1218 bekräftar påven Honorius III de förmåner klostret dittills fått av danska kungar och biskopar (DRB 1:5 nr 136). Vad gäller kyrkor med tillhörande avgifter och gods framgår att sådana hade tillerkänts klostret både av Andreas Sunesen (ärkebiskop 1201–1224) och av hans företrädare (dvs. Eskil, ärkebiskop 1137–1177, och Absalon, ärkebiskop 1178–1201).

I det bevarade materialet framgår inte av något samtida brev att kyrkan i Järrestad ingick redan i ärkebiskop Eskils donation, även om så kan ha varit fallet. Curt Wallin, som utgår ifrån uppgifterna i brevet från 1322 i sin helhet gällt sedan ärkebiskop Eskils tid, menar att annekteringen av de omkringliggande kyrkorna, utöver att tiondeintäkter och andra avgifter tillfördes klostret, också innebar annektering av till kyrkorna hörande prästgårdar och eventuella andra jordegendomar (Wallin/TU VI 1991:138). Han menar också att det är sannolikt att premonstratenserna valt att betjäna de annekterade kyrkorna med kaniker ifrån klostret, varför prästgårdarna kunde arrenderas ut som vanliga gårdar. Enligt Wallin bör därmed Järrestads prästgård vara identisk med Munkagården i Järrestad, vilken tillsammans med prästgården i Gladsax enligt flera notiser arrenderades av länsmännen på Gladsax under 1400-talet (Wallin/TU VI 1991:120, 140). Jordräntan för Munkagården anges genomgående i dessa notiser till 8 skilling grot.

I Wallins genomgång av Tommarps klosters egendomar förekommer fram till reformationen ytterligare några notiser som berör egendom i Järrestads by. I klostrets jordebok från omkring 1466 till 1485 uppträder, utöver Munkagården som redovisas under Gladsax, tre enheter i Järrestad (Wallin/TU VI 1991:73 f). Möjligen kan ytterligare en klosterägd gård anas bakom en i klostrets registaturer från 1500-talet noterad gård/öde jord i Järrestad 1470 och 1490 (Wallin/TU VI 1991:74), men det kan här också vara fråga om Munkagården (Tabell III:A). I en av klostrets registraturer omtalas att det skall ha funnits "många gårdar där uti byn, som också avkastar 8 skilling grot" (Wallin/TU I 1955–62:61, Wallin/TU VI 1991:73f).

Annan kyrklig egendom uppträder i form av det ärkebiskopliga Järrestads län, vilket 1474 pantsattes till Anders Bing av ärkebiskop Jens Brostrup (Rep. 2 nr 3557, jfr Ingesman 1990:242). I Palteboken från omkring 1515 upptas för Järrestads län tolv namngivna brukare i Järrestads by (Tabell 3:B), där den först uppräknade står för länets förvaltningshuvudgård, *schudgaarden*, som räntade 8 skilling grot (Jordeböcker över Lunds stifts ärkesätes gods vid medeltidens slut:377f). Till Järrestads län hörde enligt Palteboken även en gård i Gladsax (Gladsax socken), en gård i Viarp (Simris socken) och en gård i Vallby (Vallby socken). Av 1522 års uppbördjordebok framgår endast att länet då var bortförlänat till en viss Jep Nielsen (Jordeböcker över Lunds stifts ärkesätes gods vid medeltidens slut:537; jfr Wallin/TU I 1952–62:100f, Ingesman 1990:310f, Wallin/TU VI 1991:74).

Sammantaget framträder under senmedeltid 16 (möjligen 17) kyrkligt ägda gårdar i Järrestads by. Två av dessa, klostrets Munkagården och ärkebiskopslänets *skudgård*, framhäver sig genom påtagligt högre landgille (8 skilling grot) än de övriga. I den ovan nämnda klosterregistraturen antyds vidare att det har funnits ytterligare någon eller några gårdar med samma höga landgille.

I det medeltida diplommaterialet uppträder endast en notis som möjligen kan avse frälseägda gårdar i Järrestads by. Det är i ett testamente upprättat 1398 av Ide Pedersdatter (Falk), där det till ett tilltänkt kloster i Gladsax skänks bland annat två landbogårdar i Järrestads socken, med tillhörande *gårdsæde-gårder* kallade *fæster* (DRB 4:6 617). Det framgår dock inte om de två gårdarna låg i kyrkbyn Järrestad eller i byn Gröstorp. Gröstorps sockentillhörighet i äldre tid är dunkel, men på 1700-talet var byn delad mellan Gladsax och

Tabell 3. Järrestad i senmedeltid. A: Gårdar under Tommarps kloster enligt källor från senare delen av 1400-talet (Wallin/TU I 1955-1962, Wallin/TU VI 1991). B: Gårdar ingående i Järrestads län enligt Palteboken från c:a 1515 (Jordeböcker över Lunds ärkesätes gods vid medeltidens slut).

Järrestad in the Late Middle Ages. A: Farms belonging to the monastery at Tommarp according to documents from the late 15th century. B: Farms belonging to the archiepiscopal fief Järrestads län according to a terrier from c. 1515.

A	Landbo/gård	Landgille pengar	Övrigt
	Munkagården	8 skilling grot	
	(Gård/ödejord)*	(8 skilling grot)*	(4 pund korn)*
	Børge Jepsen	3 skilling grot	1 lamm, 1 gås, 2 höns, 2 lass ved, 1 lass ris**
	Morthen Laurensen	20 grot	1 lamm, 1 gås, 2 höns, 2 lass ved, 1 lass ris**
	Sven Morthensen	20 grot	1 lamm, 1 gås, 2 höns, 2 lass ved, 1 lass ris**

B	Landbo	Landgille	Åker	Äng
	Essbern Pederssön	8 skilling grot***	10 pund	70 lass
	Peder Jonssön	4 skilling grot	4 pund	70 lass****
	Peder Jenssön	4 skilling grot	4 pund	40 lass****
	Jenss Olssön	1 lödig mark	6 pund	24 lass
	Mathiss Jude	1 lödig mark	6 pund	25 lass
	Oluff Jenssön	5 1/2 skilling grot	6 pund	20 1/2 lass
	Jenss Mortenssön	1 lödig mark	6 pund	25 lass
	Morten Pederssön	5 1/2 skilling grot	6 pund	24 lass
	Suend Bendtzön	5 1/2 skilling grot	6 pund	24 lass
	Jörgen Clemitzön	5 1/2 skilling grot	6 pund	24 lass
	Haagen	4 skilling grot	4 pund	20 lass
	Peder Mortenssön	4 skilling grot	4 pund	20 lass

Avser eventuellt Munkagården.

**Dessutom arbetsprestationer: två dagar höslåtter och två dagar sädeshuggning.*

*** "... aff schudgaarden ibidem".*

****Möjligen är lasstalen här felaktiga (lxx respektive xl i stället för xx).*

Järrestads socknar (Gillberg 1767:130, 143). Lantmäterihandlingar från tidigt 1800-tal redovisar sex enheter under Järrestads socken och sju under Gladsax (Lantmäteristyrelsens arkiv, K32 8:1, K60 2:1). Den delade sockentillhörigheten speglar sannolikt frälsets strävan under 1500- och 1600-talen att uppnå vecko-dagsfrihet (dvs. hoveriplikt i kombination med frihet från kronans skatter) för landbogårdar utanför huvudgårdens socken (Jeppson 1967). För Gröstorps del skulle detta snarast innebära att gårdar under Gladsax vid något tillfälle över-förts från Järrestads till Gladsax socken.

Vad som i Ide Pedersdatters testamente beskrivs som två landbogårdar med tillhörande fästor kan i senare källor framträda som två normalstora gårdar och två mindre enheter, vilket om de verkligen låg i Järrestads by skulle öka det från medeltid kända antalet enheter här till 20 (möjligen 21).

Den planerade klosterstiftelsen kom aldrig till stånd, eftersom testamentets exekutorer, drottning Margareta och biskop Peder i Roskilde, tvärtemot fru Ides intentioner använde det testamenterade godset som underlag för en kloster-stiftelse på Gavnø i Roskilde stift (Wallin 1954:30–54). Gladsax övergick i det sammanhanget till kronogods, men vad som hände med de berörda gårdarna i Järrestad är ovisst och det går inte att med säkerhet identifiera dem i material som berör Järrestads by. För Gröstorps del uppträder egendom under ärkesätet varken i Palteboken eller 1522 års uppbördsjordebok. I Lunds stifts landebok från omkring 1570 uppträder endast två gårdar i Gröstorp, en med avgift till kyrkan i Östra Nöbbelöv och en med avgift till kyrkan i Järrestad (Lunds stifts landebok II: 244, 249). Den förra låg vid denna tid under Gladsax men skulle enligt Landeboken rätteligen höra till godset under Lundagård. Den senare in-gick i en godsmassa som disponerades av Mogens Gyldenstiernes arvingar, vil-ket antyder att den tidigare kan ha varit associerad till Tommarps klostergods (se nedan). Möjligen är det samma gård i Gröstorp som Tommarps prästgille utarrenderade 1489 (Rep. 2 nr 6585, jfr Wallin/TU VI 1991:75).

Av Ide Pedersdatters testamente kan man få intrycket att det vid slutet av 1300-talet fanns både sockenpräst och kyrkotjänare i Järrestad, vilka i likhet med sina kolleger i andra socknar där fru Ide ägde gods betänktes med penningåvor. En präst i Järrestad, Laurens Nielsen, nämns uttryckligen i samband med den ovan nämnda utarrenderingen av gården i Gröstorp. Wallin menar dock att det i detta fall är fråga om en felskrivning av Järrestad för Kverrestad, där en präst med detta namn nämns flera gånger mellan 1477 och 1496 (Wallin/TU VI 1991: 141).

För medeltid ger det skriftliga källmaterialet intryck av en dominans av kyrk-ligt ägande i Järrestad. Ärksätets gårdar är visserligen dokumenterade först under tidigt 1500-tal, men det framstår som en möjlighet att Järrestads by re-dan från tidig medeltid till övervägande del ingått i ärkebiskopens ämbetsgods.

Om man bortser från de osäkert lokaliserade gårdarna i Ide Pedersdatters testamente, är det påfallande tyst i diplom och andra källor kring övriga ägarkategorier.

Reformation och värdsligt gods

Efter reformationen såldes det tidigare klostergodset och Järrestads län till riksrådet Mogens Gyldenstierne, vilket medförde upprättandet av ett köpebrev 1540 (Wallin/TU I 1955–62:95–104). I detta förtecknas tjugo gårdar under rubriken Järrestads by och Järrestads län (Tabell 4). Dessa gårdar bör enligt Wallin motsvara länets sammanlagt femton gårdar (inklusive de tre som inte låg i Järrestads by) och de fyra (eller fem) klosterägda gårdarna (Wallin/TU I 1955–1962:100 f, Wallin/TU VI 1991:74). I köpebrevet redovisas dock efter Järrestad en fästa i Vallby (Lauritz Pedersen, 20 skilling), en fästa i Gladsax (Hans Skinder, 3 skilling grot), en fästa i Gröstorp (Olluff Gungi, 2 skilling grot) och en fästa i Viarp (Mogens Pedersen, 3 skilling grot), där de i Vallby, Gladsax och Viarp bör motsvara de till länet hörande gårdar som Palteboken redovisar i dessa byar. För alla tre överensstämmer landgillet i de två källorna, vilket talar för en sådan tolkning. Gården i Gröstorp bör motsvara den ovan berörda gård i denna by, som enligt Lunds stifts landebok på 1570-talet ingick i Mogens Gyldenstiernes efterlämnade gods.

Mycket talar alltså för att de tjugo gårdar som redovisas i tabell 4 alla låg i Järrestads by, vilket ger en förhållandevis god överensstämmelse med antalet gårdar (23 stycken) i både jordrevningsprotokollet från 1670–1671 och enskifteshandlingarna från tidigt 1800-tal. I Lunds stifts landebok redovisas 28 tiondegivare i Järrestads socken, vilket förmodligen inbegriper ett antal gårdar i Gröstorp (Lunds stifts landebok II:249). Här uppträder även jord i Järrestads Västre vång, *ingeflæ stickid*, från vilken avgift utgick till kyrkan. Denna jord bör motsvara en kyrkojord i den västligaste delen av enskifteskartans Ingefrederna. I Landeboken anges med yngre hand att jorden hört till nr 25, vilket i enskifteshandlingarna motsvarar kyrkans gatehus. Detta sammanfaller med uppfattningen vid gatudelningen på 1790-talet, att den i 1670–1671 års jordrevningsprotokoll omtalade kyrkojorden till nr 13 skulle motsvara detta gatehus.

I Landeboken upptas under Järrestad även en fästejord för vilken Per Beck i Karlaby erlade avgift till kyrkan i Järrestad (Lunds stifts landebok II:249). Här meddelas ett fåtal marknamn. Inget av dessa kan identifieras med marknamn i Järrestads enskifteshandlingar, vilket sannolikt innebär att jorden låg i Karlaby.

Genomgången av det skriftliga källmaterialet antyder möjligheten att Järrestad mer eller mindre i sin helhet kan ha varit i kyrkliga institutioners ägo

Tabell 4. Järrestad 1540. Gårdar omnämnda i Mogens Gyldenstiernes köpebrev (Wallin/TU I 1955-62).

Järrestad 1540. Farms included in the bill of sale between the Crown and Mogens Gyldenstierne.

Landbo	Landgille pengar	Övrigt
Hans Olsen	2 mark 4 skilling	2 tunnor havre, 1 lamm, 1 gås, 2 höns
Niels Suendsen	4 skilling grot	2 tunnor havre, 1 lamm, 1 gås, 2 höns
Peder Thruelsen	2 mark 4 skilling	2 tunnor havre, 1 lamm, 1 gås, 2 höns
Atzer	2 mark 4 skilling	2 tunnor havre, 1 lamm, 1 gås, 2 höns
Niels Jffuersen	15 skilling	2 tunnor havre, 1 lamm, 1 gås, 2 höns
Peder Michelsen	15 skilling	2 tunnor havre, 1 lamm, 1 gås, 2 höns
Jep Joensen	8 skilling grot	1 lamm, 1 gås, 2 höns
Niels Temmesen	8 skilling grot	1 lamm, 1 gås, 2 höns
Henrich Jensen	8 skilling grot	1 lamm, 1 gås, 2 höns
Dauitt Nielsen	1 lödig mark	1 lamm, 1 gås, 2 höns
Morten Erichsen	5 1/2 skilling grot	1 lamm, 1 gås, 2 höns
Erich Høg	5 1/2 skilling	1 lamm, 1 gås, 2 höns
Clemed Jørgensen	2 mark 2 1/2 skilling	1 lamm, 1 gås, 2 höns
Knud Tuesen	2 mark 2 1/2 skilling	1 lamm, 1 gås, 2 höns
Truls Mattzen	2 mark 2 1/2 skilling	-*
Frandtz Pedersen	2 mark 2 1/2 skilling	1 lamm, 1 gås, 2 höns
Morten Iensen	5 1/2 skilling grot	1 lamm, 1 gås, 2 höns
Suend Bendtzen	5 1/2 skilling grot	1 lamm, 1 gås, 2 höns
Hagen Mauritzen	2 mark 2 1/2 skilling	1 lamm, 1 gås, 2 höns
Morthen Jespersen	5 1/2 skilling grot	1 lamm, 1 gås, 2 höns

* Uppgift sannolikt utelämnad

allt sedan tidig medeltid och fram till reformationen. Som en kontrast till många andra skånska byar finns det endast en osäker notis som antyder frälseägd jord i Järrestad under denna tid och inga indikationer som tyder på någon adlig huvudgård i byn. Även om adligt ägande verkligen blev fallet efter reformationen, finns det inte heller då något som tyder på att någon huvudgård eller sätesgård etablerats i byn. Däremot skulle man kunna tänka sig att den i Palteboken omtalade *skudgården* har en bakgrund i en högmedeltida administration av ärkesätets gods med inslag av storgårdsdrift (jfr Ingesman 1990:322). Den förändring som tydligt framträder i det skriftliga källmaterialet är att jordnaturen i samband med reformationen ändrats från kyrklig dominans till kronogods och vidare till frälse. Vid tiden för enskiftet hade flera av gårdarna återgått till kronan och blivit friköpta av sina åbor.

Man kan vidare notera att Järrestadmölla inte framträder i det medeltida materialet. Möllor omtalas annars redan 1161 genom kung Valdemars donation av fem vattenmöllor i Tommarpsån till premonstratenserklostret (DD 1:2 143). Tre av dessa, Bromölla, Vippamölla och Valkemölla upptas ännu i 1540 års köpebrev som klosteregendom (Wallin/TU I 1955–62:98, Wallin/TU VI:60).

Kartanalys

En detaljerad kartanalys bygger för Järrestads del på en rekonstruktion av det tegskifte som föregick enskiftet (Fig. 3). Även om detta tegskifte låg till grund för den nya fördelningen och alltså registrerades mycket noggrant på karta och i beskrivning, var denna registrering endast ett första steg i skiftesprocessen. Konceptkartan skulle sedan utgöra grund för planeringen av det nya skiftet, vilket i form av skifteslinjer, nya vägar, gårdsnumreringar, arealuppgifter etc. ritades ut som ett förslag över det gamla skiftet. Kartan kom därmed inte bara att förses med ytterligare information utan också redan i detta skede att utsättas för ett visst slitage. I och med att konceptmaterialet allt sedan dess utgjort, och ännu utgör, en aktiv handling i samband med efterföljande lantmäteriförrättningar har detta slitage fortsatt. Slitaget, i kombination med att tegskifte redovisats med endast svaga streckade eller punkterade linjer och att många för tegskiftet ovidkommande uppgifter tillförts kartan vid utformandet av enskiftet innebär att rekonstruktionen är en komplicerad och tidsödande process. Arbetsprocessen inbegriper dels att identifiera de uppgifter på kartan som hänför sig till tegskiftet och dels att teg för teg identifiera dessa med beskrivningens uppgifter om marknamn, jormån, bonitet etc.

Kartanalysen har genomförts som en tillämpning av GIS, där framför allt skärmbildsdigitalisering varit ett väsentligt redskap. Rekonstruktionen har med

0   1 km

Fig. 3. Järrestad 1810. Rekonstruktion av landskapet före enskifte, baserad på konceptkartan (jfr. Fig. 2). Kartan visar åker (vit), äng (grå), tegskifte (tunna grå linjer), hägnader (kraftig svart linje) samt bebyggelsens placering på bytomten.

Järrestad 1810. Reconstruction of the landscape prior to the enskifte reallotment, based on the map shown in Fig. 2. The map shows arable (white), hay meadows (grey), strip fields (thin grey lines), fences (thick black line) and the location of the farmsteads in the village core.

nödvändighet inslag av tolkning, men genom att flera teman bearbetats parallellt och i inbördes jämförelse, och därmed successivt kontrollerats mot varandra, kan rekonstruktionen som helhet betraktas som pålitlig. Det hindrar inte att det kan finnas enskilda detaljer där rekonstruktionen är osäker.

Markanvändning och bebyggelse

I figur 3 framträder tegskifte, markanvändning och bebyggelse före enskiftet. Markanvändningen var den typiska för en skånsk slättby vid denna tid, och markslagen var formellt sett antingen åker eller äng. Odlingen och markorganisationen var anpassad till tresädet, vilket i Järrestad innebar en indelning i tre genom hägnader åtskilda åkervångar, Västre vång, Norre vång och Östre vång.

Användningen av vångarna styrdes av korn-, respektive rågodlingen i de två vångar som årligen låg inne medan den tredje låg i träda och utnyttjades som betesmark. Utöver råg och korn odlades även andra grödor, och på mera avlägset belägna åkrar som inte gödslades odlades ofta havre och ibland ärtor. Mycket talar för att dessa perifert liggande jordar var relativt sent uppodlade (Riddersporre 1995). I vångarna ingick också ängsmark, där vinterfoder kunde skördas de två år av varje treårscykel som respektive vång låg inne. Ofta fanns dessutom, som i Järrestad, en särskilt inhägnad ängsvång där vinterfoder kunde skördas årligen. Vid tiden för enskiftet var all tänkbar odlingsjord tagen i anspråk till åker, vilket innebär att ängsmarkerna representerar lägre liggande och fuktiga markområden. Det intensiva åkerbruket avtecknar sig i Järrestad genom att även delar av ängsvången odlats upp till åker.

Bebyggelsen till byns gårdar och gatehus låg före enskiftet samlad runt bygatan, med kyrkan och bydammen i centrum. Det enda undantaget var Järrestadmölla, som av naturliga skäl låg vid ån. Just här är konceptkartan särskilt sliten och skadad, vilket förklarar varför rekonstruktionen av tegskiftet är fragmentariskt kring möllan. Längst i öster redovisas även bebyggelsen till Bjärsjömölla.

Till tegskiftets organisation hörde att angränsande tegar tillsammans utgjorde större enheter, fall, på ett sådant sätt att alla byns gårdar idealt sett var representerade i varje fall. Dessa fall bar namn som ofta ger inblick i kulturhistoriska eller topografiska förhållanden (Fig. 4). Många av marknamnen, som Ååkrar i Västre vång eller Sandåkrar i Östre vång, kan verka triviala, medan andra framträder som mer eller mindre säkra indikationer på fornlämningar, t.ex. Stenabjerane, Torekullarne, Lushögsstycken och Dyssåkrarne i Västre vång; Hesekullarne, Högsåkrarne, Fulhögsåkrarna och Trollahög i Norre vång; Karshögs åkrar i Östre vång. Ytterligare andra beskriver naturförhållanden och resursutnyttjande, t.ex. Lergravsåkrarne i Västre vång; flera namn som innehåller ordet *hall*, dvs. hällmark, i Norre vång eller Hjernekills ängar i Västre vång, som skvallrar om järnhaltigt vatten. Namn som Tommarpeåkrarne och Munkarne i Västre vång illustrerar att namngivningen ofta utgick från byplatsen och innehöll en geografisk bestämning: åkrarna i riktning mot Tommarp och munkarnas kloster. Det till Munkarne gränsande åkernamnet Helvetet skall förmodligen inte primärt ses som en ironisk kommentar, utan talar snarare om styv och svårbrukad lerjord. Gerdesåkrarna i Östre vång har namn efter hägnaden mellan Norre och Östre vång, medan Höjerensåkrarne i Västre vång kan vara en antydan om en jordvall som tidigare avgränsat vången här.

Toftnamnen har en särskild betydelse genom sin koppling till bebyggelsen. I Järrestad uppträder toftnamn, som sig bör, invid bytomten och gårdsplatserna på bygatan. Det är dock långtifrån så att tofterna här räcker till byns drygt

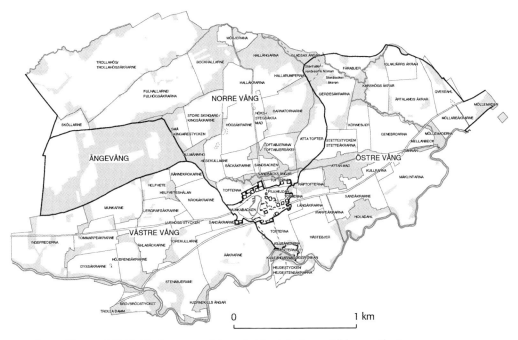

Fig. 4. Järrestad 1810. Marknamn registrerade i beskrivningen till konceptkartan.

Järrestad 1810. Field names registered in the description accompanying the map shown in Fig. 2.

tjugo gårdar. I en vidare krets förekommer också att åkrar med toftnamn växer ut på större avstånd från bytomten, söderut mot Järrestadmölla, norrut från gårdarna nordväst om bydammen. Öster om bytomten finns ett område med namnet Räftofterna, och norr därom ett område med namnet Attatofterna. Även dessa är väsentliga vid en diskussion kring tofter och bebyggelseutveckling. Det är däremot tveksamt om även Toftabjerarna/Toftabjersåkrarna väster om Attatofterna är jämförbart som toftnamn. Förmodligen skall det tolkas som '(åkrarna på) berget invid tofterna'.

Tegskifte och storgårdar

Tegskiftet utgör nyckel till den retrogressiva analys som försöker klargöra förhållanden som är äldre än situationen vid kartans tillkomst. Genom det sätt som de olika gårdarna är representerade i tegskiftet framträder ofta olika drag av systematik som kan ha samband med strukturella drag i byns historiska utveckling.

229

Gårdarnas enskilda tegar identifieras på kartan genom att gårdens nummer noterats på respektive teg. Redan en översiktlig kontroll visar att i några fall har flera gårdsnummer noterats utan att lantmätaren redovisar teggränser emellan dessa. Det gäller exempelvis för gårdarna 1-2-3 norr om bytomtens västra del, för gårdarna 18-19-20-21 söder om bytomten och för gårdarna 14-17-22-9 i Attatofterna. Liknande tendenser finns även för andra grupper av gårdar, och sammantaget pekar detta på att Järrestads tegskifte följde bolskiftets principer, dvs. att flera gårdar hörde samman i gårdsgrupper (bol) som i sin tur utgjorde stommen i tegskiftet. Denna tendens bekräftas också av det ovan nämnda jordrevningsprotokollet från 1670–1671, där uppräkningen av gårdarna inte följer gårdsnumreringen löpande utan där nummer blandas till synes planlöst. Detta har sin bakgrund i att man inte följt numreringen som den åsatts gårdarna efter läge vid bygatan utan efter tegarnas inbördes läge i marken. På kartan och i jordrevningsprotokollet dokumenteras ett systematiskt bolskifte som i rekonstruerad form redovisas i figur 5. Gårdarnas ordning i teckenförklaringen är den samma som i jordrevningsprotokollet.

Bolskiftet i Järrestad var för stora delar av byarealen genomfört enligt normala principer, dvs. att de olika bolens tegar följer varandra i någorlunda god ordning i de enskilda fallen. Det förekommer dock även anomalier. För gårdsgrupperna 24-15 respektive 12-6 är det osäkert om de verkligen utgjort varsitt bol, eftersom gårdarna ibland uppträder parvis och ibland enskilt. Ett påtagligt avsteg ifrån det traditionella tegskiftet är att de tre ovan nämnda gårdsgrupperna 1-2-3 (gul), 18-19-20-21 (ceris) respektive 14-17-22-9 (ljusblå) disponerade större sammanhängande ägoområden som inte uppträder som tegskiftade. Det gäller framför allt i de bytomtsnära områdena med toftnamn men också i ängsvången. Mönstret föder osökt tanken att det kan röra sig om ägorna till tre större gårdsenheter som någon gång omstrukturerats så att de var och en delats till tre eller fyra mindre gårdar. Möjligen kan man tänka sig något liknande också för gårdsgruppen 4-5 med sitt samlade ägoblock norr om bytomten, men det är mera osäkert.

Med tanke på att genomgången av det skriftliga källmaterialet snarast tyder på frånvaron av någon adelsägd huvudgård i Järrestad, är det i stället ärkesätets *skudgård* som framstår som en möjlig historisk anknytningspunkt till någon av kartans försvunna storgårdar. De ligger då nära till hands att knyta de tre "storgårdsdomänerna" till de tre gårdar som i Mogens Gyldenstiernes köpebrev 1540 uppträder med det högsta landgillet, dvs. länets *skudgård*, klostrets Munkagård och ytterligare en gård. Detta skulle dock medföra att en påtaglig omstrukturering av Järrestads gårdar har skett efter Mogens Gyldenstiernes köp, varvid dessa tre gårdar skulle ha delats till elva gårdar, något som borde ha resulterat i betydande ööverensstämmelse mellan å ena sidan köpebrevet och å

230

Gård/gårdsgrupp (bol)
Farm/group of farms
- 24
- 15
- 1, 2, 3
- 4, 5
- 7, 10
- 8, 11
- 13, 23
- 14, 17, 22, 9
- 18, 19, 20, 21
- 12
- 6
- Kyrkan/Church
- Allmänning/Common
- Järrestadmölla
- Bjärsjömölla
- Viarp

0   1 km

Fig. 5. Järrestad 1810. Gårdsgrupper (bol) som uppträder i tegskiftet.

Järrestad 1810. The grouping of farms (bol) as revealed by the strip-field subdivision.

andra sidan jordrevningsprotokoll och lantmäterihandlingar. Av liknande skäl
är det svårt att se att en sådan förändring skulle ha skett mellan Paltebokens
registrering av ärkebiskopslänet i början av 1500-talet och köpebrevets upprät-
tande. Genomgången ovan av dessa källor pekar snarast på motsatsen.

Det kan i sammanhanget noteras att Curt Wallin menar att klostrets Munka-
gård är identisk med Stendala gård, Järrestad 82:1 (Wallin 1991/TU VI:140).
Denna gård motsvarar enskifteskartans nr 24, vilken före skiftet hade sitt gårds-
läge i bytomtens sydvästra del invid ett område på bygatan som kallades Munka-
backen. Gården nr 24 ingick inte i någon av de tre storgårdsgrupperna, vilket
också talar emot en sammankoppling mellan gårdarna med högst landgille 1540
och tegskiftets storgårdsgrupper.

Det finns i och för sig inget som hindrar att Mogens Gyldenstierne verkligen
genomförde genomgripande omstruktureringar av sitt nyförvärvade gods, och
det vore till exempel rimligt att tänka sig en egalisering av gårdarna i Järrestad.
Men detta borde ha resulterat i att de fortsättningsvis uppträtt som jämnstora.

En annan möjlighet är att de tre gårdarna med störst landgille efter Gyldenstiernes köp delades till sex mera normalstora gårdar, vilket skulle resultera i ett samlat gårdsantal som direkt överensstämmer med 1670–1671 års jordrevningsprotokoll och enskifteskartan. Två av dessa delade gårdar skulle då rimligen motsvara gårdsparen 24-15 och 12-6, vilka avviker från bolskiftets grundprincip, medan identifikationen av den tredje är mera osäker.

Om det skriftliga källmaterialet ger få anknytningspunkter till kartanalysens storgårdar så bjuder det arkeologiska materialet på en mera konkret koppling. Det aristokratiskt präglade hallbyggnadskomplexet från yngre järnålder, med tillhörande verksamhetsområden, som undersökts direkt söder om Järrestads historiska bykärna faller i sin helhet inom en av de "storgårdsdomäner" som framträder genom det historiska tegskiftet (Fig. 6). Det bör betonas att kopplingen här är det rumsliga sambandet, vilket inte självklart innebär att det också finns ett orsakssamband. Det är å andra sidan inte otänkbart att ett sådant faktiskt föreligger. Liknande undersökningar på andra håll har gett antydningar om ett samband mellan storgårdsstrukturer i lantmäterikartor och arkeologiska dateringar till vikingatid, och även om det också här i första hand är fråga om rumsliga samband så kan man ana ett återkommande mönster (Riddersporre 1989, 1998, 2003). Något som avviker i Järrestad är dock att det inte är en utan flera storgårdar som framträder i kartmaterialet.

Möjligheten att kartanalysens storgårdsstruktur har ett samband med det arkeologiskt dokumenterade hallområdet i Järrestad får stå som en spännande – men dock – hypotes. Ett problem i sammanhanget är att det inte finns några konkreta observationer i det arkeologiska materialet som kan knytas till strukturer i kartmaterialet. Ett annat är det bräckliga skriftliga källmaterialet från tidig- och högmedeltid.

Jordmån och bonitet

Inför enskiftet gjordes en noggrann undersökning av boniteten hos alla markslag, vilken i likhet med andra uppgifter registrerades tegvis. Bonitetsgraderingen av åkerjorden redovisas i figur 7. Åkerns bonitet påverkas av både bakomliggande naturförhållanden och effekterna av jordbearbetning och gödsling. Utöver gödsling kan man också tänka sig att kulturlager från förhistoriska bosättningar avspeglar sig i hög bonitet. Ett generellt mönster brukar vara att den högsta boniteten återfinns nära den historiska bytomten, vilket speglar gödslingen, medan mera perifera åkrar som gödslades i mindre grad uppvisar lägre bonitet (Riddersporre 1995).

I Järrestad återfinns höga bonitetsvärden i en krets omkring bytomten, vilket ansluter till det generella mönstret och till stor del kan ha sin bakgrund i

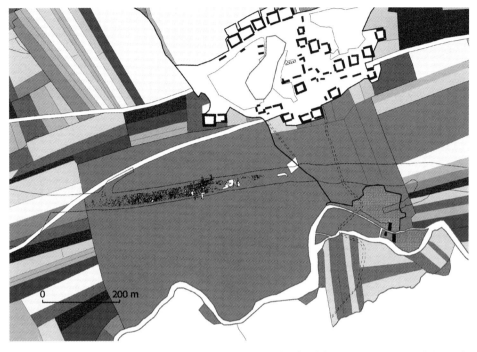

Fig. 6. De arkeologiska objekten från undersökningen inlagda på kartan som visar tegskifte, bol-
gruppering och bebyggelse vid 1800-talets början. Den yngre järnålderns hallbyggnads-
komplex med tillhörande aktivitetsområde faller inom en av de ytor som i kartanalysen
tolkats som marken till en försvunnen storgård.

The archaeological investigation superimposed on the map that shows landscape features
in the early 19th century. The complex of large hall buildings falls within an area that in
the map analysis has been interpreted as the lands of a vanished large farm.

fördelningen av gödsel inom den historiska byns åkermark. Samtidigt uppträ-
der både på bytomten och i området söder därom också mycket låga bonitets-
värden, vilket är ett påtagligt avsteg från detta mönster. Här slår de naturgivna
förhållandena igenom i form av lätta sandjordar. Till stor del sammanfaller
detta sandjordsområde med den ägofigur som omsluter den arkeologiskt be-
lagda yngre järnåldersbebyggelsen. Valet av plats får uppfattas som ytterst
medvetet, och möjligen kan det tolkas som att bebyggelsen inte primärt lokali-
serats med tanke på agrara funktioner.

Utöver de höga bonitetsvärdena i kretsen kring bytomten återfinns påtagligt
höga värden i två mera perifera områden i Västre respektive Östre vång. Här
kan man tänka sig att förhistorisk bosättning eller medeltida torpbebyggelse

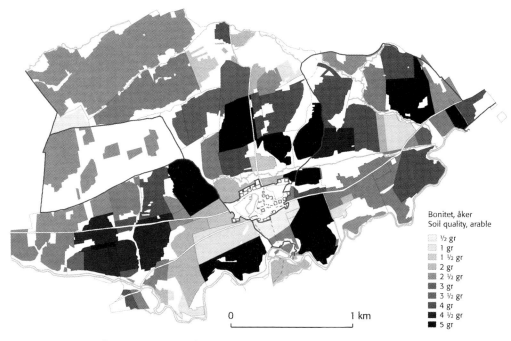

Bonitet, åker
Soil quality, arable

☐ ½ gr
☐ 1 gr
▦ 1 ½ gr
▦ 2 gr
▦ 2 ½ gr
▦ 3 gr
▦ 3 ½ gr
▦ 4 gr
▦ 4 ½ gr
■ 5 gr

0   1 km

Fig. 7. Järrestad 1810. Bonitetsgradering av åkerjorden enligt beskrivningen till konceptkartan.

Järrestad 1810. The soil quality of arable according to details in the description accompanying the map shown in Fig. 2.

med tillhörande odling är en bidragande förklaring. Förhistoriska bosättningar kan naturligtvis också ingå i övriga områden med hög bonitet.

Storgårdar och markanvändning – en skiss

Bonitetetens fördelning för in resonemanget på markanvändningens historia i relation till bebyggelseutvecklingen. En hypotetisk skiss kan baseras på kombination av ett flertal detaljer ur de kartrekonstruktioner som presenteras i figurerna 3–7. Det bör betonas att det är fråga om tolkningar baserade på dessa detaljer, vilka är indirekt registrerade i en och samma sentida källa som i sig inte haft till syfte att dokumentera eller förklara den historiska utvecklingen.

Utgångspunkten hämtas i den/de hypotetiska storgårdarnas relation till teg-skiftet och tresädets vångar. Den bild som ges av tegskiftet är dubbel. För delar av bymarken uppvisar vissa gårdsgrupper (storgårdarna) sammanhängande ägoblock medan övriga har sina marker fördelade i tegskifte, och inom andra delar ingår samtliga gårdsgrupper i ett regelmässigt tegskifte. Inom åkermarken framträder en tendens till zonering, där storgårdsblocken ligger centralt och de helt tegindelade markerna återfinns i periferin. Detta kan kopplas till en allmän tendens där den äldsta åkermarken i byarna återfinns centralt och den yngre perifert, vilket innbär att storgårdar (eller gårdar med en särställning) existerat i en tidig fas av Järrestads historiska bymarks uppodling medan gårdstrukturen därefter ändrats, varefter de ingår i tegskiftet på samma villkor som övriga gårdar/gårdsgrupper.

En tydlig indikation på att de perifera markerna i Järrestad är sent uppodlade uppträder i form av en på enskifteskartan fossil fägata i södra delen av Norre vång, vilken likt en tratt leder ner mot bygatan längs hägnaden mellan Västre och Norre vång. Detta område redovisas i enskifteshandlingarna som allmänning och disponerades av samtliga gårdar utom de åtta som ingick i de två största storgårdsgrupperna. Fägatan bör ha utgjort förbindelse mellan bygatan, som också formellt sett var allmänning, och en tidigare betesallmänning som motsvarar åkermarken i bymarkens nordvästra del. Det ungefärliga läget för en gräns mellan en tidigare mindre Norre vång och denna betesallmänning framträder genom några smala tegar som bryter bolskiftesordningen i gränsområdet mellan å ena sidan Hesekullarne och Store Skingare-/Kingsåkrarna, å andra sidan Bäckåkrarne, Högsåkrarne och Hallåkrarne. Dessa smala tegar markerar det tidigare läget för en flyttad väg. Den norra tegen var vid tiden för enskiftet fortfarande allmänning, medan den södra framstår som ersättningsjord till en av gårdarna i gruppen 14-17-22-9 i stället för jord som lämnats till vägens ändrade dragning längre österut genom Högsåkrarne (Fig. 5). På samma sätt har gårdarna i gruppen 4-5 fått ersättning med en smal teg väster om Tofterna till gårdsgruppen 1-2-3, vilken i praktiken innebar att den tidigare fägatans kontakt med bygatan brutits. Det är knappast troligt att betesmarkens uppodling och vägomläggningen inträffade samtidigt. Det är heller inte nödvändigt att den äldre vägsträckningen i sin helhet markerar det exakta läget för den tidigare hägnaden mellan Norre vång och betesmarken. Beroende på hur situationen tolkas hamnar delar av ägoblocket till gårdsgruppen 1-2-3 antingen på betesmarken eller inom vången.

I förlängningen av tanken att det tegskifte som inbegriper byns samtliga gårdar är sekundärt i förhållande till äldre storgårdsblock, får man antingen räkna med att de övriga gårdarna funnits parallellt med storgårdarna, men haft en annan ställning, eller också att de tillkommit i ett senare skede men innan tegindelning och uppodling av de perifera markerna.

En indikation på det förra finns i ängsvången. Behovet av en ängsvång är relaterat till å ena sidan åkermarkens indelning i vångar, å andra sidan den allmänt tillgängliga betesmarken. Inom de inhägnade vångarna fanns inte bara åker utan även stråk av ängsmark som bidrog till boskapens vinterfoder. Om den vång som för tillfället låg i träda användes som betesmark, vilket var en nödvändighet åtminstone sedan betesmarken odlats upp, uteblev höskörden här. På betesmarken förelåg inga möjligheter till höskörd, annat än i eventuella särhägnade lyckor. En ängsvång innebar att en årlig tillgång på vinterfoder tryggades. När ängsvången i Järrestad etablerades är okänt, men det är tänkbart att det har ett samband med etableringen av tresädets vångar. Genom markindelningen kan man se ängsvången som ett schema över byns gårdsstruktur vid detta tillfälle: två större/självständiga gårdar (14-17-22-9 och 18-19-20-21), en lite mindre storgård (1-2-3), samt i övrigt gårdar som har sina marker fördelade i tegskifte.

Den bild som kan frammanas innebär att byn i ett äldre skede bestått av en eller flera storgårdar och ett antal mindre enheter som kan ha haft en underordnad position. Vid tiden för etableringen av ängsvången har denna struktur varit giltig, men då betesmarken i ett senare skede odlades upp hade storgårdsstrukturen ändrats. De berörda gårdarna uppträder nu tillsammans med övriga gårdsgrupper i ett heltigenom tegindelat bolskifte.

Denna schematiska bild kan nyanseras. Det rumsliga sambandet mellan tresädets vångar och de tre storgårdarna är påtagligt. Samtliga tre storgårdsblock gränslar varsin vångagräns på ett sådant sätt att gården blir representerad i två av systemets tre vångar. I den tredje vången uppträder de däremot i tegskifte tillsammans med övriga gårdar. Mönstret är särskilt tydligt i Västre vång, där gårdsgruppen 18-19-20-21 inte har någon teg utöver vad som ingår i det stora blocket söder om bytomten. Detta innebär att tresädet som det framträder i enskifteskartan förefaller sekundärt i förhållande till storgårdsstrukturen.

Av storgårdarna har gruppen 1-2-3 en rumslig lokalisering som antyder en koppling till betesmarken i norr och fägatan, medan gruppen 18-19-20-21 har ett läge som prioriterar det exponerade läget mot Tommarpsån. Möjligen kan man se den tredje gruppen, 14-17-22-9, som mera åkerbruksinriktad. De två senare visar ett gemensamt intresse för mark direkt söder om Järrestadmölla, vilket kan innebära ett ursprungligt samband dem emellan. Placeringen av Järrestadmölla inom ägofiguren till gruppen 18-19-20-21 antyder vidare att även möllan bör räknas in i storgårdskomplexet.

Den bild som framträder innebär därmed ett äldsta skede som karaktäriseras av storgårdsmarker i samlade ägoblock, kanske ursprungligen ingående i en och samma stordrift med inriktning på kontroll över ekonomiska resurser som betesmark och kvarndrift. Till detta kommer eventuellt mindre enheter, möjligtvis med tegskiftade marker.

I nästa skede etableras ett vångasystem anpassat för tresäde. Ägoblocken till storgårdsdriften behålls oförändrade och får en styrande funktion vid utläggningen av vångarna. Eventuellt etableras även ängsvången i detta skede. Om storgården/storgårdarna ännu är intakta vid detta skede eller om de redan är delade är osäkert. I de nya vångarna deltar de tillsammans med övriga gårdar vid fördelning av åkermark, vilket pekar på en mera uttalad inriktning mot åkerbruk. Förmodligen innebär detta inte en total uppodling av de områden som motsvarar enskifteskartans vångar. I Västre vång antyder namnet Höjerensåkrarna läget för en gränsmarkering som kan ha varit en tidigare västgräns för Västre vång.

Nästa skede, som mycket väl kan vara en utdragen process, innebär uppodling av den tidigare betesmarken i nordväst och av de perifera delarna av Västre och Östre vång.

Denna skiss, som bygger på en rad tolkningar och hypotetiska antaganden baserade på kartanalysen, gör inte anspråk på att vara en rekonstruktion med självständig beviskraft; snarare är den ett tänkbart scenario. Den ger heller inga underlag för närmare dateringar av de olika föreslagna skedena. Däremot kan man peka på att kartanalysen, tolkad på detta sätt, ansluter till den frånvaro av huvudgårdsindikationer som finns i det skriftliga materialet från senmedeltid och framåt. Omstruktureringen och uppdelningen av kartanalysens storgårdsstruktur skulle med andra ord höra hemma i högmedeltid eller tidigare. Möjligheten att den har ett samband med det arkeologiskt belagda yngre järnåldersbebyggelsen står därmed öppen.

En annan möjlighet är att den markindelning som framträder i kartmaterialet inte i tid sammanfaller med järnåldersbebyggelsen, men att den uppkommit i samband med att denna omstrukturerats och att sambandet därmed är mera indirekt. Det kan exempelvis röra sig om framväxten av den historiska byn Järrestad, med bibehållen storgård men med annan placering, eller om att storgården upphört att existera och att markerna disponerats på ett annat sätt. Något som antyder att storgårdskomplexet upphört redan vid övergången till medeltid är att det inte tycks finnas något samband mellan kartans storgårdsstruktur och placeringen av kyrkan (jfr Riddersporre 1989, Skansjö m.fl. 1989). Kyrkans placering mitt på bygatan är snarare sådan att den i enlighet med Mats Anglerts uppfattning skulle tyda på frånvaro av stormannainflytande och att det är sockenmenigheten som stått bakom uppförandet. Med tanke på det ärkebiskopliga engagemanget i Järrestad kan en parallell kanske sökas i Skårby i Ljunits härad, där Anglert menar att en motsvarande placering har sin bakgrund i att kyrkobyggandet troligen kan tillskrivas ärkebiskopen (Anglert 1989:227).

Kartanalys och arkeologi

Kartanalysens hypotetiska storgårdsstruktur samvarierar rumsligt med de arkeologiska lämningarna av en järnåldersbebyggelse med påtaglig särställning. Ett verkligt samband mellan kartstruktur och arkeologiska iakttagelser kan få indirekt stöd i och med att det visar sig svårt att knyta kartanalysens iakttagelser till medeltida och senare historiska källor. Det finns dock inte mycket som därutöver styrker ett orsakssamband. Möjligen kunde det ha förhållit sig annorlunda om den fördjupade kartanalysen kunnat göras i ett tidigare skede, så att den i större utsträckning kommit att påverka utformningen av den arkeologiska undersökningen. Men det är inte säkert. En arkeologisk dokumentation och datering av det berörda storgårdsområdets yttergränser hade naturligtvis varit utomordentligt värdefullt. Å andra sidan skulle frånvaro av sådana iakttagelser kunna bero på att området visserligen funnits men inte varit markerat på ett sådant sätt att det gett upphov till arkeologiskt identifierbara spår.

Kartanalysen ger onekligen spännande perspektiv på det arkeologiska materialet, samtidigt som den väcker frågor som främst kan lösas genom ytterligare arkeologiska undersökningar. Den innebär också ett bidrag till möjligheten att urskilja tendenser vid jämförelse av flera undersökningar som kombinerar arkeologi och kartanalys, där ett återkommande mönster med storgårdar som förefaller höra hemma i perioden vikingatid till högmedeltid så smått börjar framträda (Riddersporre 2003).

Denna typ av samband kunde iakttas i flera exempel inom det tvärvetenskapliga Ystadprojektet, som behandlade de under historisk tid godsdominerade häraderna Ljunits och Herrestad (Skansjö m.fl. 1989, Riddersporre 1989). Det genomgående intrycket här var att indikationer på försvunna huvudgårdar eller storgårdar framträdde i en majoritet av byarna, både i det skriftliga källmaterialet och genom lantmäterikartornas toftstruktur. Till återkommande drag hörde att storgårdarna tycktes ha försvunnit genom en uppdelning till två eller flera mindre gårdar och att de tidigmedeltida kyrkobyggnaderna i flera fall var uppförda på vad som framstår som ursprungliga storgårdstofter. Denna typ av lokala storgårdar har existerat under tidig medeltid och har i stor utsträckning delats upp och försvunnit under högmedeltid, medan andra utvecklats till huvudgårdar i veritabla storgodskomplex. Där koppling till arkeologiska iakttagelser varit möjliga förefaller de lokala storgårdarna ha existerat redan under vikingatid.

Iakttagelserna från Ystadsområdet har kunnat bekräftas på andra platser, bland annat i Ravlunda i Albo härad, där indikationer på en storgård kan kopplas både till platsens egenskap som tidgmedeltida kungalev och som regionalt centrum under järnåldern (Fabech 1998, Riddersporre 1998). Båda dessa egenskaper återfinns i Järrestadsområdet. Å andra sidan uppträder liknande indikationer på tidiga storgårdar även i små och till synes alldagliga byar som varken framstår som regionala centra eller utvecklades till kyrkbyar. Ett exempel är Hötofta i Skytts härad, där vikingatida bebyggelselämningar uppträder inom kartanalysens storgårdstoft (Riddersporre 2003).

Något som skiljer Järrestad från andra undersökta byar är dels att kartanalysen antyder möjligheten till flera storgårdar i samma by, dels att det arkeologiska materialet antyder att mönstret kan föras längre tillbaka i tid än till vikingatid. I gengäld förefaller storgårdsstrukturen att här ha upphört redan i tidig medeltid.

En annan plats som skiljer ut sig är Uppåkra, som framstår som Skånes mest framträdande centralplats under järnåldern. Analys av de äldsta lantmäterikartorna ger här inga påtagliga indikationer på någon storgård, vilket kan ha flera orsaker (Riddersporre 1986, 1989). Å andra sidan framträder platsens rika kulturlager genom bonitets- och jordmånsuppgifter (svartmylla). Inför framtida undersökningar i Järrestad är det motiverat att undersöka om områdena med hög bonitet här innehåller kulturlager eller andra lämningar som kan sättas i samband med ortens karaktär av centralplats under järnåldern.

Summary

Between the *enskifte* reallotment and the Iron Age. A historical geographical analysis of Järrestad.

The archaeological investigation of the aristocratic Iron Age settlement at Järrestad involves a variety of methods and applications. One of these is a historical geographical analysis of early maps and written documents. The oldest maps of Järrestad are, by Swedish standards, rather late and the analysis is based on a map from 1801-10 (Figs. 1-2). Information from medieval charters, land registers, etc. is scant, especially for the Early and High Middle Ages, but indicates a domination of ecclesiastical ownership, possibly of the entire village, during the Middle Ages. There is evidence from the Late Middle Ages that some farms were owned by the monastery in nearby Tommarp, possibly granted by the archbishop already in the 12th century, while the majority of the farms belonged to an archiepiscopal fief. There is no evidence of any other lordship over the village, until the Reformation, or of donations of farms to ecclesiastical institutions by the nobility.

The analysis of the map is based on a reconstruction of the strip-field system that existed prior to the enskifte reallotment that was the objective of the map. By a combination of information from the map, details in the accompanying description, and a Civil Survey from 1670-71, it is possible to include field names, structural patterns within the strip-field subdivision, and soil quality conditions in a retrogressive analysis. The main result of this analysis is that there are indications of an obsolete structure of three large farms: the consolidated lands of the farm groups 1-2-3, 18-19-20-21 and 14-17-22-9 (Fig. 5). There is no obvious connection between this structure and the situation revealed by written documents from the Late Middle Ages onwards. On the other hand, the Iron Age settlement falls well within the lands of the large farm to the south of the historical village core (Fig. 6).

On the basis of the map analysis it is possible to suggest a scenario whereby one or more large farms were established in a location that was favourable for cattle raising and in a strategic location overlooking the stream, perhaps including a water mill. Possibly there were also smaller units that may have been tenant farms. Later on the large farms were split up and divided, and when the peripheral lands of the village were reclaimed into arable they were included in the strip-field subdivision together with the rest of the village. Unfortunately there are no archaeological datings of structures revealed by the map analysis, but it is possible that the large farms had ceased to exist when the Romanesque church was built in Järrestad.

Referenser

Anglert, M. 1989. Den kyrkliga organisationen under äldre medeltid. Andersson, H. & Anglert, M. (red.) *By, huvudgård och kyrka. Studier i Ystadsområdets medeltid.* Lund Studies in medieval Archaeology 5. Stockholm.

Danmarks Riges Breve. Utgivna av Det danske Sprog- og Litteraturselskab. København 1938–.

Ek, S. B. 1962. *Väderkvarnar och vattenmöllor.* Nordiska Museets handlingar 58. Stockholm.

Fabech, C. 1998. Kult och samfund i yngre järnålder – Ravlunda som exempel. Larsson, L. & Hårdh, B. (red.) *Centrala platser, centrala frågor. Samhällsstrukturen under järnåldern. En vänbok till Berta Stjernquist.* Uppåkrastudier 1. Acta Archaeologica Lundensia, Series in 8° 28.

Gillberg, L. 1767. *Historisk , Oeconomisk och Geografisk Beskrifning öfver Christianstads Län uti Hertigdömet Skåne.* Faksimilupplaga 1980. Lund.

Ingesman, P. 1990. *Ærkesædets godsadministration i senmiddelalderen.* Skånsk senmedeltid och renässans 12. Skriftserie utgiven av Vetenskapssocieteten i Lund. Lund.

Jeppson, G. 1967. Huvudgård och sockengräns i Skåne. Några huvuddrag i utvecklingen före 1658. *Ale* 1967:1.

Jordeböcker över Lunds stifts ärkesätes gods vid medeltidens slut. Utgivna av G. Johannesson. Skånsk senmedeltid och renässans 7. Skriftserie utgiven av Vetenskapssocieteten i Lund. Lund 1947.

Lunds stifts landebok II. Utgiven av K. G. Ljunggren & B. Ejder. Skånsk senmedeltid och renässans 5. Skriftserie utgiven av Vetenskapssocieteten i Lund. Lund 1952.

Repertorium diplomaticum regni Danici mediævalis. Fortegnelse over Danmarks breve fra middelalderen. Utgiven av Kr. Erslev 1894–1912, W. Christensen 1928–39. København.

Riddersporre, M. 1989. Lantmäterihandlingar, runstenar och huvudgårdar. Några kommentarer och spekulationer i ett lokalt geografiskt perspektiv. Andersson, H. & Anglert, M. (red.) *By, huvudgård och kyrka. Studier i Ystadsområdets medeltid.* Lund Studies in medieval Archaeology 5. Stockholm.

– 1995. *Bymarker i backspegel. Odlingslandskapet före kartornas tid.* Meddelanden från Lunds universitets geografiska institutioner, avhandlingar 124. Lund.

– 1996. Uppåkra – en diskussion med utgångspunkt i de äldsta lantmäterikartorna. *Meta* 1996:3.

– 1998. Ravlunda och Uppåkra. Två exempel på försvunna storgårdar? Larsson, L. & Hårdh, B. (red.) *Centrala platser, centrala frågor. Samhällsstrukturen under järnåldern. En vänbok till Berta Stjernquist.* Uppåkrastudier 1. Acta Archaeologica Lundensia, Series in 8° 28. Stockholm.

– 2003. Large farms and ordinary villages. Perspectives on Uppåkra. Larsson, L. & Hårdh, B. (eds.), *Centrality – Regionality. The Social Structure of Southern Sweden during the Iron Age.* Uppåkrastudier 7. Acta Archaeologica Lundensia, Series in 8° 40. Stockholm.

Skansjö, S., Riddersporre, M. & Reisnert, A. 1989. Huvudgårdarna i källmaterialet, Andersson, H. & Anglert, M. (red.) *By, huvudgård och kyrka. Studier i Ystadsområdets medeltid.* Lund Studies in medieval Archaeology 5. Stockholm.

Söderberg, B. 1995. Väg 11, delen Ö. Tommarp – Simrishamn. Arkeologisk utredning steg 1. *Riksantikvarieämbetet UV Syd Rapport 1995:11.* Lund.

– 2001. Väg 11 – ett pågående arkeologiskt projekt i sydöstra Skåne. *Ale 2001:1.*

– (ed.) 2002. Järrestad i centrum. Väg 11, sträckan Östra Tommarp–Simrishamn. Järrestads sn, Skåne. *Riksantikvarieämbetet UV Syd Rapport 2002:16.* Lund.

Thun, E. 1967. *Medieval Tommarp. Archaeological investigations 1959–1960.* Acta Archaeologica Lundensia, Series in 8° 5.

Wallin, C. 1954. *Ide Pedersdatter Falk till Gladsax. Ett bidrag till den nordiska senmedeltidens kultur- och samhällshistoria.* Lund.

– 1955–1962. *Tommarps urkundsbok 1085–1600* I. Stockholm.

– 1991. *Tommarps urkundsbok 1085–1600* VI. Tomelilla.

▶ Vid de arkeologiska utgrävningarna i Järrestad har stora hallbyggnader och andra boplatslämningar från yngre järnålder och äldre perioder undersökts. Den delvis manifesta bebyggelsen studeras i denna artikel ur ett paleoekologiskt perspektiv. Genom att kombinera såväl olika analysmetoder som olika provtagningskontexter, har det varit möjligt att få fram intressanta uppgifter om den undersökta platsen och dess omgivning under i första hand vendeltid och vikingatid.

Den övergripande målsättningen med artikeln är att sätta den arkeologiskt undersökta bebyggelsen i ett landskapsmässigt, ekologiskt och agrart sammanhang. Inom ramen för denna målsättning besvaras flera mer specifika frågor. En sådan rör hur det omgivande landskapet sett ut och hur öppet det var, vilket haft stor betydelse för hur platsen upplevts och i vilken mån de stora hallbyggnaderna kunnat dominera landskapsbilden. Andra frågor rör den agrara ekonomin, och då i första hand om platsen haft en egen agrar produktion och försörjning (jfr Callmer 1997).

En viktig förutsättning för den paleoekologiska undersökningen var upptäck-

Aristokratin i landskapet
Paleoekologiska studier i Järrestads järnålder
av Per Lagerås

ten av en serie mycket välbevarade brunnar från yngre järnålder. De vattenavsatta brunnssedimenten innehöll rikligt med välbevarade växt- och djurrester, vilket gav mycket goda förutsättningar för en lokal miljörekonstruktion. Analyserna av brunnssedimenten är centrala för förståelsen av platsen, i synnerhet då landskapet kring Järrestad saknar intakta torvmarker och sjölagerföljder som annars kunde ha använts för motsvarande studier (Liljegren 1999). Den stora paleoekologiska potential som ligger i analyser av brunnssediment har sällan lyfts fram på vetenskaplig nivå, även om en hel del bra undersökningar har gjorts, inte minst i samband med uppdragsarkeologi (t.ex. Engelmark 1995, Ranheden 1995, Regnell 1998). I Järrestad har analysen av brunnssedimenten kompletterats med en analys av förkolnat växtmaterial från stolphål och andra boplatslämningar.

För en presentation och tolkning av de arkeologiska lämningarna hänvisas till Söderberg (denna volym), och för en regional landskapshistorisk översikt hänvisas till Liljegren och Björkman (denna volym). Ritningar över flera av de provtagna anläggningarna finns i appendix 2.

Kontexter

Vid utgrävningarna i Järrestad togs prover för paleoekologiska analyser i kontexter med sinsemellan mycket olika bevaringsförhållanden. I brunnsområdet fanns rikligt med organiskt material bevarat, både i brunnsfyllningar och i omgivande torvlager, medan anläggningar på torr mark endast innehöll träkol och annat växtmaterial som förkolnats.

Fig. 1. Provtagning och dokumentation av en av de välbevarade vikingatida brunnarna i Järrestad. (A63377).

Sampling and documentation of one of the Viking Age wells excavated in Järrestad.

I brunnarna togs prover för pollenanalys samt för analys av makroskopiska växtrester och insektsrester. Brunnarna har anlagts under vikingatiden, närmare bestämt från mitten av 800-talet till cirka år 1000. De var av olika konstruktion – risflätade, knuttimrade eller plankskodda – och kunde i flera fall ges en exakt datering baserad på dendrokronologi. I fyllningen gjordes fynd av i första hand djurben och olika träföremål. I brunnsområdet fanns även en flack grop eller brunn som kronologiskt och troligen även funktionellt skilde sig från de övriga brunnarna (A63951). Den har daterats till 600-talets andra hälft.

Pollenanalys har även utförts på den naturligt avsatta kärrtorvlagerföljd som brunnarna grävts igenom. Detta pollendiagram speglar äldre tidsperioder och presenteras på annan plats i denna bok (Liljegren & Björkman, denna volym).

De anläggningar på torr mark som provtogs representerar flera olika funktioner och tidsperioder. Merparten utgörs av stolphål hörande till stora hallbyggnader och andra långhus från yngre järnålder, av vilka flertalet ligger samlade strax öster om brunnsområdet. Enstaka provtagna stolphål hör till långhus från äldre perioder. Utöver stolphålen har en del grophus, gropar, härdar och någon enstaka grav provtagits. Grophusen låg i anslutning till hallbyggnaderna och har liksom dessa daterats till yngre järnålder. Anläggningarna på torr mark provtogs med avseende på analys av träkol och andra förkolnade växtrester (fröer, sädeskorn, etc.).

Analysmetoder

Pollen

Prover för pollenanalys togs under utgrävningens gång, med en genomsnittlig provvolym på cirka 50 ml. Den kemiska prepareringen av proverna följde standardmetoder (se t.ex. Moore m.fl. 1991), och inkluderade dekantering, silning genom 250 µm-nät, kemisk behandling med natriumhydroxid, fluorvätesyra, saltsyra, svavelsyra och ättiksyraanhydrid, samt slutlig inbäddning i glycerin.

Analysen gjordes vid 400× och 1000× förstoring i ljusmikroskop med inbyggd faskontrast, samt med tillgång till referenssamling och gängse bestämningslitteratur. Taxonomin följer i huvudsak Moore m.fl. (1991). Bestämningen av sädespollen, och då framför allt separeringen mellan korn (*Hordeum*-typ) och vete (*Triticum*-typ), följer Andersen (1979). Enligt rekommendationer i Fægri och Iversen (1989) har Andersens måttangivelser multiplicerats med 1,2 för att passa glycerinpreparat. Utöver pollen räknades mikroskopiskt träkol och en del sporer. Eventuell förekomst av *Pediastrum*-alger noterades.

Resultatet av pollenanalysen presenteras i ett stapeldiagram producerat i TILIA och TILIA.GRAPH. Staplarna anger procentvärden av pollensumman i respektive prov. Pollenanalysen utfördes av Björn Gedda och författaren, båda vid Riksantikvarieämbetet.

Växtmakrofossil

Liksom pollenproverna togs proverna för makrofossilanalys kontinuerligt under utgrävningens gång. Provvolymen varierade något men låg i torra kontexter på omkring 800 ml och i brunnarna på cirka 400 ml. Proverna från torra kontexter volymbestämdes, flotterades och silades, medan brunnsproverna dispergerades i 10% NaOH och silades. I båda fallen användes maskvidden 0,4 mm.

För analysen användes ett preparermikroskop med upp till 80× förstoring och reflekterande ljus, och som hjälp vid bestämningsarbetet användes Natur og Kulturs referenssamling samt relevant bestämningslitteratur (t.ex. Berggren 1981, Jacomet 1987, Körber-Grohne 1991, Anderberg 1994). Makrofossilanalysen utfördes av Annine S. A. Moltsen, Natur og kultur, och finns redovisad i en opublicerad rapport (Moltsen 2002). I samband med analysen av växtmakrofossil tillvaratogs subfossila insektsrester för vidare analys (Lemdahl, denna volym).

Träkol

Träkol för vedartsbestämning och ^{14}C-datering insamlades, dels genom att kolbitar plockades en och en i samband med utgrävningen, dels genom flottering och silning av makrofossilprover. För vedartsbestämningen av träkolet användes ett preparermikroskop med mellan 30× och 300× förstoring, samt referenssamling och gängse bestämningslitteratur (t.ex. Schweingruber 1976, 1978). Vid analysen studerades cellstrukturen på färska brottytor i reflekterande ljus. Träkolsanalysen utfördes av Thomas Bartholin, Danmarks Nationalmuseum.

Resultat och diskussion

Pollen från brunnarna

De pollenanalytiska resultaten från brunnarna redovisas i stapeldiagrammet i figur 2. Som framgår av figuren varierar pollensumman en hel del, vilket beror på stora skillnader i pollenbevaringen. I de allra flesta proverna är dock pollensumman tillräckligt hög för att möjliggöra en tolkning av det omgivande landskapet avseende vegetation och markanvändning.

Resultaten ger en entydig bild av ett öppet, kulturpräglat landskap under hela den tid då brunnarna var i bruk. Pollensammansättningen domineras av gräs- och örtpollen och diversiteten (ungefär motsvarande artrikedomen) är mycket stor. En del pollen kommer säkert från vegetationen i själva brunnsområdet, men flertalet härrör från ett vidare område. Genom jämförelser med resultat från den senaste forskningen kring pollenspridning i öppna landskap (Broström 2002), kan vi dra slutsatsen att pollenproverna från brunnarna huvudsakligen speglar vegetationen inom en radie av cirka en halv kilometer. Inom detta område ryms merparten av det arkeologiska undersökningsområdet – bland annat de vendeltida och vikingatida hallbyggnaderna – samt även backarna ned mot Tommarpsån i söder och delar av Järrestads historiska bykärna i norr.

I brunnsproverna utgör gräs- och örtpollen så mycket som mellan 45 och 90% (medelvärde: 74%) av pollensumman i respektive prov. För pollendepositionen i små till medelstora sjöar har datorsimuleringar visat att 74% gräs- och örtpollen bör spegla en öppenhet på mellan 80 och 100% (Sugita m.fl. 1999). Denna beräkning går inte att direkt överföra till resultaten från brunnarna, men den ger ändå en fingervisning om att det omgivande landskapet har varit öppet.

En stor del av de gräs- och örtpollen som noterats i proverna kommer från växter typiska för betesmarker. Höga halter gräspollen (Poaceae ospec.) i relation till låga halter ljungpollen (*Calluna vulgaris*) tyder på artrika, produktiva betesmarker, vilket ju också kan förväntas med tanke på områdets relativt näringsrika jordar. Förekomsten av en del örtpollen, som till exempel svartkämpar (*Plantago lanceolata*), skallror (*Rhinanthus*-typ) och solvända (*Helianthemum*), passar in i bilden av rika betesmarker. Det kan inte uteslutas att en del av gräsmarkerna även nyttjats för slåtter, men betet bör ändå ha dominerat.

Sädespollen förekommer i de flesta av proverna, men med relativt låga frekvenser (medelvärde: 3,3%). Flertalet har endast gått att föra till ospecificerat sädesslag (Cerealia ospec.). Bland de som bestämts närmare dominerar korn (*Hordeum*-typ), följt av vete (*Triticum*-typ), råg (*Secale cereale*) och till sist havre (*Avena*-typ). Den sistnämnda representeras av endast två pollen i en av brunnarna, och eventuell odling av havre bör ha varit mycket begränsad. Detsamma gäller råg. Detta sädesslag producerar och sprider mycket mer pollen än de övriga, och rågodling i närområdet skulle ha gett ett starkare genomslag i pollenproverna. Möjligen förekom råg endast som ett ogräs bland andra grödor (jfr Behre 1992).

Slutsatsen är att endast odling av korn och vete kan beläggas utifrån pollenanalysen. Tyvärr är det är svårt att utifrån frekvensen sädespollen avgöra hur stora arealer som odlats, men de relativt låga frekvenserna får ändå ses som ett tecken på att odlingen i närområdet inte varit särskilt omfattande. I den mån tröskning förekommit på boplatsen kan en del sädespollen även härröra från denna aktivitet (jfr Vuorela 1973).

En stor andel av de pollentaxa som identifierats i brunnsproverna härrör från ogräs eller ruderatmarksväxter. Med tanke på den rikliga förekomsten av dessa pollentaxa i förhållande till mängden sädespollen, är det sannolikt att de först och främst speglar boplatsens ruderatmark, snarare än ogräs i åkermark. För en sådan tolkning talar naturligtvis även närheten till grophus, hallbyggnader och annan samtida bebyggelse. Markslitage till följd av tramp och olika aktiviteter har gynnat slittåliga växter, som till exempel trampört (*Polygonum aviculare*-typ) och groblad (*Plantago major*), medan gödsel, avträden och hushållsavfall gynnat mållor (Chenopodiaceae), nässlor (*Urtica*) och andra kvävekrävande växter.

Några pollentaxa kan knytas till vegetation i direkt anslutning till brunnarna, eftersom de härrör från växter som föredrar fuktig mark. Det gäller bland annat kabbleka (*Caltha*-typ), besksöta (*Solanum dulcamara*) och läkevänderot (*Valeriana officinalis*). Andra pollentaxa som troligen åtminstone delvis speglar den fuktiga markens vegetation är exempelvis Cyperaceae, *Potentilla*-typ, *Filipendula* och *Mentha*-typ. I endast en av brunnarna påträffades pollen av rena vattenväxter. Det var i brunn A63951, som innehöll enstaka pollen av lånke (*Callitriche*) och vit näckros (*Nymphaea alba*-typ). Denna anläggning skilde sig också från de övriga brunnarna, dels genom att den är ett par hundra

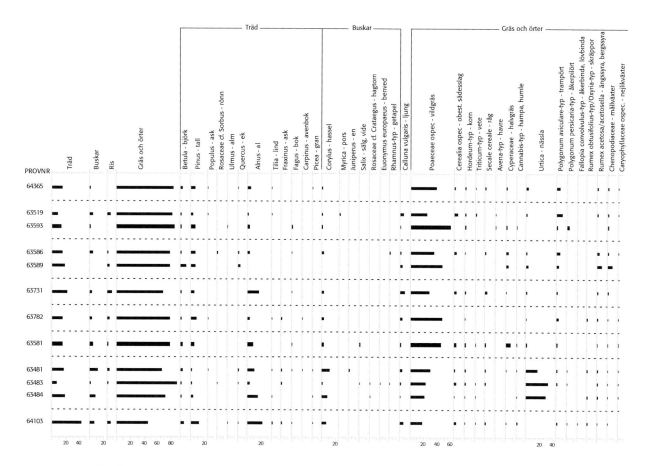

Fig. 2. Pollendiagram över brunnsproverna från Järrestad. Brunnarna presenteras i kronologisk ord-
ning nedifrån och upp, och inom varje brunn presenteras proverna i stratigrafisk ordning.
Den äldsta brunnen har daterats till sent 600-tal, medan resten representerar en mer eller
mindre kontinuerlig serie från mitten av 800-talet till år 1000. Staplarnas längd visar procent
av pollensumman. Analysen utfördes av Per Lagerås och Björn Gedda.

*Pollen diagram showing the results (%) from the Late Iron Age wells in Järrestad. The wells
and the samples are presented*

Gräs och örter — Träkol — Sporer

Pollen diagram columns (Gräs och örter): Nymphaea alba-typ - vit näckros mm; Ranunculaceae ospec. - ranunkelväxter; Ranunculus-typ - smörblommor mm; Anemone nemorosa-typ - vitsippa; Caltha-typ - kabbleka; Thalictrum - ängsruta mm; Brassicaceae ospec. - obest. korsblommiga växter; Rosaceae ospec. - obest. rosväxter; Alchemilla-typ - daggkåpa mm; Potentilla-typ - kråkklöver, blodrot mm; Geum - humleblomster, nejlikrot; Filipendula - brudbröd, älggräs; Fabaceae ospec. - obest. ärtväxter; Vicia-typ - vicker; Vicia cracca-typ - kråkvicker; Trifolium-typ - klöver; Helianthemum - solvända; Apiaceae ospec. - obest. flockblomstriga växter; cf. Gentiana; Galium-typ - måror; Callitriche - länke; Prunella-typ - brunört; Mentha-typ - myntor; Solanum dulcamara - besksöta; Melampyrum ospec. - kovaller; Melampyrum cf. arvense - pukvete; Rhinanthus-typ - skallror; Plantago major - groblad; Plantago media - rödkämpar; Plantago lanceolata - svartkämpar; Valerianella - klynne; Valeriana officinalis - läkvänderot; Succisa - ängsvädd; Jasione-typ - monke; Campanula-typ - blåklocka mm; Lactucoideae - maskros, fibblor; Serratula-typ - kardborrar, ängsskära; Centaurea scabiosa - väddklint; Centaurea nigra-typ - svartklint; Anthemis-typ - nysört, prästkrage mm; Aster-typ - korsört, hästhov mm; Cirsium - tistlar; Artemisia - gråbo, malört.

Träkol: Träkol >25 um. Sporer: Polypodiaceae ospec. - obest. ormbunkar; Pteridium aquilinum - örnbräken; Equisetum - fräken; Sphagnum - vitmossa; Pediastrum ospec. - grönalger.

Pollensumma	Anl. nr
522	A64130
189	A63488
232	A63488
228	A63521
28	A63521
193	A63733
380	A63749
319	A63565
834	A63461
759	A63461
543	A63461
509	A63951

249

år äldre, dels genom att den mer hade karaktären av ett öppet vattenhål än en grävd brunn. I pollenprover från flera brunnar noterades förekomst av koloni-bildande grönalger (*Pediastrum*).

Som nämndes tidigare har landskapet varit mycket öppet. De få trädpollen som identifierats i proverna domineras av al (*Alnus*), följt av tall (*Pinus*), björk (*Betula*) och hassel (*Corylus*). De flesta övriga trädslag finns representerade med endast enstaka pollen. Al växer på fuktig mark, men även om alpollen är det mest frekventa trädpollentaxat, så är värdena så låga att det inte kan ha växt al i själva brunnsområdet. Mer troligt är att dessa alpollen härrör från våtmarker längre bort, eller förslagsvis från trädridåer längs Tommarpsån. Tall-pollen kan transporteras mycket långt med vinden och kommer säkert från vegetation utanför närområdet. Pollenfrekvenserna av björk, hassel, ek med flera lövträd är förvånansvärt låga. Antingen så har området varit så gott som trädlöst, vilket är det mest troliga, eller så har dessa trädslag förekommit men haft nedsatt pollenproduktion på grund av hamling. Sådan hamling var vanlig under historisk tid och syftade i första hand till att ge lövfoder åt stallade krea-tur, men också till att ge bränsle och klenvirke (t.ex. Slotte 2000).

Slutligen några ord om kronologin. I stapeldiagrammet i figur 2 presenteras brunnarna i kronologisk ordning med den äldsta längst ned. Kronologin bygger på en kombination av dendrokronologisk datering och ^{14}C-datering samt rela-tiv stratigrafi, det vill säga i vilken ordning de olika brunnarna har grävts ige-nom varandra. Den äldsta brunnen är daterad till 600-talets andra hälft, medan de övriga representerar en tidssekvens från 800-talets mitt till cirka år tusen.

Diagrammet speglar därmed en ungefärlig tidssekvens från 600-talets andra hälft till cirka år 1000 e.Kr. Enligt analyserna har landskapsbilden inte ändrats särskilt mycket under denna period. Den enda skillnad som kan skönjas är att det äldsta provet uppvisar en något högre andel trädpollen än de senare pro-verna. Det tyder på att landskapet i och för sig var mycket öppet redan under 600-talet, men att det under den resterande delen av yngre järnålder blev än mer trädfattigt.

Växtmakrofossil från brunnarna

Resultatet av växtmakrofossilanalysen av brunnsproverna presenteras i tabell 1. De identifierade växtresterna utgörs av fröer och motsvarande (kärnor, fruk-ter, etc.), och med undantag för enstaka sädeskorn var de inte förkolnade. Den stora artrikedom som framgår av tabellen är resultatet av relativt goda bevarings-förhållanden och ett skickligt analysarbete. Jämfört med pollenanalys är det vid makrofossilanalys lättare att göra säkra bestämningar till art, i synnerhet då materialet inte är förkolnat (Wasylikowa 1986). Denna detaljeringsgrad gör det i sin tur möjligt att strukturera resultatet utifrån de identifierade växternas ekologiska preferenser, det vill säga i huvudsak efter vilka vegetationstyper de kan tänkas representera. (Även vid pollenanalys kan bestämningen ibland nå artnivå, men oftast bara släkte, familj eller pollentyp.)

Makrofossilmaterialet från brunnarna domineras av den ekologiska gruppen 'Ogräs och ruderatmarksväxter' – en dominans som visar sig i såväl mängden fröer som i antalet arter. En del av dessa fröer kan härröra från åkerogräs, till exempel klätt (*Agrostemma githago*), men flertalet bör spegla ruderatmark på boplatsen och i dess nära omgivning. Typiska ruderatmarksväxter är till exempel trampört (*Polygonum aviculare*) och groblad (*Plantago major*). En skarp gränsdragning mellan ogräs och ruderatmarksväxter låter sig dock inte göras, eftersom flertalet arter kan växa på båda marktyperna. Så kan till exempel svinmålla (*Chenopodium album*) spegla både gödslade åkermarker och kväverika boplatsmiljöer, avträden och liknande.

En art som förekommer rikligt i brunnsproverna är brännässla (*Urtica dioica*), vilken precis som svinmållan är en indikator på kväverik mark. Den har troligen växt i nära anslutning till bebyggelsen, och den starka representationen i brunnsproverna tyder på att den även växt i själva brunnsområdet. I en av brunnarna (63733) var fröer från brännässla exceptionellt talrika, vilket skulle kunna tolkas som att brunnen använts för rötning av nässelfibrer. I en annan brunn (63461), som innehöll relativt mycket brännässlefröer, fanns ovanligt höga frekvenser av nässelpollen (*Urtica*) (se figur 2). Även det kan spegla rötning av nässelfibrer i brunnen. Men eftersom brännässla under gynnsamma omständigheter kan producera och sprida mycket stora mängder fröer och även pollen, kan rötningen inte ses som säkert belagd. Även de mycket höga frekvenserna av fröer och pollen kan spegla brännässlor som växt i brunnsområdet.

Två idag sällsynta arter som förtjänar att omnämnas är kransborre (*Marrubium vulgare*) och taggkörvel (*Anthriscus caucalis*). Fröer av dessa påträffades i relativt stor mängd i en av brunnarna (63733). Kransborren är en värmekrävande och kalkgynnad art som trivs på gårdsplaner och annan ruderatmark. Den har gått kraftigt tillbaka under senare tid och betraktas nu som akut hotad. Tidigare förekom den på flera håll i bland annat Skåne (Weimarck och Weimarck 1985), men nu enbart på Öland och Gotland (Ingelög m.fl. 1993). Taggkörveln är inte lika sällsynt som kransborren men har även den gått tillbaka. Den var tidigare spridd, framför allt i kalkrik åkermark, men har missgynnats av det moderna jordbruket. Idag växer den huvudsakligen på havsstränder (Ingelög m.fl. 1993).

Ytterligare ett intressant och idag sällsynt ogräs som påträffades i brunnsproverna är klätt (*Agrostemma githago*). Det var tidigare ett besvärligt ogräs i stora delar av södra Sverige, men bedöms nu som akut hotat och finns endast i

Vetenskapliga namn	Svenska namn	Motsv. pollentyp i figur 2	"Brunn" 63951	Brunn 63461 (nedre)	Brunn 63461 (övre)	Brunn 63733	Brunn 63521	Brunn 64130
ODLADE OCH INSAMLADE VÄXTER								
Cerealia sp.*	Sädesslag	Cerealia ospec.				1		
Hordeum vulgare var. vulgare*	Skalkorn	Hordeum-typ	1					
Humulus lupulus	Humle	Cannabis-typ	1		1	6	2	5
Linum usitatissimum	Lin				1			
Fragaria sp.	Smultron	Potentilla-typ				1		
OGRÄS OCH RUDERATMARKSVÄXTER								
Poa annua	Vitgröe	Poaceae ospec.	69	1		12		116
Urtica dioica	Brännässla	Urtica	99	172	55	1150	8	47
Urtica urens	Etternässla	Urtica						5
Rumex acetosella	Bergsyra	Rumex acetosa/acetosella	1			2	1	1
Rumex obtusifolius	Tomsskräppa	Rumex obtusifolius-typ	8			11		2
Rumex cf. crispus	Krusskräppa	Rumex obtusifolius-typ						2
Polygonum aviculare	Trampört	Polygonum aviculare-typ		1	3	5		31
Persicaria maculosa	Åkerpilört	Polygonum persicaria-typ				3		8
Persicaria maculosa/lapathifolia	Åkerpilört/vanlig pilört	Polygonum persicaria-typ	28			3		36
Chenopodium album coll.	Svinmålla	Chenopodiaceae	5	3	3	16	7	13
Chenopodium glaucum	Blåmålla	Chenopodiaceae						3
Arenaria serpyllifolia	Sandarv	Caryophyllaceae	1			7		
Agrostemma githago	Klätt	Caryophyllaceae	1		1	14		2
Stellaria media	Våtarv	Caryophyllaceae	4		1	13	1	4
Cerastium fontanum	Hönsarv	Caryophyllaceae	8			1		
Ranunculus repens	Revsmörblomma	Ranunculus-typ	2					
Capsella bursa-pastoris	Lomme	Brassicaceae	8			27		6
Aethusa cynapium	Vildpersilja	Apiaceae				1		
Anthriscus caucalis	Taggkörvel	Apiaceae	1			29		
Lamium cf. purpureum	Rödplister		4					
Solanum nigrum	Nattskatta							1
Hyoscyamus niger	Bolmört					8		1
Galeopsis sp.	Dån		1					
Plantago major	Gårdsgroblad	Plantago major	6	1				45
Taraxacum sp.	Maskrosor	Lactucoideae						2
Cf. Crepis biennis	Skånefibbla	Lactucoideae				1		
Leucanthemum vulgare	Präskrage	Anthemis-typ						1
Anthemis arvensis	Åkerkulla	Anthemis-typ				1		
VÄXTER PÅ TORR GRÄSMARK								
Calluna vulgaris	Ljung	Calluna vulgaris				1		
Carex hirta	Grusstarr	Cyperaceae	4					
Carex ovalis	Harstarr	Cyperaceae						1
Stellaria graminea	Grässtjärnblomma	Caryophyllaceae				1		1
Potentilla argentea	Femgingerört	Potentilla-typ	1					2
Hypericum perforatum	Äkta johannesört							1
Anthriscus sylvestris	Hundkäx	Apiaceae				4		
Daucus carota	Morot	Apiaceae				1		
Marrubium vulgare	Kransborre					28		
Verbascum sp.	Kungsljus		1					

Vetenskapliga namn	Svenska namn	Motsv. pollentyp i figur 2	"Brunn" 63951	Brunn 63461 (nedre)	Brunn 63461 (övre)	Brunn 63733	Brunn 63521	Brunn 64130
VÄXTER PÅ FUKTIG MARK								
Eleocharis palustris	Knappsäv	Cyperaceae	2					
Juncus bufonius	Vägtåg		3					
Persicaria lapathifolia	Strandpilört	*Polygonum persicaria*-typ	1			3		128
Persicaria hydropiper	Bitterpilört	*Polygonum persicaria*-typ	114	1	1	5	5	165
Rumex hydrolapathum	Vattenskräppa	*Rumex obtusifolius*-typ	3					
Ranunculus sceleratus	Tiggarranunkel	*Ranunculus*-typ	126	1	1	10		32
Caltha palustris	Kabbleka	*Caltha*-typ				1		
Rorippa palustris	Sumpfräne	Brassicaceae	50			1		9
Potentilla anserina	Gåsört	*Potentilla*-typ	1					
Filipendula ulmaria	Älggräs	*Filipendula*				1		1
Oenanthe aquatica	Vattenstäkra	Apiaceae	4					
Mentha sp.	Mynta	*Mentha*-typ	19			4		
Lycopus europaeus	Strandklo	*Mentha*-typ	64			5		4
Solanum dulcamara	Besksöta	*Solanum dulcamara*				1		1
Bidens tripartita	Brunskära	*Aster*-typ				1		
VATTENVÄXTER								
Lemna sp.	Andmat		286			6		
ÖVRIGA								
Betula sp.	Björk	*Betula*				1		
Poaceae	Gräs	Poaceae ospec.	2		3	14		2
Poa sp.	Gröe	Poaceae ospec.	36	3		45		2
Avena sp.*	Havre	*Avena*-typ				1		
Carex sp.	Starr	Cyperaceae	2			5		
Luzula sp.	Fryle					1		
Rumex sp.	Skräppa	*Rumex obtusifolius*-typ	23	1	3	11	1	1
Atriplex sp.	Målla	Chenopodiaceae	2			5		2
Cerastium sp.	Arv	Caryophyllaceae			1			
Trifolium sp.	Klöver	*Trifolium*-typ	1					2
Lamium sp.	Plister			1	1			1
Cenaturea sp.	Klint	*Centaurea nigra*-typ						1
Arctium sp.	Kardborre	*Serratula*-typ		1		1		
Carduus/Cirsium	Tistel	*Cirsium*	1			6		1
Viola sp.	Viol		1		1			
Myosotis sp.	Förgätmigej					1		
Odontites/Euphrasia	Rödtoppa/ögontröst		24					
ANNAT INNEHÅLL								
Daphnier			×			×		×

Tabell 1. Samtliga identifierade växtmakrofossil från brunnarna i Järrestad, sorterade i ekologiska grupper. De växtdelar som identifierats är så gott som uteslutande fröer och motsvarande (kärnor, frukter, etc.). De som markerats med asterisk (*) var förkolnade. När resultaten sammanställts i tabellen har fragment räknats som 0,25, halva som 0,5 och hela som 1, och summan har avrundats uppåt till närmaste heltal. Brunnarna presenteras i kronologisk ordning från vänster till höger. För ritningar över brunnarna hänvisas till Appendix 2. Analysen utfördes av Annine S. A. Moltsen.

Plant macrofossils from Late Iron Age wells in Järrestad. Taxa are grouped according to ecological preferences, and the wells are presented in chronological order from left to right. See Appendix 2 for drawings.

Fig. 3. Några av de intressanta fröer som identifierades i de vikingatida brunnarna från Järrestad. Uppe till vänster: klätt (Agrostemma githago). Uppe till höger: taggkörvel (Anthriscus caucalis). Nere till vänster: humle (Humulus lupulus). Nere till höger: kransborre (Marrubium vulgare). Samtliga de fotograferade fröerna kommer från brunn 63733 och är avbildade i samma skala (se skalstrecket).

Some of the interesting seeds and fruits that were found in Viking Age wells in Järrestad. Top left: corncockle (Agrostemma githago). Top right: bur chervil (Anthriscus caucalis). Bottom left: hop (Humulus lupulus). Bottom right: white horehound (Marrubium vulgare). Photo by Staffan Hyll.

254

sydligaste Skåne och på Öland och Gotland. De stora, svarta fröna följde med säden vid skörden och gav brödet en mörk färg och besk smak (Nyman 1867). I större mängd kunde de leda till förgiftning och orsaka en binjureskada som ökade mottagligheten för lepra (Ingelög m.fl. 1993). Klätt blev ett vanligt ogräs i södra Sverige under yngre järnålder och tidig medeltid, vilket satts i samband med introduktionen av höstsådd råg (Viklund 1998). Råg är dock mycket sparsamt förekommande i materialet från Järrestad (se nedan i avsnittet Växtmakrofossil från husen).

En annan grupp som liksom ogräs och ruderatmarksväxter är rikligt representerad är 'Växter på fuktig mark', vilket kanske inte är så förvånande med tanke på att brunnarna är grävda i en naturlig kärrmark. Växterna i denna grupp – strandklo (*Lycopus europaeus*), sumpfräne (*Rorippa palustris*), tiggarranunkel (*Ranunculus sceleratus*) med flera – har växt i brunnsområdet, och en del av dem har även växt i själva brunnarna efter det att de övergivits. Det senare visas av förekomsten av rottrådar i brunnssedimenten.

Då brunnsområdets vegetation diskuteras är det värt att poängtera att så gott som inga fröer eller andra makrofossil från träd påträffats. Det visar att det inte växt träd i brunnsområdet, och det styrker den bild av ett öppet, trädlöst landskap som pollenanalysen gav.

Den enda utpräglade vattenväxt som identifierats som makrofossil är andmat (*Lemna* sp.). Fröer av denna lilla flytbladsväxt har påträffats i två brunnar (63951 och 63733). Eftersom den kräver ljus och fritt vatten visar den att dessa två brunnar saknat brunnslock eller annan heltäckande överbyggnad under åtminstone någon del av sin funktionstid. I den ena av dem identifierades utöver fröer från andmat även pollen av vattenväxterna lånke och vit näckros (se ovan).

Till gruppen 'Växter på torr gräsmark' hör arter som trivs i betesmarker, hårdvallsängar och liknande. Denna grupp är mycket svagt representerad i makrofossilmaterialet från brunnarna. En del av de fröer som i tabellen återfinns i gruppen 'Övriga', som till exempel ospecificerade gräsfröer (Poaceae och *Poa* sp.), kan dock härröra från torr gräsmark, men då de inte bestämts till art har de inte kunnat ges någon ekologisk tillhörighet. Även med hänsyn till denna felkälla är gräsmarker svagt representerade i makrofossilmaterialet, trots att pollenanalysen visat att det omgivande landskapet karakteriserades av öppna gräsmarker. Denna diskrepans är inte särskilt förvånande, utan speglar helt enkelt att makrofossil ger en mer lokal bild än vad de mer långtflygande pollenkornen gör. En rimlig tolkning är att landskapsbilden dominerats av vidsträckta gräsmarker, men att dessa inte legat i omedelbar anslutning till brunnarna, vilka istället omgärdats av kärrmarksvegetation och ruderatmarker.

I tabellen har odlade växter och andra ätbara eller nyttjade växter förts till gruppen 'Odlade och insamlade växter.' De enda av dessa som med säkerhet härrör från odlade växter är två sädeskorn. Båda dessa var förkolnade och de har troligen följt med från boplatsytan fastklibbade på någon kruka. Det är ett vanligt förehållande vid makrofossilanalys av brunnssediment och andra vatten-avsatta lager, att just sädeskornen är förkolnade medan fröer från andra växter inte är det (t.ex. Regnell 1994, Engelmark 1995). En förklaring som föreslagits är att färska sädeskorn bevaras dåligt på grund av den höga stärkelsehalten (Ranheden 1995).

I brunnsproverna fanns även enstaka fröer av humle (*Humulus lupulus*) samt ett frö av lin (*Linum usitatissimum*). De äldsta beläggen för odling eller åtmins-tone hantering av humle i Sverige är från svarta jorden i Birka (Hansson 1996), vilket troligen är det enda vikingatida fyndet hittills från Sverige. Från våra grannländer finns humlefynd från flera vikingatida central- och handelsplatser, bland annat nordtyska Hedeby, Ribe på Jyllands västkust och Wollin på polska Östersjökusten (Behre 1999, med vidare referenser). Dessa tidiga fynd speglar introduktionen av humle som öltillsats (även om humle också kan användas som spånadsväxt). Humlet fungerade inte bara som krydda utan ökade också ölets hållbarhet. Användningen av humle i öl är ett bruk som kan spåras till-baka till 700-talet i Frankrike, och som under yngre järnålder och tidig medel-tid spreds genom norra Europa. Enligt skriftliga källor blev odling av humle vanligare under medeltidens lopp, men först under senmedeltid hade den slutli-gen konkurrerat ut pors (*Myrica gale*) som den viktigaste ölkryddan (Behre 1999). Från medeltiden finns flera svenska fynd, bland annat från Lund (Hjelm-kvist 1991, 1992). Humlefynden från brunnarna i Järrestad, som merparten är från sen vikingatid, passar in i bilden av hur humlekryddat öl först introducera-des på platser av central karaktär. (Värt att nämna i detta sammanhang är att brunnsproverna också innehöll troliga delar av honungsbin; Lemdahl, denna volym. Artbestämningen är inte helt säker men fynden är intressanta eftersom eventuell biodling skulle kunna knytas till ölframställning.)

Mer överraskande än de vikingatida humlefynden i Järrestad är att ett humle-frö även påträffades i den äldsta brunnen (63951), vilken daterats till vendeltid. Pollenanalyser har i och för sig visat att vildväxande humle funnits sporadiskt i södra Sverige sedan tusentals år tillbaka, och ett enstaka frö kan därför inte tas som belägg för tidig humleodling. Humle är dock en klätterväxt som i vilt tillstånd är knuten till alkärr och andra fuktiga skogstyper, så avsaknaden av träd i brunnsområdet kan ses som ett indicium på att humlefröna kommer från odlade eller åtminstone insamlade växter. I pollenproverna från brunnarna finns en del pollen av *Cannabis*-typ vilka troligen härrör från humle, men de kan också härröra från hampa (*Cannabis sativa*).

Ett enstaka frö av lin påträffades i en av brunnarna. Lin har odlats i södra Sverige och i Danmark åtminstone sedan äldre järnålder, till en början för de oljerika frönas skull men sedan också som spånadsväxt (t.ex. Engelmark och Viklund 1990, Lindahl Jensen m.fl. 1995, Robinson 1993). Linfröet från brunnen, tillsammans med enstaka förkolnade linfröer från grophus och långhus (se nedan), kan spegla att lin odlats eller hanterats på platsen. Pollen av lin har inte identifierats i något brunnsprov, men lin sprider mycket få pollen utanför de åkerytor där det odlas (Hall 1994). Lin- och humlefynden kan på samma sätt som den rika förekomsten av brännässla tolkas som att brunnarna använts för rötning. Detta kan inte uteslutas men man skulle då förvänta sig större mängder fröer och i synnerhet högre pollenfrekvenser.

Växtmakrofossil från husen

Förkolnade makrofossil från stolphål, gropar och andra torra kontexter presenteras i tabell 2. Målsättningen med analysen var att få en bild av landskapet och den agrara ekonomin, samt att belysa eventuella funktionsindelningar och aktivitetsområden i långhusen och på boplatsytan (jfr Viklund 1998). Det visade sig dock att makrofossilmaterialet i dessa kontexter var ganska magert och knappast tillåter några säkra slutsatser om funktionsindelning eller rumslig organisation (se Moltsen 2002 för tolkningar av enskilda hus, etc.). De makrofossil som daterats till perioder äldre än yngre järnålder var dessutom så få att det är svårt att säga något säkert om eventuella agrara förändringar genom tiden. Det förkolnade materialet från yngre järnålder är dock relativt rikt och kan kasta ljus över det agrara inslaget på boplatsen vid den tiden.

Sammanlagt några hundra förkolnade sädeskorn identifierades i stolphål och andra anläggningar daterade till yngre järnålder. De allra flesta av dessa gick inte att bestämma närmare än till obestämt sädesslag (*Cerealia* sp.). Bland de bestämbara dominerar korn, och av de två kornsorterna är skalkorn (*Hordeum vulgare* var. *vulgare*) vanligast. Det är dock svårare att säkert identifiera naket korn (*H. vulgare* var. *nudum*) och därför är det möjligt att en större andel av dessa hamnat i gruppen ospecificerat korn (*H. vulgare*). Bland övriga sädesslag dominerar brödvete (*Triticum aestivum*), vilket sedan följs av enstaka fynd av speltvete (*T. spelta*), emmer (*T. dicoccum*), kubbvete (*T. compactum*) och råg (*Secale cereale*). Andra odlade växter utöver sädesslag representeras av några enstaka fröer av lin (*Linum usitatissimum*) och eventuellt av dådra (*Camelina sativa* coll.).

Enligt en tidigare publicerad sammanställning för södra Sverige var skalkorn, brödvete och råg de viktigaste grödorna under vikingatiden (Engelmark och Viklund 1990). Resultatet från Järrestad stämmer bra in i denna bild, dock med det undantaget att rågodling knappast verkar ha förekommit (jfr Regnell 2002). Det är inte möjligt att enbart utifrån makrofossilanalysen utesluta rågodling, men även pollenanalyserna från brunnarna gav samma bild.

Vetenskapliga namn	Svenska namn	Motsv. pollentyp i figur 2	Summa neolitikum	Summa bronsålder	Summa äldre järnålder	Summa yngre järnålder	Yngre järnålder			
							Gropar	Härdar	Grophus	Långhus
ODLADE OCH INSAMLADE VÄXTER										
Cerealia sp.	Sädesslag	*Cerealia* ospec.	3	3	4	548	3	29	137	379
Hordeum vulgare	Obest. korn	*Hordeum*-typ				77	2	1	5	69
Hordeum vulgare var. *vulgare*	Skalkorn	*Hordeum*-typ	1			49		3	2	45
Hordeum vulgare var. *nudum*	Naket korn	*Hordeum*-typ				1				1
Triticum sp.	Obest. vete	*Triticum*-typ				9			2	7
Triticum spelta	Spelt	*Triticum*-typ				2				2
Triticum dicoccum/spelta	Emmer/spelt	*Triticum*-typ				3	1			2
Triticum compactum	Klubbvete	*Triticum*-typ				4				4
Triticum aestivum	Brödvete	*Triticum*-typ				13			1	12
Secale cereale	Råg	*Secale cereale*				5			1	4
Linum usitatissimum	Lin					4			1	3
Rubus fruticosus/idaeus	Björnbär/hallon		2							
Corylus avellana	Hassel	*Corylus*	19	3		6			1	6
OGRÄS OCH RUDERATMARKSVÄXTER										
Poa annua	Vitgröe	Poaceae ospec.				2				2
Urtica dioica	Brännässla	*Urtica*				1				1
Rumex acetosella	Bergsyra	*Rumex acetosa/acetosella*		3		4			1	3
Rumex acetosa	Ängssyra	*Rumex acetosa/acetosella*				1				1
Polygonum aviculare	Trampört	*Polygonum aviculare*-typ	1	14		5	1		1	3
Persicaria maculosa	Åkerpilört	*Polygonum persicaria*-typ		4		23			1	22
Persicaria lapathifolia ssp. *pallidum*	Vanlig pilört	*Polygonum persicaria*-typ		1		8	1		2	5
Persicaria maculosa/lapathifolia	Åkerpilört/vanlig pilört	*Polygonum persicaria*-typ	1			12			1	12
Fallopia covolvulus	Åkerbinda	*Fallopia covolvulus*-typ	1			12	1		1	10
Chenopodium sp.	Målla	Chenopodiaceae		7		95		1	20	74
Chenopodium album coll.	Svinmålla	Chenopodiaceae		45		39	7	1	8	24
Stellaria media	Våtarv	Caryophyllaceae				4				4
Spergula arvensis	Åkerspergel					6	1		1	4
Scleranthus sp.	Knavel	Caryophyllaceae				1				1
Capsella bursa-pastoris	Lomme	Brassicaceae				1				1
Neslia paniculata	Korndådra	Brassicaceae				3		1		2
Raphanum raphanistrum	Åkerrättika	Brassicaceae								
Camelina sativa coll.	Dådra	Brassicaceae		1		4	1			3
Aethusa cynapium	Vildpersilja	Apiaceae				1				1
Galeopsis sp.	Dån					6			1	5
Galium spurium	Linmåra	*Galium*-typ				1				1
VÄXTER PÅ TORR GRÄSMARK										
Festuca rubra	Rödsvingel					1				1
Carex ovalis	Harstarr	Cyperaceae				1				1
Plantago lanceolata	Svartkämpar	*Plantago lanceolata*			1	4			1	3

Vetenskapliga namn	Svenska namn	Motsv. pollentyp i figur 2	Summa neolitikum	Summa bronsålder	Summa äldre järnålder	Summa yngre järnålder	Yngre järnålder			
							Gropar	Härdar	Grophus	Långhus
VÄXTER PÅ FUKTIG MARK										
Carex nigra	Hundstarr	Cyperaceae				4				4
Eleocharis sp.	Säv	Cyperaceae		1						
Persicaria lapathifolia ssp. *lapathifolia*	Strandpilört	*Polygonum persicaria*-typ		1						
Lychnis flos-cuculi	Gökblomster	Caryophyllaceae				1				1
Caltha palustris	Kabbleka	*Caltha*-typ				1				1
Potentilla anserina	Gåsört	*Potentilla*-typ				2			2	
Mentha sp.	Mynta	*Mentha*-typ	1							
Solanum dulcamara	Besksöta	*Solanum dulcamara*				2	1		1	
ÖVRIGA										
Poaceae	Gräs	Poaceae ospec.	1	1	1	48	2	2	8	36
Poa sp.	Gröe	Poaceae ospec.	1			6	1		1	4
Avena sp.	Havre	*Avena*-typ				18				18
Bromus sp.	Losta	Poaceae ospec.				1				1
Carex sp.	Starr	Cyperaceae			1	12	1		4	7
Luzula sp.	Fryle		1							
Rumex sp.	Skräppa	*Rumex obtusifolius*-typ				8			3	5
Atriplex sp.	Målla	Chenopodiaceae				10			1	9
Caryophyllaceae	Nejlikväxter	Caryophyllaceae				2				2
Stellaria sp.	Stjärnblomma	Caryophyllaceae				1				1
Ranunculus sp.	Ranunkel	*Ranunculus*-typ			1					
Potentilla sp.	Fingerört m.fl.	*Potentilla*-typ		1		3			1	2
Trifolium sp.	Klöver	*Trifolium*-typ				2				2
Vicia sp.	Vicker	*Vicia*-typ/*Vicia-cracca*-typ				1				1
Brassica sp.	Kålväxt	Brassicaceae				1				1
Lamiaceae	Kransbl. växter					1				1
Veronica sp.	Veronika					2			1	1
Viola sp.	Viol					3	1		1	1
Malva sp.	Malva					7			5	2
Galium sp.	Måra	*Galium*-typ			3	6			1	5
Myosotis sp.	Förgätmigej					1				1

Tabell 2. Förkolnade växtmakrofossil från stolphål, grophus och andra torra kontexter i Järrestad, sorterade i ekologiska grupper. De växtdelar som identifierats är så gott som uteslutande fröer och motsvarande (kärnor, frukter, etc.). När resultaten sammanställts i tabellen har fragment räknats som 0,25, halva som 0,5 och hela som 1, och summan har avrundats uppåt till närmaste heltal. I tabellen visas resultaten period för period (prov med osäker datering har uteslutits). För yngre järnålder görs även en distinktion mellan provtagningskontexter. Träkol redovisas separat i figur 2 och tabell 3. Analysen utfördes av Annine S. A. Moltsen.

Charred plant macrofossils from post-holes and other dry contexts in Järrestad. Taxa are grouped according to ecological preferences. The first four columns show sums for different periods (Neolithic, Bronze Age, Early Iron Age, Late Iron Age), and the next four columns show Late Iron Age macrofossils according to contexts (pits, hearths, pit-houses, long-houses).

I det förkolnade makrofossilmaterialet fanns utöver odlade växter ganska rikligt med ogräs och ruderatmarksväxter. Dessa domineras av svinmålla (*Chenopodium album* och troligen de flesta *Chenopodium* sp.), följt av olika pilörter (*Persicaria* sp.) och åkerbinda (*Fallopia convolvulus*). Artsammansättningen inom denna grupp liknar den från brunnarna, och liksom i det materialet är det svårt att säkert skilja åkerogräs från ruderatmarksväxter. Den rika förekomsten av svinmålla till exempel kan mycket väl spegla välgödslade åkrar, men även kväverika marker kring bebyggelsen. Huvudintrycket är dock att inslaget av åkerogräs är starkare i det förkolnade materialet än i det från brunnarna.

Ett intressant ogräs som förtjänar att omnämnas är linmåra (*Galium spurium*). Detta ogräs växte förr i södra och mellersta Sverige och var då så gott som helt knutet till linåkrar (Ingelög m.fl. 1993). Det gick tillbaka i samband med bättre utsädesrensning och linodlingens upphörande, och är idag troligen helt utgånget ur den svenska floran.

Även fynden av korndådra (*Neslia paniculata*) och obestämd dådra (*Camelina sativa* coll.) är intressanta i detta sammanhang. Korndådran är ett sällsynt ogräs som förr var relativt vanligt, bland annt i linåkrar men också i annan åkermark (Weimarck och Weimarck 1985). Utöver korndådra hör övriga dådror till *Camelina sativa* coll. som innefattar flera underarter, till exempel oljedådra (*C. sativa* ssp. *sativa*) och lindådra (*C. sativa*). De fröer som påträffats i proverna har ej gått att bestämma till underart, och de kan representera såväl åkerogräs som odlade former. Som ogräs har *Camelina sativa* framför allt växt i linåkrar. Utan att kunna ge något säkert belägg, så tyder de enstaka fynden av linfrö (fördelade på tre långhus, ett grophus och en brunn), tillsammans med enstaka fröer av linmåra och två arter dådra, på att linodling har förekommit i närområdet under yngre järnålder.

Träkol från husen

Ett ganska stort antal träkolsbitar från utgrävningarna vedartsbestämdes. I figur 4 presenteras de kolbitar som inte bara vedartsbestämts utan även ^{14}C-daterats. Även om diagrammet bygger på sammanlagt 30 stycken dateringar, så är materialet för litet för att kunna spegla detaljer i vegetationsutvecklingen eller markanvändningen. Några mer långsiktiga trender kan dock tolkas ur diagrammet. Den mest tydliga är att de enstaka kolbitar som daterats till mesolitisk tid härrör från tall (*Pinus* sp.), medan alla kolbitar från neolitikum och senare perioder härrör från lövträd. Tallkol från mesolitikum, och i synnerhet då från tidigmesolitikum, dyker ofta upp i arkeologiska sammanhang då ett större antal kolbitar insamlas och dateras (t.ex. Lagerås 2000, 2002). Detta mesolitiska tallkol härrör huvudsakligen från naturliga skogsbränder, även om ett antropogent bidrag i form av röjningsbränningar, härdar, etc inte helt kan uteslutas (se diskussion i Lagerås 2002). När den atlantiska lövskogen bredde ut sig längre fram under mesolitikum gick brandfrekvensen ned, och först i och med jordbrukets införande under neolitikum ledde agrara röjningsbränningar till att brandfrekvensen återigen steg.

Eftersom allt daterat kol från lövträd i Järrestad härrör från de senaste sex tusen åren, det vill säga den period som börjar med jordbrukets införande, kan vi hypotetiskt knyta detta träkol till agrara aktiviteter och boplatser. Tolkningen är rimlig med tanke på att naturliga skogsbränder i tempererade lövskogar är något mycket sällsynt (t.ex. Rackham 1980).

I tabell 3 presenteras alla vedartsbestämda kolbitar från Järrestad utan hänsyn till vare sig kronologi eller provtagningskontexter. Som framgår av tabellen uppvisar materialet en kraftig dominans av ek (*Quercus* sp.), medan de flesta övriga lövträd och även tall förekommer med enstaka bitar. Denna dominans av ek känns igen från tidigare analyser av träkol från arkeologiska utgrävningar i södra Sverige (t.ex. Bartholin och Berglund 1992, Lagerås 2000). Till del kan den bero på att ek ger ett hårt träkol med hög bevaringspotential, men den bör också till viss del spegla faktiska förhållanden.

Vetenskapliga namn	Svenska namn	Antal kontexter	Antal bitar
Quercus sp.	Ek	33	405
Pinus silvestris	Tall	6	14
Alnus sp.	Al	5	14
Corylus avellana	Hassel	5	36
Pomoideae	Apel, hagtorn m.fl.	4	14
Tilia sp.	Lind	4	9
Acer sp.	Lönn	3	6
Fraxinus excelsior	Ask	3	13
Prunus sp.	Slån m.fl.	3	4
Betula sp.	Björk	2	6
Populus sp.	Asp	2	10
Ulmus sp.	Alm	2	8
Cornus sanguinea	Skogskornell	1	13
Fagus silvatica	Bok	1	5
Salix sp.	Sälg, vide	1	1

Tabell 3. Sammanställning över allt vedartsbestämt träkol från Järrestad, utan hänsyn till datering eller typ av provtagningskontexter. Analysen utfördes av Thomas Bartholin.

All identified macroscopic charcoal from the Järrestad excavation.

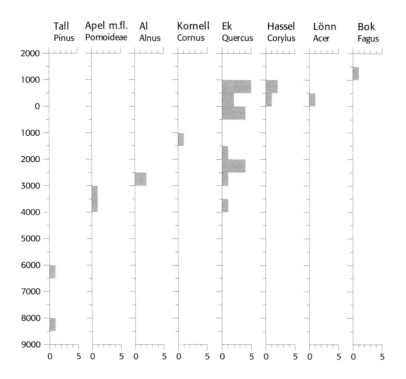

Fig. 4. Stapeldiagram över allt vedartsbestämt och ¹⁴C-daterat träkol från Järrestad. Skalan till vänster visar kalibrerade år före och efter Kristus. Staplarnas längd visar hur många kolbitar av de olika trädslagen som daterats till respektive 500-års-intervall (mittpunkterna på respektive ett-sigma-intervall har använts). Diagrammet bygger på 30 direktdaterade kolbitar. Vedartsanalysen utfördes av Thomas Bartholin.

Bar chart of all identified and radiocarbon-dated macroscopic charcoal from Järrestad, presented on a calibrated time-scale (BC/AD). Bars show the number of charcoal fragments of each taxon that were radiocarbon dated to the corresponding 500-year interval (midpoints of one-sigma intervals were used). The bar chart is based on 30 radiocarbon dates.

Pollenanalyserna från brunnarna i Järrestad visade att boplatsområdet och det omgivande landskapet varit så gott som trädlöst under yngre järnålder, och de pollenanalyser som utförts på torvlagerföljder visar att detta öppna landskap kan spåras tillbaka åtminstone till och med bronsåldern (Liljegren & Björkman, denna volym). Därför får man tänka sig att träkolsmaterialet från utgrävningen huvudsakligen speglar ved och kanske byggnadsvirke som transporterats till platsen. Viss reservation får dock göras för att en del träkol kan härröra från hamlade träd, eftersom sådana har begränsad blomning och därför sprider väldigt få pollen.

Ett intressant resultat i detta sammanhang är att träkol från björk (*Betula* sp.) och hassel (*Corylus* sp.) är relativt svagt representerat i Järrestadmaterialet. Dessa vedarter förekom i endast 5% respektive 12% av de analyserade proverna (ek förekom i 79% av proverna). Resultatet kan ställas mot det väldokumenterade träkolsmaterialet från röjningsröseområden i Hamneda i södra Småland (Lagerås 2000). Bland röjningsrösena, det vill säga i järnålderns odlings- och betesmarker, fanns en hel del träkol från ek (som förekom i 60% av proverna), men även relativt mycket kol från björk (38% av proverna) och hassel (26% av proverna). Pollenprover från röseområdena uppvisade också relativt höga frekvenser björk- och hasselpollen, och pollenanalysen och träkolsanalysen gav därmed en samstämmig bild av halvöppna betesmarker med en hel del sly, buskar och småträd. På samma vis ger pollenanalysen och träkolsanalysen från Järrestad en samstämmig bild av mycket öppna, mer eller mindre trädlösa betesmarker.

Slutsatser

Brunnsområdet

Först och främst kan vi konstatera att de olika analyser som utförts på de vikingatida brunnsfyllningarna bekräftar att det verkligen rör sig om brunnar. I pollenproverna noterades grönalger (*Pediastrum* sp.) och i makrofossilproverna fanns ägg efter hinnkräftor (*Daphnia* sp.), vilket visar att de analyserade jordlagren är avsatta i vatten. Dessutom framkom rester av vattenlevande insekter (Lemdahl, denna volym).

I en av brunnarna fanns även rikligt med fröer från andmat (*Lemna* sp.), samt enstaka pollen från lånke (*Callitriche* sp.) och vit näckros (*Nymphaea alba*). Denna brunn skilde sig också från de övriga genom sin vidare och flackare form och sin något högre ålder (vendeltid). Förekomsten av flytbladsväxter visar att solljuset fritt kunnat flöda över vattenytan, så anläggningen måste ha saknat överbyggnad och brunnslock. Man har inte heller genom rensningar hållit vattnet fritt från växter. Allt tyder därför på att denna brunn inte varit avsedd att ge dricksvatten åt människor, utan snarare varit ett vattenhål för kreatur, eller möjligen använts för blötläggning eller andra ändamål. Den rulle lindbark som påträffades i brunnen kan därför mycket väl ha lagts till rötning för bastpreparering (jfr Söderberg, denna volym).

Vidare visar analysresultaten att brunnsområdet under sin användningstid saknade trädvegetation, och att det i stället karakteriserades av en öppen våtmarks- och ruderatmarksvegetation. Den rikliga förekomsten av bland annat brännässla (*Urtica dioica*) tyder på att våtmarken kring brunnarna tillförts hushållsavfall och annan kväveberikning.

Bland bebyggelsen

Flera av de växter som identifierats i analyserna är så kallade ruderatmarksväxter, det vill säga växter som trivs på boplatser, stigar, vägkanter och diverse skräpmark. Typiska exempel är trampört (*Polygonum aviculare*) och groblad (*Plantago major*) som är väl representerade i proverna, både som pollen och som fröer. Dessa och flera andra ruderatmarksarter är tåliga mot slitage, och de har säkert växt på den upptrampade och slitna marken kring bebyggelsen och på slänten ned mot brunnsområdet. De speglar på så vis aktiviteten på boplatsytan.

De mycket låga frekvenserna av trädpollen, och den så gott som totala avsaknaden av trädmakrofossil, visar att det inte vuxit träd på boplatsen. Eventuella vårdträd vid husen borde ha gett ett tydligt utslag i pollenspektra eftersom sådana solitära, fritt solbelysta träd blommar rikligt. Förekomsten av något enstaka hamlat träd kan i och för sig inte uteslutas, eftersom hamlade träd har reducerad blomning. Ändå tycker man att även hamlade träd borde ha avsatt några spår i makrofossilproverna från brunnarna, till exempel som barkflagor, bladärr, fjäll från bladknoppar, etc. I stolphål, härdar och andra anläggningar på boplatsen har dock en del träkol tillvaratagits, men detta härrör sannolikt från ved och virke som transporterats till platsen.

Det omgivande landskapet

Pollenproverna från brunnarna speglar inte bara brunnsområdet och boplatsen, utan ger också en ganska tydlig bild av det omgivande kulturlandskapet. Detta landskap var så gott som trädlöst och präglades först och främst av betade gräsmarker (tolkningen får stöd också av insektsanalysen; Lemdahl, denna volym). Det öppna landskapet och det topografiska läget har tillsammans gjort att de storslagna hallbyggnaderna kunnat ses på långt håll, och de bör ha varit ett dominerande och manifest inslag i landskapsbilden.

Som en följd av de näringsrika jordarna var dessa betesmarker artrika och produktiva, och inslaget av ljung var försumbart. En del av gräsmarkerna kan ha nyttjats för slåtter, men detta går inte att säkert avgöra utifrån analysresultaten. Husplanerna ger inga belägg för att djur hållits vinterstallade på boplatsen (Söderberg, denna volym, jfr Olausson 1998), och i makrofossilmaterialet från stolphålen finns inte heller några tydliga tecken på stall eller foderupplag (Moltsen 2002). Även om hö inte bara ska kopplas till stallning, utan även kan ha varit ett viktigt komplement till magert vinterbete, så blir den sammantagna tolkningen att de vidsträckta gräsmarkerna kring boplatsen till allra största delen nyttjats för betesdrift, och att eventuella slåttermarker varit av begränsad utbredning.

Konkreta spår efter betesdjur finns i det osteologiska materialet, vilket domineras av nötboskap men också innehåller bland annat häst, svin och får/get (Nilsson, denna volym). Detta material kan dock inte med självklarhet knytas till betesmarkerna, eftersom kött och slaktdjur kan ha transporterats till platsen. Att så kan vara fallet visas till exempel av förekomsten av enstaka ben av älg och gråsäl. En mer säker koppling mellan kreatur och betesmarkerna ger då insektsanalysen, där fynden av flera arter dyngbaggar visar på en närvaro av framför allt nötboskap och häst (Lemdahl, denna volym).

Utöver betesmarker visar pollenanalysen att det funnits en del åkermark i omgivningen, där i första hand korn (*Hordeum vulgare*) och vete (*Triticum* sp.) odlats. Dock är pollenfrekvenserna relativt låga och den sammanlagda åkerarealen har troligen inte varit speciellt stor, åtminstone inte inom en zon på några hundra meter kring boplatsen. Makrofossilanalysen av förkolnade sädeskorn från stolphål och andra anläggningar visar att skalkorn (*H. vulgare* var. *vulgare*) varit den klart viktigaste grödan, men att även brödvete (*Triticum aestivum*) och en del andra sädesslag odlats i mindre omfattning. De sädeskorn som påträffats i anläggningarna behöver dock inte med nödvändighet komma från den egna gårdens åkerbruk. Trots att cirka 700 förkolnade sädeskorn identifierats så uppvisar makrofossilproverna en total avsaknad av övriga delar av sädesaxen, som till exempel småaxbaser eller agnar, vilka frigörs vid tröskningen. Avsaknaden av dessa tröskrester kan i och för sig bero på att de har mindre möjligheter att förkolnas och bevaras (Viklund 1998), men det kan också spegla att odling och processande av spannmål inte varit någon omfattande verksamhet på boplatsen.

Humle och lin

Utöver olika sädesslag har humle (*Humulus lupulus*) och lin (*Linum usitatissimum*) odlats eller åtminstone hanterats på platsen. De humlefrön som identifierats i brunnarna kan sättas i samband med en introduktion av humlekryddat öl på platser av central karaktär (se diskussion ovan). Odlingen av lin har inte varit särskilt omfattande, men att den förekommit indikeras av enstaka linfröer tillsammans med ogräs typiska för linåkrar.

Platsens agrara bas

Resultaten av de olika paleoekologiska analyser som utförts i Järrestad ger en bild av hur den yngre järnålderns landskap och vegetation sett ut, och de ger även konkreta belägg för markslag, grödor, etc. Betydligt svårare är det att kvantifiera omfattningen och den ekonomiska betydelsen av dessa olika komponenter. Att landskapet var öppet och dominerades av betesmarker kan dock slås fast, framför allt utifrån resultatet av pollenanalysen, men också utifrån insektsanalysen.

Jämfört med betesdriften är åkerbrukets betydelse svårare att bedöma. Att vete- och kornåkrar förekommit visas av pollenanalysen, och även av makrofossilanalysen, men åkermarkens areella utbredning går inte att avgöra. Den relativt låga frekvensen av sädespollen indikerar dock att åkermark inte varit något dominerande inslag i landskapsbilden. Förkolnade sädeskorn och inte minst fröer från åkerogräs visar att skörd från åkrarna i någon omfattning har hanterats på platsen. Tecken på större upplag av utsäde i form av stora mängder sädeskorn saknas, liksom även indikationer på tröskning. Det talar för att en del av den säd som använts i hushållet har odlats på annat håll. (Intressant nog visar den bonitetsklassning som gjordes i samband med enskiftet, att markerna kring hallbyggnaderna hade låga bonitetsvärden och därför bör ha legat utanför byns välgödslade åkermark; Riddersporre, denna volym. Det ger stöd för tolkningen att hallbyggnaderna inte anslöt till omfattande åkermark.)

Den sammantagna tolkningen av den agrara ekonomin är att såväl odling som betesdrift förekommit i direkt anslutning till platsen. Någon omfattande spannmålsodling har dock knappast bedrivits, åtminstone inte av de gårdar och bebyggelsekomplex som undersökts. Med andra ord kan platsens rikedom inte ha baserats på egen spannmålsproduktion. I den mån det går att göra en jämförelse verkar djurhållningen ha haft större betydelse än åkerbruk, även om stallning inte kunnat beläggas.

Tack till Mats Regnell för värdefulla synpunkter på manuskriptet.

Summary

The aristocracy in the landscape. Palaeoecological studies of the Iron Age of Järrestad.

Archaeological investigations were carried out on a Late Iron Age settlement site in Järrestad, the province of Skåne, southern Sweden. The remains of large long-houses, pit-houses, wells, etc. were excavated. Finds from the site - together with the size and construction of the houses - show that it was not an ordinary settlement, but rather a place of central character and manifest power.

In connection with the archaeological excavations a palaeoecological study was carried out. The major aim of this study was to reconstruct the local vegetation and land-use around the Late Iron Age site. Samples from post-holes, hearths, etc., were analysed for charcoal and charred plant macrofossils, while samples from the organogenic sediments deposited in the wells were analysed for non-charred plant macrofossils, insect remains, and pollen.

The results of the analyses show that the immediate surroundings of the wells were characterized by wetland and ruderal plants, some of which indicate nitrogen-rich conditions. Ruderal plants also dominated the settlement area around the houses.

The landscape surrounding the site consisted of vast, open grasslands reflecting high grazing pressure. In this open landscape, the impressive long-houses and other buildings of the site must have been highly visible over large distances, dominating the scenery.

Apart from pastures, some areas were also used for growing cereals - mainly hulled barley (Hordeum vulgare var. vulgare) and bread-wheat (Triticum aestivum) - and probably flax (Linum usitatissimum). It is not possible to estimate the extent of the arable, but the impression gained from the analyses is that it was rather restricted. No chaff was found in the macrofossil samples, which may be tentatively taken as an indication of crop processing not being a major activity on the site.

Finds of hops (Humulus lupulus) in samples from the wells show that this plant was processed, and possibly grown, at the site. The finds are interpreted as reflecting the introduction of hops as a beer additive among the social elite during the Late Iron Age.

Referenser

Anderberg, A.-L. 1994. *Atlas of seeds and small fruits of Northwest-European plant species with morphological descriptions. Part 4. Recedaceae–Umbelliferae.* Naturhistoriska riksmuseet, Stockholm.

Andersen, S.T. 1979. Identification of wild grass and cereal pollen. *Danmarks Geologiske Undersøgelser, Årbog* 1978, s. 68–92.

Bartholin, T.S., Berglund, B.E. 1992. The prehistoric landscape in the Köpinge area – a reconstruction based on charcoal analysis. I: Larsson, L., Callmer, J., Stjernquist, B. (red.) *The archaeology of the cultural landscape – field work and research in a south Swedish rural region.* Acta Archaeologica Lundensia, Series in 4° 19, s. 345–358. Stockholm.

Behre, K.-E. 1992. The history of rye cultivation in Europe. *Vegetation History and Archaeobotany* 1, s. 141–156.

Behre, K.-E. 1999. The history of beer additives in Europe – a review. *Vegetation History and Archaeobotany* 8, s. 35–48.

Berggren, G. 1981. *Atlas of seeds and small fruits of Northwest-European plant species with morphological descriptions. Part 3. Salicaceae–Cruciferae.* Naturhistoriska riksmuseet, Stockholm.

Broström, A. 2002. *Estimating source area of pollen and pollen productivity in the cultural landscapes of southern Sweden – developing a palynological tool for quantifying past plant cover.* Kvartärgeologiska avdelningen, Lunds universitet, Lundqua Thesis 46.

Callmer, J. 1997. Aristokratiskt präglade residens från yngre järnålder i forskningshistorien och deras problematik. I: Callmer, J., Rosengern, E. (red.) "...gick Grendel att söka det höga huset..." – arkeologiska källor till aristokratiska miljöer i Skandinavien under yngre järnålder, s. 11–18. Hallands Länsmuseers Skriftserie 9/GOTARC C, Arkeologiska Skrifter 17. Halmstad.

Engelmark, R. 1995. Brunnarna på Håbolandet – en pollen och makrofossilanalys. I: Ullén, I., Ranheden, H., Eriksson, T., Engelmark, R., *Om brunnar – arkeologiska och botaniska studier på Håbolandet,* s. 57–67. Riksantikvarieämbetet, Arkeologiska undersökningar, Skrifter 12. Stockholm.

Engelmark, R., Viklund, K. 1990. Makrofossilanalys av växtrester – kunskap om odlandets karaktär och historia. *Bebyggelsehistorisk tidskrift* 19, s. 33–41.

Fægri, K., Iversen, J. 1989. *Textbook of pollen analysis* (4:e rev. uppl. av Fægri, K., Kaland, P.E., Krzywinski, K.). Wiley, New York.

Hall, V.A. 1994. Landscape development in Northeast Ireland over the last half millenium. *Review of Palaeobotany and Palynology* 82, s. 75–82.

Hansson, A.-M. 1996. Finds of hops, *Humulus lupulus* L., in the black earth at Birka, Sweden. I: Mejdahl, V., Siemen, P. (red.) *Proceedings from the 6th Nordic Conference on the Application of Scientific Methods in Archaeology, Esbjerg 1993,* s. 129–137. Esbjerg Museum, Arkæologiske Rapporter 1 (1996).

Hjelmqvist, H. 1991. Några trädgårdsväxter från Lunds medeltid. *Svensk Botanisk Tidskrift* 85, s. 225–248.

Hjelmkvist, H. 1992. Some economic plants from the prehistoric and Medieval periods in southern Scania. I: Larsson, L., Callmer, J., Stjernquist, B. (red.) *The archaeology of the cultural landscape – field work and research in a south Swedish rural region.* Acta Archaeologica Lundensia, Series in 4° 19, s. 359–367. Stockholm.

Ingelög, T., Thor, G., Hallingbäck, T., Andersson, R., Aronsson, M. (red.) 1993. *Flora-vård i jordbrukslandskapet – Skyddsvärda växter.* Svensk botanisk tidskrift, Lund.

Jacomet, S. 1987. *Prähistorische getreidefunde. Ein Anleitung zur Bestimmung prähistorischer Gersten- und Weizen-Funde.* Botanisches Institut der Universität Basel.

Körber-Grohne, U. 1991. *Bestimmungsschlüssel für subfossile Gramineen-Früchte. Probleme der Küstenforschung im Südlischen Nordseegebiet, bg 18.* August Lax, Hildesheim.

Lagerås, P. 2000. Järnålderns odlingssystem och landskapets långsiktiga förändring – Hamnedas röjningsröseområden i ett paleoekologiskt perspektiv. I: Lagerås, P. (red.) *Arkeologi och paleoekologi i sydvästra Småland – Tio artiklar från Hamnedaprojektet.* Riksantikvarieämbetet, Arkeologiska undersökningar, Skrifter 34, s. 167–229. Stockholm.

Lagerås, P. 2002. Skog, slåtter och stenröjning – Paleoekologiska undersökningar i trakten av Stoby i norra Skåne. I: Carlie, A. (red.) *Skånska regioner – Tusen år av kultur och samhälle i förändring.* Riksantikvarieämbetet, Arkeologiska undersökningar, Skrifter 31, s. 363–411. Stockholm.

Lindahl Jensen, B., Lagerås, P., Regnell, M. 1995. A deposition of bark vessels, flax and opium poppy from 2500 BP in Sallerup, southern Sweden. *PACT 50,* s. 305–318.

Liljegren, R. 1999. *Landskapshistorisk och paleoekologisk utredning för väg 11, sträckan Östra Tommarp–Simrishamn.* Kvartärgeologiska avdelningen, Lunds universitet, Lundqua Uppdrag 26.

Moltsen, A.S.A. 2002. *Makrofossilanalyser fra Väg 11, strækningen Östra Tommarp–Simrishamn, Skåne.* NOK Rapport 1, 2002. Opubl.

Moore, P.D., Webb, J.A., Collinson, M.E. 1991. *Pollen analysis* (2:a rev. uppl.). Blackwell, Oxford.

Nyman, C.F. 1867–1868. *Utkast till svenska växternas naturhistoria eller Sveriges fanerogamer skildrade i korthet med deras växtställen och utbredning m.m., deras egenskaper, användning och historia i allmänhet. 1-2.* Örebro.

Olausson, M. 1998. "Säg mig hur många djur du har…" – om arkeologi och stallning. I: Viklund, K., Engelmark, R., Linderholm, J. (red.) *Fähus – stallning och utegångsdrift i långtidsperspektiv,* s. 28–56. Skrifter om skogs- och lantbrukshistoria 12. Nordiska museet, Stockholm.

Rackham, O. 1980. *Ancient woodland.* Arnold, London.

Ranheden, H. 1995. Bronsåldersbrunnen i Apalle – en arkeobotanisk diskussion. I: Ullén, I., Ranheden, H., Eriksson, T., Engelmark, R., *Om brunnar – arkeologiska och botaniska studier på Håbolandet*, s. 29–37. Riksantikvarieämbetet, Arkeologiska undersökningar, Skrifter 12. Stockholm.

Regnell, M. 1994. *Pollen- och makrofossilanalys av sediment från en oskodd brunn från S:t Mårten, Lund*. Kvartärgeologiska avdelningen, Lunds universitet, Lundqua Uppdrag 12.

Regnell, M. 1998. Arkeobotanisk analys. I: Naturvetenskapliga analysresultat från en yngre järnåldersboplats i Hjärup. Bilaga till *Riksantikvarieämbetet, Avdelningen för arkeologiska undersökningar, Rapport UV Syd 1998:1*.

Regnell, M. 2002. Skånska järnåldersskördar – Växtmakrofossilanalyser och odlingshistoriska iakttagelser från tolv boplatser. I: Carlie, A. (red.) *Skånska regioner – Tusen år av kultur och samhälle i förändring*. Riksantikvarieämbetet, Arkeologiska undersökningar, Skrifter 31, s. 25–50. Stockholm.

Robinson, D. 1993. En sammenbrændt klump af hørfrø i et førromersk lerkar fra Stoustrup ved Fredericia. Nationamuseets Naturvidenskabelige Undersøgelser, Rapport 5. Opubl.

Schweingruber, F.H. 1976. *Prähistorisches Holz – Die Bedeutung von Holzfunden aus Mitteleuropa für die Lösung archäologischer und vegetationskundlicher Probleme*. Academica Helvetica 2. Paul Haupt, Bern.

Schweingruber, F.H. 1978. *Mikroskopische Holzanatomie – Formenspektern mitteleuropäischer Stamm- und Zwerghölzer zur Bestimmung von rezentem und subfossilem Material*. Paul Hapt, Bern.

Slotte, H. 2000. *Lövtäkt i Sverige och på Åland – metoder och påverkan på landskapet*. Sveriges Lantbruksuniversitet, Agraria 236.

Sugita, S., Gaillard, M.-J., Broström, A. 1999. Landscape openness and pollen records: a simulation approach. *The Holocene* 9, s. 409–421.

Viklund, K. 1998. *Cereals, weeds and crop processing in Iron Age Sweden – methodological and interpretative aspects of archaeobotanical evidence*. Department of Archaeology, University of Umeå, Archaeology and Environment 14. Umeå.

Vuorela, I. 1973. Relative pollen rain around cultivated fields. *Acta Botanica Fennica* 102, s. 1–27.

Wasylikowa, K. 1986. Analysis of fossil fruits and seeds. I: Berglund, B.E. (red.) *Handbook of Holocene palaeoecology and palaeohydrology*, s. 571–590. Wiley, Chichester.

Weimarck, H., Weimarck, G. 1985. *Atlas över Skånes flora*. Forskningsrådens förlagstjänst, Stockholm.

▶ Vad är insektanalys och finns det anledning att utnyttja denna undersöknings-
metod i arkeologisk kontext? Om man nu redan har utnyttjat någon eller några
andra s.k. biostratigrafiska analysmetoder som t.ex. osteologi, pollen-, ved-,
mollusk- och växtmakrofossilanalys, vad kan då insektanalys ge för resultat
som inte de andra kan bidra med? För att kunna besvara dessa och liknande
frågor krävs en kort presentation vad insektanalys innebär.

Insekter är den artrikaste organismgruppen som vi idag känner och förmod-
ligen har så varit fallet under de sista hundra miljoner åren. Enbart insekt-
gruppen skalbaggar (Coleoptera) räknar globalt fler arter än alla växter sam-
mantaget. Det finns flera orsaker till att insekter är så talrika och framgångs-
rika. En av dessa är att deras ringa storlek ger tillgång till många olika små
livsmiljöer (mikrohabitat). Många insekter har specialiserat sig till specifika
typer av miljöer och föda.
Dessutom har de flesta insek-
ter en komplicerad livscykel
där larven utnyttjar annan
föda än t.ex. det fullvuxna dju-
ret. Trots att insekterna gene-
rellt är små djur (< 10 mm),
innebär deras höga individtal
att de spelar en mycket viktig
roll i alla typer av ekosystem,

Insektsfynd
Från brunnar på jarlens gård
av Geoffrey Lemdahl

utom de rent marina. Ofta dominerar de biomassan av djur i de flesta terrestra
ekosystem. Sålunda kan insekter utnyttjas som indikatorer för en mängd olika
miljöer och de förändringar som sker i dessa miljöer, samt ge svar på de bakom-
liggande faktorer som styr förändringar. Detta har t.ex. uppmärksammats inom
miljövården. Marklevande djur kan berätta om graden av vegetationstäckning
(öppenhet), fuktighet, marktyp (jordarter, vegetation) och kemisk miljö (pH,
näringsstatus). Bland de marklevande djuren finns de insekter som valt däggdjur-
spillning som föda för sig och sina larver. När det gäller dynglevande skalbag-
gar handlar det uteslutande om spillning från större gräsätare och den ska vara
färsk för att falla baggarna på läppen. Flera av dessa dyngbaggar är specialister
och väljer endast spillning från specifika djur och som släppts på en särskild
marktyp. Flertalet vattenlevande insekter är lika selektiva vad gäller miljö- och
födoval. En del vill ha små tillfälliga vattensamlingar, medan andra trivs i strand-
zonen av större sjöar, ytterligare andra kan bara tänka sig rinnande vatten,
o.s.v. De rovlevande insekterna är antingen specialister och jagar därmed en
eller ett mindre antal arter bytesdjur, medan andra är mindre nogsamma. Fler-
talet av dessa predatorer har dock gemensamt att de ställer specifika krav på
miljön, både vad gäller livsmiljön och mikroklimatet. En mängd insekter är

växtätare och också här handlar det ofta om att djuret bara är intresserat av en eller ett fåtal växtarter som föda och boställe. Många gånger duger bara en viss del av växten. Det är fallet hos flertalet trädlevande insekter. Bland insekterna finns även en mängd parasiter. Flertalet parasiterar på andra insekter och även växter (t.ex. gallbildare), men förhållandevis många lever på varmblodiga djur. Dessa är mycket noga med att välja rätt värd. Nu kommer vi osökt in på de insekter som söker sig till människan och hennes närhet. Flertalet av dessa s.k. anthropogena arter är inte parasiter, sjukdomsspridare eller ställer till allmänt besvär, utan lever ett rätt undanskymt liv i av människan skapade miljöer. I kulturlandskapet kan insekter hitta gynnsamma miljöer med god födotillgång, bra gömslen och passande mikroklimat. Insekternas anpassningar till inomhus-miljöer eller multnande avfallshögar och gödselstackar har inneburit att flera arter kunnat sprida sig långt utanför sina naturliga utbredningsområden. Ett bra exempel är husflugan (*Musca domestica*), vars ägg och larver kräver en relativt hög temperatur för att utvecklas. Ursprungligen tror man att flugan främst levde i spillningshögar från betande djur i Nordafrika eller Främre Orienten (Skidmore 1985). Idag är den spridd över nästan hela jorden, eftersom den kan utvecklas i avskräde och stallgödsel där jäsningsprocesserna genererar en gynnsam temperatur.

Insekter har ett yttre skelett som är uppbyggt av framförallt ämnena kitin och sklerotin. Skelettet är mycket motståndskraftigt och skyddar insekterna mot kemisk och fysisk påverkan. I fuktiga, relativt syrefria miljöer kan därför skelettdelarna av döda insekter bevaras till eftervärlden, när deras mjukdelar sedan länge brutits ned, och bära vittne om den insektfauna som levat på plat-sen långt tillbaka i tiden. Under goda betingelser kan insektresterna bevaras miljontals år. Genom att ta prover av vattenavsatta sediment, torv eller andra jordarter bildade under fuktiga förhållanden kan dessa insektrester samlas in. Vanligen kan man ur samma prover hitta pollen, makroskopiska växtrester, snäckskal, benrester och delar av insekter. Nu är det så tursamt att skelett-karaktärer uteslutande även används för att artbestämma nu levande insekter. Trots att fossilfynden oftast är fragmentariska till sin natur, handlar det huvud-sakligen om ett pusselarbete. Karaktärerna finns ju bevarade och flertalet insekt-rester kan med stor säkerhet artbestämmas. Artbestämda fynd ger specifik och ofta rikhaltig information.

Vad representerar då insektfynden och hur tolkar man dessa? Eftersom insek-ter förflyttar sig aktivt av "egen maskin", antingen genom att flyga eller krypa, behöver djuren inte ha levt just på den plats där proverna sedan tagits. Liksom för pollen och fröer, kan dessutom mindre insekter transporteras passivt med vindar och rinnande vatten. Mot förmodan domineras också vattenavsatta sedi-ment av rester av terrestra och icke vattenlevande insekter. Hur pass mycket olika insekter förflyttar sig när de söker efter föda eller lämplig livsmiljö varierar naturligtvis från art till art. Djur vars föda finns utspridd i landskapet och är av temporär natur, är tvungna att flyga långa sträckor, ofta flera kilometer per dag, i sitt sökande. Exempel på denna mobilitet finner man hos insekter som t.ex. samlar pollen och nektar, men även djur som lever av spillning, as och djur som gynnas av skogsbränder. I motsats till dessa, kan vissa vedinsekter uppehålla sig i samma träd under flera generationer. Många undersökningar har gjorts för att utforska hur pollenkorn sprids och forskning pågår för att kunna kvantifiera upptagningsområde, representativitet etc. för att underlätta tolkningar av pollenspektra. Betydligt färre liknande undersökningar har gjorts med insektlämningar. Ytprover av modernt insektmaterial har analyserats till hjälp för tolkningar av fossilt material t.ex. i urbana miljöer (Kenward 1976, 1985), experiment med mindre vattensamlingar (Lemdahl 1990a) och brunnar (Hellqvist 1999). Generellt kan man med befintlig kunskap konstatera att insektrester som ackumulerats i mindre sjöar, kärr, mossar och mänskliga anläggningar ute i det fria (t.ex. brunnar, avfallsgropar) förmodligen har levat inom ett område med en radie kring några kilometer från provtagningspunkten, och där merparten kommer från de närmaste omgivningarna. För tolkning av insektfynd från inomhusmiljöer (i byggnader) gäller helt andra förhållanden (Kenward 1985).

Material och metoder

Insektrester sorterades ut från fem olika prover tagna från tre brunnsanläggningar ca 50 m från de undersökta hallbyggnaderna med palissad. Prov 1 togs i bottenlagret av en mörkgrå gyttja i den flacka gropen A 63951, i vilken dateringar av lindbark gav en sannolik ålder av 600-talets andra hälft. Proven 2: I – III härrör från ett bottenlager av mörk gråbrun gyttja i det plankskodda brunnskaret A 64130. Ekplanken dendrodaterades till kring 1000 e.Kr. Slutligen kommer prov 3 från övergången mellan mörkgrå gyttja blandad med sand, sten och ben, och ett bottenlager av homogen mörkgrå gyttja i den inre flätade brunnskorgen A 63733. Dateringar pekar här på 800-talet. Provvolymerna uppgick till ca 0,4 dm^3 per prov. Proverna behandlades med 10% natriumhydroxidlösning och våtsiktades genom sikt med maskvidden 0,4 mm (Lagerås, denna volym). Vid utsortering av makroskopiska växtrester uppmärksammades även kroppsdelar av insekter som plockades ut.

Den metodik som generellt används vid insektanalys liknar mycket den som tillämpas vid andra typer av makrofossilanalyser, varför man med fördel kan sortera ut fröer, frukter och andra växtdelar, mussel-/snäckskal, småben av ryggradsdjur etc. samtidigt som man plockar ut kroppsdelar av insekter. Vid våtsiktning bör helst såll med en maskvidd mellan 0,2 till 0,5 mm användas. Utnyttjar man siktar med större maskvidd är det stor risk att man går miste om viktiga mindre insektfragment. Från siktåterstoden sorterar man sedan ut de insektrester som man kan urskilja under en stereolupp. Det är viktigt att man tar tillvara så mycket av insektmaterialet som möjligt, även de mest fragmentariska bitarna. Även små bitar av kroppsdelar kan ge värdefulla ledtrådar vid bestämningsarbetet och förbättra slutresultatet. Det utsorterade insektmaterialet förvaras bäst i små, täta plastburkar med en konserveringsvätska bestående av alkohol, vatten, samt lite glycerin. Identifieringen av insektresterna är den svåraste delen i analysen, förutom den efterföljande tolkningen. Eftersom insekter är en så artrik och utseendemässigt mångformig djurgrupp krävs en god portion träning och erfarenhet för att lyckas med bestämningarna. Mycket handlar det om ett pusselarbete där man jämför resterna med kompletta moderna djur från säkert bestämda referenssamlingar, men bestämningsnycklar för hela djur är ofta till stor hjälp när det gäller att hitta artspecifika detaljer. Dock kan nycklarna sällan användas enligt bruksanvisningen p.g.a. insektmaterialets fragmentariska karaktär. Vid tolkningen av insektfynden utgår man från den artlista som blev resultatet av bestämningarna. Från litteratur hämtar man så mycket uppgifter som möjligt om de olika djurens biologi och sedan krävs en ordentlig funderare för att sätta ihop all information till en helhet och sätta in denna i sitt sammanhang. Tolkningsmomentet underlättas mycket om man har gjort egna observationer av de levande djuren ute i fält och studerat deras beteende. För mer detaljerad beskrivning av insektanalys och exempel på tillämpningar hänvisar jag till Buckland & Coope (1991), Coope (1986), Elias (1994), Hellqvist (1990) och Lemdahl (1990b).

Beskrivningen av insektfynden från Järrestadsutgrävningarna bygger således delvis på information från följande entomologisk litteratur: Douwes m.fl. (1997), Ehnström & Axelsson (2002), Hansen (1987), Hansen (1965, 1968), Hansen & Henriksen (1927), Harde (1984), Landin (1957, 1967), Lindroth (1933, 1985, 1986) och Palm (1948).

Insektfynden från Järrestad

Insektfynden domineras av skalbaggar (Coleoptera). Men även andra insektordningar finns relativt väl representerade, som t.ex. tvestjärtar (Dermaptera), skinnbaggar (Heteroptera), bladlöss (Homoptera), steklar (Hymenoptera) och flugor (Diptera). Totalt har 71 olika sorters insekter (taxa) kunnat identifieras från det utsorterade materialet, varav 55 taxa är skalbaggar. Alla insektrester är mycket välbevarade, vilket pekar på att depositionsmiljön varit relativt ostörd fram till provtagningen.

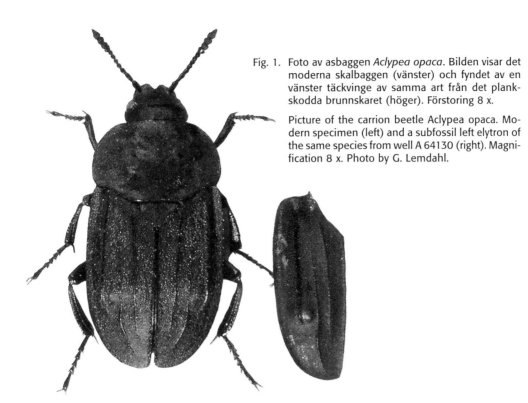

Fig. 1. Foto av asbaggen *Aclypea opaca*. Bilden visar det moderna skalbaggen (vänster) och fyndet av en vänster täckvinge av samma art från det plankskodda brunnskaret (höger). Förstoring 8 x.

Picture of the carrion beetle Aclypea opaca. Modern specimen (left) and a subfossil left elytron of the same species from well A 64130 (right). Magnification 8 x. Photo by G. Lemdahl.

Insektfynden från alla analyserade prover ger en likartad och samlad bild av den dåtida lokala miljön där insekterna kan passa in. Prov 1 innehåller dock relativt färre arter jämfört med de andra proverna. Detta kan bero på en snabbare sedimentationstakt i den öppna flacka gropen än i de skodda brunnarna. Frekvensen fröer och frukter skiljer sig dock inte nämvärt från de andra brunnarna (Lagerås, denna volym), vilket motsäger denna förklaring. Flertalet marklevande skalbaggar hittar man idag på öppna relativt torra marker. Jordlöparna (Carabidae) *Trechus quadristriatus, Calathus erratus, C. melanocephalus, Amara similata, A. bifrons, A. apricaria, Ophonus melletii, Harpalus affinis* och *H. serripes* är alla karaktärsarter för öppna, solbelysta och torra marker. Vidare trivs de bäst på sandiga jordar med framförallt kortvuxen eller sparsam gräsvegetation. Hårt betade gräsmarker är t.ex. en lämplig miljö. Majoriteten av jordlöparna, både larver och vuxna djur, är effektiva rovdjur och jagar huvudsakligen mindre insekter och andra smådjur de stöter på. Undantag här är *A. similata, O. melletii, H. affinis* och *H. serripes* som framförallt är fröätare. *Amara similata* lever huvudsakligen av fröer från olika gräs (Poacae) och korsblommiga växter (Crusiferae), medan *Ophonus melletii* särskilt träffas på flockblommiga växter (Apiaceae). Den senare arten är tillsammans med *H. serripes*

275

idag lokala och sällsynta i södra Sverige. *Amara aulica* och *Harpalus rufipes* tycker bättre om mullrika, något fuktigare marker med rikare växtlighet, t.ex. ängar eller odlad mark. Den förra arten äter i naturen främst frön av tistlar (*Carduus, Cirsium*) men på kulturmarker påträffas den även i potatisland och kornodlingar. Den senare drygar ut kosten av bladlöss med frön av t.ex. svinmålla (*Chenopodium album*) och trampört (*Polygonum arviculare*). *Pterostichus diligens* trivs på fuktig mark och påträffas huvudsakligen på sjöstränder, i kanten av vattensamlingar, kärr eller mossar. Här är den en nattaktiv jägare som främst fångar andra små leddjur som hoppstjärtar (Collembola) och kvalster (Acaria).

Även kortvingar (Staphylinidae) är uteslutande marklevande rovdjur. Majoriteten av *Quedius*-arterna lever för det mesta på fuktiga platser bland lövförna eller mossa där de jagar andra småkryp. *Tachinus elongatus* har liknande levnadssätt. *Gyrohypnus angustatus* träffas ofta i djurbon eller i jorden under spillningshögar. Flera av de stora *Ocypes*-arterna uppehåller sig gärna också i närheten av spillninghögar, där de kan fånga dynglevande insekter. *Eusphalerum minutum* och *Platystethus cornutus* hör till undantagen bland kortvingar. De är inte rovlevande. Den ca 2 mm stora *E. minutum* äter pollen, särskilt i kabbelekor (*Caltha palustris*) och smörblommor (*Ranunculus*) som växer i våta lägen. Den obetydligt större *P. cornutus* betar grönalger som växer i nyligen uttorkade slammiga miljöer, som diken eller sandbankar vid vattendrag. Trots att *Aclypea opaca* tillhör familjen asbaggar (Silphidae) är den en uteslutande växtätare på öppen mark. Den kan göra skada på odlingar av betor och rovor. Svartbaggen (Tenebrionidae) *Crypticus quisquillus* är en karaktärsart på torra, sandiga, helst gräsbevuxna marker i Sydsverige, där dess larv lever av rötter.

Förhållandevis få specifikt vattenlevande skalbaggar finns med i fynden, huvudsakligen då palpbaggar (Hydrophilidae). *Helophorus aquaticus* och *H. aequalis* är två närstående arter, vilka inte kunde skiljas åt utifrån fynden. Båda arterna har likartade krav på livsmiljö. De lever främst i mindre, näringsrika, öppna vattensamlingar med stillastående vatten. Flera arter av släktet *Ochthebius* lever i rinnande vatten, medan andra främst trivs i slammiga miljöer i kanten av vattensamlingar. I sistnämnda miljöer hittar man framförallt *Cercyon tristis* som är en vanlig art på både öppen mark och i skog. *Megasternum obscurum* lever huvudsakligen i ansamlingar av växtrester som håller på att brytas ned, t.ex. lövförna, komposter, men även i ruttnande svamp och på as.

Av marklevande djur som identifierats ur proverna finns många spillningslevande skalbaggar. Stumpbaggen *Margarinotus purpurascens* som huvudsakligen lever av spillning från större gräsätare, påträffas ibland även på kadaver och bland ruttnande växtrester. Sandtordyveln *Geotrupes spiniger* är karaktärsart för öppna, torra, sandiga betesmarker, där den lever i ko- eller hästspillning. Dyngbaggarna *Aphodius contaminatus*, *A. foetens* och *A. rufus* finner man i samma typ av miljö och spillning. Ribbdyngbaggen *Heptaulacus sus* är en värmekrävande art som också föredrar torra och sandiga betesmarker, men som tycker bättre om fårspillning även om den också har påträffats i häst- och kodynga. Den är idag en mycket sällsynt art och dess överlevnad anses starkt hotad (Gärdenfors 2000). Det beror troligen på att dessa torra, sandiga, hårdbetade marker blivit allt ovanligare miljöer genom att betesdriften på naturbetesmarker starkt förändrats de sista hundra åren eller upphört. Till skillnad från denna sällsynta specialist är *Aphodius distinctus* en mycket vanlig art som lever i all slags spillning och även i multnande växtrester. Det alla dessa djur har gemensamt är att de lever i färsk spillning, oavsett typ av dynga och således finner man dem normalt inte i stackar av stallgödsel. Dyngbaggarna *Aphodius niger* och *A. plagiatus* är två närstående arter som inte går att skilja åt enbart på täckvingar. Dock lever de på likartat sätt, men trots att de tillhör släktet dyngbaggar är de inte spillningslevande utan äter multnande växtdelar och förmodligen rötter. De gräver i fuktig jord nära vatten, som t.ex. i kanten av märgelgravar. Båda arterna är idag sällsynta och lokalt förekommande.

Liksom dyngbaggarna tillhör sandborren *Euchlora dubia* och trädgårdsborren *Phyllopertha horticola* familjen bladhorningar (Scarabaeidae). De vuxna skalbaggarna är pollen- och bladätare. Man hittar dom ofta i stort antal under varma, soliga försommardagar i blommor på rosbuskar, hagtorn och fruktträd. Trädgårdsborrens larver lever dock på rötter av gräs, klöver och olika sädesslag, medan sandborrens larver gnager på sälg- eller björkrötter i sandig jord. Larverna till de båda knäpparna (Elateridae) *Agrypnus murinus* och *Agriotes lineatus* lever på framförallt gräsrötter. Skalbaggarna av släktet *Agriotes* kallas ofta sädesknäppare därför att de kan göra skada på spannmålsodlingar. Både de två bladhorningarna och knäpparna lever på öppna eller halvöppna buskmarker. Den trettonprickiga nyckelpigan *Hippodamia tredecimpunctata* trivs på fuktiga ängsmarker, där den fångar och äter upp bladlöss som i sin tur är växtsugare på starr (*Carex*) eller sälgbuskar (*Salix*). Till växtätarnas skara hör bladbaggarna (Chrysomelidae). Jordloppan *Phyllotreta undulata* är mycket vanlig på korsblommiga växter som senap (*Sinapis*) och kål (*Brassica*). Den kan därför göra stor skada i kålodlingar. Arterna av släktet *Altica* lever också huvudsakligen på korsblommiga växter men gör mer sällan skada i odlingar. *Asiorestia ferruginea* är främst knuten till tistlar (*Carduus, Cirsium*) och klint (*Centaurea*). Flertalet skalbaggar i det artrika släktet *Chaetocnema* lever på olika sorters gräs (Poacae) och halvgräs (Cyperaceae). Några av dessa arters larver borrar hål i bladbasen på sädesslag och kan därför göra skador på grödor. *Psylliodes*-arterna har ett brett spektrum av värdväxter. En del lever av korsblommiga växter, andra på potatisväxter (Solanaceae) som besksöta (*Solanum dulcamara*) och bolmört (*Hyocyamus niger*). En art är funnen på humle (*Humulus lupulus*) och hampa *(Cannabis sativa)*. Vuxna flugbaggar (Cantharidae) lever troligen både på rov och växtföda.

Deras larver lever dock uteslutande på sniglar och snäckor. *Cantharis fusca* är en av de mest allmänna arterna, som framförallt trivs i fuktigare miljöer.

Hos de flesta vivlar eller snytbaggar (Curculionidae) är huvudet utdraget till en snabel, med vilken de gnager sig in i olika växter. Spetsvivlar av det artrika släktet *Apion* angriper olika delar av ett flertal växter. Ungefär hälften av hundratalet skandinaviska arter lever dock på ärtväxter (Leguminosae). Även *Ceuthorhynchus* är ett relativt artrikt släkte med svårbestämda arter och det artspecifika valet av värdväxt är varierat. *Ceuthorhychus erysimi*, bestämningen här är osäker, träffas särskilt på lomme (*Capsella bursa-pastoris*). Mycket få av insektfynden kan knytas till träd. Undantaget är dock lindborren *Ernoporus tiliae*. Hos de flesta barkborrar (Scolytidae) gnager honan ett hål genom barken på levande träd och efter parning gör hon en modergång i det näringsrika kambiet där hon lägger sina ägg. Honan av lindborren gnager sig in i nyligen döda grenar eller klena stammar av skogslind (*Tilia cordata*). Utvecklingen är ettårig. Larverna övervintrar och förpuppar sig i maj månad.

Bland övriga insektfynd finns också representanter för växtätare. Bärfisar (Pentatomidae) och fröskinnbaggar (Lygaeidae) är utrustade med sugsnablar som de sticker in i växterna och suger växtsaft. På samma sätt beter sig bladlöss (Ahpidoidea). Kring bladlössen samlar sig myror (Formicidae) som lockas av den söta vätska som utsöndras ur rör (sifoner) på bladlössens bakkroppar. Myrorna sköter nästan bladlössen som boskap och försvarar dessa mot fiender, som bladlössen har många av. Förutom de rovlevande nyckelpigorna, attackerar t.ex. många parasitlevande glanssteklar (Chalcidoidea) dessa. I två av proverna finns håriga mellankroppsdelar som mycket liknar de från honungsbin (*Apis mellifera*), alternativt kan det röra sig om humlor (*Bombus*). I alla prover fanns det relativt rikligt med kroppsdelar från den vanliga tvestjärten *Forficula auricularia*. Tvestjärtar är nattaktiva allätare, men som huvudsakligen livnär sig av vegetabilier. Under dagen gömmer de sig i svala, ej alltför torra krypin, som t.ex. under stenar, löv, i stubbar, barkspringor och andra håligheter. Områden kring byggnader och i trädgårdar ger ofta rikt varierade livsmiljöer och lockar till sig dessa djur. Det finns även några vattenlevande djur bland de övriga insektfynden. Buksimmare (Corixidae) lever i stillastående vatten, där man också kan träffa på nattsländelarver (husmaskar) av familjen Limnephilidae och fjädermyggslarver (Chironomidae).

Diskussion

Långa listor på artfynd av insekter tillsammans med de livsbetingelser de indikerar kan ibland ge ett förvillande intryck, på grund av komplexiteten hos informationen. Man kan få uppfattningen att den mängd olika miljöer som indikeras av insektfynden är svåra att inrymma inom ett begränsat undersökningsområde. Trots att insekter är mycket komplexa varelser, är deras beteende och val av livsmiljö och föda mycket förutsägbar. Insekter är till stor styrda av kemiska stimuli och deras beteendemönster är nedärvt. Således, hittar man en art som lever av en bestämd värdväxt eller trivs i en specifik miljö så måste växten eller miljön ha funnits inom undersökningsplatsen eller i omgivningarna, även om inga andra analysresultat pekar på det.

I fallet Järrestad är bilden från brunnsfynden mycket klar och talar sitt tydliga språk, vilket snabbt framkommer i beskrivningen av djurens biologi ovan. De vattenlevande djuren och de insekter som trivs i fuktiga miljöer har sannolikt levt i brunnsanläggningarna och i den omgivande våtmarken. Insektfynden visar på att miljön kring dessa anläggningar har hållits fuktiga och gynnat en våtmarksvegetation. Här finns goda kopplingar till den våtmarksmiljö som kan rekonstrueras utifrån frömaterialet (Lagerås, denna volym). Även direkt koppling till specifika kärrväxter finns, som kabbeleka, ranunkler och starr. Ett par skalbaggsarter gör det troligt att sälgbuskar växte på eller runt våtmarken. Brunnarna var troligen inte täckta med någon överbyggnad, utan stod öppna, exponerade under större delen av året. Den slutsatsen kan man dra av den relativt stora mängd insekter som fångats upp av vattensamlingarna och den variation av arter som insektfynden avspeglar. Flertalet av vatteninsekterna visar på relativt små volymer av stillastående vatten, som inte torkat ut. Källflöden kan ha varit en förutsättning för brunnarnas placering och till att våtmarken bildats. Några av insekterna skulle kunna vara knutna till svagt rinnande vatten, men detta går inte att belägga utan artbestämningar i förekommande fall.

Huvuddelen av insektfynden indikerar en dominans av öppna, torra, sandiga marker med kortvuxen, gräsdominerad vegetation. Ett landskap format av hårt betestryck och torra förhållanden. Den tolkningen ansluter väl till den bild som framkommit av pollenanalyserna från omgivande torvmarker på Järrestadsplatån (Björkman & Liljegren, denna volym). Den relativt stora mängden av spillningslevande skalbaggar i proverna visar även tydligt på vilka betesdjur som dominerat. Flertalet har utgjorts av nötboskap och hästar, men sannolikt har även får utgjort ett visst inslag i den pastorala bilden. Att landskapet varit helt öppet, solexponerat och förmodligen nästan trädlöst visar den närmast totala frånvaron av trädlevande insekter. Flera skalbaggar passar även in på friskare ängsmark eller ruderatmark, vilket pollen- och växtmakrofossilanalyserna avspeglar (Lagerås, denna volym). Specifika kopplingar mellan skalbaggar och växter som trampört, svinmålla, lomme, klint och tistlar finns. I ett större perspektiv verkar dock torrare, hårdbetade marker ha dominerat utifrån insektfynden, trots att torrmarksväxterna är svagt representerade i frömaterialet från brunnarna.

TAXON	1	2I	2II	2III	3
COLEOPTERA (Skalbaggar)					
Carabidae (jordlöpare)					
Trechus quadristriatus (Schranck)		1	1		1
Pterostichus diligens	1				1
P. sp.				1	
Calathus erratus (Sahlb.)		1		1	
C. melanocephalus (L.)		2	1	2	1
Agonum sp.				1	
Amara similata (Gyllh.)				1	
A. bifrons (Gyllh.)				2	
A. apricaria (Payk.)		3		1	
A. aulica (Panz.)					1
Ophonus melletii Heer					1
Harpalus rufipes (Deg.)			1	1	
H. affinis (Schrank)		1			
H. serripes (Quens.)			1		
Hydrophilidae (palpbaggar)					
Helophorus aquaticus (L.)/aequalis Thoms.		1			1
Megasternum obscurum (Marsh.)				1	1
Cercyon tristis (Ill.)	1	1		1	1
C. sp.					1
Hydraenidae (vattenbrynsbaggar)					
Ochthebius spp.	1				1
Silphidae (asbaggar)					
Aclypea opaca (L.)			1		
Staphylinidae (kortvingar)					
Ocypes sp.			1		
Quedius spp.			1	2	1
Gyrohypnus angustatus Steph.			2		
Eusphalerum minutum (Fabr.)				1	
Omalium sp.	1				
Platystethus cornutus (Grav.)				2	1
Tachinus elongatus Gyllh.					2
T. sp.				2	
Aleocharinae indet.			1		1
Histeridae (stumpbaggar)					
Margarinotus purpurascens (Herbst)				2	

TAXON	1	2I	2II	2III	3
Dascillidae (mossbaggar)					
Dascillus cervinus (L.)		1			
Scarabaeidae (bladhorningar)					
Geotrupes spiniger (Marsh.)					1
Aphodius contaminatus (Herbst)	1			1	1
A. distinctus (Müll.)			1		
A. foetens (Fabr.)	1	2			
A. rufus (Moll)		1	1	2	
A. niger (Panz.)/ plagiatus (L.)		1			
Heptaulacus sus (Herbst)		3	1	5	
Euchlora dubia (Scop.)					1
Phyllopertha horticola (L.)	1	1			1
Cantharidae (flugbaggar)					
Cantharis fusca L.			2		
Elateridae (knäppare)					
Agrypnus murinus (L.)				1	
Agriotes lineatus (L.)			1		
Coccinellidae (nyckelpigor)					
Hippodamia tredecimpunctata (L.)			1		
Tenebrionidae (svartbaggar)					
Crypticus quisquilius (L.)			1	1	
Chrysomelidae (bladbaggar)					
Phyllotreta undulata Kutsch.	1				
Altica sp.			1		
Asiorestia ferruginea (Scop.)			2	2	2
Chaetocnema sp.					1
Psylliodes sp.			1		
Curculionidae (vivlar)					
Apion spp.				3	
Ceutorhynchus ?erysimi (Fabr.)			1		
Ceutorhynchus spp.	1		1		2
Scolytidae (barkborrar)					
Ernoporus tiliae (Panz.)			1	1	
DERMAPTERA (Tvestjärtar)					
Forficulidae					
Forficula auricularia L.	1	6	5	7	4

TAXON	1	2I	2II	2III	3
HETEROPTERA (Skinnbaggar)					
Corixidae indet.				2	
Saldidae indet.		1	1		
Pentatomidae indet.			1	1	
Lygaeidae indet.					1
HOMOPTERA (Växtsugare)					
Aphidoidea indet. (bladlöss)				2	
HYMENOPTERA (Steklar)					
Apidae (bin och humlor)					
? *Apis mellifera* L.			1		1
Formicidae (myror)					
Myrmica sp.				1	
Gen. indet.			1		
?Chalcidoidea indet.				4	2
Fam. indet.			3	5	
DIPTERA (Myggor & flugor)					
Chironomidae indet.		3			
Calliphoridae indet.				1	
Fam. indet.			3	>10	>10
TRICHOPTERA (Nattsländor)					
Limnephilidae indet.					1
LEPIDOPTERA (Fjärilar)					
Fam. indet.					1

Tabell 1. Artlista över insektfynden från grop och brunnar vid Järrestad. Nomenklatur och taxonomi för skalbaggar följer Silfverberg (1992) och övriga insekter Douwes m.fl. (1997). Prov 1 härrör från gropen A 63951 (600-talet), prov 2I – III från det plankskodda brunnskaret A 64130 (ca 1000 e.Kr.) och prov 3 från brunnen med flätad korg A 63733 (800-talet). Fyndfrekvensen anger minimiantalet individer räknat på den vanligast förekommande kroppsdelen.

Taxonomic list of insects recorded from the excavated wells at Järrestad. The nomenclature is according to Silfverberg (1992) for beetles (Coleoptera) and according to Douwes et al. (1997) for the other insect orders. Sample 1 originates from the shallow pit A 63951 (7th century AD), samples 2 -III from well A 64130 (c. 1000 AD), and sample 3 from well A 63733 (9th century AD). Minimum number of individuals in each sample are calculated from the most abundant skeletal part.

Fynden av lindborren kan förklaras med att lindar forslats till boplatsen och med dem har grenar och klenare stamdelar följt med. Detta bör framförallt skett på senvåren eller försommaren, då skalbaggen är aktiv. Lindborren kan dock inte knytas till fyndet av en stor bit lindbark i gropen från 600-talet, eftersom de två fynden av barkborren kommer från brunn A64130. Det kanske inte är otroligt att man fortsatt att ta hem lindstammar även senare i tiden, då barken utnyttjas för lindbastberedning. Klenare grenar och kvistar med löv kan ha tagits tillvara och använts som foder till t.ex. får. Bortsett från denna art finns inga träd- eller vedlevande insekter representerade i fyndmaterialet, vilket är ganska anmärkningsvärt. Även om hamlade träd med starkt nedsatt pollenproduktion inte skulle visa sig i pollenanalyser, drar dessa träd som utsatts för stress till sig barkborrar och andra vedlevande insekter. Hallbyggnadernas konstruktioner av torrt, bearbetat timmer borde också ha lockat till sig vedinsekter. Insektmaterialet i sin helhet avspeglar ett öppet, trädlöst landskap. Blommande buskar skulle däremot ha kunnat växa, t.ex. i skydd av byggnaderna och palissaden. Vuxna individer av trädgårdsborren och sandborren är typiska blombesökare hos nyponros, hagtorn och vildapel.

Mer intressanta pollen- och nektarsamlare i detta sammanhang är kanske honungsbin. Tyvärr, går det inte säkert bestämma om de håriga mellankroppsdelar, som hittades i proverna från brunn A64130, tillhör bin, utan de kan lika gärna komma från humlor. Man kan dock anta att människan tidigt började hålla och förädla bin, då honung fram till relativt sent varit den främsta sockerkällan och som sådan bör ha betraktats som mycket värdefull. Bilder av bikupor gjorda i lera finns avbildade i egyptiska gravkammare som är ca 5000 år gamla (Mourier m.fl. 1986). Vildbin förekommer i Sydsverige och bygger där sina bon i ihåliga gamla träd. Steget att tillverka en bikupa av en ihålig trädstam är således inte långt. Honung är t.ex. en huvudingrediens i mjödtillverkning.

Insektfynden innehåller inga arter som specifikt kan knytas till odling eller särskilda grödor. Bland fynden av marklevande djur finns flera arter som gynnas av odlade marker, men dessa trivs även lika gärna på ruderatmarker. Av rot-, blad- och fröätarna finns arter som kan ge sig på odlade växter som kål, baljväxter eller olika typer av sädesslag. Om odling förekommit i anslutning till boplatsen har den nog varit i mindre skala, t.ex. i form av trädgårdstäppor.

Insektresultaten från Järrestad kan jämföras med liknande analysresultat från en brunn vid en järnåldersboplats i Hjärup, sydvästra Skåne (Lemdahl 1998). Insektmaterialet här kom från brunnssediment som daterades till vendeltid (550–780 AD) (Runcis 1998). Det är intressant att notera att faunasammansättningen är likartad om man jämför materialet från de båda boplatserna. Marklevande djur, huvudsakligen representerade av jordlöpare, kortvingar och dyngbaggar, dominerar i brunnsfynden både från Järrestad och Hjärup. I Hjärup liksom i Järrestad finns ej heller några djur som kan knytas till byggnader eller inomhusmiljöer, trots att brunnarna ligger i nära anslutning till dem. Skillnaderna visar sig i de livsmiljöer som de olika insektfynden indikerar. Insektfaunan från Hjärup visar på ett mosaikartat beteslandskap med inslag av sädesodlingar, där flera skogsinsekter och djur som trivs på fuktig mark i högre grad finns med i fynden. Artsammansättningen i Järrestadsmaterialet är således helt annorlunda, präglat av uteslutande arter som föredrar öppen, solbelyst, torr och välbetad mark.

Summary

Insect finds. From wells on the earl's farm.

Remains of insects were observed and sorted out from samples studied for plant macrofossils, from the Late Iron Age settlement of Järrestad. Five samples contained insects, which were all taken in a well context about 50 m from the hall buildings with the palisade. Sample 1 originates from a bottom layer in the shallow pit A63951, samples 2:I-III from the bottom gyttja in the well A 64130 and sample 3 from a layer of gyttja mixed with sand, pebbles and bones in the bottom of well A63733 (see Lagerås, this volume). The wells were situated in a swampy environment. A total of 71 insect taxa were identified on exoskeleton fragments from the samples (Tab. 1). Beetles (Coleoptera) dominate the sub-fossil assemblages with 55 taxa. However, remains from the insect orders Dermaptera (earwigs), Heteroptera (true bugs), Homoptera (aphids), Hymenoptera (ants, bees, etc.), Diptera (true flies), Trichoptera (caddis flies) and Lepidoptera (butterflies) were also identified. All insect remains were well-preserved, which suggests that the deposits have remained moist and relatively undisturbed until the archaeological excavations started.

The majority of the ground-living fauna, including ground beetles (Carabidae) such as Trechus quadristriatus, Calathus erratus, C. melanocephalus, Amara similata, A. bifrons, A. apricaria, Ophonus melletii, Harpalus affinis and H. serripes are found on open, dry, sun-exposed ground, with short grass vegetation. This is also the environment where the darkling beetle Crypticus quisquillus lives. Moreover, the dor beetle Geotrupes spiniger and the dung beetles Aphodius contaminatus, A. foetens, and A. rufus are characteristic species of open, dry and sandy pastures, where they feed on droppings from cows and horses in particular. The dung beetle Heptaulacus sus, which today is very rare in southern Sweden, favours the type of pastures, but is mainly found in sheep droppings.

Surprisingly few aquatic species are recorded from the well deposits. Only the water scavenger beetles were identified: Helophorus aquaticus or aequalis, which both live in small, stagnant, relatively nutrient-rich water bodies, and Ochthebius sp., preferring running water. Together with those two beetle taxa, single remains of water boatmen (Corixidae) and Limnephilid caddis flies were found. There is also a rather small number of hygrophilous species that may have found suitable habitats at the edge of the wells or in the surrounding swamp. The few examples are the small ground beetle Pterostichus diligens, the scavenger beetles Cercyon tristis, Megasternum obscurum, the dung beetles Aphodius niger/plagiatus, and the tiny rove beetles Eusphalerum minutum,

Platystethus cornutus. The two latter species feed particularly on pollen from marsh marigold (Caltha palustris) and green algae respectively.

Only one beetle depending on trees was recorded. The bark beetle Ernoporus tiliae attacks thin stems, branches or twigs of recently dead lime trees. These trees probably did not grow within the study area, but were brought to the settlement. Bark remains from pit A 63951 suggest that they were used for bast production and the remaining branches may have been used as leaf fodder for e.g. sheep. However, it should be noticed that the bark beetle remains were recorded from well A 64130 and not the pit. This may suggest that lime trees were brought to the settlement and used there over a longer period after 600 AD. Apart from only one xylophagous beetle, there are a number of species feeding on different herbaceous plants, and it is interesting to note that the majority of these host plants were recorded as plant macrofossils (see Lagerås, this volume). Amara aulica feeds on thistles (Carduus, Cirsium) and Harpalus rufipes eats the seeds of fat hen (Chenopodium album) and buckwheat (Polygonum arviculare). The flea-beetle Phyllotreta undulata is mainly found on Sinapis and cabbage (Brassica). Asiorestia ferruginea feeds on thistles (Carduus, Cirsium) and Centaurea. The weevil Ceuthorhynchus erysimi lives on shepherd's purse (Capsella bursa-pastoris). There are no obligate species associated with cultivation or particular types of crops. However, some of the recorded species are frequently found in cultivated fields, but may equally well live on ruderal land.

In conclusion, the insect assemblages from the Järrestad wells indicate markedly that the settlement was situated in a more or less treeless landscape dominated by well-grazed pastures. The grazers consisted mainly of cows and horses, and possibly to a lesser extent of sheep. No clear indications of cultivation were found.

Referenser

Buckland, P.C. & Coope, G.R. 1991. *A Bibliography and Literature Review of Quaternary Entomology*. Department of Archaeology and Prehistory, University of Sheffield, Sheffield.

Coope, G.R. 1986. Coleoptera analysis. Berglund, B.E. (ed.), *Handbook of Holocene Palaeoecology and Palaeohydrology*. Wiley, London.

Douwes, P., Hall, R., Hansson, C. & Sandhall, Å. 1997. *Insekter – En fälthandbok*. Interpublishing, Stockholm.

Ehnström, B. & Axelsson, R. 2002. *Insektsgnag i bark och ved*. ArtDatabanken, SLU, Uppsala.

Elias, S.E. 1994. *Quaternary Insects and their Environments*. Smithsonian Institution Press, Washington D.C./London.

Gärdenfors, U. (ed.) 2000. *Rödlistade arter i Sverige 2000 – The 2000 Red List of Swedish Species*. ArtDatabanken, SLU, Uppsala.

Hansen, M. 1987. *The Hydrophiloidea (Coleoptera) of Fennoscandia and Denmark*. Fauna Entomologica Scandinavica Vol. 18, Copenhagen.

Hansen, V. 1965. *Biller XXI. Snudebiller*. Danmarks Fauna Bd. 69, København.

Hansen, V. 1968. *Biller XXV. Ådselbiller, Stumpbiller m.m.* Danmarks Fauna Bd. 77, København.

Hansen, V. & Henriksen, K. 1927. *Biller VII. Bladbiller og Bönnebiller*. Danmarks Fauna Bd. 31, København.

Harde, K.W. 1984. *A field guide in colour to Beetles*. Octopus Books, London.

Hellqvist, M. 1990. Forntidens insekter i arkeologins tjänst. *Populär Arkeologi* 8.

Hellqvist, M. 1999. *Urban and Rural Environments from Iron Age to Medieval Time in Northern Europe – Evidence from fossil insect remains from southeastern Sweden and Novgorod, Russia*. Comprehensive Summaries of Uppsala Dissertationa from the Faculty of Sciences and Technology 430, Uppsala.

Kenward, H.K. 1976. Reconstructing ancient ecological conditions from insect remains; some problems and an experimental approach. *Ecological Entomology* 1.

Kenward, H.K. 1985. Outdoor – Indoors? The outdoor component of Archaeological insect assemblages: Fieller, N.R.J., Gilbertson, D.D. & Ralph, N.G.A. (eds.), *Palaeobiological Investigations: Research Design, Method and Data Analysis*. British Archaeological Reports 266, Oxford.

Landin, B.-O. 1957. *Skalbaggar. Coleoptera. Bladhorningar, Lamellicornia, Fam. Scarabaeidae*. Svensk Insektfauna Vol. 9, Stockholm.

Landin, B.-O. 1967. *Fältfauna – Insekter I*. Natur och Kultur, Stockholm.

Lemdahl, G. 1990a. Water-surfaces as insect traps and some consequences for palaeoentomology. *Quaternary Newsletter* 62.

Lemdahl, G. 1990b. Insektanalys och arkeologiska tillämpningar. *Bebyggelsehistorisk tidskrift* 19.

Lemdahl, G. 1998. Insektfynd från brunnsanläggning (A165). Naturvetenskapliga analysresultat från en yngre järnåldersboplats i Hjärup. *UV Syd Rapport* (bilaga) 1998:1.

Lindroth, C.H. 1933. *Skalbaggar. Coleoptera. Olikfotade baggar, Heteromera.* Svensk Insektfauna Vol. 9, Stockholm.

Lindroth, C.H. 1985. *The Carabidae (Coleoptera) of Fennoscandia and Denmark.* Fauna Entomologica Scandinavica Vol. 15, Copenhagen.

Lindroth, C.H. 1986. *The Carabidae (Coleoptera) of Fennoscandia and Denmark.* Fauna Entomologica Scandinavica Vol. 15, Copenhagen.

Mourier, H., Winding, O. & Sunesen, E. 1986. *Wild life in house and home.* Collins, London.

Palm, T. 1948. *Skalbaggar. Coleoptera. Kortvingar, Fam. Staphylinidae – Underfam. Micropeplinae, Phloeocharinae, Olisthaerinae, Proteininae, Omaliinae.* Svensk Insektfauna Vol. 9:38, Stockholm.

Runcis, J. 1998. Gravar och boplats i Hjärup – från äldre och yngre järnålder. *UV Syd Rapport* 1998:1.

Skidmore, P. 1985. *Biology of the Muscidae of the world.* Series Entomologica 29.

Silfverberg, H. 1992. *Enumeratio Coleopterorum Fennoscandiae, Daniae et Baltiae.* Helsingfors Entomologiska Bytesförening, Helsinki.

▶ *"Man skulle blota framemot vintertiden för årsväxten, mitt i vintern för skörden och tredje gången framemot sommaren. Det var segerblot."*
(Ur Ynglingasagan kap. 8)

I det vikingatida samhället var den sociala gemenskapen baserad på släktkollektiven och intimt sammanlänkade med olika rituella handlingar, som följde individen från födelsen till döden. I motsats till kristendomen var den fornskandinaviska religionen polyteistisk med såväl manliga som kvinnliga gudar. Även om det fanns en värdslig rättsordning så var det gudarna som utgjorde den ytterst dömande instansen (Ström 1985:70ff). Förutom gudarna ingick även många mytologiska kategorier såsom nornor, völvor, diser och valkyrior (Steinsland 1993:144). Den förkristna religionen var en naturreligion med olika tros-

föreställningar, mytbildningar och kulter. En del av kulthandlingarna ägde rum på storgårdarna, *hoven* – platser med central funktion inom bygden eller regionen (Hultgård 1996: 28, 31). Det offerbruk som vanligtvis beskrivs i edda- och skaldediktningen är bloten. I Hávamál, strof 144, framgår

Blóta, Sóa, Senda
Analys av djurben
av Lena Nilsson

att det i kulten ingick både en verbal åkallan till olika gudar med hjälp av bl.a. böner, samt själva offerhandlingen; den rituella slakten av offerdjuren och överlämnande av utvalda delar av djuren till gudomen (a.a. 1996:32–33). Snorre skildrar i Hakon den Godes saga hur man tog med sig mat och öl till offerritualen där både småboskap och hästar slaktades. Utifrån de skriftliga källorna förstår vi att blodet från offerdjuren hade stort värde. I källorna framgår också att man kokade köttet från offerdjuren i kittlar över eld inne i hovet eller i nära anslutning till detta. Storleken på kittlar och eldstäder varierade beroende på om det bara var en eller ett par gårdar inblandande i kulten eller om det var en offentlig kultutövning (a.a. 44–45, 49).

Användandet av de skriftliga källorna för att söka kunskap om fornskandinavisk religion under yngre järnålder som hjälp till tolkning av arkeologiskt material är inte helt problemfritt. Det skriftliga källmaterialet består av både direkta och indirekta källor, där de förstnämnda till stor del utgörs av edda- och skaldediktningar (Hultgård 1996). Dessa bygger på muntlig tradition och har skapats av personer som levde i den gamla religionen. Problemet består främst i autenciteten i källorna. Gemensamt för de båda källtyperna är att de till största delen har nedtecknats på 1200- och 1300-talen. En skillnad mot de direkta källorna är att de isländska sagaförfattarna säkert påverkades av sin tids religion, dvs. kristendomen, och till viss del vinklade innehållet därefter. Famför allt frågar man sig vad som är fakta och vad som är fantasi i 1200-talets beskrivningar av de "hedniska" offerfesterna och i detta sammanhanget kulten och dess utövande vid hoven.

Det som är intressant för denna artikel är fyra uttryck som nämns i de direkta källorna, nämligen *hov, blóta, sóa* och *senda*. Hov syftar i dessa källor på storgårdar, men även på kultplatser. *Blóta* betecknar själva offerkulten och *sóa*, som har den allmänna betydelsen slakta och döda, ger i skrifterna uttryck för det rituella slaktandet av offerdjuret. Termen *senda* åsyftar i sin tur själva överlämnandet av delar av offerdjuret till gudomen (a.a.). Problemet i detta skedet består i att det saknas mer ingående beskrivningar om hur själva slakten gick till, hur man hanterade blodet samt vilka delar av djurkropparna som därefter överlämnades till gudomen. En viktig fråga är då hur mycket av det som beskrivs i de skriftliga källorna verkligen återspeglas i det arkeologiska materialet. Innan vi går närmare in på detta följer några exempel på platser där ben från olika djur har utgjort en del i det rituella utövandet under järnåldern.

Husdjurens medverkan i ritualen

Ben utgör ett viktigt tolkningsunderlag när man vill studera vilka aktiviteter som ägt rum på en plats. Vanligtvis tolkas benen, såväl av arkeologer som osteologer, enbart utifrån näringsekonomiska aspekter, men komplexiteten kring såväl det osteologiska som det arkeologiska materialet i sig visar att vi i större utsträckning måste uppmärksamma deras kultiska betydelse i dåtidens samhälle och inte bara se dem som mat och råmaterial. Det är viktigt att se att djur kan ha haft en gudomlig status och varit viktiga vid rituella handlingar.

Deponeringar av djurben i vatten i sjöar och mossar, sett som rituella handlingar, har till synes en lång tradition från yngre stenålder fram till och med 500–600-tal. Under folkvandringstid verkar det som om deponeringarna i våtmarker avtar och att de rituella handlingarna istället knyts närmare till bebyggelsen. Denna förändring sker samtidigt med uppförandet av hallar på stormännens gårdar och det tycks som om kultutövandet i viss mån institutionaliseras (Fabech 1994, 1998). Religionen utövades då på olika nivåer, både privat och kollektivt, i form av rituella måltider och genom djuroffer.

Ett inom arkeologin väl känt exempel på lång kontinuitet av bendepositioner i vatten är Röekillorna i sydöstra Skåne med en användningstid från neolitikum till romersk järnålder (Stjernquist 1997). De många fynden utgjordes av flint- och järnföremål, malstenar, keramik samt, inte minst, ett stort antal djur- och människoben. I källan är ben av häst och hund mest frekventa, därav både hela djur och delar. Det förekom även märgspaltade ben av häst, men framför allt av nöt, svin, och får. Fynden har tolkats som spår efter rituella handlingar som ingått i en fruktbarhetskult i syfte att främja tillväxten av både djur och människor (a.a. 1997:92). Kombinationen av djur och vatten i ett rituellt sammanhang är också slående i Skedemosse (Kr.f.–500-tal) på mellersta Öland. Den stora mängden hästben samt vapen har här tolkats som en form av krigsbytesoffer i samband med kollektivt utförda rituella handlingar där hästkött haft en stor betydelse (Hagberg 1967).

En annan järnåldersplats med nedläggelser av ben i samband med vatten, men med mer nära anknytning till bebyggelse är vattenhålet på Eketorps fornborg. Här har ben, till stora delar häst, kontinuerligt deponerats från förromersk järnålder till och med vikingatid (Backe, Edgren & Herschend 1994). Ytterligare ett vattenhål med anknytning till bebyggelse är A277 på boplatsen Tibble i Uppland. De hästben som lagts ned här har daterats till förromersk järnålder och tolkats som en form av enklare matoffer i samband med kultiska handlingar på individnivå eller inom familjen (Andersson 1998). Den rituella tolkningen styrks här av att andelen hästben från ordinära boplatslämningar är betydligt mindre.

Under vikingatid förekom även en annan form av rituella handlingar med ben, som inte förefaller ha haft något direkt samband med vatten. På den vikingatida storgården i Borg i Östergötland har man på en stenpackning utanför kulthuset hittat en depå av amulettringar och en stor mängd djurben, representerande bl.a. hund, häst och svin (Nielsen 1996, 1997). Fördelningen av de könsbestämda svinbetarna visar på en medveten spridning på så sätt att fragmenten från suggor låg i nära anslutning till amulettringarna medan fragmenten från galtar återfanns i området kring två ugnar (Nielsen 1997:385).

De ovan nämnda kultplatserna utgör endast några få exempel på olika typer av rituella handlingar som förekom under järnålder. Men de visar att rituella nedläggelser av ben i olika former, som exempelvis måltidsrester och hela djur, har utförts med olika syften och i olika sociala sammanhang.

Djurben i brunnar tolkas allmänt antingen som avfall från boplatsen eller som slakt- och måltidsrester från rituella handlingar (Säfvestad 1995). Men hur mycket vet vi egentligen om dåtidens avfallshantering för att kunna skilja på benfragment från en offermåltid och ben från en "vanlig" måltid? Är den kunskap vi har verkligen tillräcklig? Varför ligger exempelvis vissa ben i kulturlager och andra i gropar, grophus eller brunnar? Vad karakteriserar själva offret? Är det platsen som sådan, sammansättningen av djurarter och benslag eller vad? Vi vet bland annat från skriftliga källor att kranier och underkäkar kan ha en viss symbolisk betydelse, men sett ur rent profan synvinkel utgör de det primära slaktavfallet. Tolkningen av måltidsrester, i form av benfragment, rör också grundläggande frågor som rör vår egen nutida matkultur jämfört med det traditionella samhällets. Vår egen syn på vilka delar som ansetts som värdefulla blir styrande för tolkningen. Ofta delar vi in djuret i köttfattiga och köttrika delar, men det finns ju näringsinnehåll även i de köttfattiga delarna. Dessutom visar benmaterialen generellt att man utnyttjade djuren mycket mer effektivt än vi gör idag.

Ben som vi hittar i olika kontexter på boplatser vittnar inte enbart om mänsklig aktivitet utan också om andra typer av påverkan som exempelvis hundgnag och vittring. Ett annat källkritiskt problem är att storleken på materialen varierar vilket gör att det statistiskt sett sällan blir några signifikanta skillnader mellan de kontexter som jämförs, exempelvis brunnar och grophus. Slaktplatsens läge är också en viktig tolkningsaspekt med tanke på benslag och bensammansättning. Större djur slaktade man kanske inte inne på gården utan istället lite mer avsides, gärna nära vatten. Om det har funnits särskilda slaktplatser inom boplatsen borde också sammansättningen av benslagen vara speciell, t.ex. utgöras av en stor andel kraniefragment och fotben. Avsaknaden av fotben på en slaktplats skulle också kunna förklaras med att skinnet, med fotbenen kvar, kan ha transporterats bort från slaktplatsen och tagits tillvara inom en rad olika användningsområden. Fotben brukar ju vanligtvis betraktas enbart som avfall men kan alltså även ha haft ett annat värde – exempelvis ses ju grisfötter som en delikatess.

Järrestad – djurben i brunnar och grophus

I föreliggande studie försöker jag, mot bakgrund av bland annat ovanstående resonemang, belysa benmaterialet från storgården i Järrestad och de eventuella kulthandlingar som kan ha utövats där.

Benen förekom i olika kontexter, bl.a. grophus och brunnar – samtliga daterade till vendel- och vikingatid. Djurbensmaterialet påträffades i fyra brunnskomplex samt en del av innehållet från fyra grophus och en grop (Fig. 1). Totalt rör det sig om ca 50 kg djurben av vilka ca 40 kg är identifierade och av dessa ingår drygt 33 kg i analysen (Tabell 1). De osteologiska metoderna redovisas i Appendix III.

Studien syftar till att tydliggöra eventuella skillnader i benmaterialen vad gäller arter, benslag och fragmentering och diskutera vilka orsaker som kan dölja sig bakom olika typer av deponeringar. Det övergripande syftet med analysen är att undersöka om det är möjligt att i materialet belysa spår efter rituella aktiviteter. Finns det några tydliga materiella skillnader jämfört med de som uppstått vid de vardagliga handlingarna på platsen? Jag har särskilt fokuserat på rituella

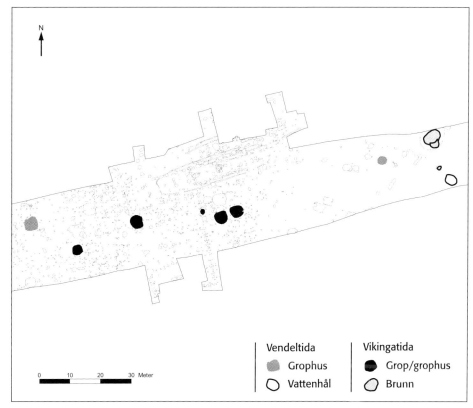

Fig. 1. Plan över anläggningar vars benmaterial är medtaget i analysen.

Map showing features from which the bone material is used in this analysis.

handlingar där djur inte enbart utgjort ingredienser i måltider utan kan även ha haft särskild symbolisk anknytning till vissa gudar. Utgångspunkten för denna symboliska tolkning är framför allt de isländska sagorna och dess beskrivningar av gudarna och blotet, även om det finns många källkritiska invändingar mot deras förankring i verkligheten (Hultgård 1996).

Det osteologiska resultatet har jag endast i viss mån jämfört med publicerade material från andra järnåldersundersökningar. Oftast saknas i många publikationer för tolkningen viktiga och användbara detaljuppgifter, vilket gör det problematiskt att jämföra materialen på ett likvärdigt sätt. Viktiga uppgifter kan exempelvis saknas om antal fragment, benslagsfördelningar, förekomst och tolkning av skärmärken, samt graden av vittring. Dessa uppgifter är kanske inte alltid relevanta för arkeologens resonemang, men de är ofta nödvändiga för den osteologiska tolkningen av materialet som helhet. Förklaringen till varför dessa relevanta uppgifter ofta saknas kan möjligen spåras till det faktum att osteologin har en tradition som hjälpvetenskap till arkeologin och att det osteologiska materialet inte haft en egen arkeologisk status.

I Järrestadmaterialet domineras de representerade arterna av nötboskap, häst, får, får/get och svin, men det förekommer även ben av hund, älg, säl, fågel och fisk. Säl, fågel och fisk finns bara i grophusen, medan älg enbart finns i en brunn.

	Vendeltid Brunnar		Vendeltid Grophus		Vikingatid Brunnar		Vikingatid Grophus	
	Antal	Vikt	Antal	Vikt	Antal	Vikt	Antal	Vikt
Nötboskap	26	738,0	259	4033,2	125	796726	302	5574,7
Häst	4	237,9	23	1075,4	164	6570,4	37	1301,7
Får/get	3	10,0	120	412,2	24	19302	192	577,8
Får	1	18,7	10	29,1	5	130,3	10	64,4
Svin	12	83,1	248	921,0	54	1653,6	166	1036,5
Hund	-	-	2	56,6	1	35,6	-	-
Älg	-	-	-	-	1	428,7	-	-
Säl	-	-	1	21,2	-	-	1	-
Summa:	46	1087,7	663	6548,7	374	16979,4	707	8555,1

Tabell 1. Järrestad. Obrända ben. Artfördelningen i brunnar och grophus uttryckt i antal fragment och vikt (g).

Järrestad. Unburnt bones. Species composition in wells and pit-houses based on number of fragments and weight (g).

	Vendeltid Brunnar		Vendeltid Grophus		Vikingatid Brunnar		Vikingatid Grophus	
	Antal	Vikt	Antal	Vikt	Antal	Vikt	Antal	Vikt
Nötboskap	-	-	1	21,4	-	-	2	5,2
Får/get	-	-	26	28,7	-	-	14	27,2
Svin	-	-	4	29,6	-	-	20	80,7
Summa:			31	79,7			36	113,4

Tabell 2. Järrestad. Brända ben. Artfördelningen i grophusen uttryckt i antalet fragment och vikt (g).

Järrestad. Burnt bones. Species composition in the pit-houses based on number of fragments and weight (g).

292

Fisk- och fågelbenen är inte analyserade p.g.a. tidsbrist och saknas därför i tabellen. En del av benen i grophusen var brända och redovisas separat i tabell 2.

I diagrammen som visar benslagsfördelningen i texten nedan har vissa element förts ihop till en kroppsdel eller region för att underlätta jämförelser mellan olika arter och kontexter. Indelningen omfattar följande: *huvudet* – kraniefragment och underkäkar, *bål* – kotor och revben, *framdel* – skulderblad överarmsben, strål- och armbågsben, *bakdel* – bäckenben, lårben och skenben samt vadben, *framfot* – handrot och mellanhandsben, *bakfot* – fotrot och mellanfotsben, och *fotben* – metapodier och tåben (Reitz & Wing 1999:206). En mer detaljerad fördelning av benslagen redovisas separat i Appendix IV, tabell 1-4.

Brunnarna

Brunnarna var placerade i ett sankt område med ett källsprång, tillhörigt en våtmark som var belägen ca femtio meter från hallområdet (Söderberg 2001:72). I nära anslutning till brunnarna låg ett kompakt lager av skärvsten, som inte innehöll något annat än sot. Brunnarna var uppbyggda av olika träkonstruktioner, t.ex. knuttimrade eller flätade korgar; ett kar var uppbygt av stenflisor som var ställda på högkant.

I brunnarna, som daterats till ca 850–1000, påträffades ben av nötboskap, häst, svin, får, får/get, hund och älg (Tabell 1 och Fig. 2) Av de två sistnämnda arterna fanns dock bara ett fragment vardera.

Hästbenen i de vikingatida brunnarna utgjordes mestadels av kranie- och underkäksfragment, bl.a. ett kranium av en mycket gammal hingst samt en underkäke av ytterligare en ålderstigen häst (Fig. 3). Majoriteten av de övriga hästbenen kommer från köttrika delar och skärmärkena på en del av benen visar att köttet har skurits bort och förmodligen kokats till den stora festmåltiden, medan benen fick bli gudarnas föda. I brunnarna fanns också många underkäkar av svin och hörntänder från galtar och suggor i olika åldrar. De övriga benen av svin är till största delen rester efter de köttrika delarna, som t.ex. fram- och bakdel (Fig. 4). Skärmärkena visar att tungan har skurits bort från underkäken och att man efter styckningen har skilt köttet från benen. Av nötkreatursbenen tycks inte finnas lika mycket kranie- och underkäksfragment (Fig. 5) som av häst och svin utan mer från de köttrika delarna, som bål, fram- och bakben, men även fotbenen är mer förekommande (Fig. 4). Ett fåtal bäckenbensfragment vittnar om att man har slaktat kor och möjligen kan det finnas rester efter en tjur också. Ben av både kalvar och fullvuxna djur har slängts i brunnarna. Gruppen får/get representeras förmodligen mest av får, eftersom inga entydiga ben från get har identifierats. Svårigheten att generellt skilja dessa två arters ben åt gör att enbart termen får/get används här. Liksom hos kreaturen finns det få kranier och underkäkar, men desto mer bål, fram- och bakben samt mellanfotsben, medan övriga fotben saknas (Fig. 4). Såväl

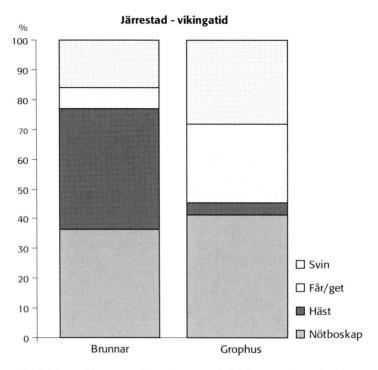

Fig. 2. Artfördelningen i brunnar och grophus uttryckt i % baserat på antalet fragment.

Relative frequencies of the number of fragments (NF) of the animals in wells and pit-houses in Järrestad.

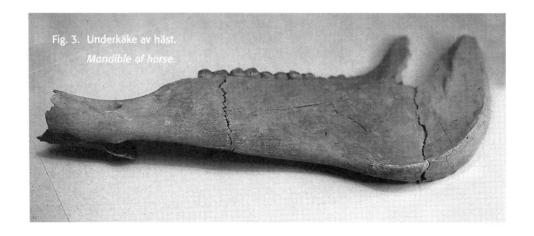

Fig. 3. Underkäke av häst.
Mandible of horse.

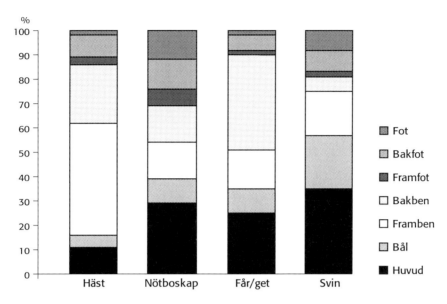

Fig. 4. Anatomisk fördelning hos nötboskap, häst, får/get och svin från brunnarna, baserat på antalet fragment.

Anatomical distribution of cattle, horse, ovicaprids and pig from the wells, based on number of fragments (NF) given in %.

Fig. 5. Underkäke av nötboskap *in situ* i en av brunnarna.
Mandible of cattle found in situ in one of the wells.

unga som gamla djur har påträffats i materialet. Därutöver fanns en underkäke från en vuxen älg och ett hundben; skulderbladet från ett fullvuxet djur.

Beninnehållet i den vendeltida "brunnsgropen", daterad till sent 600-tal, är litet (46 fragment) och skiljer sig något från de vikingatida brunnarna i det att nötboskapen är mycket mer frekvent än svin, häst och får/get. Näst vanligast är svinbenen. Av häst och får/get saknas kranie- och underkäksfragment liksom bålen och fotbenen. Svinet saknar också bål, men även ben från den köttrika bakdelen, i gengäld är fotbenen många. Nötkreaturen har flest kroppsregioner representerade och saknar bara ben från bakdelen. Gropen innehöll också en mal- och/eller krossten, mycket sten och skörbränd sten, liksom träspån, barkbitar och spetsade hasselkäppar. I den nedre delen av gropen påträffades barkbitar, varav en två meter lång rulle av bark från lind och ett årderliknande träföremål.

Grophusen

Benen i de vikingatida grophusen, kring hallområdet, härstammar i stort sett från samma arter som de i brunnarna förutom hund och älg och med tillägg av några fågel- och fiskben. Den största mängden ben är från nötboskap, men tätt efter kommer både svin och får/get (Tabell 1 och Fig. 2) Hästen är däremot sämre representerad. När det gäller benslagsfördelningen är mängden fotben större från samtliga arter i jämförelse med brunnsmaterialet även om skillnaderna inte är statistiskt signifikanta. En annan skillnad är att andelen lösa tänder är större i grophusen än i brunnarna. Antalet kraniefragment av häst är betydligt färre och underkäkar saknas helt i grophusen (Fig. 6). Grophusens ben har, jämfört med brunnarna dubbelt så många skärmärken och dessutom finns fler ben med styckningsmärken. Här finns även flånings- och filleteringsmärken på benen. Därutöver finns ett fåtal fragment av ko liksom hörntänder från galtar i olika åldrar, vilka är betydligt mer frekvent i grophusen än i brunnarna. Åldersfördelningen hos de olika arterna varierar också mer i grophusen än i brunnarna. Grisarna tycks generellt ha varit yngre när de slaktades än de som hamnat i brunnarna. Av får finns halvårs- och helårslamm, men även gamla djur. Nötkreaturen uppvisar också en variation från spädkalvar över halvårskalvar till fullvuxna djur.

En skillnad gentemot vikingatidens grophus är att de vendeltida grophusen i Järrestad, förutom nötboskap, gris, får/get och häst, även innehåller ett ben av gråsäl och två ben av hund (Tabell 1). En annan skillnad är att andelen svinben är dubbelt så stor under vendeltid som under vikingatid. Antalet hästben är litet i båda materialen. Av kreatursbenen finns mest kranie- och underkäksfragment och ben från bålen. De köttrika fram- och bakdelarna är fåtaliga. Hos svinet är huvudbenen, bålen, samt fram- och bakdelar ganska jämnt fördelade medan antalet

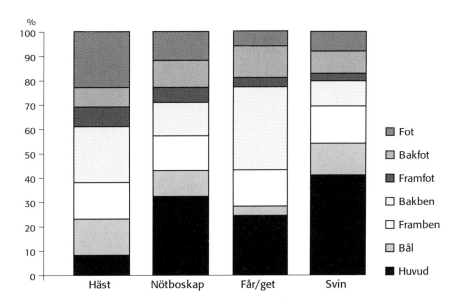

Fig. 6. Anatomisk fördelning hos nötboskap, häst, får/get och svin från grophusen, baserat på antalet fragment.

Anatomical distribution of cattle, horse, ovicaprids and pig from the pit-houses, based on number of fragments (NF) given in %.

fotben är något mindre. Får/get har ganska mycket köttrika delar i form av ben från fram- och bakdel och lite bål. Huvudben och fotben är ungefär lika många.

I jämförelse med andra skånska järnåldersboplatser, som t.ex. Gårdlösa (Stjernquist 1981) och Uppåkra (Nilsson 2003) överensstämmer artsammansättningen rent generellt med materialet från grophusen i Järrestad. Nötboskapen är mest förekommande på alla tre platserna före får/get och svin. Andelen får/get och gris varierar dock mellan materialen vilket förmodligen beror på den omkringliggande miljön, dvs. förekomsten av betesmarker och ollonskogar. Hästen är sparsamt representerad i samtliga material.

Slakt- och måltidsrester

"...och slaktköttet skulle man koka till människornas glädje"
(Ur Hakon den Godes saga, kap. 14)

I de vikingatida brunnarna i Järrestad är hästen mest frekvent, före nötboskap, svin och får, får/get. Andelen fragment av får och får/get är liten i jämförelse med grophusen. Ett källkritiskt och metodiskt problem här är den statistiska beräkningen av antalet fragment. I en av brunnarna har deponerats ett helt hingstkranium med tänder men utan underkäke. Kraniet utgjordes av 87 mindre fragment och 15 tänder. Räknar man det faktiska antalet fragment blir procentsatsen 44 av det totala antalet hästben i brunnen, men om man räknar kraniet som ett fragment plus 15 tänder blir den 24%, vilket fortfarande är högt i förhållande till grophusen och även sett i relation till mängden hästben i den vendeltida brunnen. I diagrammet över fördelningen av kroppsregioner av häst från samtliga brunnar har kraniet räknats som 87 fragment, eftersom övriga större eller mindre delar av kranier från de andra arterna har beräknats på samma sätt (Fig. 4). Å andra sidan är hästbenen i brunnarna antingen hela eller mindre fragmenterade i jämförelse med fragmenten från grophusen, vilket då kan styrka hypotesen att mängden hästben i brunnarna är hög, och i så fall skulle kunna tyda på något rituellt förfarande. Antalet kraniefragment av häst är också mer frekvent i brunnarna än i grophusen.

Ur näringssynpunkt så finns inte så mycket kött på kraniet, men inuti finns däremot hjärna och tunga som ju anses vara kulinariska läckerheter. Om man ser mer praktiskt på saken, så tillhör separeringen av kraniet från bålen och borttagandet av tungan oftast de första momenten i slaktproceduren, och i så fall är kraniet det första som slängs bort. Hästkraniet i Järrestad har inga skärmärken och det är omöjligt att avgöra om kraniet fragmenterats vid ett eventuellt borttagande av hjärna eller om sönderbrytandet har skett i brunnen. Troligen har det deponerats ganska snart efter slakten, antingen helt eller i två delar. Vissa delar av kraniet, t.ex. överkäke, gommen och näsbenen är förhållandevis tunna och fragmenteras lättare än t.ex. nackbenet, nackkondyler och klippbenet. Detta innebär att det är de senare regionerna och även tänder, som hittas och går att identifiera i ett fragmenterat material, exempelvis det från grophusen. Tunnare och lättfragmenterade ben bevaras sämre och försvinner så småningom genom påverkan av djur, människor, väder och vind.

Men graden av fragmentering styrs inte bara av bevaringsförhållanden utan också av storleken på benet då det slängdes samt på vilket sätt det utnyttjats innan det hamnade på marken eller i gropen. Osökt kommer man här att tänka på tillagningssätt som kokning, grillning eller stekning. För att koka kött med ben i ett keramikkärl, som normalt finns på boplatserna, måste man först bryta sönder benet så att det passar i kärlet. I annat fall skär man av köttet från benen och slänger dem på sophögen, eller märgspaltar och tar ut märgen innan man slänger dem, kanske till hundarna.

Mindre djur som får och svin kan man med fördel stycka i större delar eller t.o.m. grilla i sin helhet. Hela ben resulterar ju i mindre antal fragment än fragmenterade ben, men frågan är hur ska vi kunna jämföra dessa ben på ett bra sätt? Om vi tar ben av nötboskap från Järrestad som ett exempel så fanns samtliga benslag i både brunnar och grophus, men i olika mängder. Antalet lösa tänder var ca 100 i grophusen, men enbart ca 40 i brunnarna. Detta kan tolkas som att det från början har funnits betydligt fler under- och överkäkar i grophusen än vad som det finns ben till, eftersom käkarna inte bevarats. Antalet käkfragment är också större i grophusen än i brunnarna, men frågan är om detta beror på att käkarna i realiteten har varit fler eller om de är mer fragmenterade än de käkar som återfanns i brunnarna?

Generellt visar 6% av benen från brunnarna någon grad av vittring, vilket innebär att de antingen har legat ovanpå marken någonstans under en kortare period eller att vattenståndet i brunnarna har fluktuerat och ev. torkat ut. Hundar har i alla fall kommit åt en del av benen för 17% har gnagmärken. Av samtliga ben i grophusen har 9% gnagmärken av rovdjur och troligtvis från hund och 26% har någon grad av vittring. Anledningen till den mindre mängden ben med gnagmärken beror till stor del på att vitttringsgraden är betydligt högre i materialet från grophusen i jämförelse med det från brunnarna.

Blóta, sóa, senda

Tolkningen av djurbenen från de vendel- och vikingatida brunnarna i Järrestad kommer framför allt att ske med en övergripande utgångspunkt i sagorna och deras beskrivningar av bloten och de gudar till vilka man offrade parat med en liten touch av osteo-arkeologisk kunskap. Trots en medvetenhet om sagornas källkritiska problem blir det en spännande resa mellan den förhistoriska föreställningsvärlden och nutida spekulation.

De framgrävda djurbenen berättar först och främst för oss vilka djur man har utnyttjat rent näringsmässigt, dvs. att man har ätit dem och utnyttjat deras ull, skinn och mjölk. Men de säger oss också något om deras funktion som drag- och lastdjur. Som tidigare nämnts har djuren, förutom att vara en viktig näringskälla också fungerat som en viktig kommunikationslänk till högre makter. Hästen t.ex. betraktades i egenskap av heligt djur som gudarnas språkrör och förmedlare av mytisk kunskap (Ström 1985:86). Djurbenen i Järrestad visar att man, såväl till vardags som fest, utnyttjat samma djurarter. Sannolikt har det rört sig om djur som funnits hemma på gården.

En intressant fråga är varför andelen hästben i brunnarna är så hög jämfört med andelen hästben från de samtida grophusen och varför mängden svinben är större än får/get i brunnarna medan det är tvärtom i grophusen? Svaret kan möjligen ligga i syftet med blotet och därmed vilka gudar man har velat blidka. Det som talar för att djurbenen i brunnarna deponerats vid ett rituellt förfarande är framför allt att mängden hästben är så hög i jämförelse med andelen i grop-husen. Dessutom är får och/eller get dåligt representerat i brunnarna, men har en ganska stor andel i grophusen, vilket tyder på ett mer vardagligt utnytt-jande. Det andra som styrker en rituell praktik är skillnaderna i benslags-fördelningen hos olika arter i de båda kontexterna. Andelen fragment av kra-nier och underkäkar (ej lösa tänder) är större från samtliga arter i brunnarna än i grophusen. Djurben som i nutid påträffas i brunnar brukar primärt ses som slaktavfall utan rituellt värde. Med andra ord ser man brunnen som en plats där man kunde göra sig av med resterna efter slakten. En annan praktiskt inrik-tad förklaring är att uppfatta ben som boplatsavfall, resultatet av att man har städat på boplatsen och slängt avfallet i uttjänta brunnar. Järrestadsmaterialet bär visserligen spår av hundgnag och en del är också vittrade, vilket skulle kunna tyda på att de utgör rester av boplatsavfall, men det som talar mot detta generellt är benens låga fragmenteringsgrad. Sammansättningen av arter och benslag hos bortstädat avfall från boplatsen borde vara identiskt med det avfall som fanns i grophusen på själva boplatsen. Nu är så inte fallet.

Ytterligare skäl till att materialet i brunnarna ska tolkas utifrån en rituell förklaringsgrund är att andelen fotben, som också tillhör det primära slakt-avfallet, är relativt låg i brunnarna, vilket innebär att man har sorterat bort dessa innan man samlade upp avfallet. Även om många av fotbenen är små och lätt försvinner i marken och/eller äts upp av hundar och större fåglar förklarar det inte helt dess ringa andel. Slutsatsen är att benen i brunnarna är utvalda på något sätt som inte enbart kan förklaras genom städning av boplatsen. Ur prak-tisk synvinkel är närhet till vatten viktigt när man slaktar. Brunnsområdet vid Järrestad skulle kunna fungera som slaktplats men då borde fotbenen ha före-kommit i mycket större mängd än vad som är fallet. Fotbenen brukar tillhöra det primära slaktavfallet och i enlighet därmed skulle de relativt små benen ha slängts direkt i brunnen. Med tanke på brunnsmiljöns goda bevaringsförhållan-den så förväntar man sig att de skulle ha bevarats och kommit fram vid utgräv-ningen. Så den lilla mängden fotben i brunnarna styrker snarare än stjälper tolkningen att brunnarna har använts i ett speciellt rituellt syfte.

Benmaterialet från Järrestad är ett mycket bra exempel på svårigheterna med att tydliggöra skillnader mellan rituella och icke-rituellt deponerade rester i form av ordinärt boplatsavfall. Vår kunskap om dåtidens avfallshantering är alldeles för begränsad för att man t.ex. ska kunna avgöra var slakten har ägt rum, hur mycket av djuren man har utnyttjat och var man har slängt de olika restprodukterna. Vi vet också väldigt lite om hur dåtidens människor tänkte och om hanteringen av både djur och avfall var omgärdade med lika praktiskt och rationellt orienterat förnuft som dagens avfallshantering.

Om man ska rätta sig efter sagorna och myterna så har ju djuren varit av central betydelse både i skapelsemyterna, som ledsagare till olika gudar, och som offerdjur vid blotfesterna. Därför kommer jag här att använda mig av en alternativ tolkning till den praktiska och mer världsliga synen på avfall och istället försöka knyta djuren och benresterna till den mytiska världen och då framför allt till blotet.

Den urgamla blotformeln lyder "för gott år och fred". Målet med blotet var att åstadkomma fruktsamhet, god hälsa, gott liv, fred och harmoni för folk och fä och mellan människorna och makten. Det förekom olika sorters blot, både offentliga och privata och vissa blot var årtidsbundna, eftersom året indelades i två hälfter, ett sommar- och ett vinterhalvår. Sommarhalvåret började i mitten av april och då blotade man för att hälsa sommaren liksom man på hösten blotade för att hälsa vintern, vars halvår började i oktober. Alvblotet, som var en lokal blothögtid, firades hemma på gårdarna och leddes av husmor. De offentliga bloten förrättades på större kultplatser med någon form av helgedom, t.ex. en hall, vilka ofta var förknippade med ett tingsställe (Ström 1985:7). Vanligtvis offrades djur under blotet och företrädesvis hästar och grisar (Steinsland & Meulengracht Sørensen 1998:74ff).

En annan viktig del i kultutövningen var orakeldeltagandet, dvs. att man gick till blot för att genom olika tecken och förebud försöka påverka ödet i rätt riktning. Det mest omtyckta och flitigast använda orakelmedlen var vattnet och offerdjurens blod. Den mystiska kunskap som man förväntades få förmedlades av de heliga djuren, som ofta utgjordes av hästar och ansågs vara gudarnas språkrör. Men enligt en isländsk saga i vilken det berättas om *Tidrande*, så var det inte bara hästar som användes som språkrör utan även oxar. I denna saga nämns en oxe med namnet "Spåmannen" som slaktades vid vinterhalvårets offerfest (Ström 1985:86).

Närvaron av häst och svin i brunnarna vid Jarlens hov är inte förvånande med tanke på att heliga djur förknippades med flera olika gudar bl.a. Oden och Frej. Hästen hade anknytning till både fruktbarhet och till den himmelska sfären i form av solens dragdjur. Höst- och vinterblotet tillägnas guden Frej och hans heliga djur är grisen och hästen. I Frejs kult offrade man de bästa och mest avlingskraftiga djuren, dvs. hingstar, galtar och tjurar (Ström 1985:177). I Järrestad har vi en hingst och några galtar, vilka man skulle kunna tolka som ett offer av de mest avlingskraftiga djuren för att blidka guden Frej i ett försök att trygga fortsatt god boskapslycka. Avsaknaden av spädgrisar kan styrka teorin om avelsdjur. Höst- och vinterbloten tillägnades Frej, som inte bara främjade djurens fortplanting utan även människans och markens fruktbarhet (Ström 1985:176). Genom att förtära nöt-, svin- och hästkött vid offerfesterna blev folket delaktiga i gudens styrka, eftersom både Frej och Freja kunde ta boning i dessa djur och guden blev därmed både gud och offer (Onsell 1990:198). Oden hör ihop med sommarblotet och även han har grisen och hästen som sina heliga djur. Utöver dessa har han också två korpar, Hugin och Munin samt i släptåg två vargar, Gere och Freke. Tyvärr är det ofta mycket svårt att med hjälp av åldersbedömingen utifrån benen från domesticerade djur, bedöma under vilken säsong de har slaktats. Extra problematiskt är det med grisarna, eftersom de kan få flera kullar på ett år. I brunnarna fanns visserligen två underkäkar av svin med en ungefärlig ålder på 1,5 år och det är frestande att tolka dessa som rester efter svin slaktade på hösten, om de kommit till världen på våren. Men de kan ju också ha fötts senare på året och då faller den bedömningen. Hästbenen är samtliga från fullt utväxta djur. Hästen användes inte bara som offerdjur för fruktbarhet vid bloten utan också som språkrör för att förmedla mytisk kunskap till människorna. Gudinnan Freja hade många namn och ett var *Gefn*, som förmodligen härstammar från ordet *gefa* (att giva) och syftar på hennes funktion som givarinna av fruktbarhet och välstånd. Hon har även ett binamn, *Sýr* ”suggan” som speglar gudinnans fruktbarhetsmakt. Även om antalet ben från galtar verkar vara fler än från suggor i brunnarna i Järrestad så finns de där. Syftet med att åkalla Freja är uppenbart och problemet bottnar snarare i när man har gjort det. Har offret ingått i den offentliga kulten eller den privata, t.ex. alvblotet?

I en av brunnarna hade två isläggar (Fig. 7) tillverkade av hästmetapodier nedlagts, vilka man med lite god vilja skulle kunna härleda till föreställningar kring guden Ull. Han har ursprungligen uppfattats som himmelsguden och trots sin något undanskymda ställning varit av hög rang. Både Snorre och Saxo berättar om Ull och hans skicklighet vad gäller bågskytte och skidlöpning, dvs. en utmärkt krigare. Saxo nämner på ett ställe att Ull for med isläggar över havet och han kallas också ”skidguden” och ”jaktguden”. Med tanke på älgkäken (Fig. 8) i brunnen och revbenet från gråsäl i grophuset kan det ju tänkas att det fanns ett behov för att åkalla även denna gud för att säkra jaktlyckan. Vintrarna på Österlen kan åtminstone i våra dagar vara ganska bistra och tillgången på vattendrag var ju ganska stor i området, så isläggarna, som är raka i formen, kan mycket väl ha utnyttjats som fortskaffningsmedel även till vardags. I Birka fanns det 112 isläggar från svarta jorden och 86 av dessa var tillverkade av ben från nötboskap. Ett fåtal var nerlagda i gravar och de var samtliga gjorda av nötben (Arwidsson 1986:167–68). Det speciella med isläggarna i Järrestad är att de har deponerats i par och att de är gjorda av hästben, något som inte är förvånande med tanke på hästens framträdande roll i kulten på den här platsen. Till de här ovan angivna argument som talar för att brunnarna har använts i rituellt syfte kommer närvaron av de svarvade träskålarna och locket till en svepask (Söderberg 2001), men även frånvaron av vanligt hushållsavfall som normalt finns på boplatsytan stärker brunnarna som platser för rituellt bruk.

Nötkreaturen är svårare att förknippa med någon särskild gud förutom tjuren och dess anknytning till Frej och fruktbarhetskulten. I brunnarna finns inga bevis för att oxar använts i ritualen, men det kan bero på att att andelen ben

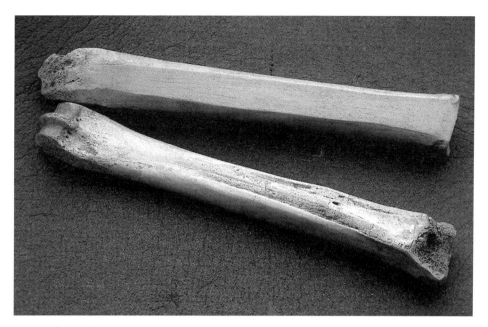

Fig. 7. Isläggar från en av brunnarna.

Bone skates found in one of the wells.

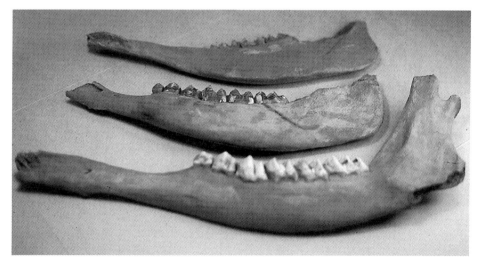

Fig. 8. Underkäke av älg (nederst) tillsammans med två från nötboskap.

Mandible of elk (at the bottom) and two mandibles from cattle.

med användbara könskriterier är få. Kon förekommer däremot i skapelsemyten och kallas för *Audumbla*, vars mjölk Ymer livnärde sig på (Ström 1985:94). Kanske var det så att kon liksom fåret i första hand "bara" var offerdjur som bidrog med blod och kött till festmåltiden. Tillsammans utgjorde de näringsmässigt de största köttproducenterna på gården och bidrog även med många viktiga sekundära produkter, som mjölk, skinn, ull och gödsel.

Hunden nästan lyser med sin frånvaro vilket är lite underligt, eftersom den förekommer i andra rituella kontexter som t.ex. stormannagravar och på andra "centrala platser" som Borg i Östergötland (Nielsen 1996:100). Det fanns bara ett skulderblad av hund deponerat i en av brunnarna i Järrestad. På den stenlagda gården utanför kulthuset i Borg, har däremot rester efter ett tiotal hundar (Nielsen 1997:385) grävts fram och den största koncentrationen av hundben låg nära en depå av 98 amulettringar (a.a. 1997:385). På denna plats tycks hunden tillsammans med hästen och svinet ha haft en framträdande roll i kulten. Liksom i Järrestad fanns det emellertid också ben från nötboskap och får. Även i Röekillorna tycks hunden ha haft en stor betydelse i kulten, vilket framgår av den stora mängden hundben som inte enbart består av lösa ben och kranier utan också av några få hela skelett (Stjernquist 1997:79).

Anledningen till att kranier och underkäkar är välrepresenterade kan bottna i att kranier i traditionella kulturer ofta förknippas med en livgivande kraft (Cooper 1990:80). Ibn Fadlan beskriver i en av sina reseberättelser sitt möte med nordbor vid Volga och om en försäljares tackoffer till sin gud. Försäljaren slaktade ett antal får och hornboskap, vars kött han sedan delade ut i form av gåvor. Resten bar han fram till det stora träbelätet där han hängde upp ox- och fårhuvudena på de träpålar som var nedslagna i marken. Detta tackoffer visar att huvudena och vissa andra delar av offerdjuren sändes över till den gudomliga sfären.

Själva överlämnandet av offergåvan är ur religionsfenomenologisk synpunkt ett centralt moment i offerproceduren, som säkert var av betydelse även i den förkristna offerceremonierna i Skandinavien (Hultgård 1996:46).

I Järrestad är kraniefragmenten mest förekommande hos hästen och svinet, men det finns större delar av ett kalvkranium deponerat i en av brunnarna. Hingstkraniet är mycket fragmenterat, men större delen av det finns bevarat. Huruvida det har funnits pålar nerslagna i våtmarken eller i brunnarna var svårt att avgöra i fält trots att det fanns en mängd cirkulära färgningar i sanden runt omkring brunnarna. De flesta färgningarna visade sig dock vara djurgångar, men en del kan ha varit märken efter pålar (Bengt Söderberg, muntl. kommentar). Även om det har funnits nedslagna pålar så är det omöjligt att avgöra om hästhuvudet suttit på en sådan innan det hamnade i brunnen är. I övrigt är de köttrika delarna av samtliga djur mer vanligare än övriga köttfattiga ben. En del av de köttrika benen har filletteringsmärken vilket visar att köttet har skurits bort och förmodligen kokats till festmåltiden, medan benen som inte är märgspaltade och inte tycks vara sönderbrutna för att få plats i grytan, har slängts i brunnen som offer till gudarna i ett försök att påverka deras inflytande i positiv riktning.

Syftet med bloten var ju att befrämja fruktsamheten och åstadkomma fred och harmoni i samhället. När, var och hur dessa utspelades varierade från plats till plats bl.a. beroende på årstid och om blotet var privat eller offentligt. De skillnader i artsammansättningarna som finns mellan Borg och Järrestad kan möjligen förklaras med att kulten i Järrestad har varit knuten till vatten och att blotet i samband med detta har haft ett annat syfte än de kulthandlingar som har försiggått på gårdsplanen i Borg. Gårdskomplexet i Tissø i Danmark är ett exempel på kulthandlingar av lite annat slag (Jørgensen och Pedersen 1996). På denna plats fanns bl.a. en stor hallbyggnad, med en inhägnad, metallverkstäder och en stor mängd föremål av silver, järn och brons. En hel del vapen hade nedlagts i den intilliggande sjön och en silverskatt återfanns på en av gårdarna. Benmaterialet från Tissø är stort och välbevarat och majoriteten djurben kom i anläggningar innanför inhägnaden, men de är i skrivande stund tyvärr ännu ej publicerade i detalj och frågan är om materialet överensstämmer eller avviker från de här nämnda platserna (Jørgensen 1998). Det får framtiden utvisa. Sett utifrån de olika typer av kultplatser som är arkeologiskt belagda tycks formen för bloten och kulten ha tagit sig många uttryck i järnålderssamhället. Den slutsats vi trots allt kan dra utifrån Järrestad är att det finns tydliga skillnader i benmaterialet från de vikingatida brunnarna och grophusen vad gäller framför allt sammansättningen av djurarter och benslag. Häst och svin dominerar materialet från brunnarna medan nötboskap, får och får/get är mest förekommande i grophusen. En annan viktig skillnad mellan materialen är att mängden kranier och underkäkar från de mest frekventa arterna är större i brunnarna än i grophusen.

I de skriftliga källorna nämns blot, slakt och överlämnande av delar av offerdjuret till gudarna utan några närmare beskrivningar om hur det hela egentligen gick till i praktiken. Dessa handlingar avspeglas till viss del i Järrestad på så sätt att det i benmaterialet från brunnarna finns belägg för fest, slakt och utvalda djur och delar därav. Symboliken, dvs. länkandet av djur och delar av djur till olika gudar är däremot svårare att bevisa, men inte desto mindre intressant att spekulera i.

Avslutningsvis ska sägas att vi inte har fått svar på alla frågor som ställts om kultens utförande och om avfallshanteringen under yngre järnålder, men det finns möjligheter att fördjupa sig ytterligare i dessa frågeställningar i framtiden. Det krävs dock fler detaljerade osteologiska undersökningar av både gamla och nya material för att hitta mönster i hanteringen av ben vid olika aktiviteter på olika typer av platser.

Summary

Blóta, Sóa, Senda. An analysis of animal bones.

Animal bones from archaeological sites are normally used as economic indicators of a place, but that is often only half of the story. In prehistoric societies animals also seem to have a symbolic meaning in connection with different ritual activities. The deposition of animal bones, both meal remnants and complete animals in wet surroundings, was rather common from the Late Stone Age to the Early Iron Age, decreasing during the Late Iron Age, when ritual activities more often were connected to settlements and buildings. This article presents the bone material from the magnate's farm in Järrestad consisting of bones from constructions of both everyday and ritual character, i.e. pit-houses and wells, mostly from the Viking Age. A majority of the bones derive from domesticated animals and only a few were from wild animals such as elk and seal. The main purpose of the analysis was to illustrate traces of ritual activities, by means of differences in species composition, fragmentation pattern and distribution of skeletal elements. Another goal was a symbolic interpretation of the animals in the wells, and their connection to certain gods as mentioned in, for example, the sagas. There are, however, some difficulties in using the written sources from the Middle Ages, concerning, for instance, the audacity of the contents of these texts.

Other problems occurred when analysing and interpreting the bone material itself, among other things, distinguishing primary butchering waste from ritual deposits, and distinguishing ordinary meal remnants from those of a ritual meal. What is the difference? The answers to these questions are out there, but in my opinion, we need more detailed investigations of new and old bone material to create some new patterns to work with in the future.

The results show, among other things, that the domesticated animals were most frequent and that there was a clear dominance of horse bones in the wells, in contrast to the few fragments in the pit-houses. Another difference is the large amount of cranial bones and mandibles deposited in the wells, not only of horses but also of cattle and pig, which are less frequent in the pit-houses. Symbolically the horse may be associated with several gods, for example, Odin and Frey, who were connected to the fertility cult. This speculative aspect is very exciting but hard to prove. It should be pointed out, though, that interpreting ritual activities is not as simple as it seems. There are many pitfalls along the way, concerning both the bone material and the written sources, which also are discussed in this paper. There are many questions still unsolved, and we have just began our journey in the world of waste disposal in prehistoric sites.

Referenser

Anderssson, K. 1998. Sakralt eller profant – ett tolkningsförslag till det osteologiska materialet från Tibble, Litslena sn. I: Andersson, K. (Red.): *Suinonum hinc civitates. Nya undersökningar kring Norra Mälardalens äldre järnålder.* OPIA 19. Uppsala.

Arwidsson, G. (ed.). 1986. Birka II:2. *Systematische Analysen der Gräberfunde.* Kungliga Vitterhetens Historie och Antikvitets Akadamien. Stockholm.

Backe, M., Edgren, B. & Herschend, F. 1993. Bones thrown into a Water-hole. I Arwidsson, G., Hansson, Holmquist Olausson, L., Johansson, B.M., Klockhoff, M., Lidén, K. & Nordström, H-Å. (eds.): *Sources and Resources. Studies in honor of Birgit Arrhenius.* PACT, 38 1993. Rixensart.

Cooper, J.C. 1990. *Symboler – en uppslagsbok.* Helsingfors.

Fabech, C. 1994. Reading society from the cultural landscape. South Scandinavia between sacral and political power. I P.O.Nielsen, K. Randsborg & H. Thrane (eds). *The archaeology of Gudme and Lundeborg. Papers presented at a conference at Svendborg, October 1991.* Arkæologiske studier. 10. København.

Fabech, C. 1998. Kult og samfund i yngre jernalder – Ravlunda som eksempel. I Larsson, L. & Hårdh, B. (red.): *Centrala platser – Centrala frågor. Samhällsstrukturen under järnåldern. En vänbok till Berta Stjernquist.* Uppåkra studier I. Acta Archaeologica Lundensia. Series in 8°, No 28. Stockholm.

Hagberg, U.-E. 1967. *The archaeology of Skedemosse. 2. The votive deposits in the Skedemosse fen and their relation to the Iron-Age settlement on Öland, Sweden.* Stockholm.

Hultgård, A. 1996. Fornskandinavisk kult – finns det skriftliga källor? I: Engdahl, K. och Kaliff, A. (red) *Religion från stenålder till medeltid.* Riksantikvarieämbetet, Arkeologiska undersökningar. Skrifter nr 19. Stockholm.

Jørgensen, L. 1998. En storgård fra vikingetid ved Tissø, Sjaelland – en foreløbig praesentation. I (red.). Larsson, L. & Hårdh, B. (red.): *Centrala platser – Centrala frågor. Samhällsstrukturen under järnåldern. En vänbok till Berta Stjernquist.* Uppåkra studier I. Acta Archaeologica Lundensia. Series in 8°, No 28. Stockholm.

Jørgensen, L. & Pedersen, L. 1996. Vikinger ved Tissö. Gamle og nye fund fra et handels- og håndvaerkscenter. *Nationlmuseets Arbejdsmark 1996.* København.

Nielsen, A.-L. 1996. Hedniska kult- och offerhandlingar i Borg. I: Engdahl, K. och Kaliff, A. (red.). *Religion från stenålder till medeltid.* Riksantikvarieämbetet, Arkeologiska undersökningar. Skrifter nr 19. Stockholm.

Nielsen, A.-L. 1997. Pagan Cultic and Votive Acts at Borg. An Expression of the Central Significance of the Farmstead in the Late Iron Age. In Andersson, H., Carelli, P. & Ersgård, L. (eds.): *Visions of the Past. Trends and traditions in Swedish medieval Archaeology.* Lund Studies in Medieval Archaeology 19. Riksantikvarieämbetet, Skrifter nr 24. Stockholm.

Nilsson, L. 2003. *Animal husbandry in Iron Age Uppåkra. Centrality – Regionality. The Social Structure of Southern Sweden during the Iron Age.* L. Larsson & B. Hårdh, eds. Uppåkrastudier 7. Acta Archaeologica Lundensia. Series in 8°, No 40. Stockholm

Reitz, E. & Wing, E.S. 1999. *Zooarchaeology.* Cambridge Manuals in Archaeology. Cambridge.

Onsell, B. 1990. *Jordens Moder i Norden.* Stockholm.

Steinsland, G. 1993. *Viking og Hvidekrist. Norden og Europa 800-1200.* Utställnings-katalog. Nordisk Ministerråd i samarbete med Europarådet. Köpenhamn.

Steinsland, G. & Meulengracht Sørensen, P. 1998. *Människor och makter i vikingarnas värld.* Stockholm.

Stjernquist, B.1981. *Gårdlösa I. An Iron Age community in its natural and social setting.* Acta Regiae Societatis Humaniorum Litterarum Lundensis. Lund.

Stjernquist, B. 1997. *The Röekillorna Spring. Springcults in Scandinavian Prehistory.* Acta Regiae Societatis Humaniorum Litterarum Lundensis. Stockholm.

Ström, F. 1985. *Nordisk hedendom. Tro och sed i förkristen tid.* Arlöv.

Söderberg, B. 2001. Järnålderns Järrestad. I: Burman, P. (red.). *Tidsresa längs Tommarpspsån. österlen 2001.* Årsbok för den samlade hembygdsrörelsen på Österlen. Simrishamn.

Säfvestad, U. 1995. *Om brunnar. Diskussion kring brunnar på Håbolandet.* I: Ullén, I., Ranheden, H., Eriksson, T. & Engelmark, R. (red.). Riksantikvarieämbetet. Arkeologiska skrifter Nr 12. Stockholm.

Tack

Stort tack till Titti Fendin, Caroline Arcini, Annica Cardell och Bengt Söderberg för synpunkter och givande diskussioner.

▶ Ett komplext metallhantverk vid storgården i Järrestad spårades redan vid den arkeologiska förundersökningen och ytterligare arkeometallurgiskt material inom samma kategorier påträffades sedan vid slutundersökningen. Rester efter såväl järnhantering i form av slagg, smidesavfall och ämnesjärnsbitar som gjutning av kopparlegeringar av blandade sammansättningar påträffades bland fynden. Att även ädelmetaller ingick i hantverket framkom i form av gulddroppar i slagg samt den guldgubbepatris som omnämnts i många sammanhang (se bl.a. Söderberg 2001:65ff). Andra fynd med anknytning till metallhantering utgjordes av blästermunstycken, ässjeinfodringsmaterial, deglar och gjutformsfragment, ett städ samt en del stenmaterial. Troligen kan också den hammare, som påträffades ytligt i ett av stolphålen i ett hus, anses tillhöra denna kategori av fynd (Söderberg, red. 2002). Dessutom har två eller möjligen tre hus (hus 1, hus 43 och hus 56) kunnat knytas till i första hand järnhanteringen men även användningen av kopparlegeringar och ädelmetaller kunde spåras i form av en probersten och som metallrester i några av järnslaggerna. Ett område med härdar i undersökningsområdets mellersta del, väster

Metallhantverket vid storgården
Ett arkeometallurgiskt perspektiv
av Lena Grandin och Eva Hjärthner-Holdar

om hallområdet, har troligen under en avgränsad tid varit centrum för arbetet med kopparlegeringar. Stratigrafi, ^{14}C-dateringar och fyndmaterial visar att järnhanteringen fanns som hantverk i Järrestad under hela tiden även om smidet synes ha avtagit under den sista fasen. Däremot tycks inte metallhantverkstäder för kopparlegeringar och ädelmetaller ha funnits inom undersökningsområdet under vikingatid.

Det komplexa metallhantverket föranledde en arkeometallurgisk undersökning där frågor rörande stationära och ambulerande metallhantverkare, använda kvaliteter, produktionsinriktningar, smedernas skicklighet vad gäller hanteringen av kopparlegeringar och ädelmetaller, samt järn och dess olika kvaliteter och typer kom i fokus.

Storgårdar och metallhantverk

Forskningen om metaller och metallegeringars kvaliteter i förhistorisk tid och framförallt järnålder har i Sverige inte varit särskilt omfattande sedan Andreas Oldeberg gav ut sitt verk med titeln "Metallteknik under vikingatid och medeltid"

1966. En del forskning i denna riktning har utförts inom Helgöprojektet framför allt av Kristina Lamm vad gäller just brons- och ädelmetallhantverket (bl.a. 1977). Tämligen stora undersökningar har dock gjorts i övriga Europa och världen.

Betydligt större intresse har arkeometallurgiska undersökningar av järn-hantverket rönt inom bland annat Helgöprojektet där arkeometallurgin har behandlats av bland annat arkeologerna Jan-Erik Tomtlund och Pär Hallinder samt arkeometallurgen Radomir Pleiner och metallurgerna Sten Modin och Mikael Lagerquist (Lamm & Lundström, eds. 1978 V:1). Ett stort pionjärar-bete utfördes också av Inga Serning främst vad gäller själva framställningen av järn (se bl.a. Serning 1966; 1973). För att försöka förbättra kunskapsläget har ett projekt som behandlar metallhantverket under folkvandringstid och ven-deltid startats (Hjärthner-Holdar m.fl. 2002).

Det är viktigt att forskningen kring dessa material får en nytändning där de nu aktuella arkeometallurgiska undersökningarna på material från Järrestad och Uppåkra i Skåne är en viktig ingrediens (Grandin m.fl. 2001; Kresten m.fl. 2001b:149ff). Det finns stora potentialer i de arkeometallurgiska materialen och bland annat kan undersökningar av metall- och legeringskvaliteter ge kvalitativ information som är viktig för tolkningen av både hantverkares skicklighet, an-vända tekniker och möjliga handelsvägar. Avfall från tillverkningen såsom gjut-formar, deglar, slagg och halvfärdiga produkter liksom råvaror till smide och gjutning säger mycket om smedernas tekniska kunskaper och *know-how* liksom också resterna av de anläggningar de brukat. Frågor rörande stationära eller ambulerande hantverkare utgör ett problemområde som har intresserat många arkeologer till exempel Joachim Werner, Hayo Vierck, Wilhelm Holmqvist, Eldrid Straume, Nancy Wicker, Kent Andersson, Claus v. Carnap Bornheim, Johan Call-mer för att bara nämna några. Genom ovannämnda arkeometallurgiska analyser finns goda möjligheter att få ytterligare en aspekt som kan belysa organisationen och den diskussion som förs angående stationära eller ambulerande hantverkare.

Senare års arkeologiska undersökningar och till viss del även metalldetektor-undersökningar har avslöjat en rad lokaler som bedömts som storgårdar eller hövdingasäten där metallhantverk bedrivits. Cirka ett dussin sådana platser är kända från Danmark, medan man i Norge ännu inte funnit någon fornlämnings-lokal av denna art (Jørgensen 1994; Hjärthner-Holdar m.fl. 2002). Från Sverige är nio verkstadsplatser från folkvandringstid kända (Fig. 1), nämligen Gene, Gallsätter, Trogsta och Högom utmed norrlandskusten, Helgö och Bäckby i Mälarområdet, Bo och Ormöga på Öland och Uppåkra i Skåne (Ramqvist 1983:177; Lindqvist 1996:83 f; Liedgren 1992:189; Ramqvist 1992:179; Lamm 1977:97ff; Hjärthner-Holdar m.fl. 2002; Beskow 1977:113ff).

I Uppåkra har troligen verkstadsaktiviteterna börjat redan under förromersk järnålder och fortsatt ända in i vikingatid. Däremot har brons- och guldverkstäderna

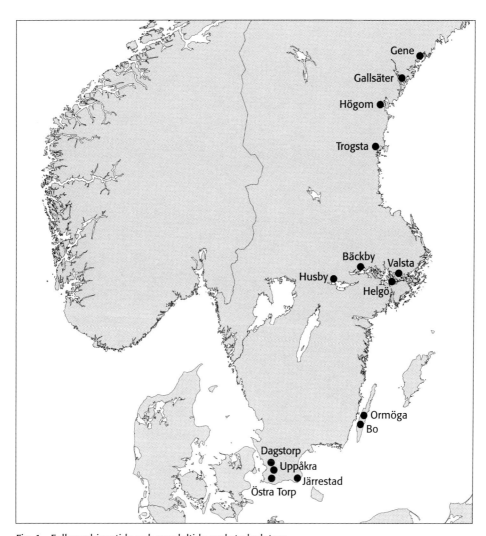

Fig. 1. Folkvandringstida och vendeltida verkstadsplatser.

Workshops from the Migration and Merovingian Periods.

311

på Helgö endast existerat under ca 100 år under det att järnsmidet fortsatt kanske ända in i vikingatid. Möjligen är det så att Birka övertog Helgös roll som centrum för metallhantverket i området. Även på Birka verkar brons- och ädelmetallhantverket ha existerat endast i ca 100 år (Hjärthner-Holdar m.fl. 2002:162). De båda verkstadsplatserna Bo och Ormöga på Öland, som ligger alldeles intill den kända offerplatsen Skedemosse, är speciella genom att de är belägna så nära varandra. Fynden från Ormöga är relativt sparsamma men från Bo kommer gjutformar till åtminstone tre reliefspännen med spiral- och tidig stil I-ornamentik, det vill säga smycken som bars av tidens förnämsta kvinnor. På de båda platserna undersöktes endast smärre områden, men de få fynden tyder ändå på en högtstående verkstadsproduktion. En guldskatt, tolkad som en guldsmedsdepå, mittemellan Bo och Ormöga, gör området ännu mer intressant framförallt i diskussionen angående smedernas status och också vad gäller områdets status (Hagberg 1967:99; 1979:25).

Ytterligare några verkstadsfynd kan dateras till äldre vendeltid – Östra Torp, Dagstorp och Järrestad i Skåne samt Husby och Valsta i Mälarområdet (Hårdh 1999:145ff; Kresten m.fl. 2000b; Söderberg 2001:65; Hjärthner-Holdar m.fl. 2000bff; Hjärthner-Holdar under tryckning) (Fig.1). Förutom dessa finns ett flertal platser med enstaka degel- eller gjutformsfragment samt åtskilliga platser med enbart järnsmide.

Uppkomsten av centralplatser med vissa speciella funktioner och deras betydelse för utvecklingen från stamsamhälle till statssamhälle i den germanska världen under det första årtusendet e. Kr. har under senare år blivit ett viktigt forskningstema. I Sverige har det aktualiserats genom undersökningarna av Uppåkraboplatsen utanför Lund, där utgrävningar och systematisk användning av metalldetektorer under flera år avslöjat en omfattande och långvarig bebyggelse med ett föremålsbestånd som inte hör hemma i en ordinär järnåldersbosättning utan i en elitär miljö. Gudme på Fyn är en dansk motsvarighet till Uppåkra (Jørgensen 1994; 2001:74).

De svenska verkstadsfynden, och dit räknas vanligen brons- och ädelmetallverkstäder, är av varierande storlek beroende på omfattningen av tillverkningen. Endast två platser i Sverige kan sägas ha permanenta verkstäder, Uppåkra, där tillverkningen tycks ha bedrivits i flera hundra år, och Helgö, strax söder om Ekerö i Mälaren, där den pågick under cirka hundra år, från slutet av 400-talet till slutet av 500-talet (Hjärthner-Holdar m.fl. 2002:162). Både Uppåkra och Helgö är att betrakta som centralplatser. Även järnsmidet kan avslöja olika hierarkiska nivåer i boplatsmaterialet. Det har visat sig att det råder en viss skillnad i utnyttjandet av olika typer av järn. Det har hittills inte påträffats goda kolstål eller härdade sådana av typen martensit på boplatser av ordinär karaktär utan dessa har varit bundna till boplatser av elitär karaktär såsom till exempel Helgö, Husby och Järrestad (Hjärthner-Holdar m.fl. 1999; Hjärthner-Holdar m.fl. 2000b; Grandin m.fl. 2001; Hjärthner-Holdar m.fl. 2002). En arkeometallurgisk undersökning av järnhantverket i Uppåkra pågår för närvarande på Geoarkeologiskt Laboratorium.

Övriga kända verkstadsplatser från den här aktuella tiden ser ut att ha varit mer eller mindre tillfälliga, det vill säga en eller ett par hantverkare har vid något tillfälle varit verksamma på platsen. Viktiga lokaler i denna diskussion är de som har en produktion av metallföremål men där produktionen till synes är liten men av högstatuskaraktär och resultatet av ett eller flera besök av en yrkesskicklig hantverkare som till exempel i Dagstorp i Dagstorps socken i Skåne (Kresten m.fl. 2000b). Möjligen kan även bronsgjuteriet på storgården i Husby i Glanshammars socken i Närke och den i Bäckby i Västmanland karakteriseras på samma sätt (Hjärthner-Holdar m.fl. 1999; Hjärthner-Holdar m.fl. 2000b; Hjärthner-Holdar m.fl. 2002:165f). De tidiga verkstäderna, troligen undantaget Uppåkra, ser ut att ha upphört före vikingatidens början och ersatts av verkstäder i de under 700-talet framväxande handelscentra (se bl.a. Callmer 1995:39ff; Callmer 2002:133ff; B. Ambrosiani pers. kom.).

Skickliga smeder som kunde tillverka tidens statusföremål som stora ornerade smycken och praktfulla vapen var uppenbart knutna till centralplatser och storgårdar. Samtida kontinentala källor upplyser om att de skickligaste hantverkarna, i synnerhet guldsmederna, rörde sig mellan de germanska furstehoven och ibland också skickades som gåvor mellan dem. Om hantverkarna var fria eller ofria finns det olika uppfattningar om. Mansgravar med vapen, guldsmides- och järnsmidesverktyg och matriser, kända från flera håll i Europa, har tagits som intäkt på att smederna var fria hantverkare. Samtidigt anger vissa germanska lagar att alla hantverkare var ofria. I andra lagar anges straffen för ihjälslagna slavar, där mansboten för en guldsmed var högre än för andra kategorier av hantverkare. Att vissa guldsmeder hade en hög ställning i den germanska världen framgår tydligt av *Vita Elegii*. Elegius, som var en skicklig guldsmed och myntmästare hos frankerkungarna Dagobert och Clothar, var också biskop i Noyen. Han blev guldsmedernas speciella skyddshelgon. Kanske skall man med tanke på detta tolka till exempel guldsmides- och järnsmidesverktyg i gravar med full vapenutrustning på ett något annorlunda sätt än nu vanligen görs, det vill säga som smedsgravar. Dessa föremål kanske skall ses som symboler inte bara för hantverket och hantverkaren utan också som symboler för ägande och makt (jämför bergsmannasymbolerna, hammaren och bergjärnet samt bergsmännens och deras maktposition i Sverige redan under tidig medeltid) (Hjärthner-Holdar under tryckning).

Tidigare genomförda undersökningar visar att ett av de viktigare kriterierna för att kunna urskilja permanenta verkstäder från de mer tillfälliga är experimenterandet med legeringar och tillverkningsmetoder. Dessutom framstår det som om använda järnkvaliteter och typ av produktion både vad gäller brons- och ädelmetallhantverket spelar en viktig roll vid bedömningen av vad som kan karakteriseras som en elitär respektive ordinär bosättning. Att påvisa skillnader och likheter mellan olika verkstadsplatser är med andra ord en viktig förutsättning för att urskilja hierarkiska nivåer i det förhistoriska samhället.

Arkeometallurgiska undersökningar

En viktig del i tolkningarna av metallhantverket och dess funktion i storgårdsområdet är arkeometallurgiska analyser. Arkeometallurgiska undersökningar kan, som exempel, ge svar på frågor rörande metallers sammansättningar och kvaliteter och därmed deras materialegenskaper och till vilka ändamål de är lämpliga. Metallers, och legeringars, sammansättningar och utseende ger också information om hur de är tillverkade, det vill säga vilka tekniker som smederna/gjutarna har använt sig av i framställnings- och bearbetningsprocesserna och hur skickliga de har varit i sitt hantverk. Materialsammansättningar kan också användas för att avgöra vilka råvarutyper som använts och i vilken utsträckning som material har återanvänts. Sammantaget ger detta en möjlighet att kunna spåra metallernas ursprung vad gäller olika malmbildningsregioner och få en uppfattning om storgårdens organisation och på vilket sätt som smederna varit knutna till den.

Bland fynden från Järrestad fanns föremål, halvfabrikat och framförallt restprodukter, till exempel gjutspill och slagger från hantverket. Andra fyndkategorier relaterade till metallhantering, till exempel deglar och gjutformar vilka normalt ger en god bild av vilka produkter som tillverkats på plats, förekom dessvärre mycket sparsamt. Som nämnts tidigare kunde endast ett fåtal anläggningar knytas direkt till metallhantverket. Framförallt saknas säkra anläggningar som går att knyta direkt till brons- och ädelmetallhantverket.

Analysmetoder

Ett urval av metallfynd från såväl för- som slutundersökning har analyserats. Dessutom har slagger från järnhanteringen ingått i undersökningen. Petrografiska och metallografiska undersökningar har gjorts på slagg- respektive metallfynd. Undersökningen går till så att ett snitt, vanligtvis tvärsnitt, görs i materialet. Snittytan slipas, poleras och studeras i mikroskop för att urskilja dess struktur och textur. Samma snittyta har sedan analyserats kemiskt med hjälp av elektronmikrosond då man dels får en mer detaljerad bild av texturen, dels kan utföra kvantitativa kemiska analyser antingen på mycket små punkter (mikrometerstora) eller större ytor (ca 20–30 × 20–30 mikrometer). Punktanalysmetoden används genomgående för slagger och järnfynd men också för kopparlegeringar där varje detalj är av intresse. Kopparlegeringar analyseras också med ytmetoden för att få en överblick av en större yta, närmast jämförbar med en översiktsanalys.

Analysrutinen med att studera ett tvärsnitt för att undersöka fyndets struktur och textur, efterföljt av en analys innebär att man får besked om materialet är homogent eller inte. Om det tvärtemot är heterogent och till exempel består av en kärna av ett material och beläggning av ett annat framkommer detta tydligt. Tidigare har analyser av kopparlegeringar vanligtvis utförts på utsidan eller av en borrkärna varvid kunskapen om materialets uppbyggnad går förlorad. Sådana ytanalyser kan närmast jämföras med avbaningen vid en arkeologisk utgrävning, medan analyser av tvärsnitt, som använts i denna undersökning, motsvarar profilgrävning och ger betydligt mer kunskap och underlättar dessutom tolkningen av analysresultaten.

Ytterligare en typ av kvantitativ analys är totalkemiska analyser som görs på slagger och malmer där en större del av ett stycke homogeniseras innan det analyseras. Även i detta fall får man en genomsnittsanalys. Detaljer vad gäller analysernas genomförande presenteras i en rapport från Geoarkeologiskt Laboratorium (Grandin m.fl. 2001).

Järn och stål

Järn framställs i olika kvaliteter för olika ändamål. Rent järn (ferrit) är relativt mjukt. Stål, som är en hårdare produkt, är järn som innehåller kol. Detta material kan också behandlas med olika typer av värmebehandling för att ytterligare förbättra hårdhet (härdning) eller seghet (anlöpning). Ett annat ämne som i halter upp till 1 % är bra för till exempel eggar är fosfor. Fosfor gör järnet hårt men sprött, vilket innebär att om järnet innehåller för mycket fosfor blir det vad vi kallar kallbräckt och riskerar gå sönder vid låga temperaturer. Svavel är en komponent som kan förekomma i malmer och som man försöker undvika i järn eftersom det ger så kallad rödbräcka och järnet brister när det smids i hett tillstånd. I järnföremål är större eller mindre mängder av slagginneslutningar också vanligt. Stora mängder kan försämra föremålet även om järnets kvalitet i sig är god. Slaggen i järnet kan vara rester från framställningsprocessen eller ha tillkommit under bearbetningsfasen, bland annat då material av olika sammansättning ska smidas samman, vällas. Då bildas slagg i sömmen, eller fogen, mellan de hopsmidda styckena. Det är också viktigt att komma ihåg att en bra kvalitet på materialet huvudsakligen innebär en jämn och ändamålsenlig kvalitet, det vill säga mjukt järn och hårt kolstål har olika användningsområden.

Kopparlegeringar

När man talar om koppar och kopparlegeringar finns det några grundläggande termer som kan vara bra att känna till. Dessa förklaras kortfattat här. Användningen av en korrekt terminologi är viktigt i tolkningen av arkeologiska metallfynd. Ett vanligt förekommande fenomen är att termen brons används för de flesta kopparlegeringarna oavsett deras sammansättning. Detta kan i många fall vara missvisande då man diskuterar materialegenskaper, gjuttekniker, metallernas proveniens och grad av omsmältning. En viss försiktighet med bruket av termen brons rekommenderas därmed. Om man inte känner till om det är brons, mässing eller rödmetall som behandlas kan det vara korrektare att använda den mer neutrala termen kopparlegering.

Metaller är vanligtvis framställda ur malmer med varierande sammansättningar och med olika metallurgiska processer. En del metaller kan också förekomma naturligt, till exempel guld, silver, koppar och bly och det är betydelsefullt att kunna skilja ut dessa. Metallerna kan vara naturligt legerade med låga halter av andra grundämnen. Halterna kan vara så låga att det snarare rör sig om "föroreningar" än legeringar. Vissa förorenande ämnen kan vara kvalitetsnedsättande för materialet, men andra kan förbättra till exempel materialets mekaniska egenskaper eller gjutegenskaperna eftersom ren koppar som har hög smältpunkt, är svår att gjuta.

Legeringar är bildade genom sammansmältning av rena metaller eller metaller med olika mineral som innehåller den önskade metallen. Sådana legeringar, till exempel brons och mässing, är primära. Legeringar som är framställda genom omsmältning av bland annat skrotmetaller får vanligtvis en mer komplex sammansättning med innehåll av flera ämnen. Rödmetall är exempel på en sådan sekundär legering.

Brons är en legering av koppar och tenn, och består vanligen av 80–96% koppar och 4–20% tenn. Bronser är lämpliga för gjutning. Legeringens hårdhet ökar med ökande tennhalt. Gjutegenskaperna förbättras ytterligare om bly ingår i låga halter. Vid för högt blyinnehåll försämras dock smidesegenskaperna. Bly är inte lösligt i legeringen utan förekommer som segregerade droppar i blandningen (se även Schuman 1983; Hammer 2000).

Mässing är en legering av koppar och zink och är också lämplig för gjutning. Vanliga zinkhalter för gjutning är 10–20%. Gjut- och smidesegenskaperna påverkas på liknande sätt som bronserna med ökande legeringshalt. Bly uppträder vanligtvis också i mässing men är inte lösligt utan förekommer som segregerade droppar (se även Schuman 1983).

Rödmetall är en legering som innehåller koppar, tenn och zink. Liksom i brons och mässing är bly ett vanligt inslag. Materialets egenskaper påminner om bronsernas. Det finns något varierande åsikter om gränsdragningen för att definiera en rödmetall – om det är tillräckligt att både tenn och zink förekommer eller om det krävs en minsta mängd av respektive metall för att benämna legeringen rödmetall. I praktiken kan det vara svårt med en exakt gränsdragning men det bör röra sig om några få viktsprocents förekomst av såväl zink som tenn för att karaktärisera materialet som rödmetall (jämför Hammer 2000; Bayley 1990; Rehren 2000).

Järnhanteringen på storgården

Smidesverksamheten har varit den huvudsakliga näringen inom järnhanteringen i storgårdsområdet i Järrestad. Detta framkommer utifrån en samlad värdering av de arkeometallurgiska fynden som främst utgörs av slagger av något varierande utseende, såväl reduktions- som smidesslagger. I materialet finns även fynd av bränd och smält lera från ässjeväggar och infodring, liksom fragment av enstaka blästermunstycken. Metalliskt järn förekommer som föremål, delar av ämnesjärn, smidesavfall och i form av slaggrika järnstycken. Från ett av stolphålen till hus 1 framkom vid förundersökningen ytterligare ett föremål som med all sannolikhet kan knytas till smidesverksamheten nämligen ett hammarhuvud. Däremot är det endast ett fåtal anläggningar som direkt kan knytas till järnhanteringen på gården.

Smedjor

Ett av grophusen, hus 56, innehöll resterna efter en smedja (Fig. 2). Golvet bestod av trampad lera och det var sotigt och bemängt med träkol, framför allt utmed norra och södra väggarna. I sydöst påträffades ett område med bränd och obränd lera. I grophusets sydvästra del fanns resterna efter en förmodad smideshärd/ässja i form av en svag försänkning i golvet. Ässjan har ursprungligen troligen varit något uppbyggd och kan ha varit av samma typ som de i Albertsro, Åkers sn i Södermanland och Husby, Glanshammars sn i Närke (Englund m.fl. 1996; Hjärthner-Holdar m.fl. 1999) (Fig. 3). I grophusets sydöstra del fanns det ett stolphål som kan tolkas som spåret efter en städstabbe, det vill säga en på högkant stående stock som utgjorde underlag för ett städ. Att det rör sig om platsen för städet visar också förekomsten av glödskal runt stolphålet och i någon mån ner i gropen. Koncentrationen av glödskal är vanligtvis störst just kring städet eftersom sådana faller av när man smider/slår med hammaren på föremålet. Smedjan/grophuset har med all sannolikhet rivits redan under förhistorisk tid genom att stolparna och städstabben har dragits upp. Det finns till exempel inget som tyder på att stolparna och städstabben ruttnat ner. Dessutom är ässjan också tydligt riven.

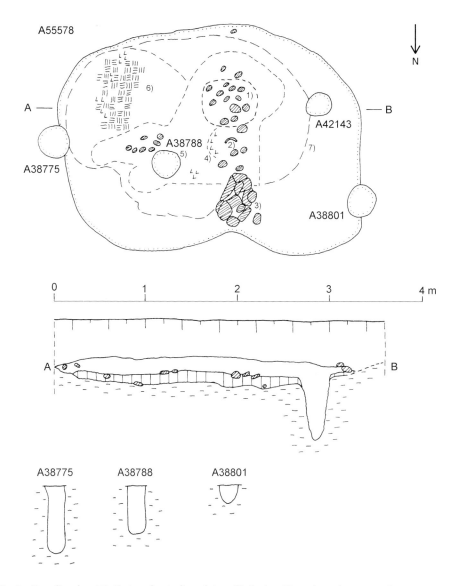

Fig. 2. Smedjan, hus 56. 1) visar den troliga platsen för ässjan, 5) markerar koncentrationen av glödskal och A38788 är stolphålet efter städstabben.

The smithy, house 56. 1) indicates the location of the smithing hearth, 5) a concentration of hammer scales and A38788 the position of the anvil. Drawing by Annika Jeppsson.

Vid undersökningen påträffades flera avfallsprodukter från järnsmide som en smidesskålla, glödskal, ämnesjärn, men också degelfragment och kopparlegeringar (bronsfragment) i slagg. Av ämnesjärnet fanns endast en mindre del kvar. Detta är tämligen slaggfritt och uppvisar en av de högsta fosforhalter som noterats i de analyserade järnfynden. Även dess slagginneslutningar har relativt höga fosforhalter. Motsvarande höga fosforhalter har dock inte noterats i glasfasen i den smidesskålla som påträffats eller i glödskalen. I smidesskållan finns dock enstaka förekomster av ett fosforrikt mineral (apatit) vilket alltså också tyder på att smeden har arbetat med fosforförande material.

Ytterligare ett hus kan vara en smedja eller rättare sagt ett verkstadshus. Det är som nämndes i inledningen hus 1. Huset är 21 meter långt och upp till sju meter brett

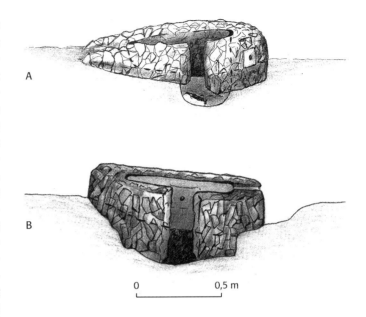

Fig. 3. Exempel på rekonstruerade ässjor. A) Albertsro, Åkers sn, Södermanland. B) Husby, Glanshammars sn, Närke.

Examples of reconstructed smithing hearths. A) Albertsro, Åker parish, Södermanland. B) Husby, Glanshammar parish, Närke. Reconstruction Eva Hjärthner-Holdar, drawing by Kerstin Åberg.

med två ingångar. Vid ingången i nordöstra delen framkom en mörkfärgning som troligen är ett tramplager som bland annat innehöll smält lera vilket sannolikt är rester efter ässjefodring samt järnslagg. Huset visar tecken på att ha blivit ombyggt i så måtto att några av de takbärande stolparna blivit omsatta. När den yngsta hallen, hus 25, anläggs rivs hus 1 eller har redan rivits i samband med att hallen (hus 8) från skede 2 rivs. Detta medför att inga rester av konstruktioner i smedjan finns kvar. Det enda som gör att hus 1 kan tolkas som smedja är fynden av hammarhuvud, slagg och annat avfall främst i stolphålen till hus 1 och i angränsande anläggningar såsom den rännliknande försänkningen söder om hus 1 men också slaggförekomsten i matjordslagret ovanpå hallen. Veterligen finns det i svenskt material ännu ingen konstaterad smedja som inhysts i ett stolphus av denna karaktär. Möjligen har detta hus inrymt även andra verkstadsaktiviteter såsom gjuteri, vilket fynd av degelfragment antyder.

Råvaror och processer

Flertalet av slaggerna från undersökningen är, som påtalats tidigare, smidesslagger även om enstaka reduktionsslagger har kunnat identifieras. Huvudsakligen handlar det om primär- och sekundärsmidesslagger vilket framkommer även av förekomsten av sprutslagger som är avfall från primärsmidet, och glödskal som bildats under sekundärsmidet. De senare hittades dessutom runt städet i smedjan, hus 56. Även olika typer av järnfynd ger indikationer på att flera av smidets processled ägt rum.

Några enstaka slaggbitar kunde klassificeras som reduktionsslagger. Dessa påträffades visserligen utspridda över den undersökta ytan men inom ett mer begränsat område än resten av slaggerna. Andra direkta, säkra, tecken på järnframställning i blästugn påträffades inte och enstaka lerfragment som skulle kunna komma från en blästugn tolkades som ässjeinfodring. Frånvaron av anläggningar som kan tolkas som rester efter blästugnar försvårar också diskussionen om järnframställningen i området. Det är dock troligt att denna ägt rum utanför det egentliga boplatsområdet, dels med hänsyn till brandrisken, dels med tanke på råvaruförekomster.

Flera av slaggerna uppvisar en kemisk sammansättning som är i stora drag överensstämmande, det vill säga på en sådan nivå att vi kan göra tolkningen att de kemiskt sett har samma ursprung, alltså härstammar från samma malmtyp vilket skulle innebära att järnet är framställt på en och samma plats. Visserligen är smidesslagger generellt inte helt idealiska för sådana jämförelser eftersom materialtillförsel kan ha ägt rum under smidesprocesserna och påverkat proportionerna mellan de ingående ämnena, men sådana tillsatser har observerats endast i ett fåtal slagger (rester av vällsand), huvudsakligen de yngsta. Enstaka avvikelser har noterats i den kemiska sammansättningen i form av betydligt högre manganhalter och som sannolikt kan relateras till användning av annan malm. Om vi antar att sjö-/myrmalm har använts, vilket är rimligt, kan dock skillnader i manganhalter förekomma inom en och samma malmtäkt varför avvikelsen inte nödvändigtvis innebär att material införskaffats från annat håll än merparten av det bearbetade järnet. Möjligen kan skillnaden också vara tidsrelaterad eftersom manganhalten i malmerna kan variera med djupet vilket alltså skulle innebära att man funnit en lokalt manganrikare horisont i en vanligtvis manganfattigare malmtäkt. En sådan tidsskillnad kan inte verifieras med hjälp av de manganförande fynd som observerats eftersom de uppträder under åtminstone 600–900-tal.

Det finns således tecken på att malmer av olika sammansättning har använts i järnframställningen, men en manganfattig typ förefaller vara dominerande. En mängd svavelkiskonkretioner påträffades i undersökningsområdet och det har spekulerats i huruvida sådana är lämpliga som malm eller inte med tanke på det höga svavelinnehållet. Dessa kan inte uppenbart relateras till de manganhaltiga slaggerna. Det borde snarare vara en myrmalm som är mest lämplig som kandidat. Slaggerna och svavelkiskonkretionerna uppvisar dock likheter i proportioner mellan kemiskt relaterade spårelement. Detta innebär att en tänkbar förklaring är att en möjlig myrmalm och svavelkiskonkretionerna har samma geologiska bakgrund och alltså härstammar från samma bergarts- miljö. I det här fallet är det alltså inte troligt att svavelkiskonkretionerna har använts för järnframställning. Vi kan emellertid inte helt avfärda dem som an- vändbara malmer i andra sammanhang trots det höga svavelinnehållet efter- som svavel, som man vill undvika i den färdiga järnprodukten, bortgår vid rostning (Pleiner 2000:108).

Ytterligare indicier för järnframställning på platsen är förekomsten av det otäta, slaggrika järnet som påträffats i fragmentariska stycken och som visar att detta järn krävt fortsatt slaggrensning för att kunna smidas vidare. En slut- sats vi kan dra av detta är att det metalliska järnet antingen tillverkats på plat- sen (närområdet) eller införskaffats i form av slaggrika smältor/luppar. Dessa otäta järnstycken uppvisar dessutom en kemisk sammansättning i omgivande och innesluten slagg som är snarlik smidesslaggernas.

Produkter och teknik

En annan kategori av järnfynd som kan relateras till smidesprocessen är det fåtal ämnesjärn, eller snarare fragment av ämnesjärn, som fanns i kraftigt korro- derade konkretioner. Förekomsten av ämnesjärn är, som tidigare berörts, för- hållandevis liten. Om det beror på att spillet varit begränsat, det vill säga smeden har utnyttjat materialet i stor utsträckning eller om platser/lokaler där ämnes- järn kunde förväntas i större utsträckning inte har undersökts är två möjliga alternativa tolkningar. Det sistnämnda skulle alltså innebära att det, precis som för reduktionsprocessen där det saknas bevis för ugnar, saknas anläggningar där smidet har ägt rum. Man kan alltså förvänta sig att ämnesjärnen borde påträffas i områden där de var tänkta att bearbetas vidare, inte i miljöer där användning av redskap har ägt rum. En säker smedja (hus 56) har undersökts, men för övrigt är det oklarare om andra grophus med slagg i fyllningen kan tolkas som smedjor. Det finns dock en trolig smedja till och det är hus 1. I den undersökta smedjan i grophuset framkom också ett av de undersökta ämnesjärnen.

Nästa fråga vad gäller ämnesjärnen är huruvida de är smidda av järn som producerats på platsen eller införskaffats i form av ämnen. Det ena behöver inte utesluta det andra eftersom det mycket väl kan vara så att man kunnat tillverka en materialkvalitet men haft önskemål om produkter med andra kva- litetskrav och användningsområden och därför handlat med någon som kunnat tillhandahålla detta. Ytterligare en aspekt att ha i åtanke är att behovet av att tillverka en mellanprodukt som ämnesjärn inte alltid har funnits om man haft för avsikt att direkt smida materialet vidare till färdigt föremål och enbart betraktar ämnesjärnet som en form av handelsvara. Ämnesjärnen är dessvärre få varför det statistiska underlaget av uppnådda resultat är kraftigt begränsat. Deras sammansättning är dock av flera slag. Såväl mjukt järn som kol- och fosforhaltigt järn är observerat. Dessa materialkategorier, och några till, är företrädda även i föremålen, men i metalldroppar som är inneslutna i slaggerna har endast kol- och fosforfritt järn noterats, vilket kan ge en svag indikation om att ämnesjärnen inte skulle kunna relateras till slaggerna. Ämnesjärnens slagginneslutningar kan också användas för att jämföras med såväl slagginneslutningar i föremål som slaggerna. I stora drag uppvisar ämnesjärnen samma proportioner mellan de ingående elementen som föremålens slagginneslutningar, men avviker något från slaggerna dock inte i så hög grad att de inte kan vara kemiskt besläktade. En avvikelse från föremålen utgörs, som poängterats tidigare, av den betydligt högre fosforhalten i ett av ämnesjärnen.

Föremålen dominerar i järnmaterialet vilket troligen har sin naturliga förklaring eftersom det snarare är konsumtions- än produktionsområden som undersökts. Även om flera kategorier av föremål är representerade i materialet så är det knivarna som utgör den största gruppen. Merparten av de föremål som har analyserats är av god kvalitet och väl framställda. Denna slutsats baseras på att järnstrukturen är homogen och mängden innesluten slagg mestadels låg. Slagg saknas till och med i något av fynden. Flera kvaliteter och därmed materialegenskaper finns företrädda i föremålen. Speciella kategorier kan dock inte korreleras med specifika kvaliteter eller egenskaper förutom för knivarna, det vill säga samma materialtyper och tillverkningssätt är valda för flera föremålstyper. Inte heller finns skillnader som är tidsrelaterade vilket innebär att samma materialtyper har bearbetats med samma tekniker under hela det aktuella tidsintervallet.

I knivmaterialet har några olika typer kunnat urskiljas med avseende på knivarnas morfologi. Dessa skillnader är inte nödvändigtvis enbart primära utan kan mycket väl vara sekundära på grund av användning i olika utsträckning. Flera knivtyper kan också separeras med avseende på deras kemiska sammansättning och strukturella uppbyggnad och därmed även tillverkningstekniker. Två huvudtyper kan urskiljas vad gäller bladets tvärsnitt där den ena är i det närmaste rektangulär eller långsmalt triangulär med endast något smalare eggsida och den andra tydligt triangulär (nära liksidig triangel) med välmarkerad egg. Gemensamt för båda dessa varianter är att de är konstruerade av flera lager (även om enstaka undantag finns där ett ursprungligen mjukt, kolfritt järn förefaller ha uppkolats i ytterkanterna). I de flesta knivarna är lagren parallella med vällfogar orienterade längs med knivbladets bredd, det vill säga samma lager kan centralt följas från egg till rygg (Fig. 4). Antalet lager varierar

A

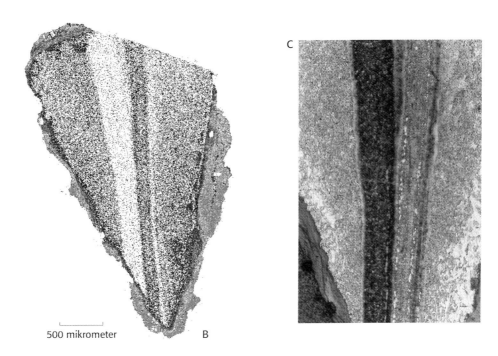

500 mikrometer   B

C

Fig. 4. A) Kniv. B) Polerat tvärsnitt av eggen. Bandad struktur med lägre fosforhalt i ljusa band, högre i de mörka. C) Detalj på samma tvärsnitt. Mikrofoto, reflekterande belysning, bildyta 1,47x2,20 mm. Centralt band med härdat kolstål. I ytterkanterna fosforförande kolfritt (ferritiskt) järn.

A) Knife. B) Polished cross-section of the edge with multiple bands of various compositions. Relative distribution of phosphorus from 0.1% in the white areas to 0.35% in the dark regions. C) Close up of the same section etched with nital. Quenched carbon steel surrounded by carbon-free (ferritic) phosphorous iron.

från kniv till kniv och i flera fall har det inte varit möjligt att urskilja dem alla eftersom en del av fynden är kraftigt korroderade och sannolikt saknas delar av de yttre lagren. I ett fåtal knivar är lagren hopvällda i annan riktning där vällfogar är orienterade vinkelrätt mot bladets bredd (det vill säga parallellt med bladets tjocklek) vilket innebär att knivbladets eggsida utgörs av ett annat stycke än dess ryggsida.

De olika lagrens sammansättningar och därmed också kvaliteter är av några olika slag. Även i detta sammanhang kan två huvudkategorier urskiljas. Den ena är uppbyggd av lager av hårt, i vissa härdat, kolstål som är varvade med lager av mjukare järn, varav några har begränsat fosforinnehåll. Den andra är mer baserad på fosforförande lager (lokalt höga fosforhalter) som varvats med fosforfria lager. Även om den andra typen i vissa fall innehåller låga kolhalter är det sannolikt fosfor som varit den viktiga ingrediensen i denna. Det har dock inte varit möjligt att entydigt koppla morfologi med sammansättning, kvalitet eller tid. Detta innebär alltså att samma materialegenskaper uppträder i morfologiskt olika knivtyper. Det betyder också omvänt att det inom samma morfologiskt definierade modell förekommer olika materialtyper och tillverkningstekniker. Liknande slutsatser kunde dras av Tomtlund som undersökt flera knivtyper från Helgö (1973) på motsvarande sätt.

Jämfört med andra föremålstyper förekommer sammanfattningsvis ännu fler kvaliteter bland knivarna: ferrit (mjukt järn), ferrit med varierande fosforhalter, kolstål med varierande kolhalter (härdbara och icke-härdbara varianter) och härdade kolstål. Kolstålen har i några fall också ett begränsat fosforinnehåll. Flera av materialtyperna har enligt några varianter vällts samman till de färdiga knivarna och det krävs kunskaper om hur material med olika egenskaper ska vällas samman för att få ett starkt och hållbart redskap med goda skärande egenskaper. Sådana kunskaper har uppenbarligen funnits bland smederna i Järrestad. Liksom för ämnesjärnen kan man diskutera huruvida föremålen är tillverkade av lokalt framställt järn, av importerade ämnen eller måhända inte alls tillverkade på plats utan inhandlade. Även här kommer såväl metallens som slagginneslutningarnas kemiska sammansättning till hjälp. Betraktar man till exempel proportionerna mellan ämnen i slagginneslutningarna uppträder stora likheter. Enstaka avviker dock, men kan i ett fall relateras till en på motsvarande sätt avvikande slagg. Det finns med andra ord inga säkra belägg för införsel av ämnesjärn.

Kunskaper om hur skilda järnkvaliteter bör behandlas på olika sätt för att uppnå optimala resultat har funnits bland smederna, bland annat för mekanisk bearbetning, uppkolning, användning av vällsand och temperaturbehandling i form av härdning av kolstål (även en del av fosforjärnen är snabbkylda från högre temperaturer). Kolstål förekommer som tämligen vanligt inslag i föremål men har också observerats i ämnesjärnen. En betydelsefull fråga är huruvida kolstålet är framställt direkt i blästugnen eller genom senare uppkolning av mjukt järn. Dessvärre är mängden reduktionsslagger, som skulle kunna bidra med information i frågan liten. Slaggernas sammansättning kan bland annat ge besked om att arbetstemperaturen varit hög vilket är gynnsamt för att kol i större utsträckning ska reduceras in i metallen. Motsvarande höga temperaturer befrämjar även en högre fosforhalt i järnet. Vad gäller fosforhalten kan man återigen notera att flera av slaggerna också är fosforhaltiga vilket möjliggör att malmen varit fosforhaltig eller att fosforhaltigt material tillsatts under reduktionsprocessen. I enstaka föremål, bland annat knivar, finns indikationer på ytterligare ett sätt att höja fosforhalten genom att det tillförts under smidesprocessen. Tillverkning av kolstål direkt i blästugnen är visserligen troligt men tydliga tecken på förhöjda kolhalter vid senare tidpunkter i processen finns också i flera föremål, bland annat har knivar och sannolikt även en pilspets uppkolats och kolhalten är alltså förhöjd endast i materialens yttersta skikt.

Produktion och produkter i tid och rum

Trots den ringa förekomsten av anläggningar är det med hjälp av fördelningen av slagger, ämnesjärn och järnföremål möjligt att lokalisera de områden där aktiviteterna ägt rum. Var järnframställningen har skett har vi inte kunnat fastställa men flera alternativa möjligheter kan diskuteras.

Smidesslagger finns spridda över stora delar av den undersökta ytan. Vissa koncentrationer med större mängder slagg kan emellertid observeras. Enstaka stycken har tolkats som sannolika respektive möjliga reduktionsslagger och återfinns inom mer begränsade delar av den undersökta ytan. Fördelningen av bränd/smält lera som möjligen utgjort infodringsmaterial i anläggningar som kan relateras till järnhantering är ännu mer begränsad. Järnföremål, i den utsträckning de har kunnat lokaliseras, har påträffats såväl tillsammans med slagg som i anläggningar där slagg inte förekommit. Järnfyndens uppträdande bör dock betraktas ur flera aspekter eftersom främst ämnesjärn och klipp bör kunna förknippas med produktionsplatsen men färdiga föremål påträffas i miljöer där de använts snarare än där de tillverkats.

Mycket tyder på att smidet kan knytas till två, möjligen tre hus, nämligen stolphuset, hus 1, och grophusen 56 och 43. Av dessa kan hus 56 klart definieras som en smedja med anläggningslämningar såväl som material som är karaktäristiskt för smidesprocessen. De kronologiska förhållandena antyder att denna smedja tas ur bruk senast mot slutet av 700-talet då troligen hus 16 anläggs i tiden kring 800.

Koncentrationen av slagg och fynden av en hammare i hus 1 och ett städ i matjorden i samma område antyder att även detta hus mycket väl kan ha inrymt en smedja. Flera typer av hantverk förefaller också ha ägt rum i eller i anslutning till detta hus. Förekomsten av en större mängd föremål kring hus 1 bör dock snarare relateras till användnings- än produktionsfas. Smidesverksamheten i hus 1 påbörjas med all sannolikhet då huset anläggs omkring år 700 och tas ur bruk troligen fram mot 900-talet.

Intressant är också 600-talsgrophuset, hus 43, som innehåller ett metallurgiskt material som tyder på ett högstatussmide där guld och koppar troligen använts till ornament på järnföremål. Just "guld och glitter" kan sägas vara ett signum för eliten i vendeltid, jämför till exempel fynden från båtgravfälten i Vendel och Valsgärde i Uppland. Denna typ av verksamhet kan inte ses i det analyserade material från de övriga husen som inrymt smedjor förutom ett bronsfragment i en av järnslaggerna från smedjan hus 56. För övrigt förefaller hantverket kring hus 43 ha varit av varierad art med närhet till tidigare processled inom järnhanteringen.

Förutom i de tre ovan nämnda husen finns ytterligare några fyndkoncentrationer av arkeometallurgiskt intresse men utan att anläggningar som kan knytas till metallhantverk har kunnat säkerställas. En av dessa ansamlingar utgörs främst av järnföremål i hallområdet strax öster om hus 1 och speglar sannolikt en användningsfas. Kring grophuset 53 från 700-talet finns främst järnföremål men också en del smidesslagger. Ytterligare västerut, kring en odaterad härdgrop, finns smidesslagg och möjligen också reduktionsslagger. Slagger från järnframställning finns dessutom i området kring hus 1 men som diskuterats tidigare har inte blästugnar lokaliserats i det undersökta området.

Gjutning och ädelmetallhantverk på storgården

Produkter och avfall

Fynd av koppar och kopparlegeringar av skilda sammansättningar är relativt rikligt företrädda i materialet. Flertalet av de undersökta fynden är metalldetektorfynd som inte kan knytas till någon anläggning men en ungefärlig rumslig spridning eller snarare koncentration kan ändå iakttas för de olika materialkategorierna. Några av fynden kan relateras till hallen och dess närhet. Olika typer av föremål dominerar bland fynden, varav ett fåtal är analyserade, men enstaka smältor och möjligen även klipp i form av skrotmetall finns också. Råämnen i form av tackor/tenar saknas dock i det analyserade materialet. Resultaten som beskrivs här baseras huvudsakligen på materialets kemiska sammansättning, mindre på föremålens typologi, för att kunna hitta likheter och/eller skillnader mellan de olika processleden.

Såväl smältor som föremål finns av koppar, brons, mässing och rödmetall. Deras kemiska sammansättning varierar inom ett tämligen stort intervall. Förutom huvudlegeringsämnena, vilkas proportioner främst ger information om materialegenskaperna, ingår i många dessutom ämnen i spårhalter vilka är till hjälp när det gäller att spåra råvarutyp och processer. Även avsaknaden av spårämnen kan vara ett karaktäristiskt inslag. I det relativt omfattande materialet är det endast ett fåtal fynd som med någon större säkerhet har kunnat relateras kemiskt med varandra inom eller mellan respektive materialtyp. Möjligheten att se kemiskt släktskap försvåras också ju mer omfattande omsmältningen av skrotmetaller har varit, där vissa ämnen kan minska och andra tillsätts, vilket förändrar proportionerna mellan ämnena.

Bly, silver och guld fanns också på storgården. Bland blyfynden märks till exempel vikter men också smältor. Eftersom bly dessutom är en viktig komponent i kopparlegeringar och påverkar dessas gjutegenskaper har några av blysmältorna undersökts. Silverfynden har inte ingått i denna undersökning. Redan vid förundersökningen av storgårdsområdet gjordes ett fynd av en guldgubbepatris som ett första tecken på guldhantverk. Patrisen är analyserad och innehåller spår av guld (Söderberg 2001:66). Guldfynden för övrigt har analyserats endast i mindre omfattning, främst vad gäller droppar som också ingår i mer komplexa sammansättningar. Guld förekommer alltså inte enbart i form av föremål som mycket väl skulle kunna vara importerade utan i smältor vilka kan vara nog så intressanta för att dokumentera hantverket på platsen.

Endast ett fåtal av de analyserade fynden, och några smältor, består av koppar. Huruvida föremålen är tillverkade på platsen eller införskaffade är inte möjligt avgöra enbart med utgångspunkt i analysresultaten. Det är inte heller klarlagt om de möjligen införskaffats i form av skrotmetall, det vill säga en typ av råvara. I ett av föremålen, ett beslag, finns tecken på att man försökt tillföra tenn i form av mineralet kassiterit för att förändra materialegenskaperna (Fig. 5). Var denna process ägt rum är vanskligt att avgöra. Samma företeelse är dock observerad också i en bronssmälta varför det ändå är möjligt att man på platsen experimenterat med kassiterittillsats för att öka legeringshalten. Vi bör också ha i åtanke att kassiteritförekomster är ovanliga och att detta material i så fall också har importerats, det vill säga istället för metalliskt tenn (som tackor eller liknande).

Såväl föremål som smältor av brons finns i fyndmaterialet. Dessvärre saknas dock gjutformar som kan relateras till föremålstyperna varför det inte är möjligt att fastlägga att dessa verkligen tillverkats på storgården. Smältornas uppträdande är mer entydiga indikationer på att bronshantering ägt rum på platsen. Även i bronsmaterialet ser vi tecken på olika råvaruanvändning och flera processer har lämnat spår i sammansättningen. Tennhalten varierar något

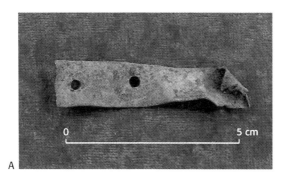

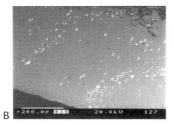 

Fig. 5. A) Ett beslag av koppar, möjligen klipp. B) I tvärsnitt framkommer viktiga detaljer som blydroppar (ljusare, något rundare) och kassiteritkristaller (kantigare och något mörkare). C) Detalj på en kassiteritkristall (tennrik) och analyskurva som visar relativa tennhalten. Skalan i nedre vänstra hörnet är 200 respektive 10µm.

A) Part of a mount, probably scrap. B) Cross-section showing heterogeneous, somewhat layered, distribution of two types of tiny droplets - lead and cassiterite. C) Close-up of cassiterite crystal and analytical curve with high tin content in the crystal. The scale bar in the lower left corner is 200 and 10µm respectively.

i materialet, några är lågtennbronser (<5% tenn) men flertalet är tennbronser (5–10% tenn). Enstaka fynd har högre tennhalter. Tennhalterna berättar mer om egenskaper än om ursprung och legeringsgraden kan förändras vid upprepad smältning. Flera av föremålen uppvisar också spår efter omfattande smide, till exempel ett tunt beslag och ett bleck med tennhalter som sannolikt krävt varmbearbetning.

Mässingsfynden uppvisar en något större spridning vad gäller proportionerna mellan huvudelementen än vad bronserna gör. Zinkinnehållet är i smältorna mycket högt, i föremålen genomgående något lägre. Innehållet av övriga element är dock mer begränsat än i bronserna.

Rödmetaller förekommer tämligen rikligt i fyndmaterialet. Denna legerings egenskaper kan jämföras med bronsernas. Zink och tenn förekommer tillsammans vilket innebär att materialet är sekundärt, det vill säga omsmält metallskrot, eftersom dessa två element inte är naturligt associerade i det råmaterial som används för antingen mässing eller brons. Smältorna har med största sannolikhet tillkommit på platsen men huruvida de studerade föremålen, ett bleck och ett spänne är tillverkade på platsen av metallskrot eller har importerats som färdiga föremål kan inte avgöras med säkerhet med utgångspunkt i den information som föreligger. Materialet som utgjort råvaran till spännet har tämligen komplex sammansättning (Fig. 6) och bör ha varit silverförande, möjligen kan materialet vara omsmält vid flera tillfällen. Liknande sammansättningar finns också bland smältorna men ingen av dem har entydigt kunnat kopplas till något föremål.

Råvaror

Bland råvarorna som använts för att framställa föremålen (och i förlängningen avfallet, smältorna) finns olika malmtyper. Vad gäller kopparråvaran så finns flera malmtyper bland de möjliga. Kopparmaterial som är rent på spårämnen kan vara vanskliga att spåra även om avsaknaden av ämnen ibland kan vara lika viktig som förekomsten. Kopparsulfider har troligen använts för framställning av koppar, brons och rödmetall (den senare dock sekundär bildning) men troligen inte för mässingsmaterialet. Sannolikt har även andra kopparmalmtyper också använts men inte kunnat beläggas i de analyserade fynden. Många olika möjligheter finns vad gäller malmförekomster varav Centralalperna och Brittiska Öarna är några.

I en bronssmälta och i ett kopparföremål har kassiteritkristaller (SnO_2) observerats (Fig. 5) och dessa har tolkats som en något ovanlig tennråvara för bronser – är det en ambulerande gjutare som har materialförråd med sig för att kunna erhålla de egenskaper som eftertraktas trots att skrotmetallerna inte alltid är av önskvärd sammansättning? Flera av fynden är tämligen rena bronser men innehåller blydroppar. I några av dem kan vi se att det finns spår av antimon, i vissa också silver (Fig. 6). I stora drag handlar det alltså sannolikt om åtminstone två olika mineralassociationer från vilka kopparmalmen härrör, där åtminstone den ena av dem är någon sulfidmalm. Sulfidrester har dessutom observerats i några av fynden. Vad gäller tennförekomsten finns några enstaka större i Europa (se Kresten m.fl. 2001a) som Cornwall och Devon i sydvästra England, Bretagne, Iberiska halvön och Erzgebirge. I det senare området finns också mineral innehållande antimon tillsammans med tennförekomsterna varför denna region är trolig som råvaruproveniens.

Fig. 6. A) Fibula av rödmetall. B) Koppar, zink
och tenn är de huvudsakliga kompo-
nenterna (de mörkare områdena). I de
ljusare områdena finns framförallt bly
men även silver. Skalan i nedre vänstra
hörnet är 100μm.

*A) Fibula of gunmetal. B) Copper, zinc
and tin are the major components
(dark areas). The brightest region is
composed mainly of lead but silver is
also present. The scale bar in the lower
left corner is 100 μm.*

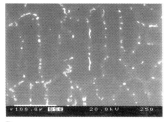

I mässingsföremålen och smältorna förefaller det som om galmeja reducerats
tillsammans med kopparmalmer för att erhålla legeringen. Galmejmineral före-
kommer på några platser i Europa (se Kresten m.fl. 2001a) till exempel i områ-
det kring Aachen och längs norra Ardennerna men också i södra Polen, där
mässing kunnat framställas med (importerad) koppar. Ett avvikande fynd, en
smälta, med ovanligt höga mässingshalter finns dock i materialet. Förvånande
nog tyder detta på att metallisk zink bör ha utnyttjats för att åstadkomma
dessa höga zinkhalter i mässingen. Användandet av metallisk zink vid denna
tidiga tidpunkt är dock inte belagt från andra studier och ska ses med stor
försiktighet.

En annan mycket viktig råvara utgörs av skrotmetall. Rödmetaller förekom-
mer tämligen rikligt i materialet och dessa är sekundära legeringar det vill säga
har bildats vid nersmältning av en blandning av material, vilket främst framgår

av förekomsten av både tenn och zink. Dessa element är inte naturligt associerade i det råmaterial som används för antingen mässing eller brons. I vissa fall verkar omsmältningen ha skett av material med komplex sammansättning, möjligen föremål med silverbeläggning. Att från en rödmetall med komplex sammansättning efter en eller flera upprepade omsmältningar försöka finna de olika metallernas malmråvaror är minst sagt mycket svårt.

I fyndmaterialet förekommer också ett guldfragment/ämne legerat med silver. Blandningen mellan guld och silver är sannolikt naturligt förekommande och är tämligen vanlig varför det är vanskligt att pricka in någon speciell geografisk/geologisk region som lämplig råvarukandidat.

Teknik

Tekniker som använts för att framställa metaller, legeringar och föremål avspeglas som nämnts alltså i det studerade materialet. Förutom processerna för reducering av tennoxid och zinkoxid samt omsmältning, ser vi också, vilket är mer uppenbart, spår av gjutning. Flera av de studerade objekten är gjutna föremål. Dessvärre har inte de gjutna föremålstypernas gjutformar kunnat identifieras i fyndmaterialet från platsen. Detta försvårar naturligtvis tolkningen av vilka föremål som är tillverkade i Järrestad och vilka som är importerade som färdiga objekt. Det är dock ingen tvekan om att gjuteriverksamhet ägt rum på platsen. Smältorna utgör i det sammanhanget bättre indikationer på metallhantering än vad föremålen gör och är representerade inom samtliga materialkategorier. Andra tekniker som tillämpats i föremålsframställningen är smide. Såväl kall- som varmbearbetning har satt sina spår i framförallt bleck och beslag men också i en dolkknapp (Fig. 7).

Förekomst av kassiteritkristaller i ett kopparföremål och i en bronssmälta är intressant ur flera aspekter. Det är processmässigt fullt möjligt att använda kassiterit för att höja tennhalten i koppar/brons. Detta kan ske genom att tennoxid blandas med kopparmalm och reduceras under ett täcke av träkol. En annan möjlig förklaring till att kassiterit förekommer är att den bildats under oxiderande förhållanden vid smältning av brons. För den aktuella bronssmältan är detta måhända rimligt men knappast för kopparföremålet som presenterats ovan eftersom oxidationen där i så fall varit total (tenn är inte observerat i halter över detektionsnivån). Vi kan alltså anta att kassiterit har använts för att förändra materialegenskaperna genom att höja tennhalten, även om man inte lyckats i fallet med kopparbeslaget. Frågan är då också var denna process har ägt rum. Kassiterit är inte känd lokalt och är kanske inte det första material man tänker sig som handelsvara när ett kanske mer förväntat alternativ skulle vara metalliskt tenn (t.ex. som tackor). Med tanke på att detta inte är enda platsen som tecken på "indirekt" bronsframställning framkommit på sistone

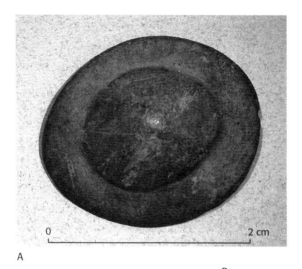

A

B

Fig. 7. A) Dolkknapp av mässing. B) Koppar och zink utgör merparten av legeringen (mörkt område). De ljusa fläckarna är blydroppar som deformerats vid mekanisk bearbetning. Skalan i nedre vänstra hörnet är 100µm.

A) Part of dagger, made of brass. B) The darker matrix is composed of copper and zinc. The bright droplets are lead, elongated by mechanical working. The scale bar in the lower left corner is 100 µm.

(jämför Kresten m.fl. 2000a) kanske man i fortsättningen borde hålla ögonen öppna för annat än metallrester, deglar och gjutformar som kan relateras till bronsgjutning och eventuellt experimenterande i samband med denna.

Tekniker som förgyllning, försilvring, förtenning eller lödning förefaller inte ha varit speciellt utmärkande. Endast några enstaka indikationer, mestadels indirekt, finns på att dessa aktiviteter har ägt rum. Förgyllning av järn är noterat i enstaka fall (troligen beslag). En möjlig tolkning av förekomsten av en smält droppe med komplex sammansättning är att bronsföremål har varit förgyllda och smälts om. Ett bronsfragment i en järnslagg skulle kunna vara tecken på att inläggningar gjorts av brons i järnföremål. Tecken på förtenning eller lödning har inte alls dokumenterats i materialet. Den ringa förekomsten och avsaknaden av dessa processer avspeglar måhända hantverket i sig och i sin tur storgårdens position i samhället i ett skikt under den allra översta eliten. Detta kan bland annat också ses i att kontaktnätet inte är lika varierat som i till exempel Uppåkra vad gäller leverantörer av råmaterial till metallhantverket. Kontakterna i Järrestad förefaller snarare vara östliga än västliga, det vill säga ursprungsområden för metallhanteringen är rimligare att söka i områden kring centralalperna, Erzgebirge eller södra Polen än i västra delarna av Europa och de brittiska öarna. Liknande frågeställningar har diskuterats också vid studier av det keramiska materialet från storgården (Söderberg 2002:47f). Dessutom rör det sig troligen om endera trogna leverantörer eller endast enstaka importtillfällen och senare omsmältning av det som fanns.

I blysmältorna som också analyserats förekommer tecken på ytterligare processtekniker nämligen kupellation, det vill säga blysmältorna förefaller vara restprodukter då silver har utvunnits ur kopparrikt material. Liknande företeelser med koppar- och tennhaltigt bly finns i det omfattande metallmaterialet från Uppåkra sn, Skåne där metallhanteringen pågått från yngre romersk järnålder, möjligen redan från förromersk järnålder, till vikingatid (Kresten m.fl. 2000a). I det vendeltida metallhantverket i Dagstorps sn, Skåne tolkades några fynd som lämningar efter kupellationsprocessen (Kresten m.fl. 2000b). Så vitt vi känner till är inte kupellation dokumenterad från fler än dessa områden av samma karaktär från denna tidsperiod eller region. Det finns dock inga andra tecken i fyndmaterialet som tyder på att denna verksamhet har ägt rum i Järrestad utan bly kan ha importerats i metallisk form till platsen. I blysmältorna finns också tecken på inblandning av kvarts. Liknande förekomster har omnämnts i materialet från Uppåkra sn, Skåne (Kresten m.fl. 2001a). Kvartsförekomsten kan möjligen bero på att bly har använts för att lösa guld (i brist på kvicksilver) och att kvarts varit en del av "föroreningar" antingen i vaskavlagringar eller i krossad bergmalm. Denna process har dock inte ägt rum i Järrestad.

Metallhantverkets funktion och status på storgården

Den huvudsakliga verksamheten inom järn- och metallhanteringen på platsen har varit järnsmide som har varit en del av gårdens hantverk under hela dess existens dock troligen avtagande under skede 3, omkring 950–1050. Vid etableringen av gården etablerades också ett smide av god kvalitet – möjligen existerade smidet redan i någon form i området vid denna tid. De producerade järnkvaliteterna har varit goda och ändamålsenliga under hela den studerade perioden, det vill säga de tekniker som har använts har varit tämligen konstanta och någon markant förändring kan inte noteras. Produktionen synes ha varit inriktad på vardagsföremål av goda kvaliteter, troligen mest för det egna behovet. Några av kvaliteterna är av sådan art att de är lämpade till vapen. Sådana är dock dåligt representerade i fyndmaterialet. Tecken på förekomst av vapen finns dock och är till exempel en spjutspets från sen vikingatid, skede 3 samt en doppsko och en knapp till en dolk eller sax. Den sistnämnda är tillverkad av mässing. De pilspetsar, daterade till vendel- och vikingatid som finns i materialet är sannolikt jaktpilar och inte ämnade till vapen. Smederna har varit tekniskt skickliga, vilket kanske framförallt speglas i många av knivarna som är hopvällda av flera materialtyper med härdat kolstål i eggen omgivet av ett mjukare järn. Trots att de tekniska kunskaperna varit på hög nivå och flera kvaliteter som är lämpliga för vapen finns, ser vi inga säkra tecken på att en vapentillverkning har ägt rum. Troligen har det funnits stationära smeder, specialister, som varit knutna till gården och placerade innanför dess hägnader. Måhända har det varit fråga om en smedssläkt som verkat i Järrestad och där kunskapsöverföringen skett mellan far och son eller i form av ett lärlingssystem.

Slutsatsen att det rör sig om kunskapsöverföring inom en släkt eller inom storgårdens domäner bygger på att inga förändringar sker och inga nyheter tas upp som t.ex. förändrar teknik eller produktionsinriktning. Det sistnämnda är dock även beroende av den allmänna situationen, med ett modernt uttryck, det politiska läget. Tyvärr kan inte smedens status i Järrestad avgöras i detta läge. Detta beror mycket på att det gravmaterial som finns från området inte, som t.ex. i Uppland, innehåller symboler/material som kan knytas till järn- och metallhanteringen. I Uppland kan man tydligt se att järn- och metallhanteringens symboler oftast är knutna till det övre skiktet i samhället. I en del av de elitära gravarna såsom båtgravarna finns bl.a. hammare, tänger och ämnesjärn. Dessa föremål kan tolkas som symboler för både ett ägande och ett utövande och visar betydelsen av järn- och metallhanteringen i området. Kanske kan man här tala om en begynnande framväxt av en bergmannaorganisation, den organisation som under medeltid mycket tydligt framträder som en maktfaktor i det svenska samhället (Hjärthner-Holdar i tryck). För Järrestads del kan man dock dra slutsatsen att järnsmidet och därmed också smeden varit viktig för storgården vilket i första hand kan ses i placeringen av aktiviteten inom hallområdet.

En säker smedja har kunnat identifieras, den i det vendeltida grophuset, hus 56 och möjligen kan också grophuset, hus 43, räknas till samma kategori. Övriga grophus som innehåller slagg i fyllningen har inte bedömts som möjliga smedjor. Med tanke på fyndomständigheter med koncentration av slagg i och kring hus 1 som var i bruk under skede 2, ca 700–950, är en tolkning av detta hus som smedja fullt möjlig. Veterligen finns det dock i svenskt material ännu ingen konstaterad smedja som inhysts i ett stolphus av denna karaktär. Båda smedjorna har rivits innan efterföljande hus, 16 respektive 25, det sistnämnda är storgårdens sista hallbyggnad, byggts. Var smederna har haft sin verksamhet lokaliserad efter detta är osäkert. Betydligt färre slagger och järnföremål är daterade till denna senare period det vill säga 1000-tal vilket skulle kunna betyda att smidet upphörde eller åtminstone avtog i omfattning.

En viktig fråga vad gäller ämnesjärnen är huruvida de är smidda av järn som producerats på platsen eller införskaffats i form av ämnen. Det ena behöver inte utesluta det andra eftersom det mycket väl kan vara så att man kunnat tillverka en materialkvalitet men haft önskemål om produkter med andra kvalitetskrav och användningsområden och därför handlat med någon som kunnat tillhandahålla detta. Fyndomständigheter, förekomst av otätt järn och materialets kemiska sammansättning gör det sannolikt att järnet framställts i närområdet, trots att anläggningar som skulle kunna vara blästugnar saknas.

Anläggningar där brons- och mässingsgjutning och ädelmetallhantverk ägt rum har inte med säkerhet kunnat fastställas inom undersökningsområdet. Deglar och gjutformar förekommer endast sporadiskt men smältor uppträder mer frekvent som mer säkra tecken på att gjutning verkligen har ägt rum i området. Råvaror i form av skrotmetaller finns också, däremot saknas tenar och tackor. Med tanke på fyndomständigheterna och framförallt utbredningen av föremål och material förknippade med metallhantverk finns det två olika områden som kan vara möjliga. Det ena är grophuset, hus 43, i östra delen av det undersökta området, där flera typer av metallhantering sannolikt har ägt rum under 600-talet. Ett annat möjligt område för gjuteriverksamhet är beläget i mellersta delen av undersökningsområdet där härden A7815 (^{14}C-daterad till tidig vendeltid) delvis överlagras av hus 16. Dessutom innehåller denna härd kolstybb vilket tyder på att bränslet i härden varit träkol och inte ved. Vanliga hushållshärdar eldas vanligen med ved. Däremot används oftast kol som bränsle i metallhantverket. Verksamheten förefaller äga rum endast under vendeltid, möjligen är tillverkningsperioden kortare än så och efter vendeltid kan gjuteriverksamhet inte beläggas. Motsvarande företeelser med en mer långvarig järnhantering och tidsbegränsad övrig metallhantering har noteras vid många andra verkstadsplatser.

En tillfällig gjuteriverksamhet med enstaka hantverkare som vid något tillfälle varit verksamma på en plats förknippas normalt med en relativt liten produktion men av högstatuskaraktär. Produktionen är förvisso liten i Järrestad men flertalet av föremålen är av ordinärt slag och är kvalitetsmässigt bra. Endast enstaka föremål av högstatuskaraktär har påträffats, bland annat en vapenknapp vars parallell bland annat finns på Bornholm samt en patris till guldgubbar. Gjuteriverksamheten vid Järrestad passar alltså inte helt in i mönstret med ambulerande hantverkare. Det motsatta förhållandet, en stationär verksamhet, har tidigare visat sig vara knutet till experimenterande i hantverket, något som det finns en antydan till i fynden i Järrestad även om det mesta förefaller vara rutinarbete men av god klass. En del av materialet är enhetligt i så måtto att råvaror kommer från några få platser och möjligen vid enstaka tillfällen. Det är alltså inte helt okomplicerat att på dessa grunder avgöra huruvida gjuteriverksamheten varit stationär eller ambulerande på platsen. Möjligen rör det sig om en mycket tidsbegränsad stationär verksamhet med tillverkning för eget bruk utan större avsikter till avsalu. Detta antyds också av de dateringar och fyndomständigheter som råder för detta hantverk. Mycket tyder på att tidig vendeltid är det mest sannolika tidsintervallet för framförallt gjuteriverksamheten. Användning av kopparlegeringar och andra ädelmetaller för inläggningar eller annan utsmyckning på till exempel vapen kan ha en något vidare tidsutsträckning.

Summary

Metal crafts on the magnate's farm. An archaeometallurgical perspective.

Complex metal craft was one of the important features found at the magnate's farm at Järrestad. The craftsmen on the site worked with iron, various copper alloys as well as precious metals during the Late Germanic Iron Age to Viking Period. As the magnate's farm evolved, iron smithing was simultaneously one of the main metal crafts in one or several smithies. Workshops for casting copper alloys or working with precious metals were comparatively short-lived. Copper alloys as well as finds and constructions associated with iron smithing have been included in an archaeometallurgical analysis comprising a variety of chemical analyses and metallographic investigations to obtain information about the craftsmen, their technical skill, their products and access to raw material. This in turn reflects the settlement and society in which they worked, its economic status and trade routes. The results also constitute an important part of more general research in progress on metalworking at central places.

The working with iron is significant right from the initial phase of the magnate's farm and subsequently. The activity is most extensive during the 7th and 8th centuries, from which time also at least one smithy has been excavated. Finds of slag, iron waste and artefacts also indicate that smithing was the central function of the ironworking process. However, iron production may have taken place in the vicinity, using local ore. Supplementary import of currency bars is also probable. Already at the establishment of the magnate's farm, the technical level of the production was good and well adapted. The advanced techniques adopted by the smiths, probably stationary specialists, and the material they worked with seem to have been constant or with only minor variations through time. Most of the production was concentrated on everyday items, although of very good quality, and the smith had access to various iron materials such as carbon steel, phosphorus iron and ferritic (soft) iron. Furthermore, the smiths had the technical skill to combine the various qualities for different purposes, a skill that is also required for producing weapons. Direct evidence of such specialization has still not been found at the magnate's farm. After continuity in iron production during several phases of reconstruction of the magnate's farm, there seems to be a decline in the smithing activities during the 11th century.

The working of copper alloys is more limited in time. Its main activities at Järrestad were concentrated in the 7th century, and after the 8th century the manufacture seems to have ceased. Several indications of casting of various copper alloys have been observed, but unfortunately the location of the workshop(s) has not been found but may be indicated by the concentration of finds. The best evidence for casting and working with alloys is the waste material. Additional artefacts are certainly of importance but only a few moulds and crucibles have been found, a feature complicating the interpretation of what was actually locally produced. The artefacts may be considered as primary, either imported or locally produced, and secondly as raw material for re-smelting. A variety of metals and alloys are present, commonly copper, bronze, brass and gunmetal, and similar compositional distributions are found in artefacts as well as in melts.

The question whether the craftsmen were stationary or itinerant is of course of interest but cannot easily be answered from previously presented assumptions distinguishing the two options from each other. The possibility of itinerant craftsmen is normally related to a short-lived activity of a few craftsmen producing high-quality and high-status products. The opposite alternative, a stationary workshop, is commonly related to varied work including experimental activities. The products and waste material at Järrestad present a combination of both and can be interpreted as short-lived stationary activity and limited production. Although a few high-status products were found, the majority of the items are more ordinary, but nevertheless produced with great technical skill. Furthermore, a few examples of experimental activities have been noticed, although they cannot with certainty be linked to the local workshop. The supply of raw material, either as metals or as items that later were re-smelted, appears to have been associated with a restricted trade route, possibly only on single occasions, and mainly with eastern and/or central Europe.

Referenser

Andersson, K., Ekman, T. & Persson, B. 2000. Husby i Glanshammar – makt och metall under yngre järnålder. Riksantikvarieämbetet *UV Bergslagen, Dokumentation av fältarbetsfasen* 2000:2.

Arrhenius, B. 1961. Iron. *Excavations at Helgö I Report for 1954-1956.* Holmqvist, W. (ed.). KVHAA, Stockholm.

Bailey, J. 1990. The production of brass in antiquity with particular reference to Roman Britain. *2000 years of zinc and brass.* Craddock, P.T. (ed.). British Museum Occasional Paper No 50, London.

Beskow, M. 1977. *The Archaeology of Skedemosse IV. The Iron Age Settlements of the Skedemosse Area on Öland/Sweden.* Stockholm.

Callmer, J. 1995. Hantverksproduktion, samhällsförändringar och bebyggelse. Iakttagelser från östra Sydskandinavien. *Produksjon og samfunn. Beretning fra 2. Nordiske ejernaldersymposium på Granavolden 7-10 maj 1992.* Gyøstein Resi, H. (red.). Universitetets Oldsaksamling. Varia, 30. Oslo.
– 2002. North-European trading centres and the Early Medieval craftsman. Craftsmen at Åhus, north-eastern Scania, Sweden ca. AD 750-850+. *Central Places in the Migration and Merovingian Periods. Papers from the 52nd Sachsensymposium Lund, August 2001.* Hårdh, B. & Larsson, L. (eds). Uppåkrastudier 6. Acta Archaeologica Lundensia. Series in 8°, No. 39. Stockholm.

Ekman, T. 2000. Item Husaby in Niericia. *En bok om Husbyar.* Olausson, M. (red.). Riksantikvarieämbetet Arkeologiska undersökningar, Skrifter 33. Stockholm.

Englund, L.-E., Hjärthner-Holdar, E. & Larsson, L. 1996. Järnhantering på boplatsen vid Albertsro under äldre järnålder. Albertsro, Södermanland, Åker sn., RAÄ 267:1-4. *Geoarkeologiskt Laboratorium, Analysrapport* 21-1996. Uppsala.

Grandin, L., Englund, L.-E., Hjärthner-Holdar, E. & Kresten, P. 2001. Gjutning och järnsmide i en storgårdsmiljö. En arkeometallurgisk undersökning. LUHM 31156, Väg 11 SU2, Järrestads sn, Skåne. *Geoarkeologiskt Laboratorium, Analysrapport* 4-2001. Uppsala.

Hammer, P. 2000. Zur Gruppierung von Kupferlegierungen – Der Terminus "Aes" bei Plinius. *Metaala* 7/1. Bochum.

Hagberg, U. E. 1967. *The Archaeology of Skedemosse II. The Votive Deposits in the Skedemosse Fen and their Relation to the Iron-Age Settlement on Öland Sweden.* KVHAA. Stockholm.

Hagberg, U. E. 1979. Öland during the Iron Age and Early Middle Ages. *Eketorp. Fortification and Settlement on Öland/Sweden. The Setting.* Stockholm.

Hjärthner-Holdar, E., Larsson, L., Englund, L.-E., Lamm, K. & Stilborg, O. 1999. Järn- och metallhantering vid en stormannagård under yngre järnålder och tidig medeltid. Husby, Glanshammars sn, Närke. *Geoarkeologiskt Laboratorium, Analysrapport* 2-1999. Uppsala.

Hjärthner-Holdar, E., Grandin, L. & Englund, L.-E. 2000a. Järn- och metallhantering i en stormannamiljö. Förundersökning, Väg 11, Delsträckan Östra Tommarp – Järrestad, Skåne. *Geoarkeologiskt Laboratorium, Analysrapport 2-2000.* Uppsala.

Hjärthner-Holdar, E., Lamm, K. & Grandin, L. 2000b. Järn- och metallhantering vid en stormannagård under yngre järnålder och tidig medeltid. *En bok om Husbyar.* Olausson, M. (red.). Riksantikvarieämbetet Arkeologiska undersökningar, Skrifter 33. Stockholm.

Hjärthner-Holdar, E., Lamm, K. & Magnus, B. 2002. Metalworking and Central Places. *Central Places in the Migration and Merovingian Periods. Papers from the 52*nd *Sachsensymposium Lund, August 2001.* Hårdh, B. & Larsson L. (eds). Uppåkrastudier 6. Acta Archaeologica Lundensia. Series in 8°, No. 39. Stockholm.

Hjärthner-Holdar, E.- Iron – the metal of weapons and wealth. Föredrag hållet vid konferensen "Krig och konflikt i en brytningstid – Från bronsålderns heroiska krigare till medeltidens legosoldater". Birka/Björkö 14–16 september 2001. Under tryckning.

Hårdh, B. 1999. Näbbfibulan – ett vendeltida vardagsspänne. *Fynden i centrum. Keramik, glas och metall från Uppåkra.* Hårdh, B. (red.). Uppåkrastudier 2. Acta Archaeologica Lundensia. Series in 8°, No 30. Stockholm.

Jørgensen, L. 1994. The Find Material from the Settlement of Gudme II – Composition and Interpretation. *The Archaeology of Gudme and Lundeborg. Papers presented at a Conference at Svendborg, October 1991.* Arkæologiske Studier. Volume X. Odense.

– 2001. From tribute to the estate system, 3rd – 12th century. *Kingdoms and Regionality. Transactions from the 49*th *Sachsensymposium 1998 in Uppsala.* Arrhenius B. & Lundberg L. (eds). Stockholm.

Kresten, P. & Melkerud, P.-A. 2001. Stenfynd från väg 11, SU2. LUHM nr 31156, Järrestads sn, Skåne. *GAL. Analysrapport nummer 11-2001.* Uppsala.

Kresten, P., Hjärthner-Holdar, E. & Harryson, H. 2000a. Metallhantering i Uppåkra. Råämnen och halvfabrikat (Interimsrapport). LUHM 31000, Uppåkra sn, Skåne. *Geoarkeologiskt Laboratorium, Analysrapport nummer 15-2000.* Uppsala.

Kresten, P., Hjärthner-Holdar, E. & Stilborg, O. 2000b. Vendeltida metallurgi i Dagstorp, Skåne. Västkustbanan SU 21, Dagstorp 1:2-3, 5:31, Dagstorp sn, Skåne. *Geoarkeologiskt Laboratorium, Analysrapport nummer 5-2000.* Uppsala.

Kresten, P., Hjärthner-Holdar, E. & Harryson, H. 2001a. Metallurgin i Uppåkra: Icke-järnmetaller under tusen år, LUHM 31000, Uppåkra sn, Skåne. *Geoarkeologiskt Laboratorium, Analysrapport 10-2001.* Uppsala.

Kresten, P., Hjärthner-Holdar, E. & Harryson, H. 2001b. Metallurgin i Uppåkra: Smältor och halvfabrikat. *Uppåkra. Centrum i analys och rapport.* Larsson, L. 2001. (red.). Uppåkrastudier 4. Acta Archaeologica Lundensia. Serie in 8°, No. 36. Stockholm.

Lamm, K., 1977. Early Medieval Metalworking on Helgö in Central Sweden. *Aspects of Early Metalworking*. Oddy W.A. (ed.). British Museum. London.

Lamm, K. & Lundström, A., eds. 1978. *Excavations at Helgö V:1. Workshop Part II.* KVHAA. Stockholm.

Larsson, L., (red.) 2001. *Uppåkra – Centrum i analys och rapport.* Uppåkrastudier 4. Acta Archaeologica Lundensia. Series in 8°, No 36. Stockholm.

Liedgren, L. 1992. *Hus och gård i Hälsingland. En studie av agrar bebyggelse och bebyggelseutveckling i norra Hälsingland Kr. f. – 600 e.Kr.* Studia Archaeologica Universitatis Umensis 2. Umeå.

Lindqvist, A.-K. 1996. *Gallsätter. Arkeologisk undersökning av fornlämningskomplex raä nr 7 i Skog sn., Ångermanland 1994-95.* Umark 4. Institutionen för arkeologi, Umeå universitet. Umeå.

Pleiner, R. 1973. Metallography of Early Artifacts: the Problem of Welding Together Iron and Steel. *Early Medieval Studies 6.* Antikvariskt Arkiv 53. KVHAA, Stockholm.

Pleiner, R. 2000. *Iron in Archaeology. The European Bloomery Smelters.* Archeologický Ústav AV CR. Praha.

Ramqvist, P. H. 1983. *On the origin, function and development of sedentary Iron Age settlement in northern Sweden.* Archaeology and Environment 1. Umeå.
    – 1990. Helgö – unikt handelscentrum eller vanlig bondgård? *Fornvännen 85.*
    – 1992. *Högom. The excavations 1949-1984.* Archaeology and Environment 13. Högom Part I. Neumünster.

Rehren, Th. 2000. Zur Klassifizierung und Interpretation antiker Kupferlegierungen. – *Metaala 7/1.* Bochum.

Schumann, H. 1983. *Metallographie*, 11. Aufl. VEB Deutscher Verlag für Grundstoffindustrie, Leipzig.

Serning, I. 1966. *Dalarnas järnålder.* KVHAA. Stockholm.
    – 1973. *Förhistorisk järnframställning i Dalarna. Fältundersökningar och tekniska undersökningar.* Med bidrag av Hans Hagfeldt och Nils Holm. Jernkontorets forskning serie H Nr 9. Stockholm.

Söderberg, B. 2001. Järnålderns Järrestad. *Tidsresa längs Tommarpsån. Österlen 2001.* Årsbok för den samlade hembygdsföreningen på Österlen. Simrishamn.

Söderberg, B., red. 2002. Järrestad i centrum. Väg 11, sträckan Östra Tommarp–Simrishamn. Järrestads sn, Skåne. *UV Syd Rapport* 2002:16.

Tomtlund, J.-E. 1973. Metallographic Investigation of 13 Knives from Helgö. *Early Medieval Studies 5.* Antikvariskt Arkiv 50. KVHAA, Stockholm.

▶ Järrestad har utifrån flera aspekter tolkats vara ett maktens centrum. Ett centrum som kan ha haft många olika funktioner, som exempelvis ekonomiska, religiösa eller militära. Före de arkeologiska undersökningarna påbörjades var det ortnamnet med den förmodade betydelsen *Jarlens plats* som drog till sig mest uppmärksamhet. Denna viktiga källa kan nu kompletteras med resultaten från utgrävningarna. De kanske mest avvikande fynden och anläggningarna är fyndet av en patris för tillverkning av guldgubbar, en probersten samt hallområdet och brunnskomplexet. Dessa fynd vittnar om att platsen varit betydelsefull under yngre järnålder.

Artikeln syftar till att belysa Järrestad utifrån det keramiska materialet. Ett fyndmaterial som normalt inte väcker samma uppmärksamhet som exempelvis fynd av patriser eller andra brons- och ädelmetallföremål. Eftersom keramik sannolikt fanns i alla hushåll och huvudsakligen användes till matlagning och förvaring kan materialgruppen användas för att belysa det vardagliga livet. Kärlen utgjorde en viktig del i hushållet där de olika typerna var anpassade till härden, till vilken typ av föda som skulle tillagas, jäsas eller förvaras. Keramiken kan även användas för att belysa sociala aspekter som exempelvis kontaktmönster och kulturella förändringar.

Keramiken på en centralplats
Lokal tradition, främmande impulser
av Torbjörn Brorsson

Undersökningen av keramiken har visat på att Järrestad under yngre järnålder ingick i ett brett kontaktnät representerat av flera ovanliga keramiktyper, som exempelvis muschelgruskeramik från Nordsjöområdet och slavisk keramik från norra Tyskland och Polen. Fyndet av en förmodad vendeltida keramikugn har bidragit till tolkningen av Järrestad som ett lokalt innovationscentrum.

Metod

Registrering av keramiken

Grunden i bearbetningen av keramiken är registreringen. Redan vid förundersökningsskedet i Järrestad uppmärksammades potentialen i materialet. Därför gavs förutsättningar för en detaljerad bearbetning vid slutundersökningen.

Mynningsskärvor och bottnar specialstuderades och registrerades med hänsyn till anläggning, stratigrafi, vikt, form, dekor, magring, uppbyggnad etc. Dessa

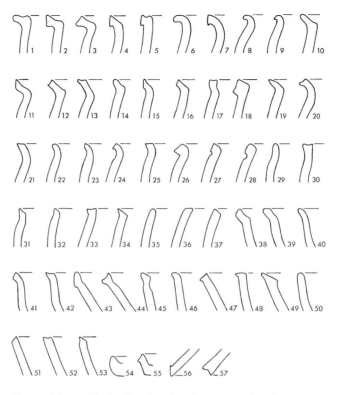

Fig. 1. Schema för detaljerad registrering av mynningsformer.

Schedule for detailed registration of Slavonic and Scandinavian pottery (after Kempke 1981).

skärvor fick separata fyndnummer. Bukskärvor från en och samma kontext erhöll däremot ett gemensamt fyndnummer. Även bukskärvorna innehåller viktig information, men oftast är det med hjälp av kärlets mynningsparti som kärlformer, ursprung och i många fall även datering kan bestämmas.

Den detaljerade registreringen har gjort det möjligt att diskutera materialet utifrån såväl formmässiga som tillverkningstekniska aspekter.

De vendel- och vikingatida mynningsskärvorna från Järrestad har registrerats enligt ett tyskt system (Kempke 1981). Systemet innehåller 57 olika mynningsformer med ibland mycket små variationer (Fig. 1) och omfattar mynningsskärvornas variationsbredd, där man inte bara skiljer på riktning på mynningen utan även om den är rundad eller avstruken eller lång eller kort. Detta system användes första gången på slavisk keramik från Oldenburg. Systemet har visat sig speciellt värdefullt vid bearbetningen av Järrestadkeramiken.

Analyser

Två analysmetoder har tillämpats på delar av keramikmaterialet, nämligen termiska analyser (TCT) (Hulthén 1976) och mikroskopering av keramiska tunnslip.

För att fastställa keramikens ursprungliga och i förekommande fall även sekundära bränningstemperaturer har TCT använts. Metoden bygger på att skärvorna upphettas i 100°-intervaller upp till keramikens smältpunkt. I varje intervall registreras förändringar i godsets färg och struktur. Färgerna kodas efter Munsell Soil Color Charts (Munsell 1971). Förenklat kan man säga att när godsets färg börjar förändras, har den ursprungliga bränningstemperaturen uppnåtts.

Mikroskopering av keramiska tunnslip syftar till att studera godsets sammansättning, de keramiska råmaterialen och övriga tillverkningstekniska parametrar. Metoden ger information om kärlens funktion och om lokalt såväl som om främmande hantverk.

Tunnslipet skall vara 0,03 mm tjockt och analysen utförs i polarisationsmikroskop vid förstoringar mellan 25X och 1000X i korsat och parallellt ljus. Lerans grovlek, magringens art, andel och största korn fastställes. Vidare noteras närvaron av organiskt material, accessoriska mineral och förekomsten av diatoméer (kiselalger).

Jämförande studier

Keramiken från Järrestad har jämförts med samtida keramikmaterial från i första hand Skåne (Fig. 2). I studien dominerar material från västra delen av landskapet vilket beror på att arkeologiska undersökningar varit koncentrerade i detta område. I sydöstra Skåne har man endast vid ett fåtal undersökningar påträffat exempelvis tidigmedeltida östersjökeramik. Därför är material från platser i Järrestads närområde, med just östersjökeramik, som Gårdlösa och Östra Tommarp av största vikt.

Den slaviska keramiken har även jämförts med keramik från de slaviska orterna Wolin i Polen och Oldenburg i Tyskland. Orsaken till att just dessa platser valts ut är att det finns väldaterade lager innehållande stora mängder keramik på både platserna.

En viktig del av keramikundersökningen utgör den lerkartering, som utförts i Järrestad med omnejd. Syftet med lerkartering är att undersöka fyndområdets potential av råleror, vilka utgjort en förutsättning för ett dåtida lokalt keramikhantverk. Valet av provtagningslokaler gjordes utifrån SGU:s (Sveriges Geologiska Undersökning) jordartskarta samt efter samtal med ortens lantbrukare. De har oftast god kännedom om förekomsten av olika jordarter. Det är önskvärt att provtagningen sker på olika djup inom samma lokal. Ett lertag kan innehålla stratigrafiska skillnader av leror med olika struktur och sammansättning.

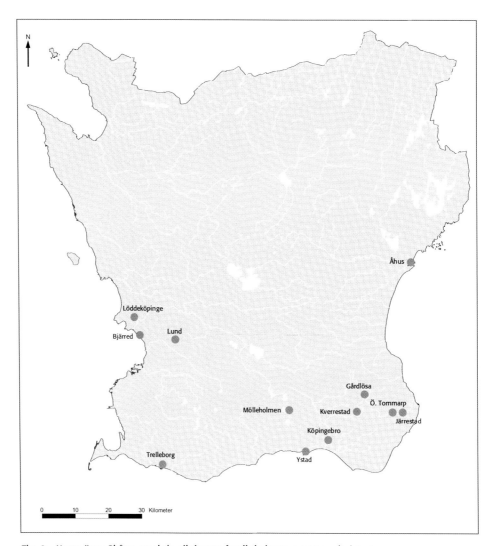

Fig. 2. Karta över Skåne med de viktigaste fyndlokalerna omnämnda i texten.

Scania in southern Sweden. Different locations discussed in the paper are marked.

Material

Keramikens sammansättning – definitioner

Keramiken från Järrestad har huvudsakligen påträffats vid de arkeologiska undersökningarna som utfördes av Riksantikvarieämbetet, UV Syd under åren 1999 och 2000. Inom fastigheten Stendala i Järrestad undersökte Märta Strömberg under 1970-talet ett grophus och i början av 1990-talet undersökte Tina Thurston delar av ett grophus inom fastigheten 19:5 samt ytinventerade ett stort område i Järrestad (Strömberg 1976:75f.; Thurston 1996). Dessa material ingår i studien över keramiken från yngre järnålder och tidig medeltid i Järrestad. Till detta kommer några keramikskärvor från det medeltida stadsområdet i Östra Tommarp, där en förundersökning utfördes inom ramen för Väg 11-projektet.

Keramikmaterialet från Järrestad har en kontinuitet från 600-talet till och med första hälften av 1000-talet. Huvuddelen av keramiken har påträffats i grophus men ett betydande skärvmaterial framkom även i fyllningslager vid skärvstensområdet/brunnarna. Datering med hjälp av mynt eller dendrodateringar har endast i några få fall varit till hjälp för tidsbestämning av keramiken. De flesta dendrodaterade brunnarna innehöll ingen keramik och huvuddelen av mynten påträffades i matjordslagret med hjälp av metalldetektor. Därför har platsens stratigrafi och jämförelsematerial varit av avgörande betydelse.

Det totala keramikmaterialet från yngre järnålder och tidig medeltid som typbestämdes närmare uppgår till 14 709 g fördelat på 2 410 skärvor (Tabell 1). Fyndmaterialet utgörs av inhemskt producerad vendel- och vikingatida AIV-keramik och östersjökeramik, olika typer av slavisk keramik som kan vara importerad eller producerad på platsen och så kallad muschelgruskeramik. Därutöver har även

Kärltyp	Antal skärvor	Vikt (g)
Stämpelornerat kärl	6	198
AIV-keramik	370	4272
A-keramik	1587	3703
Slavisk Feldbergkeramik	2	44
Slavisk Fresendorfkeramik	3	16
Slavisk Menkendorfkeramik	15	321
Slavisk Teterowkeramik	5	150
Slavisk keramik	14	183
Muschelgrus-keramik	2	20
Östersjökeramik	406	5802
	2410	14709

Tabell 1. Fördelning av keramik från grophus och övriga kontexter med daterbart material.

The distribution of pottery from pit-houses and other contexts containing datable material.

ett vendeltida stämpelornerat kärl påträffats. Ett stort antal anonyma skärvor, som påträffats i samtida anläggningar, har registrerats antingen som förhistorisk keramik eller som A-keramik. Den senare beteckningen indikerar att skärvan är från yngre järnålder eller tidig medeltid men att den saknar vissa karakteristiska attribut för att med säkerhet kunna inordnas i någon av de tre grupperna AIV-, östersjö- eller slavisk keramik.

AIV-keramiken definierades ursprungligen av Dagmar Selling vid bearbetningen av keramiken från Birka (Selling 1955). Kortfattat kan man beskriva keramiken som ett grovmagrat gods uppbyggt med rullbyggnad. En betydande majoritet av kärlen var oornerade. Den vanligaste kärltypen var tunnformade kärl med inåtböjd mynning (mynningstyp 35) men även andra typer av kärl förekommer, exempelvis hushållskärl med svagt utåtböjd mynning (mynningstyp 22), hängkärl och koppar. AIV-keramiken kan dateras från 700-talet fram till första hälften av 1000-talet.

Den slaviska keramiken har sitt ursprung i norra Tyskland och Polen. Keramiken definierades ursprungligen av den tyske arkeologen Ewald Schuldt och kan dateras från 700-talet fram till 1200-talet (Schuldt 1956). Keramiken indelas i tidig-, mellan- och senslavisk keramik. Inom respektive grupp finns undergrupper, som exempelvis formgrupperna Feldberg, Fresendorf, Menkendorf och Teterow. Dessa fyra slaviska keramiktyper har påträffats i Järrestad. De avgörande skillnaderna mellan de olika typerna är mynningsformen och formningstekniken. Samtliga typer framställdes med rullbyggnad och formades på någon typ av långsamgående skiva, en kavalett. Detta möjliggjorde bland annat den karakteristiska slaviska dekoren, vågbandet. På Teterowkeramiken som är något yngre än den övriga slaviska keramiken användes en snabbare roterande skiva, varvid noggrannheten blev större. Vid bearbetningen av den slaviska keramiken i Järrestad har Kempkes schema över mynningsformerna varit avgörande (Fig. 1). Keramiken kan indelas enligt följande:

• Feldbergkeramik: mynningsform 4, 11.

• Fresendorfkeramik: mynningsform 32, 37

• Menkendorfkeramik: mynningsform 19, 20, 21, 22

• Teterowkeramik: mynningsform 1, 10

Under 1000-talet ersätts den inhemska förhistoriska keramiken i Skåne av en helt ny keramiktyp – östersjökeramik. Östersjökeramiken ses som produkter av en lokal kärltillverkning påverkad av det slaviska keramikhantverket. Påverkan kan främst urskiljas i själva framställningstekniken, med bland annat kavalett och att de inhemska kärlen försetts med vågband. Den dominerande

Grupp I (tunnslip 20): vendeltida stämpelornerat kärl daterat till vendeltid.
Gods: sorterad, siltig finlera, som magrats med 8 % sand. Maxkorn = 2,5 mm.

 Grupp II (tunnslip 28): Vikingatida Menkendorfkärl.
Gods: sorterad, siltig finlera, som magrats med 10 % sandsten. Maxkorn = 2,5 mm.

 Grupp III (tunnslip 2, 21, 22, 26, 27, 34, 37, 38, 39, 52): Sex skärvor av inhemskt producerad vendel- och vikingatida AIV-keramik (2, 34, 38, 52) varav två hängkärl (26, 27): Fyra kärl av inhemskt producerad östersjökeramik (21, 22, 37, 39).
Gods: Sorterade, siltiga finleror, som magrats med granitkross.
Magringsandel: AIV-keramiken varierar i magringsandel mellan 10 och 22 % (maxkorn = 2,5–4,0 mm), medan östersjökeramiken är betydligt mera homogen med en variation mellan 11 och 14 % (maxkorn = 1,5 – 3,0 mm). De två inhemska hängkärlen har helt olika magringsandel. Kärl 26 har 24% (maxkorn = 6 mm). Kärl 27 endast 6 % magring (maxkorn = 6 mm).
Östersjö- och kugeltopfkeramik från Östra Tommarp (tunnslip ÖT1-ÖT3): 15% magring med maxkorn = 2,0–2,5 mm.

 Grupp IV (tunnslip 32, 43): Ett kärl av inhemskt producerad vikingatida AIV-keramik (32) och ett kärl av östersjökeramik (43).
Gods: Sorterade, siltiga mellanleror, som magrats med 19 respektive 12 % krossad granit. Maxkorn = 2,5 mm.

 Grupp V (tunnslip 6): Muschelgruskeramik.
Gods: Sorterad, siltig mellanlera, som magrats med krossade snäckskal. Största mineralkorn i leran = 1,0 mm.

 Grupp VI (tunnslip 1, 23, 24, 31, 33, 36, 40, 41, 25): Inhemskt producerad vendel- och vikingatida AIV-keramik (31, 36, 40), östersjökeramik (1, 33), Teterowkeramik (23, 24) samt ett kärl som enbart tolkats som slaviskt (41).
Gods: Osorterade, siltiga, sandiga grovleror. Ingen tillsatt magring. Maxkorn: 1,0–3,5 mm.
Till grupp VI hör även ett fragment av ugnsväggen till ugn A33385 (slip 25). Andelen grovfraktioner är betydligt högre i ugnsleran än i kärlleran. Maxkornet i ugnsleran är endast 1,0 mm.

 Grupp VII (tunnslip 29, 30, 42): Inhemskt producerad vikingatida AIV-keramik (30), Menkendorfkeramik (29), Teterowkeramik (42)
Gods: Sorterade, siltiga, sandiga grova leror, som magrats med krossad granit.
Magringsandel: Kärlen 29 och 30 har 20–21 % (maxkorn = 3 mm). Kärl 42 har endast 10 % (maxkorn = 2,5).

Fig. 3. Fördelning av de olika godstyperna från yngre järnålder i Järrestad.

The distribution of different ware groups at Järrestad, based on microscope analyses.

LERA		MAGRING	
	Finlera	△	Krossad bergart
	Mellanlera	●	Sandsten
		○	Sand
	Grovlera	▽	Snäckskal

SKÄRVIDENTIFIERING					LERA										MAGRING								NOTERINGAR
slip och skärvnr.	typ	fyndnr.	sort. / osort.	grov / mellan / fin	silt	sand	järnoxid	järnoxihydroxid	glimmer	malm	kalciumkarbonat	diatoméer	växtmaterial	accessoriska mineral	naturlig	sand	granit	sandsten	chamotte	musselskal	magringsandel [%]	största kornstorlek [mm]	
1	Östersjö	393	o	g			+		+	+		e.o.			x				x			2.0	
2	AIV	583	s	f	x		+	x	*	*		e.o.		Zi			x				11	3.0	
5	Lerprov		s	fɑ	x	x	++	x	*	-		e.o.										1.0	Sliror med tät lera
6	Mushelgrus	447	s	m		x	++		*	-		e.o.								x		1.0	
7	Lerprov		o	g		x	+	x	-	*		e.o.		Zi								0,5	
8	Lerprov		o	g		x	+	x	-	*		e.o.		Zi								2.0	
9	Lerprov		o	g		x	++	x	*	*		e.o.		Zi								3.0	
10	Lerprov		s	m	x		*	x	++	*		e.o.										1,5	
11	Lerprov		s	g	x	x	-	x	+	-	x			Zi								0,5	Ej keramiklera
12	Lerprov		o	g	x	x	*	x	+	*	x			Sst								1.0	
13	Lerprov		o	g	x	x	*	x	+	-		e.o.										3.0	
14:1	Lerprov		o	g	x	x	*	x	+	-		e.o.										3.0	
14:2	Lerprov		o	g	x	x	*	x	+	-		e.o.		Zi								1,5	
20	Stämpelornerat	1655	s	f	x		+	x	+	-		e.o.					x				8	2.0	
21	Östersjö	1818	s	f	x		+	x	+	-		e.o.		Zi			x				14	3.0	
22	Östersjö	1922	s	f			+	x	+	+		e.o.		Zi			x				11	2.0	Krackelerad kvarts, myrmekit
23	Teterow	2000	s	g	x	x	+	x	+	-		e.o.		Zi	x							1.0	
24	Teterow	2002	o	g	x	x	-	x	-	-		e.o.			x							1.0	
25	Ugnsvägg	2077	o	g	x	x	+	x	*	-		e.o.		Zi	x							1.0	
26	AIV Hängkärl	2055	s	f			+	x	*	-		e.o.					x				24	6.0	
27	AIV Hängkärl	2072	s	f	x		+	x	+	-		e.o.		Zi			x				6	2,5	
28	Menkendorf	2300	s	f	x		+	x	+	-		e.o.		Zi				x			10	2,5	
29	Menkendorf	2811	s	g	x	x	+	x	+	-		e.o.					x				21	3.0	Vittrad bergart
30	AIV	3014	s	g	x	x	-	x	++	-		e.o.		Zi			x				20	3.0	Vittrad bergart
31	AIV knopp	3025	o	g	x	x	+	x	++	-		e.o.		Zi, Aug	x							3.0	
32	AIV	3066	s	m	x		+	x	++	e.o.		e.o.					x				19	2,5	
33	Östersjö Hängkärl	1550	o	g	x	x	*	e.o.	++	-		e.o.		Zi	x							2.0	
34	AIV	3364	s	f	x		+	x	+	-		e.o.					x				10	2,5	Krackelerad kvarts
36	AIV	2840	o	g	x	x	+	x	+	-		e.o.			x							1,5	
37	Östersjö	1333	s	f			+	x	+	*		e.o.		Zi			x				12	2.0	Dåligt homogeniserad
38	AIV	3720	s	f	x		+	e.o.	+	-		e.o.		Sst			x				22	4.0	
39	Östersjö Skål	2941	s	f	x		+	x	+	*		e.o.					x				13	1.5	
40	AIV	2425	o	g	x	x	+	x	*	-		e.o.		Zi, Sst	x							1.5	
41	Slavisk	1923	o	g	x	x	+	e.o.	+	-		e.o.		Zi, Sst	x							3.5	
42	Teterow	3676	o	g	x	x	*	x	*	*		e.o.					x				10	2.5	Vittrad bergart
43	Östersjö	1778	s	m	x		*	x	*	-		e.o.					x				12	2.5	Krackelerad kvarts
52	AIV	2240	s	f			+	x	+	*		e.o.					x				21	2.5	Vittrad bergart
ÖT 1	Östersjö Lock	459	s	f	x		+	x	*	-		e.o.		Zi			x				15	2.5	Krackelerad kvarts
ÖT 2	Kugeltopf	463	s	f			+	e.o.	*	-		e.o.		Zi			x				15	2.5	Krackelerad kvarts
ÖT 3	Östersjö	478	s	f	x		+	x	+	-		e.o.		Zi			x		1 korn		15	2.0	Krackelerad kvarts

Tabell 2. Resultat av mikroskopering av keramiska tunnslip från Järrestad och Östra Tommarp.
Förkortningar: Zi = Zircon, Aug = Augite, Sst = Sandsten
Symboler: * = förekommer, - = låg andel, + = hög andel, ++ = mycket hög andel, x = observerad, e.o. = ej observerad.

The result of microscopic analyses of pottery from Järrestad and Östra Tommarp. The Neolithic pottery has been discussed separately.
Abbreviations: Zi = Zircon, Aug = Augite, Sst = Sandstone, Gla = Glaukonite
*Symbols: * = occurrence, - = sparse, + = abundant, ++ = rich, x = observed, e.o. = not observed.*

inhemska kärlformen med inåtböjd mynning förändras endast marginellt, det vill säga mynningstyperna 36 och 37.

Muschelgruskeramiken hade sitt ursprung kring Nordsjön och fanns bland annat i Nederländerna och England (Selling 1955:60). I England benämns typen för shelly-ware. Benämningen på keramiken påvisar det speciella med den. Keramikgodset är magrat med snäckskal. Keramiktypen kan dateras till yngre järnålder.

Från mitten av 1000-talet uppträder en ny keramiktyp i södra Skandinavien. Det är den västeuropeiska kärltypen kugeltopf. Denna har sitt ursprung i västra Tyskland. Kugeltopfkeramik har bland annat påträffats i det närliggande Östra Tommarp.

Teknisk analys

Keramiken har med utgångspunkt från lerans grovlek och magringsmedel indelats i sju grupper (Fig. 3). De 26 tunnslipen representerar kärl, som daterats från vendeltid till tidig medeltid. Som ett viktigt jämförelsematerial finns 10 lerprov, som tillvaratagits i närområdet.

Lerkartering

Lerkarteringen utfördes i samband med de arkeologiska undersökningarna år 2000. En halv km väster om Simris by påträffades i botten av en grop från yngre bronsålder/äldre järnålder en lera, som togs in för analys. Utöver denna lera har ytterligare nio leror från åtta olika lokaler undersökts (Fig. 4). För att möjliggöra framställning av tunnslip av testlerorna tillverkades briketter som brändes till 650°C.

Analysresultaten indikerar att osorterade grova leror dominerar bland de lokala lerorna i landskapet (Tabell 2). Prov 5 som tagits i närheten av Simris och prov 10 taget cirka 0,5 km norr om denna lokal, avviker. Prov 5 består av en sorterad, siltig finlera och prov 10 av en sorterad, siltig, något sandig mellanlera. Den maximala kornstorleken i lerorna varierar, från 0,5 mm till 3,0 mm.

Grupper och traditioner

De kärltyper som framkommit vid undersökningarna i Järrestad kan indelas i olika grupper och traditioner. Med en keramiktradition avses keramik som är framställt med likartade metoder och som är formade och ornerade på samma sätt, som exempelvis östersjökeramik. Inom varje tradition kan keramiken indelas i olika grupper, åtskilda av bland annat kärlgodset och kärlformen.

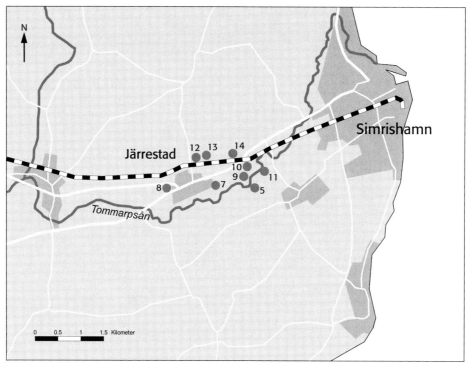

Fig. 4. Karta över Järrestadsområdet. Siffrorna anger tunnslip.

The area near Järrestad. The numbers are different numbers of thin sections.

Stämpelornerat kärl: Det äldsta skedet i bebyggelsen från yngre järnålder representeras av grophus 43. Keramiken i huset var tämligen enkel och med ett undantag oornerad. Det ornerade kärlet, som påträffades i huset, hade delvis yttäckande stämpeldekor med rombiska stämpelintryck, och är en för Skåne ovanlig keramiktyp (Fig. 5).

Godset har tillverkats av en sorterad finlera, som magrats med 8 % sand (tunnslip 20, Tabell II). Det största magringskornet har uppmätts till 2,5 mm. Kärlet, som har en svagt S-formad profil, utåtböjd mynning och plan botten har byggts upp med rullbyggnad och N-teknik. Skärvtjockleken är 6,3 mm. Skuldran och buken har ornerats med stämpelintryck. Bränningen har skett i öppen eld eller i grop med fritt tillflöde av syre.

AIV-keramik: Den inhemskt producerade AIV-keramiken från Järrestad kan dateras från 700-talet till början av 1000-talet. 75% av den lokala keramiken består av kärl med inåtböjd mynning, mynningstyperna 35–37, mcdan kärl med svagt utåtböjd mynning, typerna 21–23, uppgår till cirka 25 % av keramikmaterialet. Kronologiskt placeras den inhemskt producerade AIV-keramiken med svagt utåtböjd mynning i 700–800-talen. Kärl med inåtböjd mynning verkar ha dominerat från 700- till 1000-talen.

Avvikande kärlformer utgörs av hängkärl och knoppförsedda koppar. Ett hängkärl påträffades i grophus 55 med slavisk Feldberg-keramik och ett Hedebymynt daterat till 825 AD (Fig. 6H). Ytterligare ett hängkärl framkom i brunn A63461 (Fig. 6G). Brunnen är stratigrafiskt äldre än brunnen A63565, som med hjälp av dendrokronologi daterats till 871±3 år AD (Söderberg i denna volym). De övriga hängkärlen från Järrestad kan sannolikt dateras till 700- och 800-talen. En av de knoppförsedda kopparna (Fig. 6F) påträffades tillsammans med mellanslavisk Menkendorfkeramik med en trolig datering till andra hälften av 800-talet.

Hängkärlet från brunnsområdet har undersökts i mikroskop (tunnslip 26). Kärlet har framställts av en sorterad finlera, som magrats med 24 % krossad granit. Största korn har uppmätts till 6,0 mm. Magringen med sina stora korn och höga andel tyder på att man haft speciella krav på hängkärlet. Det skulle sannolikt hänga över elden under lång tid, och då var ett grovt gods en fördel.

En kopp med knoppar (tunnslip 31) från grophus 51 har framställts av en kalkfri och naturligt magrad grovlera. Studiet av de resterande inhemska kärlen från perioden ger en viss inblick i hantverkstraditionen. Kärlen utgörs av åtta vanliga kokkärl med antingen inåt- eller utåtböjd mynning (Fig. 6A–E) och av ett hängkärl (tunnslip 2, 26, 27, 30, 32, 34, 36, 28, 40, 52). Dessa kärl har framställts av antingen naturligt magrade eller granitmagrade leror. De leror som använts varierar från fina, mellangrova till grova leror. Analyserna visar att kärlfunktionen troligtvis inte styrde valet av leror eller magringsmedel. Möjligen visar de att olika keramiker använt sig av olika lertäkter i området. Godset i kärlet med inåtböjd mynning från grophus 59 innehöll krackelerad kvarts (tunnslip 34). Detta kan vara en effekt av att man använt skörbränd granit vid tillverkningen av magringsmedel. Skörbränd granit är mycket lättkrossad.

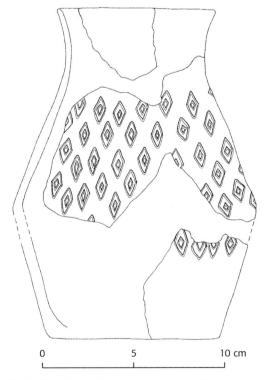

Fig. 5. Vendeltida stämpelornerat kärl påträffat i grophus 43 (tunnslip 20).

Vendel Age stamped pottery found in pit-house no. 43 (thin section 20). Drawing by Annika Jeppsson.

351

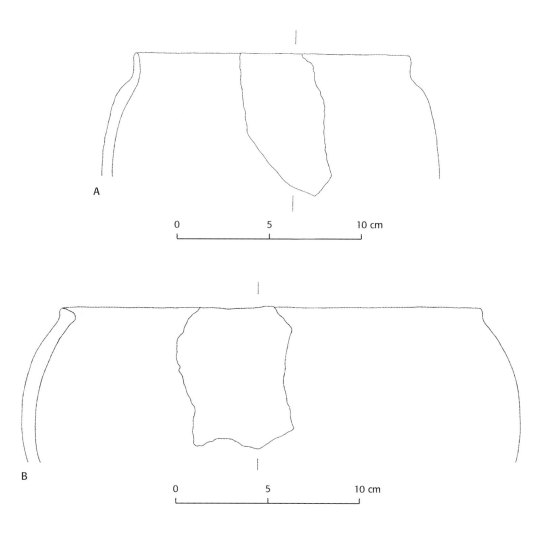

Fig. 6. Vendel- och vikingatida inhemsk keramik från Järrestad. Tunnslip har utförts på samtliga skärvor.

Vendel and Viking Age local pottery from Järrestad. Analyses under the microscope have been carried out on the sherds. Drawings by Annika Jeppsson.

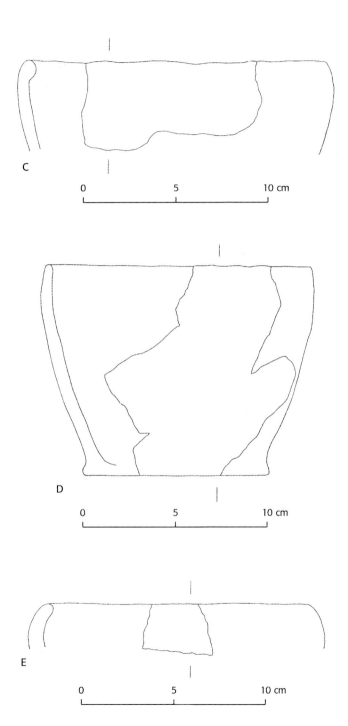

C

0   5   10 cm

D

0   5   10 cm

E

0   5   10 cm

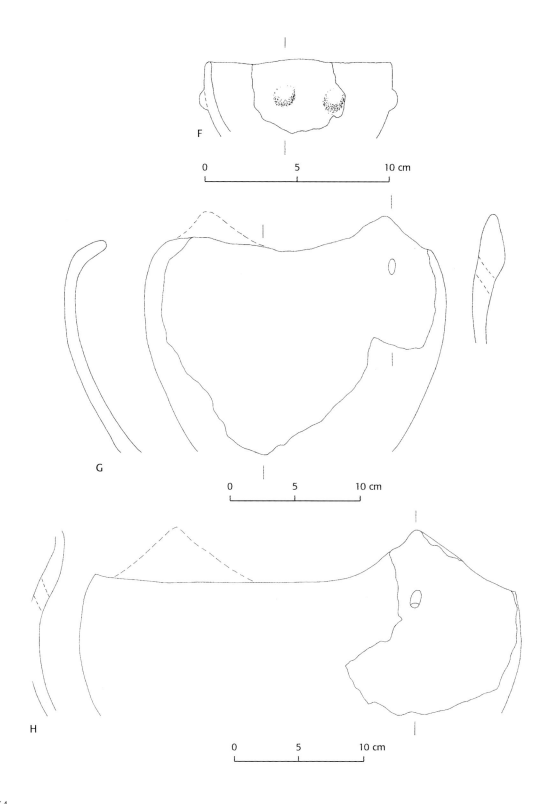

F

0   5   10 cm

G

0   5   10 cm

H

0   5   10 cm

Muschelgruskeramik: Två skärvor av muschelgruskeramik påträffades i fyllningen till grophus 41 med en datering till tiden kring år 1000. Keramiktypen har i vissa fall daterats till 700- och 800-talen (Steuer 1979:25). I Hedeby har godstypen påträffats i lager daterade till 900-talet (Steuer, 1974:152). Mikroskopanalysen (tunnslip 6) av godset visar att en sorterad, siltig mellanlera med största kornstorlek på 1,0 mm magrats med krossade snäckskal. Keramiken representerar en produktionsmetod som har sitt ursprung utanför Skandinavien.

Slavisk keramik: Den slaviska keramiken i Järrestad är förhållandevis riklig och består av typerna Feldberg, Fresendorf, Menkendorf och Teterow. Den äldsta slaviska keramiken i Järrestad dateras till första hälften av 800-talet och representeras av typerna Feldberg och Menkendorf (Fig. 7). Feldbergkeramik som påträffats vid utgrävningar i hamnen i Wolin i Polen visar att keramiktypen dominerar fram till mitten av 800-talet för att i stort sett upphöra under första fjärdedelen av 900-talet (Brorsson & Stanislawski 2000:Tabell 3). Menkendorfkeramiken i Wolin fanns huvudsakligen från och med andra hälften av 800-talet upp i 1000-talet. I Järrestad kan Menkendorfkeramiken dateras till 800- och 900-talen.

De dominerande slaviska keramiktyperna i Järrestad under 900-talet var, vid sidan av Menkendorfkeramiken, Fresendorf- och Teterowkeramik. Den mellanslaviska Fresendorfkeramiken har påträffats i samma anläggningar som Menkendorfkeramiken. Den senslaviska Teterowkeramiken som sannolikt kan dateras till slutet av århundradet framkom i tre olika grophus (Fig. 8).

Två skärvor av Menkendorfkeramik (tunnslip 28, 29), två skärvor av Teterowkeramik (tunnslip 23, 24) och två skärvor som enbart tolkats som slaviska (tunnslip 41, 42) har analyserats. Menkendorfkeramiken från grop A30292 (tunnslip 28) har framställts av en sandstensmagrad sorterad finlera med ett största korn på 2,5 mm. Den andra Menkendorfskärvan från grophus 44 har ett gods bestående av en granitmagrad sorterad grovlera med ett största korn på 3,0 mm (tunnslip 29). De båda Teterowkärlen som fanns i grophus 45 har framställts av naturligt magrade grovleror med största korn på 1,0 mm. Den slaviska skärvan (tunnslip 41) har ett gods som framställts av en naturligt magrad osorterad grovlera med ett största korn på 3,5 mm. Den andra slaviska skärvan (tunnslip 42) som fanns i grophus 41 består av osorterad grovlera magrad med 10% granitkross med maxkorn = 2,5 mm. Analyserna visar att de slaviska kärltillverkarna använt sig av olika typer av leror och magringsmedel.

Östersjökeramik: Från slutet av 900-talet till 1200-talet domineras den skandinaviska keramiken av östersjökeramik. Denna keramik utgör produkten av en sammansmältning av minst två olika traditioner, den västslaviska och den skandinaviska. I Mälarområdet har sannolikt den Finno-Ugriska traditionen bidragit till utformningen av den lokala östersjökeramiken (Roslund 1992: Fig. 1). Till skillnad från den senslaviska keramiken, som domineras av kärl med

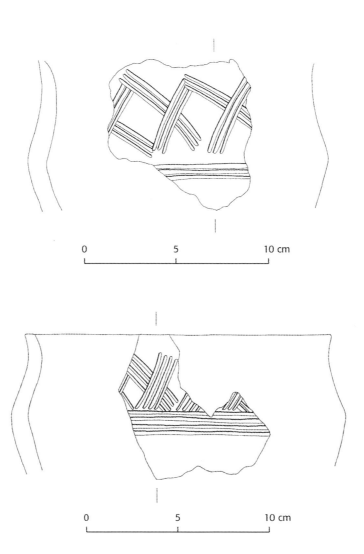

Fig. 7. Mellanslavisk Menkendorfkeramik från Järrestad.

Middle Slavonic Menkendorf-pottery from Järrestad. Drawings by Annika Jeppsson.

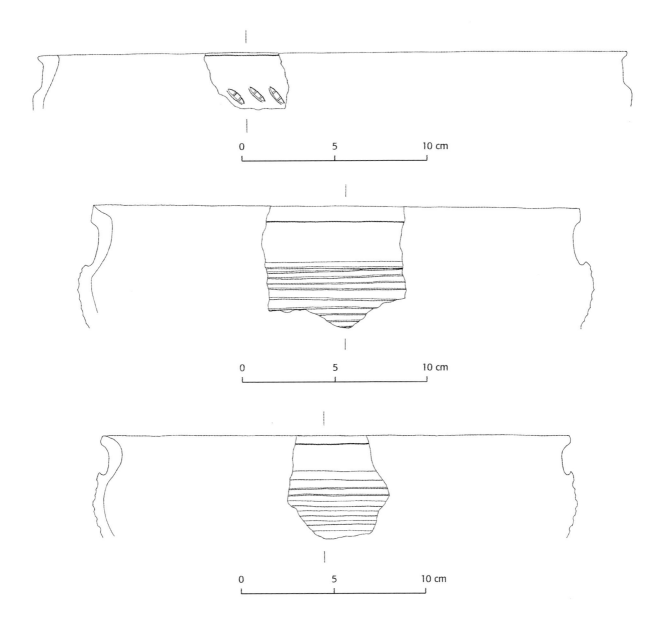

Fig. 8. Senslavisk Teterowkeramik från Järrestad. Keramiken har daterats till 900-talet. Tunnslip har utförts på samtliga skärvor.

Late Slavonic Teterowpottery from Järrestad. The pottery has been dated to the 10th century. Analyses under the microscope have been carried out on the sherds. Drawings by Annika Jeppsson.

357

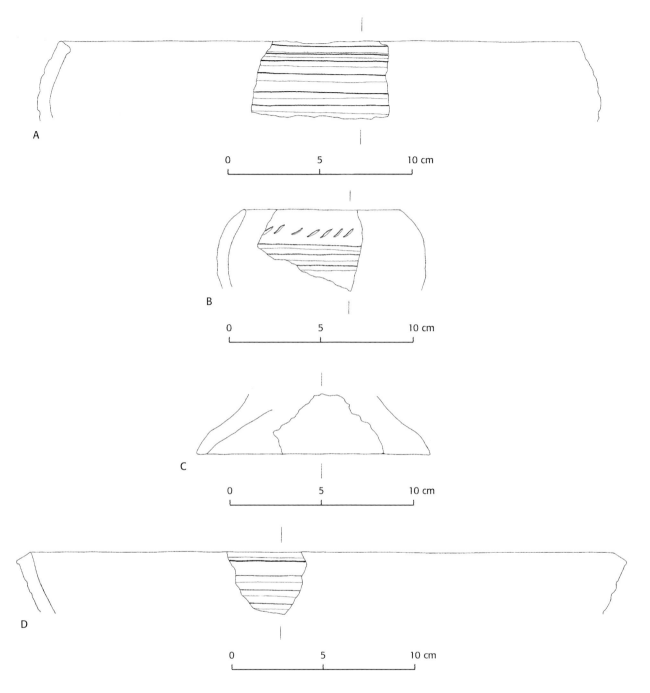

0 5 10 cm

0 5 10 cm

0 5 10 cm

0 5 10 cm

Fig. 9. Tidigmedeltida keramik från Järrestad och Östra Tommarp. A–G. Östersjökeramik
H. Kugeltopfkeramik

*Early medieval pottery from Järrestad and Östra Tommarp. a) Baltic ware b)
Kugeltopf pottery. Drawings by Annika Jeppsson.*

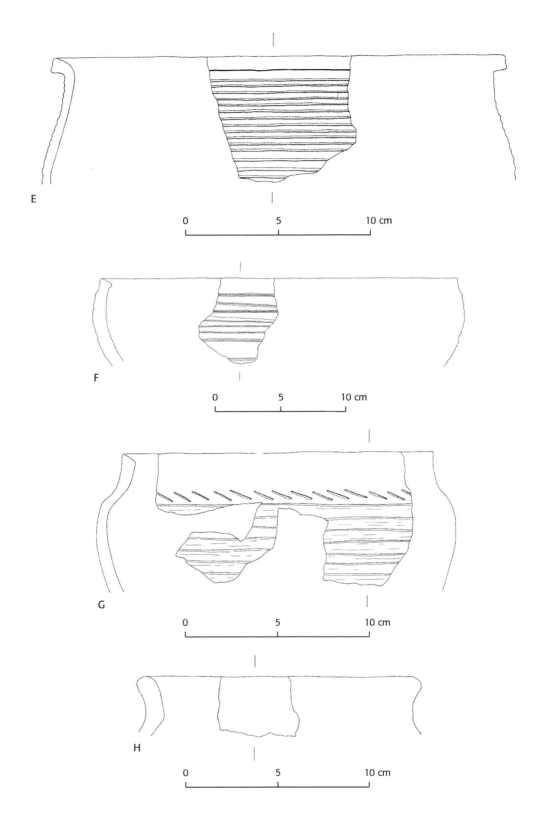

E

0   5   10 cm

F

0   5   10 cm

G

0   5   10 cm

H

0   5   10 cm

utåtböjda mynningar domineras östersjökeramiken i Järrestad av kärl med inåt-
böjda mynningar (Fig. 9A, B, och F). Kärltypen är belagd under första hälften
av 1000-talet och påträffas i hela i Skåne.

En tydlig indikation på att de slaviska och skandinaviska traditionerna smält
samman visas av hängkärlen. Två sådana påträffades i ett påfört lager 120 vid
skärvstensområdet. Som tidigare nämnts fanns hängkärlen under hela yngre
järnålder i södra Skandinavien medan de saknas i det slaviska keramikinventariet.
Hängkärlen fanns kvar i Skandinavien under tidig medeltid, men har då för-
setts med slavisk dekor och framställts på ett sätt som överensstämmer med
den slaviska traditionen. Att hängkärlen fanns kvar tyder på att sättet att tillaga
maten inte förändrades nämnvärt med östersjökeramikens inträde.

Skålen som kärlform är ny i det medeltida Skandinavien men har direkta
paralleller på slaviskt område. Skålarna är av Garz-typ och dateras i Olden-
burg från början av 1000-talet (Kempke 1988, Tabell 1). Till skillnad från öster-
sjökeramiken har skålarna inte förändrats för att passa in i det skandinaviska
hushållet utan är av ursprunglig, senslavisk typ. Garz-skålar brukar i Skåne
påträffas i kontexter tillsammans med östersjökeramik. Detta har resulterat i
att skålarna räknats som en del av östersjökeramiken. I Järrestad fanns två
skärvor av Garz-skålar (Fig. 9D). Samtidigt med skålarna kommer ofta även
lampor och lock som nya inslag i keramikinventariet. Bland Järrestadfynden
finns dock varken lock eller lampor. I det närliggande Östra Tommarp, som
utgör platsen för den medeltida staden *Tumathorp*, påträffades däremot skär-
vor av ett lock vid undersökningen 1999 för Väg 11. I Tumathorp anlades det
sannolikt en kungsgård under mitten av 1000-talet (Jönsson 2001:154). Vid de
arkeologiska undersökningarna tillvaratogs ett varierat keramikmaterial från
tidig medeltid, bestående av östersjö-, kugeltopf- och Paffrathkeramik.

Sammanlagt har sju skärvor östersjökeramik från Järrestad undersökts. Dessa
har jämförts med två skärvor östersjökeramik och en skärva kugeltopfkeramik
från Östra Tommarp (Fig. 9H). Kugeltopfkeramiken i Skåne dateras tidigast
till mitten av 1000-talet vilket kan betyda att keramiken från Östra Tommarp
är något yngre än den från Järrestad.

Östersjökeramiken från Järrestad har framställts av tre olika typer av leror:
fina, mellangrova och grova (Tabell 2). Kärlen, som tillverkats av fina och mellan-
grova leror har magrats med krossad granit medan de grova lerorna ansetts
tillräckligt grova för sitt ändamål och därmed inte tillförts någon magring.

Hängkärlet av östersjökeramik (tunnslip 33) har framställts av en osorterad,
siltig, sandig grovlera utan tillsatt magring. Det avviker sålunda från de vikinga-
tida motsvarigheterna, som tillverkades av granitmagrade finleror. Däremot över-
ensstämmer det väl med andra samtida hängkärl från Skåne (Jönsson & Brors-
son: in prep.). Garz-skålen avviker inte från den övriga östersjökeramiken vad

beträffar godsets sammansättning. Detta indikerar att samma hantverkare haft kunskap att framställa både skålen och de övriga typerna av östersjökeramik.

En vendeltida keramikugn

Från ertebölle-tid och fram in i medeltid brändes inhemsk keramik vanligen i grop eller i öppen eld. En betydelsefull fråga gäller när ugnsbränningen började praktiseras i det medeltida, östra Danmark. Under högmedeltid fanns utvecklade keramikugnar, så kallade tvåkammarugnar. Ugnarna var försedda med två kammare, en för elden och en för keramiken. Man kunde uppnå högre temperaturer än tidigare och samtidigt få bättre kontroll över bränningsprocessen. Ugnar med två kammare för keramikbränning användes på kontinenten redan omkring 4000 f.Kr., vid tillverkningen av keramik inom Donaukulturen. Vid Kristi födelse brände både kelter och romare keramik i tvåkammarugnar (Stilborg 1995). Tekniken fanns kvar i stora delar av Europa fram till våra dagar. Både Badorfkeramik och Tatingerkeramik i västra Tyskland brändes i tvåkammarugnar under 900- och 1000-talen. Det skulle dröja till 1200-talet innan tekniken mera allmänt tillämpades i Skandinavien.

Keramikugnar med två kammare där elden och kärlen åtskilts med en platta har förekommit i det tidigmedeltida England (McCarthy & Brooks 1988:42). Här tolkar man konstruktionen som ett resultat av påverkan från kontinenten. I Faurholm vid Hilleröd på Själland har en medeltida keramikugn med två kammare undersökts (Schmidt 1977).

En ugn, som påträffades i Järrestad kan utgöra ett viktigt bidrag till diskussionerna om bränning av förhistorisk keramik och om de första kammarugnarna i Skandinavien. Ugnen innehöll stora mängder bränd lera och var genomgrävd av stolphål tillhörande hus 16, ett hus som utifrån ^{14}C-dateringar och typologi bedömts vara uppfört kring år 800 (Söderberg i denna volym).

Ugnen var uppbyggd med en 0,8 x 0,7 m stor central kammare som på sidorna omslutits av en lerbänk (Fig. 10). På denna bänk och över kammaren har sedan en 2,2 cm tjock platta med genomgående hål placerats. En kupol av lera med vidjeflätning som armering har omslutit själva ugnen.

Sannolikt har anläggningen fungerat som en tvåkammarugn. I den nedre delen, under plattan med hål i, fanns eldstaden medan keramiken var placerad ovanpå plattan. Konstruktionen innebar att kärl och andra keramiska föremål inte var i direkt kontakt med elden.

Tunnslipsanalyser av ugnsväggen (tunnslip 25) och en skärva från ett inhemskt producerat hängkärl av AIV-keramik (tunnslip 27), som påträffades inne i den raserade ugnen, visade att de två artefakterna framställts av helt

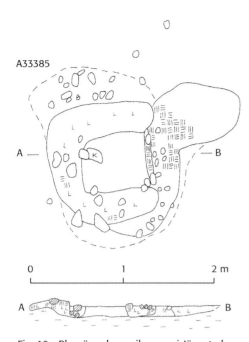

A33385

0   1   2 m

Fig. 10. Plan över keramikugnen i Järrestad.

The pottery kiln from Järrestad. Drawing by Annika Jeppsson.

olika lertyper (Tabell 2). Ugnsväggen är gjord av en siltig, sandig, mycket grov lera (maxkorn = 1,0 mm.) utan tillsatt magring. Hängkärlet är däremot framställt av en granitmagrad finlera. Magringen uppgår till endast 6 % och största uppmätta korn till 2,5 mm. Undersökningsresultatet visar att man valde olika typer av lera för kärlframställning och för ugnsbygge. Man visste således att en finlera inte är lämplig för långa och upprepade bränningar, vilket krävde ett grövre råmaterial. Denna kunskap om råmaterialens funktionella potential vittnar om ett välutvecklat hantverk med insiktsfulla utövare, som även kände till resurserna i närmiljön i detta avseende. Lerkarteringen har också visat att det fanns grova leror i området.

För att testa om anläggningen fungerat som en keramikugn har stycken av lerkupolen, lerbänken och den perforerade plattan samt en skärva från hängkärlet varit föremål för termiska analyser (TCT). Resultaten visar att materialet i både ugnen och kärlet har varit utsatta för bränningstemperaturer kring 850°C. Med utgångspunkt från denna temperatur och formen på anläggningen kan tre tolkningsalternativ diskuteras. Dessa är bakugn, ugn avsedd för metallhantering och keramikugn.

Bakugn: Temperaturerna på cirka 850°C som ugnen och kärlet varit utsatta för indikerar inte en funktion som bakugn. Innan man tog en bakugn i bruk upphettades den för hållfasthetens skull till något mer än 500°C (Vossen 1990:189f). Ugnen kunde sedan användas inte bara till brödbakning, utan även som stekugn, rökugn och/eller för torkning och rostning av spannmål (Stilborg 1995:41). Dessa aktiviteter kräver relativt låga temperaturer, mellan 50–300°C.

Ugn för metallhantering: En annan funktion som kunde varit möjlig med hänsyn till ugnens placering i ett verkstadsområde, är som värmekälla vid metallhantering, och då främst för smältning av brons. Denna funktion kan uteslutas med hänsyn till temperaturen. Bronsens smältpunkt varierar mellan ca 900 och 1100°C beroende på legeringens sammansättning. Vid så höga temperaturer skulle leran, av den typ som här förekommer, ha börjat sintra. Bland den stora mängd bränd lera, som påträffats i anslutning till ugnen, fanns inga fynd av vare sig sintrad eller smält lera.

Keramikugn: Konstruktionen med två kammare är, som ovan nämnts, särskilt lämplig för keramikbränning. En temperatur av 850°C inne i ugnen får också anses som fullt möjlig för bränning av denna typ av keramik. Själva keramikgodset når inte upp till samma temperatur under bränningen på grund av vattenavdunstningen från keramikleran. Ännu en indikation på användningen som keramikugn är det kärl, som påträffades inne i ugnen. Kärlet, som varit upphettat till samma temperatur som ugnsväggarna, kan vara en kvarbliven rest efter den sista keramikbränningen. Det är dessutom värt att notera att hängkärl var avsedda att hängas över en öppen eldstad och således inte hör hemma i en ugn. Ugnen i Järrestad kan givetvis ha haft flera funktioner. Förutom för bränning av kärl och andra keramiska artefakter, kan den ha utnyttjats för primärbränning av gjutformar och deglar och för upphettning av dessa föremål innan gjutningsprocessen startades.

Järrestad i ett jämförande perspektiv

600-talet

Bebyggelsen i Järrestad etablerades sannolikt omkring 600 e.Kr. Bland den äldsta keramiken från perioden är det framför allt det stämpelornerade kärlet som väcker intresse (Fig. 5). Under de senaste åren har det framkommit nya fynd av stämpelornerade kärl i Skåne, där dessa eljest varit ovanliga. Rör det sig om lokalt tillverkad keramik eller keramik av främmande proveniens?

Stjernquist har behandlat stora delar av den kända stämpelornerade keramiken, som påträffats i Sverige (Stjernquist 1992). Denna genomgång föranleddes av fyndet av stämpelornerade skärvor i Kverrestad, cirka 15 km väster om Järrestad (Fig. 11). Fyndet gjordes i ett grophus, som ¹⁴C-daterades till övergången mellan folkvandringstid och vendeltid. Studien visade att den typ av stämplar som fanns på skärvorna från Kverrestad saknade paralleller. Det är intressant att konstatera att det stämpelornerade kärlet från Järrestad tillhör samma typ. Kärlet i Kverrestad har en skärvtjocklek på 6,0 mm och största korn har med skjutmått uppmätts till 2,0 mm. Det troliga är att även detta kärl har framställts av en lera som magrats med krossad bergart. Romberna på de olika kärlen från Järrestad och Kverrestad är inte identiska, men både skärvtjocklek, gods och dekor talar för att kärlen skulle kunna komma från samma område. Stjernquist har inte lokaliserat något "ursprungsområde" för den

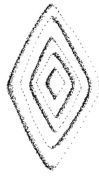

Fig 11. Förstoring av stämplarna på de den vendeltida keramiken från Kverrestad.

Enlargement of stamps of Vendel Age pottery from Kverrestad. Drawing by Annika Jeppsson.

363

stämpelornerade keramiken i Sverige, men nämner däremot ett utbredningsområde längs med Rehn och söderut på kontinenten. Fynd har också gjorts på de Brittiska öarna (aa:123f).

Till skillnad från skärvorna från Kverrestad har det varit möjligt att rekonstruera hela kärlprofilen på Järrestad-kärlet (Fig. 5). Kärlets säckform är för skånska förhållanden ovanlig. Vid undersökningar för Västkustbanan i västra Skåne under 1998 framkom ett liknande kärl (Brorsson 1999: Fig. 52). Paralleller till dessa kärl finns i Ribe-området i Danmark, där de fungerat som gravurnor (Nielsen 1998:177f). Kärltypen har även påträffats i Bohuslän (Åhman 1971:62ff). Ursprunget till det stämpelornerade kärlet är ovisst, men man kan konstatera att både kärlform och dekor är främmande inslag i Skåne, även om ytterligare några kärl framkommit under senare år. Kärlgodset avviker emellertid inte från ett traditionellt förhistoriskt keramikhantverk.

700- och 800-talen

Skandinavisk vendel- och vikingatida inhemskt producerad AIV-keramik utgör en artefaktgrupp, som varit styvmoderligt behandlad. Keramiken är grovmagrad, oornerad och har enhetliga kärlformer. En genomgång av keramik från Bjärred-boplatsen i västra Skåne har visat att den vendel- och vikingatida keramiken är svårdaterad (Pettersson & Brorsson 2002). Keramiken från Bjärred uppgår till 9,3 kg fördelat på mer än 1000 skärvor. Den dominerande keramiken utgörs av kärl med inåtböjda mynningar (Fig. 1:typ 35–37). En fjärdedel av keramiken representeras av kärl med liten utåtböjd mynning, snarlik form 22 i schemat över de slaviska mynningsformerna. Det finns även hängkärl och koppar, som ornerats med knoppar. Knoppkärlen har daterats till övergången mellan vendel- och vikingatid (Brorsson 2000:197). Hängkärlen har en enhetlig form från 700- till 900-talet. Analyser, som utförts på koppar från kv. Tankbåten i Ystad har visat att dessa framställts av en kalkrik lera, vilket resulterat i ett tätt gods. En funktion som dryckeskärl kan därför anses sannolik (Hulthén 1978:109). Organiskt material fanns naturligt i leran, som för övrigt var omagrad. En kopp från Bjärredboplatsen hade däremot framställts av kalkfri och grovmagrad lera (Pettersson & Brorsson 2002:79) liksom en kopp (tunnslip 31) från Järrestad.

Det inhemska vendel- och vikingatida keramikmaterialet från Järrestad överensstämmer väl med keramiken från Bjärred. I både Bjärred och Järrestad dominerar till exempel kärl med inåtböjda mynningar. Till denna period kan även det grophus som undersöktes av Märta Strömberg under 1970-talet placeras (Strömberg 1976:75f). Materialet har studerats på nytt och man kan konstatera att det är likartat med 700- och 800-tals keramiken från Järrestad. Keramiken består av endast sju mynningsfragment varav två tillhört hängkärl. Mynningarna är uteslutande inåtböjda. Utöver keramiken registrerades 738 g degelfragment. Tidigare har fyndet av ett gjutformsfragment noterats. Det framgick klart att smidesavfall deponerats i huset, som sannolikt var beläget inom ett verkstadsområde.

Den slaviska keramiken är påtagligt väl representerad i Järrestad. Fynden av slavisk keramik i Skåne har ökat markant sedan mitten av 1970-talet. Det är framför allt tidig- och mellanslavisk Feldberg- och Fresendorfkeramik som påträffats. Den mellanslaviska Menkendorfkeramiken har däremot saknats (Brorsson 2000:209). Detta har tolkats så att kontakterna över Östersjön i stort sett upphörde under andra hälften av 800-talet och första hälften av 900-talet (a.a.). Keramiken från Järrestad uppvisar ett delvis annorlunda slaviskt vikingatida material än vad som tidigare påträffats i Skåne. Förutom Menkendorfkeramik, som sällan påträffas i Skandinavien har Feldbergkeramiken i Järrestad daterats med en äldsta datering till 825 AD. På marknadsplatserna i Löddeköpinge, Åhus, Trelleborg och Ystad har närvaron av slavisk keramik snarast upphört kring denna tid. Det främsta argumentet för denna tolkning är just avsaknaden av Menkendorf-keramik. På slaviskt område är denna keramiktyp dominerande under bland annat 800-talet.

900-talet

Den inhemskt producerade AIV-keramiken från 900-talet i Järrestad är i stort sett oförändrad. Den slaviska keramiken utgörs fortfarande av Menkendorfkeramik men nu även av mellanslavisk Fresendorfkeramik. Den geografiska utbredningen av Menkendorf- och Fresendorfkeramiken kan ge en viss inblick i Järrestads kontaktmönster. Sebastian Brather har uppmärksammat att Fresendorftraditionen hade sitt främsta spridningsområde på Rügen och det närliggande fastlandet (Brather 1993:Abb. 5). Dessa områden beboddes av de slaviska stammarna wilzerna och ranerna, vilka kristnades relativt sent. Rügen räknas som kristet först i slutet av 1160-talet. Menkendorftraditionen var däremot inte lika kustbunden och hade sitt kärnområde längre söderut i Mecklenburg, men nådde Östersjökusten vid Wismarbukten (aa:Abb. 4). Inom detta område fanns flera olika slaviska stammar, men det dominerades av obotriterna, vilka under större delen av 900-talet var allierade med det danska riket. Mats Roslund har i sin avhandling påpekat att dessa omständigheter kan vara viktiga för de slavisk-skandinaviska kontakterna över Östersjön (Roslund 2001:93).

Keramik med en något udda godstyp är muschelgruskeramik. Som tidigare nämnts påträffades denna keramik i fyllningslagret till ett grophus med en datering till tiden kring år 1000. Detta är i överensstämmelse med dateringen av ett kärl med snäckmagring i Birka, vilket Selling ansåg hade sitt ursprung i

Rhenområdet (Selling 1955:61; Taf. 4:1). Typen förekom även i Hedeby där den anses vara importgods och dateras huvudsakligen till från 700-talets slut till början av 900-talet (Steuer 1974:117). I Thetford i Norfolk fanns även snäckskalsmagrad keramik, så kallad shelly-ware (Knocker 1950:2). Muschelgruskeramik, med en osäker datering, har även påträffats i Lund (Kulturen inv. nr. 71839).

1000-talet

Den inhemskt producerade AIV-keramiken från första delen av 1000-talet avviker inte formmässigt från den vikingatida keramiken och uppvisar därmed ett i stort sett oförändrat formspråk från 700-talet till tidigt 1000-tal. Vad beträffar kärlgodset kan en mindre förändring märkas. Från att man under sen vendeltid och vikingatid använt sig av olika typer av leror använde man under 1000-talet i stort sett bara finleror. Denna lertyp återfinns även i den slaviskinspirerade östersjökeramiken från både Järrestad och Östra Tommarp.

Det slaviska inslaget i Järrestad representerades under slutet av 900-talet och tidigt 1000-tal av den senslaviska kärltypen Teterow. Detta är en kärltyp som är ovanlig i Skåne, men ett kärl som kunde rekonstrueras i sin helhet påträffades i fyllningen i vallgraven till trelleborgen i Trelleborg (Jacobsson 2000: Fig. 39). Vallgravskonstruktionen är daterad till de två sista decennierna av 900-talet. I Wolin dateras Teterowkeramik som tidigast till andra fjärdedelen av 900-talet för att senare få genomslag under sista fjärdedelen av samma århundrade (Brorsson & Stanislawski 2000: Tabell 3). I Oldenburg har keramiken daterats från övergången mellan 900- och 1000-talet (Kempke 1988:Tabell 1). Det är viktigt att uppmärksamma att Teterowkeramiken har i stort sett samma utbredningsområde som Menkendorfkeramiken. En genomgång som gjordes under 1950-talet visade att Teterowkeramik huvudsakligen påträffas i södra Mecklenburg och vid Östersjökusten vid Rostock och Wismarbukten (Schuldt 1956:Abb. 62). Detta område ligger väster om Fresendorf-keramikens huvudområde på Rügen.

Analyserna av slavisk keramik från Järrestad visar att de slaviska keramikerna huvudsakligen använde sig av grova leror för att framställa sina kärl. Detta står i motsats till den inhemskt producerade tidigmedeltida AIV-keramiken och östersjökeramiken, där man huvudsakligen använde sig av fina leror till keramikframställningen. Keramiksekvensen från yngre järnålder och tidig medeltid i Järrestad avslutas med uppträdandet av östersjökeramiken. Analysen av östersjökeramiken tyder på att denna producerades lokalt. Det är troligt att man använde sig av samma lertäkter som användes till produktion av den inhemska AIV-keramiken.

Som jämförelse till östersjökeramiken från Järrestad har keramik från Gård-lösa studerats. Gårdlösa ligger cirka 15 km väster om Järrestad och är framför allt känt för sitt betydande järnåldersgravfält (Stjernquist 1993). På denna plats undersöktes också ett flertal grophus från yngre järnålder och tidig medeltid. I två av dessa grophus har östersjökeramik identifierats. Östersjökeramiken från Gårdlösa domineras också av kärl med inåtböjd mynning. I ett grophus fanns två skärvor tillhörande ett lock. Sannolikt kan denna keramik i Gårdlösa date-ras till första hälften av 1000-talet vilket bör vara samtida med den yngsta fasen i Järrestad. I övrigt har det inte framkommit några indikationer på sla-viska inslag i Gårdlösa-keramiken. Kärlen från de övriga grophusen är av in-hemskt producerad vendel- och vikingatida AIV-typ med fynd av bland annat hängkärl och överensstämmer i stort sett med den lokala keramiken från Järre-stad.

Mellan Sjöbo och Ystad i södra Skåne ligger ön Mölleholmen i insjön Elle-stadssjön. Här har man under slutet av 1980-talet undersökt vad som ansetts vara en slavisk bosättning från 1000-talet (Kelm 2000). Det är framför allt fynden av slavisk keramik, en Sachsenpfennig och en sölja som påvisar den slaviska närvaron. Problemet är att flera av de keramiktyper som påträffats i Mölleholmen, som exempelvis de senslaviska typerna Warder och Bobzin, är identiska med östersjökeramik från till exempel Lund. Roslund menar att hela keramikmaterialet passar in i en regional skånsk variant av östersjökeramik, där även det närlig-gande Bjäresjö ingår (Roslund 2001:162). Man kan emellertid inte bortse från närvaron av de slaviska metallföremålen, vilka är mycket ovanliga i Skandina-vien. Dessutom är bosättningens läge på en ö i en insjö vanligt förekommande på slaviskt område (Kelm 2000:81ff).

Kelm daterar bosättningen på Mölleholmen till perioden 1025–1100 vilket tangerar den avslutande fasen i Järrestad. Vid denna tid har sannolikt östersjö-keramiken med sina inåtböjda mynningar blivit de dominerande i Järrestad. Analyser som utförts på 12 keramikskärvor från Mölleholmen visar att man använt sig av olika typer av leror för att framställa keramiken (Stilborg 2000). Materialet är betydligt mera varierat än tiohundratalets keramik från Järrestad och Östra Tommarp.

Avslutande diskussion

Keramiken från Järrestad lämpar sig väl för att belysa platsen i dess historiska sammanhang. Studien omsluter material med en kontinuitet på över 400 år, från 600-talet till 1000-talet. Det samlade material som analyserats här, bestående av keramik och en ugn, avviker starkt från tidigare undersökta platser i Skåne. Det finns visserligen flera enskilda skånska paralleller till flera av de fynd som gjort i Järrestad, men de har inte tidigare påträffats på en och samma plats.

Det som främst gör att Järrestad avviker från tidigare undersökta platser är förekomsten av:

- En vendeltida keramikugn
- Vendeltida stämpelornerad keramik
- Tidigslavisk Feldberg-keramik
- Mellanslavisk Fresendorf- och Menkendorf-keramik
- Muschelgrus-keramik
- Både senslavisk Teterow-keramik och östersjökeramik

Det stämpelornerade kärlet från 600-talet vittnar om tidiga främmande kontakter. Form- och dekormässigt har kärlet sina paralleller både i Bohuslän och i Nordsjöområdet. Keramikugnen från 700-talet indikerar en närvaro av främmande hantverkare som tagit med sig sin teknik för att bränna keramik. Både keramikugnen och det stämpelornerade kärlet tyder därmed på att Järrestad haft kontakter västerut, i en tid då andra platser, exempelvis Löddeköpinge och Åhus, haft huvudsakligen slaviska kontakter. Den slaviska närvaron i Järrestad verkar uppträda först någon gång mellan 825 och 850. Vid denna tid tycks den slaviska närvaron ha upphört på de övriga skånska platserna. I Järrestad håller de slaviska kontakterna sedan i sig in i 1000-talet då östersjökeramiken blev den dominerande keramiktypen.

Analyser som utförts på skandinavisk vikingatida AIV-keramik, slavisk keramik och östersjökeramik vittnar om ett varierat keramikhantverk. Östersjökeramiken har utifrån kärlformerna och dekorerna tolkats vara av lokalt skånskt ursprung medan den slaviska keramiken tolkats som avvikande. Orsaken till detta kan bero på två helt olika anledningar. Antingen framställdes den slaviska keramiken av slaviska hantverkare, som fanns på platsen vid upprepade tillfällen under en längre period eller så var keramiken en importprodukt. Om keramiken var lokalt framställd i Järrestad kan det innebära att dessa hantverkare valt andra lertäkter än de som de skandinaviska keramikerna använde.

Järrestad kan med hänsyn till de ovan relaterade avvikelserna tolkas som ett lokalt innovationscentrum. Det äldsta och kanske viktigaste fyndet i detta sammanhang är den vendeltida keramikugnen. Förekomsten av ugnen vittnar om att det fanns personer på platsen som hade ett högt teknologiskt kunnande om att bränna keramik. Eftersom inga samtida paralleller har påträffats i Skåne kan man ifrågasätta om ugnstypen fick något genomslag. Frågan är då om det förekom någon kunskapsöverföring? I det nuvarande källäget kan man konstatera att det inte finns några kända paralleller i Skandinavien och den bör därmed tolkas som ett enstaka, isolerat fenomen.

Förekomsten av slavisk keramik i Järrestad under större delen av 800-talet och under 900- och 1000-talen vittnar sannolikt om att platsen ingick i ett kontaktnät där bland annat Sydskandinavien och norra Tyskland och Polen ingick. Under vikingatiden påverkade sannolikt inte det mera avancerande slaviska keramikhantverket det traditionella lokala skandinaviska hantverket i någon större utsträckning. På ett fåtal platser i Skåne har emellertid skandinavisk keramik med slavisk dekor påträffats. En sådan plats är Köpingebro, några kilometer nordväst om Ystad. Här hittade man ett inhemskt producerat vikingatida AIV-kärl med inåtböjd mynning som försetts med slavisk vågbandsdekor (Andersson 2000).

Kombinationen senslavisk keramik och östersjökeramik indikerar att Järrestad kan ha varit ett av de centra utifrån vilka östersjökeramiken kom att spridas på bred front i Skåne, för att ersätta den inhemskt producerade AIV-keramiken.

Den samlade bilden av keramiken och keramikugnen tyder på att Järrestad haft andra funktioner än de traditionella handelsplatserna utmed Skånes kuster. Kontakter med slaviskt område under 200 år och tidigare kontakter med Nordsjöområdet visar att platsen också kan ha varit av betydelse avseende hantverk och innovationsförlopp.

Summary

The pottery in a central place. Local tradition, foreign influence.

The archaeological excavations at Järrestad have uncovered more than 1,100 pottery sherds, dated from the 7th to the 11th century. The pottery has been thoroughly recorded as regards weight, sherd thickness, ware, shape and decoration. A method for determining the shape of the rim, worked out by the German archaeologist Torsten Kempke, has been used. This method was originally devised for Slavonic pottery but works also on Scandinavian pottery. Thin sections of a total of 27 sherds from the period have been analysed under the microscope.

The pottery from Järrestad consists, in chronological order of the following: an unusual stamp-ornamented vessel dated to the early Vendel Period; Vendel and Viking Age Scandinavian household vessels; Viking Age Slavonic pottery types; shell-tempered muschelgrus pottery; and Baltic ware from the 11th century. The most common pottery type is the Scandinavian household pottery dated from the 8th to the 10th centuries. Especially the finds of Slavonic pottery indicates that Järrestad was a place with a broad network of contacts. The that fact that a pottery kiln was discovered on the site support this interpretation. The kiln is dated to the 8th century.

Analyses of the pottery indicate that Slavonic pottery was produced locally in Järrestad but also that some vessels were imported from the Slavonic area. The muschelgrus pottery (Shelly ware) indicates contact with Western Europe, probably near the North Sea coast.

The pottery and the kiln indicate that Järrestad most likely was a central place, important for its region. At other important Vendel and Viking Age places in Scania, for example Löddeköpinge and Åhus, Slavonic influence seem to date from the 8th century to the early 9th century. The Slavonic influence at Järrestad can be dated from the early 9th century to the 10th century, ending in the early 11th century with the beginning of Scandinavian/Slavonic Baltic ware. Järrestad seems to have had a somewhat different role from the other central places near the Scanian coast. Perhaps the other Viking Age places were primarily used for merchandise and Järrestad had more a political or a cultural role in the society.

Referenser

Andersson, T. 2000. Järnåldersbebyggelse i Köpingebro. Lilla Köpinge 6:7 m. fl., Ystad kommun, Skåne. Riksantikvarieämbetet *UV Syd rapport* 2000:75.

Brather, S. 1993. Altslawische Keramik In Mecklenburg und Vorpommern. Probleme der Typenverbreitung. *Zeitschrift für Archäologie* 27-2.

Brorsson, T. 1999. Fyndmaterialet. I: Becker, N. De vendeltida gårdslämningarna i Dagstorp. Skåne, Dagstorp sn, Dagstorp 1:2-3, 5:31, Västkustbanan SU 21. Riksantikvarieämbetet *UV Syd rapport* 1999:62.

Brorsson, T. 2000. Keramik från yngre järnålder och tidig medeltid. I: Svanberg, F. & Söderberg, B. (red.). *Porten till Skåne.* Riksantikvarieämbetet. Avdelningen för arkeologiska undersökningar. Skrifter No 32 Arkeologiska studier kring Borgeby och Löddeköpinge 2. Stockholm.

Brorsson, T. & Stanislawski, B. 2000. Ceramika slowianska typu Feldberg i Fresendorf w Skanii, na tle produkcji garncarskiej wczesnosrednniowiecznego Wolina. *Materialy Zachodniopomorskie*, Tom XLV. Szczecin.

Hulthén, B. 1976. On Thermal Colour Test. *Norwegian Archaeological Review* 9:1.

Hulthén, B. 1978. Keramiktillverkning i kv Tankbåten i Ystad. *Ystadiana* 1978. Ystads Fornminnesförening XXIII. Ystad.

Jacobsson, B. 2000. Trelleborgen i Trelleborg. Förhistoriska boplatslämningar och gravar, vikingatida ringborg och medeltida bebyggelselämningar. *UV Syd rapport* 1999:93.

Jönsson, L. 2001. Premonstratenserklostret i Östra Tommarp. I: Andrén, A., Ersgård, L. & Wienberg, J. (red.). *Från stad till land.* Lund Studies in Medieval Archaeology 29. Stockholm.

Jönsson, L. & Brorsson, T. In prep. Oxie - en studie av en plats med centrala funktioner i sydvästra Skåne. *Uppåkrastudier* 7. Lund.

Kelm, R. 2000. *Mölleholmen. Eine slawische Inselsiedlung des 11. Jahrhunderts in Schonen, Südschweden.* University of Lund. Institute of Archaeology. Report Series No. 74. Lund.

Kempke, T. 1981. *Frühmittelalterliche Keramik aus Oldenburg in Holstein.* Hamburg.

Kempke, T. 1988. Zur Chronologie der Keramik von Starigard/Oldenburg. *Bericht der Römisch-Germanischen Kommission*, band 69. Mainz am Rhein.

Knocker, G. M. 1950. Anglo-Saxon Thetford. I: Knocker, G. M. & Hughes, R. G. (ed.). *The Archaeological News Letter* 2:8. London.

McCarthy, M. R. & Brooks, C. M. 1988. *Medieval Pottery in Britain AD 900-1600.* Leicester.

Munsell Soil Color Charts. 1971. Baltimore.

Nielsen, L. C. 1998. Eksurs 3. Okholm, Vester Vedsted sogn. I: Jensen, S. (red.) *Marsk, land og bebyggelse. Ribeegnen gennem 10.000 år.* Jysk Arkæologisk Selskabs Skrifter XXXV. Højbjerg.

Pettersson, C. B. & Brorsson, T. 2002. Den vendel- och vikingatida keramiken. I: Pettersson, C. B. "Bott vid en landsväg..."I: Mogren, M. (red.). *Märkvärt, medeltida*. RAÄ. Arkeologiska undersökningar. Skrifter No 43. Stockholm.

Roslund, M. 1992. Baltic Ware – a Black Hole in the Cultural History of Early Medieval Scandinavia. In: Hård, B. & Wyszomirska-Werbart, B. (eds*). Contacts across the Baltic Sea during the Late Iron Age (5th-12 centuries)*. University of Lund. Institute of Archaeology. Report Series No. 43. Lund.

Roslund, M. 2001. *Besökare i huset. Kulturell överföring mellan slaver och skandinaver 900 till 1300*. Vetenskapssocieteten i Lund. 92. Lund.

Schmidt, L. 1977. Pottemagere. *Skalk* 1977:3.

Schuldt, E. 1956. *Die slawische Keramik in Mecklenburg*. Deutsche Akademie der Wissenschaften zu Berlin. Schriften der Sektion für Vor- und Frühgeschichte 5. Berlin.

Selling, D. 1955. *Wikingerzeitliche and Frühmittelalterliche Keramik in Schweden*. Stockholm.

Steuer, H. 1974. *Die Südsiedlung von Haithabu. Studien zur frühmittelalterlichen Keramik im Nordseeküstenbereich und in Schleswig-Holstein*. Neumünster.

Steuer, H. 1979. Die Keramik. *Die frühgeschichtliche Marschensiedlung beim Elisenhof*. Frankfurt am Main.

Stilborg, O. 1995. En ugn är en ugn är en ugn. Om ugnar i allmänhet och en ugn från Skummeslöv, Halland i synnerhet. *META* 95:4.

Stilborg, O. 2000. Anhang 1: Dünnschliffuntersuchungen an Keramikscherben von Mölleholm, Kirchspiel Sövde, Schonen. I: Kelm, R. 2000. *Mölleholmen. Eine slawische Inselsiedlung des 11. Jahrhunderts in Schonen, Südschweden*. University of Lund. Institute of Archaeology. Report Series No. 74. Lund.

Strömberg, M. 1976. *Forntid i Sydöstskåne*. Föreningen för Fornminnes- och Hembygdsvård i Sydöstra Skåne, småskrifter 14. Simrishamn.

Stjernquist, B. 1992. An Iron Age Site at Kverrestad, in South-East Scania, with Finds of Pottery with Stamped Decoration. *Meddelanden från Lunds universitets historiska museum* 1991-1992.

Stjernquist, B. 1993. *Gårdlösa. An Iron Age Community in its Natural and Social Setting II. The archaeological Fiedlwork, the Features and the Finds*. Acta Regiae Societatis Humaniorum Literarum Lundensis LXXX. Lund.

Thurston, T. 1996. *The development and transformation of a prehistoric cultural landscape: boundaries, integration and political in the south Scandinavian Iron Age*. Unprinted dissertation at the University of Wisconsin Madison.

Vossen, K. 1990. Das Tägliche Brot in Marokko. I: Vossen, R. (red*.). Reisen zu Marokkos Töpfern. Forschungsreisen 1980 und 1987*.

Åhman, E. 1971. Nedgång i produktionen. *Göteborgs arkeologiska museums årsbok* 1971. Göteborg.

Appendix

Appendix 1. ^{14}C-dateringar

Totalt blev 99 prover föremål för ^{14}C-analys inom ramen för Väg 11-projektet i dess olika faser. Dessa presenteras här, i tabellform och i grafisk form.

Tabellen syftar till att ge detaljerad information om proverna och prov-kontexterna samt dateringarna, vilka anges BP samt kalibrerat med ett och två sigma. Proverna har sorterats efter undersökningsområde och labnr. Som undersökningsområde anges FU3:2, vilket är en lokal som endast förundersöktes, strax söder om Tommarpsån (Hellerström & Söderberg 1999). Det samma gäller FU4 som var belägen strax väster om Järrestad och SU1. FU5 var belägen strax norr om Simris by (Knarrström 2001). Övriga områden betecknas SU1-3 vilket motsvarar de stora undersökningsområdena Torekullarna (SU1), Ååkrarne (SU2) samt Hestebier (SU3). Bulkprover från våtmark relaterar till pollen-analyser.

Den grafiska presentationen syftar till att ge en helhetsbild av dateringarna. Överst har de sorterats efter undersökningsområde (enligt ovan) och ålder. Ett streck anger ett kalibrerat värde med två sigmas intervall (min–max värde). I stapeldiagrammet underst visas hur många dateringar som faller inom respektive hundraårsintervall (mittpunkten på respektive intervall med två sigma har använts). Ofyllda fyrkanter är bulkprover från våtmarker.

Dateringarna utfördes av Ångströmlaboratoriet vid Uppsala universitet (Ua) respektive Laboratoriet för ^{14}C-datering vid Kvartärgeologiska avdelningen, Lunds universitet (LuA). För referenserna ovan samt undersökningsområdenas lägen och diskussioner kring dateringarna, se inledning samt kapitel 1 till 3 och 6.

FU3:2

Labnr	Anl.typ	Kontext	Anl.nr	Material	C14BP	Kal 1s	Kal 2s
Ua-25316	Stolphål		952	Träkol, obest.	2155±65	360-60 f.Kr.	380-30 f.Kr.
Ua-25317	Stolphål		2031	Träkol, obest.	1945±70	40 f.Kr.-140 e.Kr.	100 f.Kr.-250 e.Kr.

FU4

Labnr	Anl.typ	Kontext	Anl.nr	Material	C14BP	Kal 1s	Kal 2s
LuA-5369	Lager	Våtmark		Torv (bulk)	1205±85	690-950 e.Kr.	660-990 e.Kr.
LuA-5370	Lager	Våtmark		Torv (bulk)	2540±95	810-520 f.Kr.	840-440 f.Kr.
Ua-26036	Härdgrop		292	Träkol, kornell	3005±80	1380-1120 f.Kr.	1430-1000 f.Kr.
Ua-26037	Grop		461	Träkol, hagtorn m.fl.	5000±75	3940-3700 f.Kr.	3960-3650 f.Kr.
Ua-26038	Grop		1424	Träkol, ek	2220±80	390-200 f.Kr.	410-50 f.Kr.

FU5

Labnr	Anl.typ	Kontext	Anl.nr	Material	C14BP	Kal 1s	Kal 2s
Ua-26039	Vattenhål		1057	Träkol, alm	2800±85	1050-830 f.Kr.	1220-800 f.Kr.
Ua-26040	Härdgrop		1035	Träkol, ek	1935±80	50 f.Kr.-210 e.Kr.	160 f.Kr.-260 e.Kr.
Ua-26041	Härd		1379	Träkol, ek	2010±80	120 f.Kr.-80 e.Kr.	350 f.Kr.-250 e.Kr.
Ua-26042	Härd		891	Träkol, ek	2200±65	370-170 f.Kr.	400 f.Kr.-90 e.Kr.

SU1

Labnr	Anl.typ	Kontext	Anl.nr	Material	C14BP	Kal 1s	Kal 2s
Ua-25306	Stolphål		860	Träkol, obest.	1805±60	140-330 e.Kr.	80-390 e.Kr.
Ua-25307	Härd		1435	Träkol, obest.	1345±70	640-780 e.Kr.	600-880 e.Kr.
Ua-25954	Stolphål	Hus 5	3961	Makrofossil, halmfrag.	1855±55	60-220 e.Kr.	0-320 e.Kr.
Ua-26070	Grop		7254	Träkol, ek	4310±75	3090-2780 f.Kr.	3350-2600 f.Kr.
Ua-26071	Stolphål	Hus 1	12575	Träkol, tall	8865±90	8210-7830 f.Kr.	8300-7650 f.Kr.
Ua-26072	Stolphål	Hus 1	12562	Träkol, ek	5190±75	4220-3810 e.Kr.	4230-3790 f.Kr.
Ua-26073	Stolphål	Hus 1	10402	Träkol, ek	3640±80	2140-1880 f.Kr.	2300-1750 f.Kr.
Ua-26074	Stolphål	Hus 3	3848	Träkol, obest. rot	1970±75	50 f.Kr-130 e.Kr.	170 f.Kr.-230 e.Kr.
Ua-26075	Stolphål	Hus 3	7467	Träkol, ek	2025±75	150 f.Kr.-70 e.Kr.	350 f.Kr.-140 e.Kr.
Ua-26076	Stolphål	Hus 5	3715	Träkol, ek	1955±65	50 f.Kr.-130 e.Kr.	110 f.Kr.-240 e.Kr.
Ua-26077	Stolphål	Hus 2	3156	Träkol, ek	3915±70	2490-2280 f.Kr.	2580-2190 f.Kr.

SU2

Labnr	Anl.typ	Kontext	Anl.nr	Material	C14BP	Kal 1s	Kal 2s
LuA-5035	Lager	Våtmark		Färsk ved, ek	3755±90	2300-1980 f.Kr.	2500-1900 f.Kr.
Ua-25308	Stolphål		8419	Träkol, obest.	2515±60	790-530 f.Kr.	800-410 f.Kr.
Ua-25309	Härd		2326	Träkol, obest.	1400±65	560-700 e.Kr.	540-780 e.Kr.
Ua-25310	Stolphål	Hus 16	3319	Makrofossil, naket korn	1365±70	620-770 e.Kr.	550-860 e.Kr.
Ua-25311	Härd		7653	Träkol, obest.	1245±60	710-880 e.Kr.	660-950 e.Kr.
Ua-25312	Stolphål	Hus 1	4205	Träkol, obest.	1350±60	640-770 e.Kr.	600-860 e.Kr.
Ua-25313	Långhärd	Våtmark	7079	Träkol, obest.	1195±70	770-960 e.Kr.	680-990 e.Kr.
Ua-25318	Grop		10414	Träkol, obest.	4230±70	2920-2660 f.Kr.	3020-2580 f.Kr.
Ua-25955	Stolphål	Hus 4	50228	Makrofossil, halmfrag.	3800±60	2400-2130 f.Kr.	2460-2030 f.Kr.
Ua-25956	Stolphål	Hus 7	55908	Makrofossil, korn	1170±55	770-960 e.Kr.	750-990 e.Kr.
Ua-25957	Stolphål	Hus 7	55994	Makrofossil, korn	1285±55	660-780 e.Kr.	650-890 e.Kr.
Ua-25958	Stolphål	Hus 13	36751	Makrofossil, halmfrag.	2175±55	360-120 f.Kr.	390-60 f.Kr.
Ua-25959	Stolphål	Hus 13	66354	Makrofossil, sädeskorn	1370±60	600-770 e.Kr.	550-780 e.Kr.
Ua-25960	Stolphål	Hus 16	55344	Makrofossil, skalkorn	1245±55	680-870 e.Kr.	660-900 e.Kr.
Ua-25961	Stolphål	Hus 16	54616	Makrofossil, sädeskorn	1260±55	680-860 e.Kr.	660-890 e.Kr.
Ua-25962	Stolphål	Hus 16	54390	Makrofossil, hasselnöt	5035±60	3950-3760 f.Kr.	3970-3700 f.Kr.
Ua-25963	Stolphål	Hus 16	54279	Makrofossil, skalkorn	1160±60	780-970 e.Kr.	710-1000 e.Kr.
Ua-25964	Stolphål	Hus 2	5352	Makrofossil, korn	1360±55	620-770 e.Kr.	560-780 e.Kr.
Ua-25965	Stolphål	Hus 2	549	Makrofossil, skalkorn	1225±60	710-890 e.Kr.	670-960 e.Kr.
Ua-25966	Stolphål	Hus 3	68123	Makrofossil, skalkorn	1455±60	540-660 e.Kr.	430-680 e.Kr.
Ua-25967	Stolphål	Hus 3	75606	Makrofossil, skalkorn	1350±60	640-770 e.Kr.	560-810 e.Kr.

SU 2, forts.

Labnr	Anl.typ	Kontext	Anl.nr	Material	C14BP	Kal 1s	Kal 2s
Ua-25968	Stolphål	Hus 8	33844	Makrofossil, korn	1365±70	600-770 e.Kr.	530-860 e.Kr.
Ua-25969	Stolphål	Hus 1	32136	Makrofossil, sädeskorn	1270±70	660-860 e.Kr.	640-950 e.Kr.
Ua-25970	Stolphål	Hus 1	87467	Makrofossil, skalkorn	1305±70	650-780 e.Kr.	610-900 e.Kr.
Ua-25971	Stolphål	Hus 8	84550	Makrofossil, sädeskorn	1235±65	690-890 e.Kr.	660-960 e.Kr.
Ua-25972	Stolphål	Hus 8	85309	Makrofossil, halmfrag.	1835±75	80-320 e.Kr.	20-390 e.Kr.
Ua-25973	Stolphål	Hus 8	35218	Makrofossil, halmfrag.	8720±90	7940-7600 f.Kr.	8200-7550 f.Kr.
Ua-25974	Stolphål	Hus 11/12	86087	Makrofossil, skalkorn	1480±75	440-660 e.Kr.	420-680 e.Kr.
Ua-25975	Stolphål	Hus 11/12	86026	Makrofossil, skalkorn	140±75	1670-1950 e.Kr.	1650-1950 e.Kr.
Ua-25976	Stolphål	Hus 25	85686	Makrofossil, skalkorn	1305±65	660-780 e.Kr.	620-890 e.Kr.
Ua-25977	Stolphål	Hus 11/12	88689	Makrofossil, skalkorn	1325±75	640-780 e.Kr.	580-900 e.Kr.
Ua-25978	Stolphål	Hus 25	84524	Makrofossil, sädeskorn	1250±75	680-880 e.Kr.	650-970 e.Kr.
Ua-25979	Stolphål	Hus 25	84759	Makrofossil, sädeskorn	1430±75	540-670 e.Kr.	430-770 e.Kr.
Ua-25980	Stolphål	Hus 11/12	87107		1320±75	640-780 e.Kr.	590-900 e.Kr.
Ua-25981	Stolphål	Hus 11/12	87234	Makrofossil, skalkorn	1350±75	610-780 e.Kr.	540-860 e.Kr.
Ua-25982	Grop/brunn	Våtmark	63951	Färsk bark, lind	1335±70	640-780 e.Kr.	590-890 e.Kr.
Ua-26078	Grop/brunn	Våtmark	63951	Färsk bark, lind	1395±70	560-700 e.Kr.	530-780 e.Kr.
Ua-26079	Stolphål	Hus 4	51501	Träkol, ek	3775±70	2310-2030 f.Kr.	2460-1970 f.Kr.
Ua-26080	Ränna		60309	Träkol, tall	7420±75	6390-6220 f.Kr.	6430-6080 f.Kr.
Ua-26081	Härd		55122	Träkol, ek	1220±70	690-900 e.Kr.	660-980 e.Kr.
Ua-26082	Ränna	Hus 64	70811	Träkol, ek	3710±70	2200-1970 f.Kr.	2300-1880 f.Kr.
Ua-26083	Grop		83976	Makrofossil, halmfrag.	4975±75	3910-3660 f.Kr.	3950-3640 f.Kr.
Ua-26084	Ugn	Hus 11/12	04781	Träkol, ek	1260±60	680-860 e.Kr.	650-900 e.Kr.
Ua-26085	Härd		7815	Träkol, hassel	1455±65	540-660 e.Kr.	430-670 e.Kr.
Ua-26086	Långhärd	Våtmark	7079	Träkol, hassel	1225±70	690-890 e.Kr.	660-980 e.Kr.
Ua-26367	Lager	Våtmark		Lövkärrtorv (bulk)	1790±50	130-330 e.Kr.	80-390 e.Kr.
Ua-26368	Lager	Våtmark		Lövkärrtorv (bulk)	2330±40	480-260 f.Kr.	550-200 f.Kr.
Ua-26369	Lager	Våtmark		Lövkärrtorv (bulk)	3610±45	2030-1880 f.Kr.	2140-1770 f.Kr.
Ua-26370	Lager	Våtmark		Lövkärrtorv (bulk)	3780±45	2290-2130 f.Kr.	2400-2030 f.Kr.
Ua-26371	Lager	Våtmark		Lövkärrtorv (bulk)	4700±50	3630-3370 f.Kr.	3640-3360 f.Kr.
Ua-26372	Stolphål	Hus 2	5243	Makrofossil, sädeskorn	1330±40	650-770 e.Kr.	640-780 e.Kr.
Ua-26373	Stolphål	Hus 15	33729	Träkol, obest.	3110±45	1440-1310 f.Kr	1500-1250 f.Kr.
Ua-26374	Stolphål	Hus 16	54294	Makrofossil, sädeskorn	1245±40	690-860 e.Kr.	680-890 e.Kr.
Ua-26375	Stolphål	Hus 2	69594	Makrofossil, sädeskorn	1350±40	640-770 e.Kr.	610-780 e.Kr.
Ua-26376	Stolphål	Hus 3	82123	Makrofossil, sädeskorn	1175±40	780-940 e.Kr.	720-980 e.Kr.
Ua-26377	Stolphål	Hus 3	82742	Makrofossil, sädeskorn	1345±40	650-770 e.Kr.	620-780 e.Kr.
Ua-26378	Stolphål	Hus 11/12	84233	Träkol, ek	1480±40	540-640 e.Kr.	430-660 e.Kr.
Ua-26379	Stolphål	Hus 11/12	85215	Träkol, ek	3265±40	1610-1460 f.Kr.	1680-1430 f.Kr.
Ua-26380	Stolphål	Hus 11/12	86103	Träkol, ek	1525±45	430-610 e.Kr.	430-640 e.Kr.
Ua-26381	Stolphål	Hus 11/12	86985	Träkol, ek	1520±45	430-610 e.Kr.	430-640 e.Kr.
Ua-26382	Grav		30156	Bränt ben	2800±55	1010-840 f.Kr	1130-820 f.Kr.

SU3

Labnr	Anl.typ	Kontext	Anl.nr	Material	C14BP	Kal 1s	Kal 2s
Ua-25314	Stolphål	Hus 1	396	Träkol, obest.	2065±85	190 f.Kr.-50 e.Kr.	360 f.Kr.-130 e.Kr.
Ua-25315	HärdGrop	Hus 2	6808	Träkol, obest.	3045±70	1400-1170 f.Kr.	1440-1050 f.Kr.
Ua-25906	Djurgrav		9861	Ben, får	145±70	1670-1950 e.Kr.	1650-1950 e.Kr.
Ua-25983	Stolphål	Hus 1	4799	Makrofossil, skalkorn	1435±65	560-665 e.Kr.	430-720 e.Kr.
Ua-25984	Stolphål	Hus 3	10381	Makrofossil, sädeskorn	1300±65	660-780 e.Kr.	640-890 e.Kr.
Ua-25985	Stolphål	Hus 3	10343	Makrofossil, skalkorn	1280±55	660-780 e.Kr.	650-890 e.Kr.
Ua-26087	Brandgrop		9765	Träkol, al	4010±75	2840-2350 f.Kr.	2900-2250 f.Kr.
Ua-26088	Brandgrop		9464	Träkol, al	4180±80	2890-2620 f.Kr.	2920-2490 f.Kr.
Ua-26089	Brandgrop		9464	Träkol, hagtorn m.fl.	4430±65	3310-2920 f.Kr.	3340-2910 f.Kr.
Ua-26090	Ugn		3180	Träkol, lönn	1805±60	130-330 e.Kr.	80-390 e.Kr.
Ua-26091	Grop		2074	Träkol, bok	480±60	1330-1480 e.Kr.	1300-1630 e.Kr.
Ua-26092	Ugn		9171	Träkol, hassel	1570±55	420-550 e.Kr.	380-620 e.Kr.
Ua-26383	Stolphål	Hus 1	5068	Makrofossil, sädeskorn	1595±40	420-540 e.Kr.	380-570 e.Kr.
Ua-26384	Stolphål	Hus 1	6127	Makrofossil, sädeskorn	1395±40	615-670 e.Kr.	560-710 e.Kr
Ua-26385	Stolphål	Hus 1	6177	Makrofossil, sädeskorn	1315±45	660-770 e.Kr.	640-810 e.Kr.
Ua-26386	Grop		6212	Makrofossil, sädeskorn	2890±55	1210-970 f.Kr.	1260-910 f.Kr.

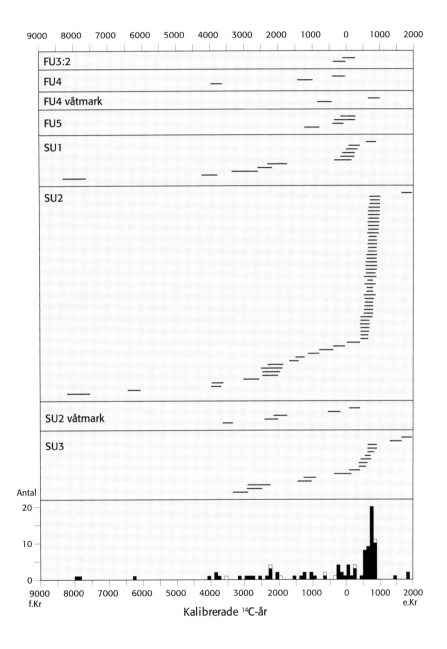

Beskrivningar

Ett antal strukturer och anläggningar som får anses vara av särskild vikt för uttolkningen av Järrestad såsom huvudgård har valts ut för en något mer detaljerad redovisning. Hallarna är av ett särskilt intresse i detta sammanhang, men också hus 16. Dessutom ägnas särskilt utrymme åt brunnarna och lagerföljden i våtmarken strax öster om hallområdet, som ägnas särskilt intresse i flera av artiklarna i denna volym, exempelvis miljörekonstruktionerna.

Slutligen har två planöversikter bilagts, dels över samtliga stolpbyggda hus på Ååkrarne med trolig datering till yngre järnålder (utom hallarna) och dels en plan över samtliga grophus i samma område.

Några kommentarer

De enskilda husplanerna återges av platsskäl i skala 1:400 och kan således enkelt förstoras till standardskalan 1:200. Sektioner genom anläggningar tillhöriga husen är avbildade vinkelräta mot husets längdriktning (enstaka undantag förekommer) och återges i skala 1:50. Husplanerna har dubblerats. Dels finns de i en version med konturritade anläggningar, och dels finns de i en version där samtliga eller ett urval av anläggningar är fyllda. De fyllda anläggningarna relaterar till avbildade sektioner. Dessa har i görligaste mån (schematiskt) arrangerats i enlighet med husplanerna. Norrpilen på sektionsritningarna är avsedd att i någon mån underlätta läsningen av dessa.

Om inte annat anges, så syftar måttangivelser på avståndet från stolphålscentrum till stolphålscentrum. Avrundning har skett till närmaste jämna tiotal centimeter. Eftersom nedgrävningarna var mycket ytstora och stolpfärgningar sällan förekom så bör dessa mått uppfattas som ungefärliga. Endast ett mått har valts för att ange avstånden mellan stolphålspar.

En fyndpost kan vara en materialkategori, exempelvis ej närmare identifierade keramikfragment, och det kan vara en eller flera skärvor tillhöriga ett kärl. Under kategorin bearbetad flinta döljer sig såväl redskap som avslag och avfall. De flesta posterna avser små kvantiteter, och de mest markanta avvikelserna från detta undantag specificeras. När det gäller mängdangivelser anges med enstaka undantag endast ental eller flertal.

[14]C-analyserna är specificerade i Appendix 1. Dateringar av respektive hus anges i enlighet med den kronologiska indelningen i artikeln (Söderberg, denna volym).

Hallområdet

Hall (nr 8), sidhus (nr 1) och palissad. Stolphål i husens takbärande konstruktion markerade, liksom palissadens huvuddrag. Från nordost.

The hall (no 8), sidebuilding (no 1) and palisaded enclosure. Postholes in the roof-bearing constructions and the main features of the palisade are marked. From northeast. Photo by Sven Waldemarsson.

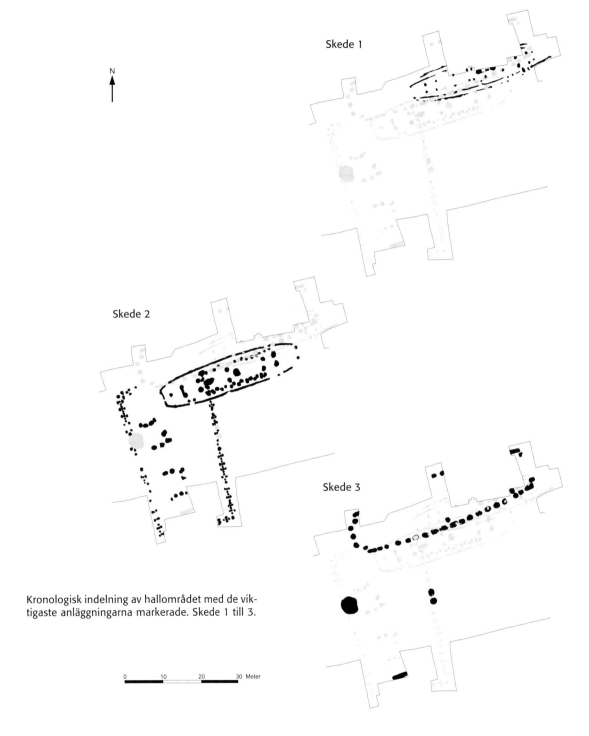

Skede 1

N

Skede 2

Skede 3

Kronologisk indelning av hallområdet med de vik-
tigaste anläggningarna markerade. Skede 1 till 3.

0   10   20   30 Meter

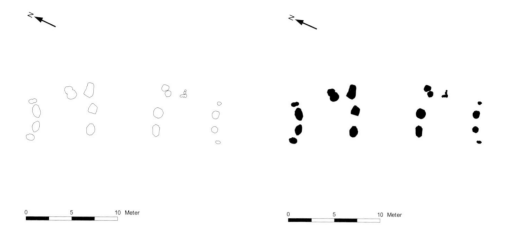

0   5   10 Meter

0   5   10 Meter

Hus 1

Längd (utvändig):	21 meter.
Största bredd (utvändig):	cirka 7 till 8 meter.
Avstånd mellan takbärande stolppar:	6/7/6,5 meter (från norr).
Inbördes avstånd i stolppar:	1,8/2,5/2,0/1,6 meter (från norr).
Yta under tak:	120-140 m².
Fynd i anläggningar:	62 fyndposter – glasfragment (bägare), glaspärla, slipad ametist, smideshammare, holkyxa, järnkniv, oid. järn- föremål, granatglimmerskiffer, keramik, bränd lera, smält ugnskappa, bearbetad flinta, fossil, järnslagg, glödskal, sprutslagg, metallsmälta, djurben, fiskben.
Stratigrafi:	äldre än grophus 2077.
^{14}C-dateringar:	3 st.
Datering:	skede 2.

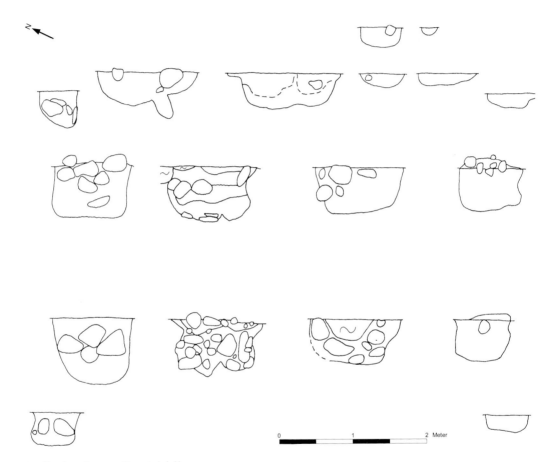

Profiler hus 1 – samtliga stolphål.

384

Beskrivning (Hus 1)

Huset var uppbyggt av fyra par takbärande stolppar. Paren längst i norr och söder kompletterades av utvändigt belägna stolphål och har tolkats som gavelkonstruktioner. Gavlarna var cirka fyra meter breda, vilket innebär att huset var konvext till formen. Den maximala bredden är svår att säkert beräkna eftersom inga sammanhängande vägglinjer var bevarade.

Stolphålen i den bärande konstruktionen varierade mellan 0,75 och 1,25 meter i diameter och stolphålsdjupen varierade mellan 0,55 och 0,90 meter. Stolphålsdjupen minskade påtagligt från norr till söder. Tydliga spår efter omsättningar eller stödstolpar fanns i det andra stolphålsparet från norr. De flesta stolphålen innehöll stora mängder sten. Inga stolpfärgningar fanns.

Endast några få stolphål var bevarade i vägglinjerna. Mest påtagliga var spåren efter dubblerade stolpar (?) som tolkats såsom ingångspartier; dessa var belägna på husets östra sida, strax norr respektive söder om det andra respektive tredje stolpparet. Huset bestod således av ett mittrum och gavelrum med ingångar.

Undersökningsmetod

Metalldetektering och maskinsållning av slumpvis utvalda matjordsenheter. Samtliga anläggningar tillhöriga huset undersöktes i sin helhet. All fyllning vattensållades.

Beskrivning (Hus 8)

Huset var uppbyggt av fem par inre takbärande stolpar och gavlar med parvis ställda stolpar. Väggarna framträdde i form av rännor. Gavlarna var 4,4 meter breda och huset var således påtagligt konvext till formen.

Stolphålen i den inre bärande konstruktionen varierade mellan 0,8 och 1,3 meter i diameter. Stolphålsdjupen varierade mellan 0,9 och 1,20 meter. I flera stolphål fanns stora mängder sten, men mängderna varierade kraftigt; I flera fall var stenarna relativt ytligt belägna. Inga stolpfärgningar fanns.

I väggrännorna förekom det spår efter vertikalt ställda plankor såväl som störar; men som regel var spåren diffusa. Väggarna har sannolikt uppförts i stavkonstruktion. Inga spår efter yttre stödstolpar kunde påvisas. Två ingångspartier identifierades; båda markerades av ett brott i väggrännan och parvis ställda stolphål i indraget läge. Ingångspartiet i nordost var delvis söndergrävt av hus 25 medan ingångspartiet i sydväst var välbevarat.

Ingångspartierna ledde in till förmak som var belägna på ömse sidor om en stor sal i husets mitt. Huset var således indelat i fem funktionella enheter; två gavelrum, två förmak, och en stor sal i husets mitt. Den stora salen var ungefär 17 meter lång och ett stolppar var beläget med en dragning åt väster i salens mitt, vilket innebär att salen var indelad i en övre och en nedre del. I den övre, västra delen fanns spår efter parvis ställda stolpar nära det takbärande stolpparet som avgränsade salen mot väster. Spår av en härd fanns i anslutning till dessa stolpar, i husets mittaxel. I salens nedre, östra del fanns en ugn, även denna belägen i husets mittaxel. Slutligen skall det nämnas att en härdrest också fanns mitt i det västra gavelrummet.

En intressant företeelse utgörs av de stolphålsrader som var belägna utmed väggarna i hela den stora salen. Stolphålsraderna i söder var bevarade, medan de i norr var nära nog fullständigt bortgrävda i och med att de överlappades av väggstolphål tillhöriga hus 25. De flesta av dessa stolphål var mellan 0,3 och 0,4 meter djupa och i den södra delen föreföll de att vara uppordnade i två rader, med åtta stolpar i var rad, med cirka två meters mellanrum i var rad. I fältsituationen lades särskild möda ned på att försöka avgöra huruvida dessa anläggningar verkligen tillhörde huset eller om det i själva verket utgjort en fristående konstruktion. I husets norra del kunde det, som ovan nämnts, konstateras att stolhålen var genomgrävda och i stort sett försvunna, i likhet med delar av husets väggränna. Ett av stolphålen var både söndergrävt vid uppförandet av hus 25 och nedgrävt genom den inre rännan tillhörig det äldre hus 11/12. Man kan således stratigrafiskt argumentera för att stolpraderna ingår i sekvensen av hallbyggnader (yngre än den äldsta byggnaden och äldre än den yngsta). Vidare är den rumsliga överensstämmelsen med den stora salen i hus 8 så påfallande, att den rimligaste tolkningen är att de ingår i detta hus. Stolphålens relativt ansenliga djup indikerar att de kan ha haft en bärande funktion. Det förefaller också vara troligt att stolpraderna bytts ut, eftersom åtminstone den södra raden var dubblerad. De djupa och ytstora stolphålen i den takbärande konstruktionen indikerar möjligen också att dessa bytts ut vid något tillfälle. Detta kunde emellertid inte påvisas med säkerhet; inga stolpfärgningar eller stolpnedgrävningar på olika nivåer kunde identifieras.

Undersökningsmetod

Ytan metalldetekterades före schaktning. En mindre del av matjorden maskinsållades / handgrävdes. Samtliga anläggningar i huset undersöktes i sin helhet med undantag för vissa avsnitt av väggrännorna och stolphålsraderna inne i salen. All fyllning vattensållades.

Hus 8

Längd (utvändig):	37 meter.
Största bredd (utvändig):	9 meter.
Avstånd mellan takbärande stolppar:	5,5/4,5/8,1/9,5/3,5/5,9 (från gavel i väster).
Inbördes avstånd i par:	2,2/2,5/2,8/2,4/2,5 (från väster).
Yta under tak:	320 m².
Fynd i anläggningar:	171 fyndposter – klippguld, glasfragment (bägare), glaspärlor, dräktnål av cu-leg, beslag av cu-leg, oid. föremål av cu-leg, järnten, järnspikar, järnnit, oid. järnföremål, keramik, gjutform (fragment), bränd lera, smält lera, ugnsvägg, snäckskal, bearbetad flinta, flusspat (fragment), svavelkis, stenpärla, malsten (underliggare), fossil, smidesslagg, djurben.
Stratigrafi:	yngre än hus 11/12, äldre än hus 25
¹⁴C-dateringar:	4 st.
Datering:	skede 2.

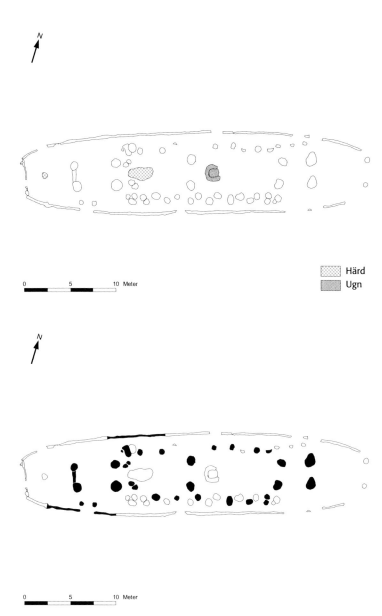

N

Härd
Ugn

0   5   10 Meter

N

0   5   10 Meter

Hus 8.

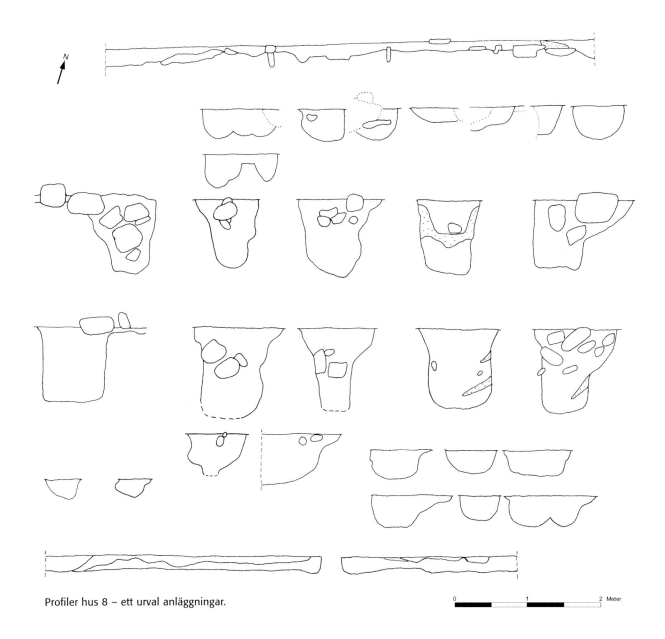

Profiler hus 8 – ett urval anläggningar.

0   1   2 Meter

389

Hus 11/12

Längd (utvändig):	37 meter.
Största bredd (utvändig):	cirka 6,5 respektive 9 meter.
Avstånd mellan takbärande stolppar:	-
Inbördes avstånd i par (från väster):	1,9/2,20/2,80/2,60/2,60/?/?/2,30/2,60/2,0.
Yta under tak:	210 respektive 264 m².
Fynd i anläggningar:	95 fyndposter – glaspärla (fragment), järnnit, järnspik, oid. järnföremål, keramik, degel (fragment) bränd lera, smält lera, bearbetad flinta, djurben.
Stratigrafi:	äldre än hus 8 och hus 25.
¹⁴C-dateringar:	8 st.
Datering:	skede 1.

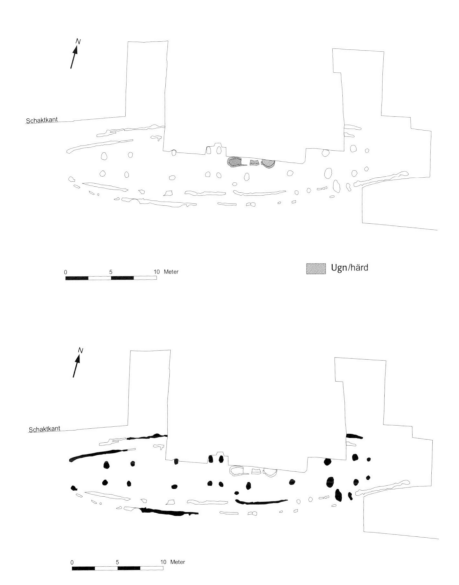

N

Schaktkant

0 5 10 Meter

Ugn/härd

N

Schaktkant

0 5 10 Meter

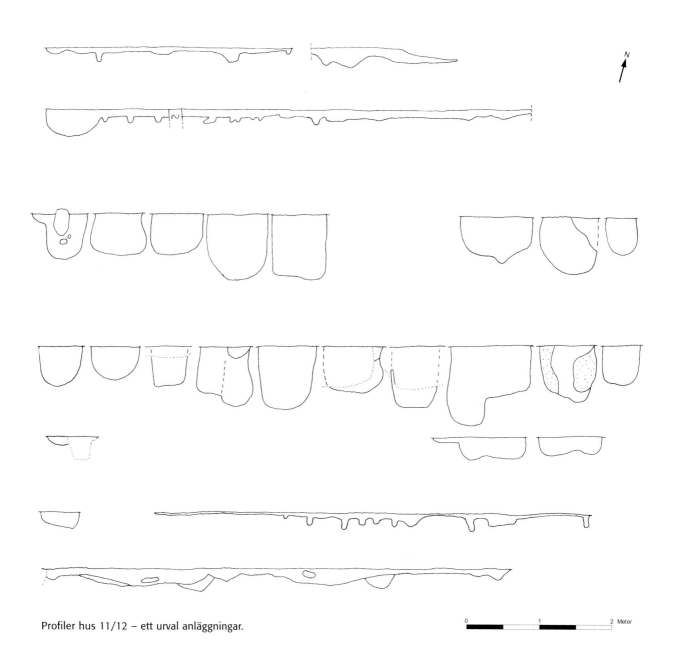

Profiler hus 11/12 – ett urval anläggningar.

0   1   2 Meter

Beskrivning (Hus11/12)

De dubblerade konvexa väggrännorna, de tio takbärande stolpparen och de två närliggande ugn/härdkomplexen tyder på att det rör som om två hus. Viss möda lades ned på att försöka fasindela huslämningarna, varvid det kunde konstateras att risken för felslut var stor; det tycks helt enkelt inte vara möjligt att konstruera två helt avgränsade faser, det vill säga två otvetydigt "kompletta" hus. De successiva (?) ombyggnaderna indikerar en förändring av husets idé och rumslighet. I tolkningen har jag utgått från att huset i dess yngsta fas uppvisar likheter med hus 8; De yttre väggrännorna räknas då till den senare fasen.

I husets gavlar fanns parställda stolphål bevarade. Avståndet mellan dessa uppgick till tre meter och stolphålen anslöt till de inre väggrännorna. De yttre väggrännorna hade inte efterlämnat några spår i gavlarna. Detta kan vara ett resultat av bortplöjning, men det kan också tolkas så, att de två väggrännorna i detta avsnitt utgör delar av samma väggkonstruktion. Rännorna följer varandra tämligen exakt och var likartade, låt vara att den inre rännan uppvisade fler spår efter nedkörda störar. Ett ingångsparti i husets mitt har knutits till den äldsta, inre rännan. Här finns ett väldefinierat brott i väggrännan och ett bevarat stolphål i indraget läge som stämmer med brottet i väggrännan. Platsen där det andra stolphålet får tänkas ha varit nedgrävt var söndergrävd. Den yttre rännan var obruten i detta avsnitt. Istället hör stolphål i husets östra parti sannolikt till ett ingångsparti i den yngre fasen, men dessvärre är väggrännorna fragmentariskt bevarade i denna del av byggnaden.

Rester av en drygt tre meter lång ugns- eller härdanläggning var belägen nästan mitt i huset medan en något mindre eldstad fanns ett litet stycke åt öster. Stolphålen i den takbärande konstruktionen varierade från 0,4 till 1,10 meter i diameter och stolphålsdjupen varierade från 0,44 till 1,05 meter. Det största och det djupaste stolphålet var det åttonde i den södra raden (från väster), och var en av två tydligt omsatta stolpar. De största och djupaste stolphålen var centralt belägna i huset. Egentliga stolpfärgningar kunde inte identifieras i något av stolphålen, men spår efter omsättningar fanns i tre sektioner; i det fjärde, åttonde och nionde paret från väster, i samtliga fall stolphål i söder.

Undersökningsmetod

Ytan metalldetekterades före schaktning. En mindre del av matjorden maskinsållades/handgrävdes. Hela byggnaden med undantag för delar av husets norra mittparti och en mindre del i sydost kunde tas upp i plan. Med undantag för två stolphål undersöktes samtliga stolphål i den takbärande konstruktionen till 50 %. De framtagna väggrännorna undersöktes även dessa till hälften och mindre titthål togs upp i ugns/härdkomplexen där lera, bränd lera och sot varvades i tunna linser. All fyllning vattensållades.

Beskrivning (Hus 25)

Huset var jämförelsevis svagt konvext. I anslutning till gavelpartiernas indragna stolphål uppmättes närmare 11 meters bredd. Inga spår fanns efter en konventionell inre takbärande konstruktion eller härdanläggningar. Eftersom huset inte kunde undersökas i sin helhet är det svårt att med säkerhet fastslå hur det kan ha varit konstruerat. Man kan naturligtvis inte utesluta att stolphål efter inre takbärande stolpar har plöjts bort. Med tanke på de tätt ställda stolparna i väggarna behövde en inre takbärande konstruktion ut konstruktionssynpunkt inte ha lämnat några påtagliga spår efter sig, inte minst med tanke på nedplöjningen på platsen. Det ur konstruktionssynpunkt största problemet består dock snarast i husets extrema bredd, som måste ha ställt stora krav på utformningen av tvärgående takbjälkar och stöttor till dessa. Undersökningen kunde förvisso inte klarlägga detta problem men vissa indikationer på lösningar framkom, främst i form av de indragna stolphålen.

Väggstolparna var tätt ställda, med mellan 2 och 3 meters mellanrum, räknat från centrum av nedgrävningarna. I ett fall, invid gaveln i sydväst, var avståndet något mindre än 1 meter. Stolphålen var ofta långsmala och innehöll rikligt med sten på en ytlig nivå. Detta har uppfattats så att stolphålen varit nedgrävda i rännor, och att syllträ kan ha funnits mellan stolparna. Antagandet stärks av att en drygt fyra meter lång ränna framträdde vid gaveln i den nordöstra vägglinjen. Djupen varierade mellan 0,25 och 0,7 meter, och fyllningen bestod oftast av homogen siltig grus med varierande inslag av sten. Inga stolphålsfärgningar kunde urskiljas.

Gavlarna var olikartat utformade. I väster var gaveln sluten och tre stolphål var centrerade i relation till husets längdaxel. Motsvarigheter till dessa gavelstolphål saknades i den östra gaveln, som var helt öppen. Indragna stolpar kunde konstateras i anslutning till de båda gavlarna, samt i husets mitt, tämligen exakt halvvägs mellan de indragna gavelstolparna. Dessa har uppfattats som delar i en takbärande konstruktion, till skillnad från ytterligare ett indraget stolphål i öster som snarare indikerar en mellanvägg som avgränsade den västra delen av huset mot ett öppet gavelrum i öster. Slutligen kan två troliga ingångspartier identifieras i söder; dels nära gaveln i väster och dels i direkt anslutning till mellanväggen i öster.

Undersökningsmetod

Delar av markytan metalldetekterades före schaktning. Husets södra långsida, gavelpartierna och ett stycke av den norra långsidan kunde schaktas fram, det vill säga drygt hälften av husets yta. Totalt undersöktes 14 stolphål i sydväggen och västgaveln i sin helhet. All fyllning vattensållades. I jämförelse med de övriga hallarna är denna byggnad minst undersökt. Flera sentida nedgrävningar berörde detta hus; så kunde exempelvis inget indraget stolphål konstateras i den norra mittdelen, då plåtskrot grävts ned på denna plats.

Hus 25

Längd (utvändig):	50 meter.
Största bredd (utvändig):	14 meter.
Yta under tak:	580 m².
Fynd i anläggningar:	30 fyndposter – pärlor av flusspat eller kalcit (5 st, samlat fynd), oid. föremål av vitmetall (recent), järnspik, keramik, bränd lera, tegelflisa, bearbetad flinta, fossil, järnslagg, djurben.
Stratigrafi:	yngre än hus 8 och 11/12.
^{14}C-dateringar:	3 st.
Datering:	skede 3.

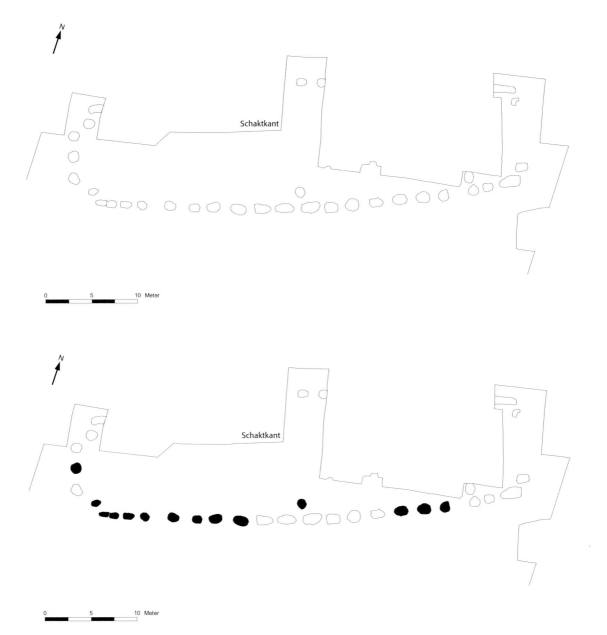

Schaktkant

Schaktkant

0 5 10 Meter

0 5 10 Meter

Hus 25.

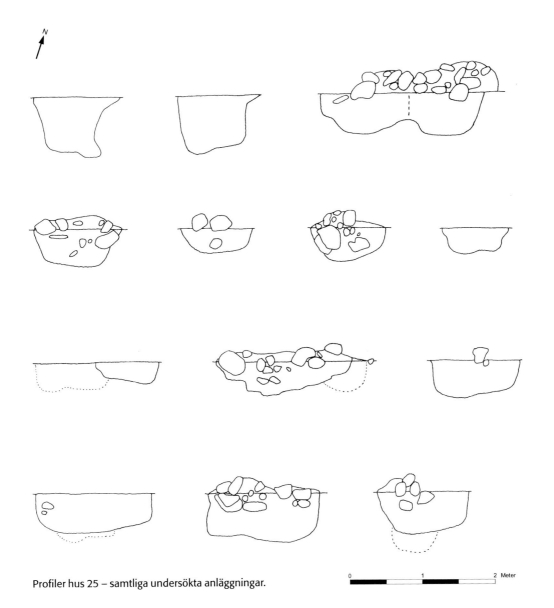

Profiler hus 25 – samtliga undersökta anläggningar.

0   1   2 Meter

Beskrivning (Hus 44)

Fyllningen i grophuset kunde delas in i två lager. Det övre lager 1 var mer humöst, och det undre lager 2 var påfallande rikt på skärvsten och innehöll också mycket sot och träkol. Skärvstenen tilltog i anslutning till golvlagret där en nästan röseliknande anhopning fanns ungefär mitt i huset. Mellan golvlagret och fyllningslagret fanns linser av svagt humös sand, lager 3. Dessa tunnade ut och upphörde närmare husets centrala delar, i anslutning till skärvstenskoncentrationen. Golvlagret, lager 4, som var mycket humöst och mörkbrunt, återfanns också utmed nedgrävningens kanter. I botten av detta lager observerades fläckar av rålera.

Sammantaget tyder lagerbilden på att nedgrävningens botten och kanter var fordrade med organiskt material, sannolikt torv, och att en härd eller ugn fanns centralt i huset. Vid rivningen av huset eroderade matjord ner i gropens perifera delar, fram till härdanläggningen i dess mitt. Den stora mängden skärvsten indikerar att nedgrävningen användes sekundärt som härdanläggning en tid efter det att husets väggar och tak rivits. Normalt borde skärvsten som genererats under husets brukningstid ha städats ut successivt. Av lagerbilden att döma förefaller det mindre troligt att det rör sig om en dumpning av skärvsten i samband med rivningen, även om det inte kan avfärdas.

Den obrända leran i golvlagret skall sannolikt ses i relation till de vävtyngder av rålera som fanns i golvlagret. Det kan röra sig om fler vävtyngder som trampats ned i golvlagret, eller om rålera som förvarades i syfte att tillverka dylika.

Bland fynden i golvlagret visar fyra vävtyngder av rålera, en sländtrissa av sandsten och en förmodad glättsten att textilhantverk och mer specifikt vävning kan knytas till huset. Fynd av brynen, en syl och några degel- och gjutformsfragment indikerar att andra hantverksaktiviteter kan ha ägt rum i eller invid huset. I övrigt fanns det mycket djurben och ett enstaka fynd av karaktären personlig utrustning i golvlagret, en remsölja. Keramiken utgjordes främst av typerna A och AIV; en skärva mellanslavisk fresendorfkeramik fanns också. Slutligen kan fyndet av ett välformat fossil, en sjöborre ett stycke ner i golvlagret, möjligen uppfattas som ett husoffer.

Det är källkritiskt vanskligt att knyta fynden i fyllningen till de aktiviteter som ägde rum i huset under den tid det var i bruk, och keramikmaterialet ger också en fingervisning om att åtminstone delar av fyllningen är av något yngre datum. Men med tanke på resonemanget ovan kan man inte utesluta att begreppet "fyllning" är delvis missvisande i denna kontext. Åtminstone delar av fyndmaterialet i lager 2 kan vara avsatt på platsen i ett skede direkt efter husets rivning, i anslutning till att nedgrävningen användes som eldstad, kanske med en annan ej identifierad överbyggnad. Utöver A- och AIV-keramik och enstaka skärvor av mellanslavisk menkendorfkeramik dominerades materialet i de övre lagren av östersjökeramik. I övrigt var fyndmaterialet från "fyllningen" mång-facetterat; en mängd djurben, flera brynen, smidesslagg såväl som metallsmältor av kopparlegeringar förekom, liksom verktyg i form av knivar, ett skedborr och en laxkrok. Bland övriga fynd fanns en ornerad armring (bygel) av kopparlege-ring och flera betseldetaljer.

Sammanfattningsvis tyder konstruktionsdetaljer, lagerföljder, kontext och fyndmaterial på att den undersökta nedgrävningens historia var komplex och möjligen också relativt sett långvarig. Initialt utgjorde den ett grophus och när detta hus gick ur bruk är det sannolikt att nedgrävningen användes som härd-anläggning under en tid; Fynden tyder på en datering till niohundratalets andra hälft och fram till 1000-talets begynnelse.

Eftersom hus 44 var det enda grophuset som konstaterades inom det palissad-omgärdade området skulle man kunna tänka sig möjligheten att det skiljde ut sig från övriga grophus inom undersökningsytan. Hus 44 var också bland de ytmässigt största, djupaste och mest fyndrika grophusen, men saknade i dessa avseenden inte paralleller. Det kan konstateras att fyndmaterialet inte avviker på något avgörande sätt i kvalitativ mening från ett antal andra grophus. Kom-binationen av föremål och avfall som kan knytas till matberedning och konsumtion (djurben och keramik), olika slags hantverk och näringar samt ett inslag av detaljer som faller inom kategorin personlig utrustning, och i några fall kan relateras till krigare (vapendetaljer och/eller hästutrustning) återkom också i andra grophus. Djurbenen ingick i det material som analyserades och uppvi-sade inga avvikelser i jämförelse med de material från andra grophus som ana-lyserades (Nilsson, denn volym).

Den föreslagna sekundäranvändningen av nedgrävningen som härdanlägg-ning kan möjligen ses som specifik för hus 44. I flera av de övriga grophusen kunde härdanläggningar påvisas som varit i bruk under husens brukningstid. Det fanns relativt välbevarade ugnar (exempelvis hus 46 och 62), mycket stora härdar med en mängd skärvsten (exempelvis hus 42) eller mer diffusa, mindre sådana. Härdar i grophus kan generellt knytas till hantverk, matberedning och uppvärmning, och inom undersökningsområdet som helhet kunde någon typ av härdanläggning med rimlig säkerhet påvisas i elva av totalt 22 undersökta grophus, det vill säga i hälften.

I några grophus konstaterades att det i likhet med hus 44 fanns rikligt med skärvsten i fyllningen, eller i större härdar som mer eller mindre tydligt grävts ner i grophusets fyllning (exempelvis i hus 54). Möjligen kan husen 42 och 51 i klungan strax öster om hallområdet utgöra paralleller till hus 44. I det först-nämnda huset var skärvstensanhopningen som utgjorde härden/ugnen ovanligt stor, men en sekundäranvändning av nedgrävningen var av flera orsaker svår att påvisa. I det sistnämnda huset fanns en större koncentration av skärvsten centralt i huset, men i detta fall var det både svårt att påvisa existensen av en härdanläggning som var samtida med husets brukningstid och att med säkerhet avgöras om koncentrationen av skärvsten härrörde från en senare nedgrävning i grophusets fyllning. Vid utgrävningen av detta hus observerades indikationer på flera brukningsfaser av något osäker art.

Man kan med större säkerhet hävda att hus 44 är en del i ett övergripande mönster på så vis att grophus med sekundära skärvstensanhopningar – antingen skärvstenen ackumulerades i nedgrävningen efter husets rivning eller grävdes ner i fyllningen efter det att nergrävningen fyllts igen – tenderade att vara koncentrerade till hallområdet. Detta gällde för övrigt också grophus med primära härdanläggningar. I tre av grophusen inom eller i direkt anslutning till det palissadomgärdade området utgjorde större härdanläggningar och / eller skärvstensansamlingar påtagliga inslag (hus 42, 44 och 51); i de två övriga grophusen fanns primära härdanläggningar (hus 41 och 52). Samtliga dessa grophus räknas till skede 3 eller den avslutande delen av skede 2.

Undersökningsmetod

Grophuset rensades fram i sin helhet vid förundersökningen varvid några ytligt belägna fynd tillvaratogs. Vid undersökningen som ägde rum senare delades nedgrävningen in i fyra kvadranter åtskiljda genom kryssprofil. Därefter grävdes fyllningslager för sig och golvlager för sig; ingen åtskillnad gjordes således mellan lager 1 och 2. Vid utgrävningen användes metalldetektor. Fyllningen genomsöktes manuellt, på hackbord och ett urval av golvlagret vattensållades. Vid profildokumentationen rensades samtliga profilväggar upp. Inga skillnader förelåg mellan dessa, och den tydligaste av dem valdes ut för ritning.

Hus 44, grophus

Form:	rund.
Storlek:	ca 3,70 x 4 meter.
Yta:	ca 13,7 m^2.
Djup:	ca 0,70 meter.
Takbärande konstruktion:	två stolphål i nedgrävningen östra respektive västra ut-kant.
Fynd:	121 fyndposter. Se beskrivning.
Stratigrafi:	yngre än hus 1 och yngre eller samtida med en eventuellt yngsta fas i palissaden.
Datering:	skede 3.

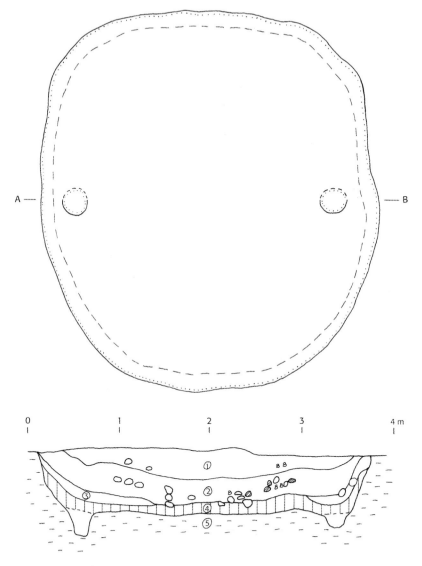

Hus 44 (grophus) i plan och profil.

Beskrivning (Palissad)

Palissaden bildar tillsammans med hallen ett slutet rum. I norr ansluter den till hallen hus 8 och i det yngsta skedet möjligen också till hallen hus 25, vilka således var "inbyggda" i palissaden. Palissadens sidor var raka, men bildade ingen jämn geometrisk figur; den var bredast vid hallen i norr, och något indragen i söder.

Palissaden synes ha varit uppförd med en viss regelbundenhet, och skall ses som en integrerad del i en arkitektonisk helhet. Dess längd i väster, cirka 37 meter, överensstämmer väl med hus 8. Vidare ansluter den östra långsidan till hallen vid den punkt där man kan anta att högsätet har varit beläget, det vill säga i anslutning till det andra stolpparet från väster. Vidare var sidbyggnaden, hus 1, centrerad i förhållande till den västra långsidan. Detta hus är emellertid något skevt beläget i förhållande till palissaden.

Bevaringsförhållandena var högst varierande, vilket kan förefalla egendomligt. Sämst bevarade är vissa avsnitt i nordväst, i den förmodade anslutningen till hus 8, samt i det mittersta partiet av den västra långsidan. Vissa iakttagelser som gjordes i hus 1 kan belysa dessa förhållanden. Dels var stolphålen i den inre takbärande konstruktionen sämre bevarade ju längre åt söder de var belägna, och dels har inga spår av husets väggar bevarats. En förklaring som framförts är att området för hus 1 och delar av palissaden i väster ursprungligen var belägna på en mindre förhöjning. Detta förklarar emellertid inte den bristande anslutningen mellan palissaden och hus 8 i nordväst. En revision av materialet har gjorts, vilken lett fram till hypotesen att den markerade linjen i själva verket relaterar till det sydvästra hörnet av hus 25. Strax söder om denna linje finns ett antal stolphål som kan tänkas relatera till det nordvästra hörnet i hus 8. Om dessa iakttagelser är riktiga, så utgör de ytterligare ett argument för att palissaden byggts om och varit i bruk under skede 3.

Spåren efter palissaden bestod av en mittrad med tätt ställda stolphål, vilka genomgående var grunda. I hörn, och på ett intervall av åtta till tio meter, fanns kraftigare stolphål i denna mittrad, vilka dessutom ofta var stensatta. På ett avstånd av cirka två meter fanns dessutom parvis ställda stolphål på ömse sidor om mittstolphålen. Slutligen har ett par stolphål några meter söder om hus 8 tolkats som ett drygt en meter brett ingångsparti med stolphål av den kraftigare typen. Ett drag som förstärker palissadens regelbundna karaktär är att de mer substantiella stolphålen som fanns på var åttonde till tionde meter korresponderade tämligen väl mellan de båda långsidorna.

Frågan är om en eller flera faser kan påvisas i palissaden? Utifrån hallarnas dispostion och helhetsintrycket av anläggningen framstår detta som en rimlig hypotes, som emellertid är svår att leda i bevis.

En möjlighet är att mittraden ursprunglig var byggd av resvirke, och att denna senare byggdes på med parställda stolpar som fixerade horisontella plankor eller stockar i en timmerpalissad med jord- eller torvfyllning. Det finns i alla fall inget som tyder på att de parvisa yttre stolparna skall uppfattas som stöttor. Alternativet är naturligtvis att mittraden och de yttre raderna var samtida och att stolparna i mitten stabiliserade konstruktionen.

Två anläggningar (30292 och 20283) några meter söder om ingångspartiet mot öster har tolkats som ett ingångsparti i en yngre fas, i och med att de är nedgrävda genom stolphålen som ingår i palissaden. Dessa båda anläggningar tolkades inledningsvis som gropar. De är likartade (drygt en meter i diameter och 0,60 respektive 0,40 meter djupa. Man kan spekulera i att övriga komponenter i en yngre palissad – som ju möjligtvis inte lämnat några spår efter sig – var ned-grävda i en vall, som kan ha varit uppbyggd av jordfyllningen i en tidigare bygg-nadsfas. Det bör betonas att en sådan tolkning är hypotetisk i flera led; möjligen stärks den något av den ovan nämnda reviderade tolkningen av partiet i nord-väst. På planen är samtliga anläggningar som säkert ingår i konstruktionen fyllda. De anläggningar som hypotetiskt diskuteras här är konturritade.

Undersökningsmetod

Palissaden identifierades som helhet först mot slutet av undersökningen. Ut-vidgningen i söder gjordes då för att kontrollera om det verkligen var en palis-sad, och i så fall avgränsa den. Stolphål inom undersökningsytan snittades och undersöktes till hälften. Stolphål inom de utvidgade ytorna mättes endast in i plan.

N

0   5   10 Meter

Palissad

Längd:	cirka 37 meter (västra långsidan).
Bredd:	cirka 19,5 meter i söder, 23 meter i norr.
Invändig yta:	cirka 700 m².
Datering:	skede 2 och 3 (?).

Undersökt sektion av palissaden.

Excavated section of the palisade. Photo by Tomas Linderoth, UV Syd.

Lagerföljd och anläggningar i våtmark

Utgrävning i våtmarken öster om hallarna.

Ongoing excavation in the marshy ground to the east of the halls. Photo by Sven Waldemarsson.

Undersökningsmetod

I en första schaktning banades ned till en nivå som ungefär motsvarade skiljet mellan lager 7 eller 8, och lager 16 (se profil). Sökningar gjordes med metalldetektor. Därefter maskingrävdes ett större schakt (NV–SÖ) över lager 16; tre rutor handgrävdes i detta schakt. Två rader med fyra respektive fem rutor handgrävdes norr och söder om det större schaktet. Ytterligare sex rutor grävdes, från denna nivå. Totalt undersöktes arton kvadratmeter manuellt. Pump användes, eftersom lagren under lager 16 var vattenförande. Lagerföljderna dokumenterades fortlöpande och detektorsökning utfördes kontinuerligt. Jordprover togs för analys och stenprover togs ur lager 16 för termometri- och termoluminiscensanalys, varvid bakgrundsstrålning uppmättes med scintillometer (Kresten 2001). Ett jordprov togs i ränna från den södra schaktväggen (se profil) och innehöll sediment från senmesolitikum till och med äldre järnålder (Liljegren & Björkman, denna volym).

Därefter schaktades samtliga lager bort, varvid lagerföljden dokumenterades både i norr och i söder, och nedgrävningar dokumenterades. I den södra schaktväggen stack en ekstock ut i schaktväggen som sågades av. Den avslutande schaktningen fick utföras i två etapper. Undersökningarna av nedgrävningarna inleddes med att maskinen grävde frischakt i en halvcirkel runt anläggningarnas nedgrävningskanter. Därefter grävdes anläggningarna manuellt. Tillströmmande vatten pumpades bort och spångar lades successivt ut. Anläggningarna dokumenterades i profil och i viss nivåer också i plan, och prover togs från i första hand vattenavsatta lager (Lagerås, denna volym; Lemdahl, denna volym). Vattentillströmningen medförde vissa problem i form av mindre ras och svåra arbetsförhållanden där vissa moment fick utföras i forcerat tempo.

De viktigaste lagrens utbredning över undersökningsytan har rekonstruerats utifrån profildokumentationen.

Våtmarkens stratigrafi

En drygt 2,5 meter tjock följd av sedimenterade, eroderade och påförda lager fanns mellan befintlig markyta och bottensilt. Lager 1-5 bestod av nederoderad humös sand eller silt. Lager 6 tolkades som påfört under senvikingatid eller tidig medeltid. Detta lager innehöll ställvis stora mängder skärvsten, samt djurben och bränd lera, och var ibland svårt att skilja ut gentemot lager 10, vilket uteslutande innehöll påförd skärvsten. I samband med förundersökningen undersöktes två kvadratmeterrutor av lager 10 i väster, varvid två knivblad, en mässingssmälta, en bit järnslagg, några keramikskärvor och en bit granatglimmerskiffer framkom i anslutning till en långhärd (7079) som var belägen under lagret. I de rutor som undersöktes vid slutundersökningen fanns det inga

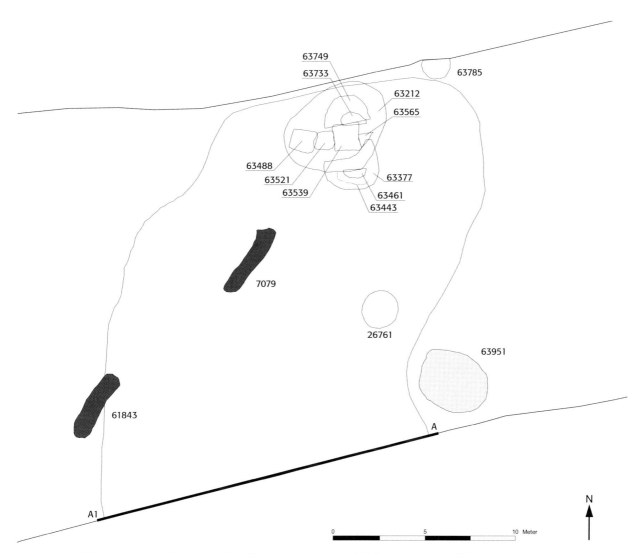

63749
63733
63212
63565
63785
63488
63521
63539
63377
63461
63443
7079
26761
63951
61843
A
A1
N
0   5   10 Meter

Skärvstenslagrets utbredning och anläggningarna under och i direkt anslutning till lagret.

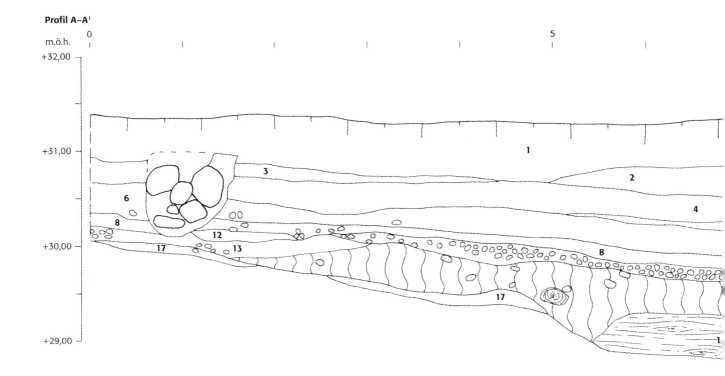

fynd i lager 10, inte heller träkol eller djurben. Vid den fortsatta undersök-
ningen av långhärden under lagret framkom emellertid fynd av samma karak-
tär som konstaterades invid anläggningen, och det är troligast att dessa fynd
blandats in i lager 10 från den ursprungliga härdkontexten.

Många olika stenarter fanns representerade i lager 10, men olika slags granit-
stenar dominerade (6 av 11 prover). Upphettningstemperaturen på de bestämda
proverna varierade mellan 300 och 700° C. Stenarna var relativt jämnstora; de
flesta varierade från knytnävsstorlek och upp till några decimeter i diameter
(Kresten 2001). Lagret tjocklek varierade ganska påtagligt, från 0,1 och upp
till 0,5 meter. Av tre TL-dateringar som gjorde på skärvsten från lagret datera-
des två prover till 765±70 och ett prov till 580±80. Ett fjärde prov, från den
överlagrade långhärden, daterades till 870±90 (.a.a.).

Lager 6 var påfört över hela våtmarken och kunde inte avgränsas i norr och
söder, medan lager 10 i stort sett hade samma utbredning som lager 18, det vill
säga inom drygt 300 kvadratmeter av den undersökta ytan. Dessa båda lager
kunde avgränsas i norr men inte i söder, där de istället tilltog i omfång. Mellan
lager 10 och lager 18 fanns emellertid ställvis en serie lager med svagt humus-
blandad silt eller sand, som kunde vara upp till drygt 0,5 meter tjocka, och
innehöll sotlinser och tunna strimmor efter vegetationshorisonter. Sådana lager
förekom främst på sluttningen i väster, och var svagt representerade i den södra
schaktväggen, där de representeras av lager 9, 14, 15 och 16.

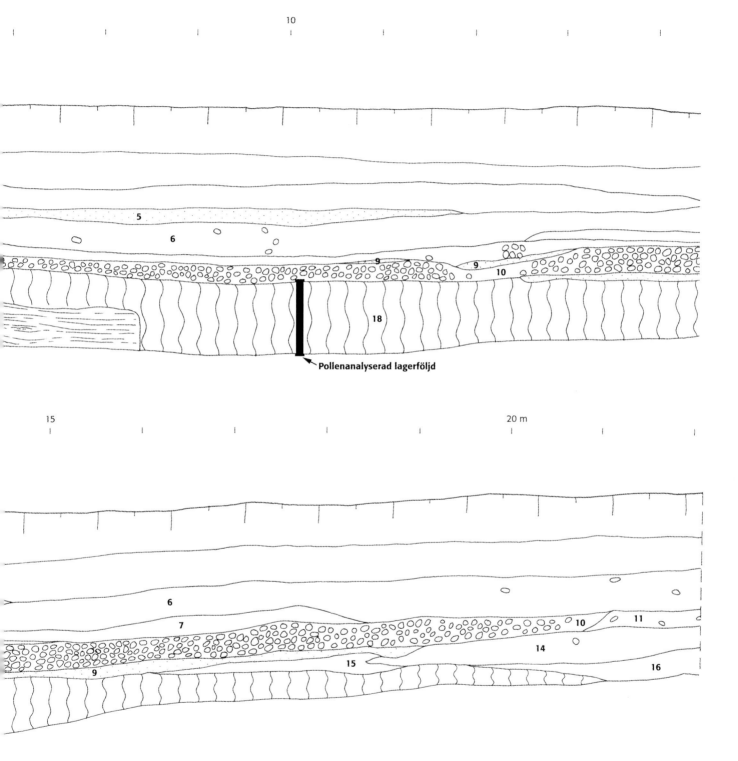

Pollenanalyserad lagerföljd

Lager 8 direkt på lager 10 kunde med säkerhet endast identifieras i den södra långprofilen och i direkt anslutning till denna. Lagret har, något osäkert, bedömts vara ett avsatt lager; kanske skall det ses i anslutning till linserna av silt och sand som markerats som lager 9, och som även finns under lager 10; dessa linser indikerar tillsammans med en variation, eller ett brott, i lager 10 att detta lager grävts genom, möjligen i och med anläggandet av en ny brunn. Ett klippt mynt, en islamisk imitation som daterats till perioden 902–908 (F1400), tillvaratogs i anslutning till lager 8, men bör snarare ses i relation till det påförda lager 6.

Lager 18 bestod av gyttjig silt med rester av träd, däribland en ekstam – lager 19 – samt en del bark och pinnar. Något enstaka flintavslag och djurben fanns i lagret. Vid rutgrävningen påträffades endast två föremål: ett fragment av en blå glaspärla och en pilspets av flinta med urnupen bas. Båda fynden framkom i lagrets övre nivåer. Ekstammen innehöll inte mindre än 500 årsringar, och den yttre veden ^{14}C-daterades till senneolitikum (LuA-5035). Med tanke på resultaten av pollenanalysen (Liljegren & Björkman, denna volym) är det troligt att ekstammen transporterats till platsen. Dessvärre kunde den inte undersökas i sin helhet.

De övriga lager som kunde konstateras – i långprofiler såväl som mindre profiler – har bedömts vara varianter av ovan nämnda lager, och med begränsad utbredning.

Anläggningar

Det kunde konstateras att de två långhärdarna (7079 och 61843) i våtmarkens västra del var stratigrafiskt äldre än det påförda skärvstenslagret. De övriga anläggningarna utgjordes av brunnar och ett vattenhål. Den sistnämnda anläggningen (63951) var nedgrävd omedelbart öster om lager 10 och 18. Gropens fyllning var vattenavsatt, och den innehöll en hel del organiskt material; barkbitar, träspån och avfasade käppar, samt svepaskliknande föremål, vilka ännu inte är konserverade. Dessutom fanns en 2,2 meter lång och 0,15 meter bred rulle med lindbark i gropens mitt, och en malsten. Två prover av lindbarken ^{14}C-analyserades och daterades till 600-talet (Ua-25982 och 26078).

Inga säkra stratigrafiska relationer kunde etableras mellan övriga anläggningar, som utgjordes av brunnar, och skärvstenslagret. En av brunnarna (63785) kunde för övrig inte undersökas i och med att den var belägen i den norra schaktkanten. Av de övriga brunnarna var en nedgrävning (26761) fritt belägen, medan de övriga var nedgrävda genom varandra.

I nedgrävningen 26761 fanns två konstruktioner, vilka har bedömts som lämningar efter två faser. I ett flätat brunnskar hade en krans av sekundärt använt virke drivits ned, bland annat delar av en båtreling.

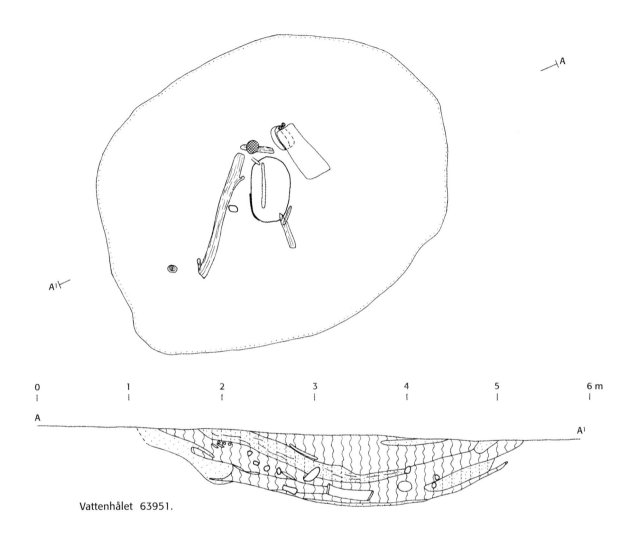

0   1   2   3   4   5   6 m

Vattenhålet 63951.

Nära schaktkanten i norr undersöktes två nedgrävningar. I den mindre av dessa (63377) kunde två konstruktioner undersökas; i ett flätat brunnskar hade ytterligare en flätad korg satts ned. Anläggningen var avgrävd av den större nedgrävningen i norr (63212), vilken innehöll tydliga lämningar efter fem konstruktioner, och sannolikt också ytterligare en nyttjandefas. De tre äldsta konstruktionerna bestod av flätade brunnskar; även här hade ett flätat brunnskar konstruerats inuti en likartad konstruktion; det tredje flätade brunnskaret var friliggande. Därefter uppfördes en brunn (63488), som var uppbyggd av tre knuttimrade skift med ekträ i botten. Vid kanterna invid träkaret hade cirka

413

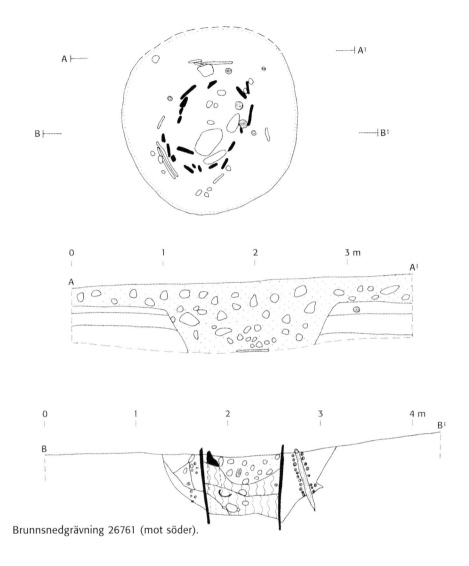

0   1   2   3 m

0   1   2   3   4 m

Brunnsnedgrävning 26761 (mot söder).

0,5 meter stora flata hällar rests. En av dem stod kvar i läge och ytterligare en var omkullvält. I den yngsta konstruktionen i öster (63539) fanns också en knuttimra i botten, med två skift bevarade. Ytterligare en sjätte fas representerades sannolikt av en nedgrävning i detta brunnskar, där lösvirke också fanns.

Dateringarna av brunnarna grundas på en serie dendrokronologiska analyser (Laboratoriet för vedanantomi och dendrokronologi vid Lunds universitet).

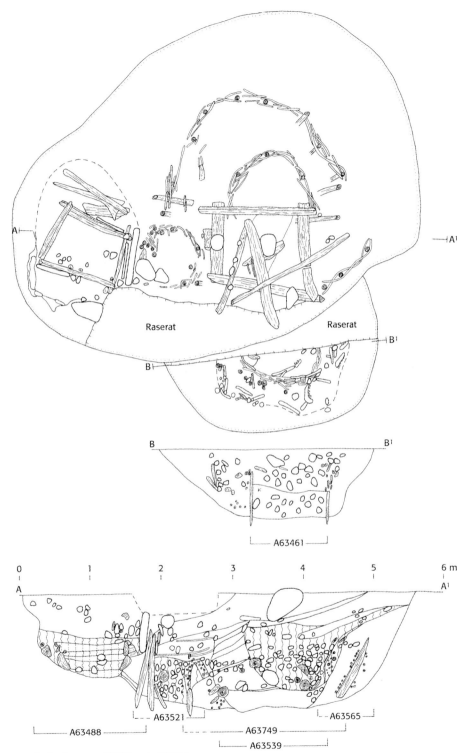

Raserat

Raserat

B — — B¹

B — — — B¹

A63461

0   1   2   3   4   5   6 m

A — — A¹

A63521

A63565

A63488

A63749

A63539

Brunnsnedgrävningarna 63212 och 63377.

415

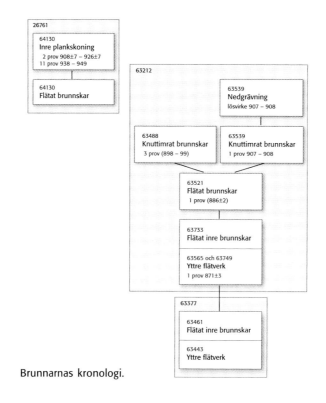

26761

64130
Inre plankskoning
2 prov 908±7 – 926±7
11 prov 938 – 949

64130
Flätat brunnskar

63212

63539
Nedgrävning
lösvirke 907 – 908

63488
Knuttimrat brunnskar
3 prov (898 – 99)

63539
Knuttimrat brunnskar
1 prov 907 – 908

63521
Flätat brunnskar
1 prov (886±2)

63733
Flätat inre brunnskar

63565 och 63749
Yttre flätverk
1 prov 871±3

63377

63461
Flätat inre brunnskar

63443
Yttre flätverk

Brunnarnas kronologi.

Dateringarna har sammanställts i matrisen ovan, vilken skall kommenteras i korthet. Samtliga 13 dateringar från 26761 är absolutdateringar utom en, som daterades till "efter 938". Dateringen av det yttre flätverket i 63565 och 63749 är också en absolutdatering, liksom dateringarna av lösvirket och brunnskaret i 63539. Proverna i 63488 samt 63521 kunde dock inte absolutdateras, och ett "bästa dateringsförslag" har istället givits.

Några keramikfynd är av intresse i sammanhanget. I det näst äldsta, ej dendrodaterade brunnskaret 63461 fanns ett halvt hängkärl med trolig datering till 700- eller 800-talet (Brorsson, denna volym). I ett lager i nivå med lager 10 som endast förekom i anslutning till brunnsnedgrävningen i norr, fanns en stor mängd östersjökeramik av den äldre typen med inåtsvängda mynningar som oftast dateras till 1000-talets första hälft (a.a.). Detta lager innehöll också stora mängder skärvsten och kunde inte särskiljas från lager 10 i plan. Lagret har sannolikt förts på en tid efter det att den yngsta brunnen gick ur bruk.

Beskrivning (Hus 16)

Huset var beläget i gränsen mellan trädbevuxen ängsmark i väster och åkermark i öster. Ungefär mitt över huset fanns en trädbevuxen gärdsgård och parallellt med denna var en vattenledning nedgrävd. I väster – främst i anslutning till gärds-gården – hade lagerrester från neolitikum och vendeltid bevarats. Nedgrävningar från dessa skeden förekom över hela ytan men i öster fanns de i högre grad inne i huset. Två större träd var belägna i vägglinjerna nära gärdsgården, och mindre träd och rötter fanns spridda över ytan i väster. Allt som allt var huset problematiskt att konstruktionsmässigt tolka i detalj.

Huset var svagt konvext med raka, cirka 6 meter breda gavlar. Spår efter väggar avtecknade sig i form av två rader med stolphål; i den yttre raden hade inåtlutade stöttor ställts, men en tydlig lutning kunde bara påvisas i något enstaka fall (se profiler). Den inre raden är spåren efter lodräta väggstolpar. Stolphålen i vägglinjerna varierade en hel del i storlek och djup. Fyllningarna varierade också: i vissa fall kunde stolpfärgningar tydligt urskiljas, i andra fall inte alls. I vissa partier var fyllningen klart sotfärgad, i andra inte alls. I vissa partier präglades stolphålen i vägglinjerna av en regelbundenhet; i andra partier var detta svårt att avgöra. I stora drag var regelbundenheten mer påtaglig i husets västra del som var belägen inom ängsmarken och därmed bättre bevarad.

Spåren efter den inre takbärande konstruktionen varierade också märkbart. I anslutning till gavlarna var stolphålen grunda och ytmässigt små. Mot centrum av huset tilltog de i omfång och djup. Ett tio meter långt rum fanns i byggnadens mitt, med en dragning åt öster. Troligen har motställda ingångar funnits omedelbart öster om detta rum, men detta kunde inte påvisas med säkerhet; och högst sannolikt fanns det fler ingångar.

Strax väster om det stora rummet var det endast tre till fyra meter mellan två stolppar. Mellan dessa fanns resterna av en härd eller möjligen en ugn och i direkt anslutning till denna en fanns en grop med sotig fyllning.

I flera fall kunde dubbleringar av stolphål konstateras i vägglinjer men tydligast i den inre takbärande konstruktionen, där omsättningar troligen skett i åtminstone tre av stolpparen; dubbleringen av ett stolppar i öster har däremot uppfattats som samtida.

Sammantaget gör huset ett besynnerligt intryck, som delvis är betingat av de i vissa avseenden problematiska omständigheterna, och delvis också av att vissa reparationer har gjorts. Rumsindelningen är emellertid också något ovanlig, med det ovanligt stora spannet mellan stolparna i husets mitt.

Hus 16

Längd (utvändig):	cirka 42 meter.
Största bredd (yttre stolprad):	9,5 meter.
Största bredd (inre stolprad):	7 meter.
Avstånd mellan takbärande stolppar inklusive gavlar (från väster):	2,6/2,6/4,0/5,0/3,5/10,0/5,6/5,2/2,0.
Inbördes avstånd i par:	1,3/2,0/2,5/2,2/2,2/1,11.7/1,5.
Yta under tak:	254 m².
Fynd i anläggningar:	13 fyndposter – keramik (endast neolitisk keramik kunde identifieras), bearbetad flinta, järnslagg, djurben.
Stratigrafi:	yngre än lager 124 med föremål från folkvandringstid och tidig vendeltid samt ugn A33385 med trolig datering till 700-tal. Ej samtida med hus 27 och 38 som överlappar husets i öster, och som har bedömts vara äldre (typologi /kontext).
¹⁴C-dateringar:	5 st.
Datering:	skede 2 fas b.

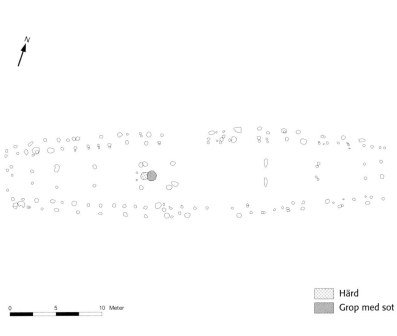

Härd

Grop med sot

0   5   10 Meter

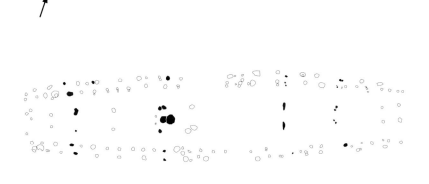

0   5   10 Meter

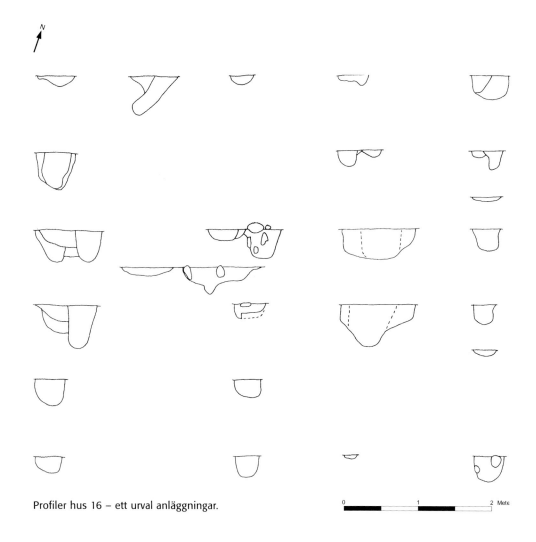

Profiler hus 16 – ett urval anläggningar.

0   1   2 Meter

Undersökningsmetod

Innan schaktning påbörjades avsöktes området med metalldetektor. Därefter schaktades i nivåer med ytterligare metalldetektering, I anslutning till ugn 33385 och kulturlager handgrävdes rutor som undersöktes på hackbord. Anläggningarna undersöktes med enstaka undantag – exempelvis härdanläggningen – till 50 %. Fyllningarna maskinsållades alternativt undersöktes på hackbord.

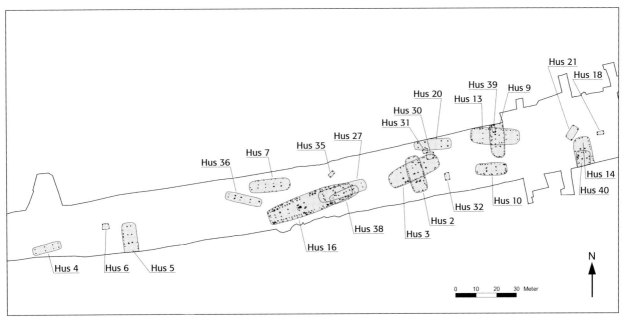

Översikt stolphus.

Översikt av stolphus

Sammantaget kunde 38 stolphus identifieras, tolkas och undersökas inom undersökningsytan på *ååkrarna*. Av dessa har 28 hus daterats till yngre järnålder. Tre hus var i stor utsträckning belägna utanför det undersökta området och dateringarna av dem var osäkra. Dessa diskuteras inte i artikeln och de har inte tagits med på översiktsplanen. Hallarna har också utelämnats för att göra planen överskådligare. Återstår gör då 23 stolphus, vilka med undantag för de sju fyrstolphusen arbetades in i kronologin.

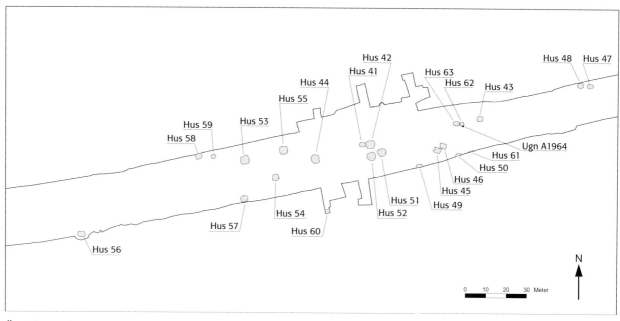

Översikt grophus.

Översikt av grophus

Sammantaget konstaterades 23 grophus inom undersökningsytan. Samtliga grophus utom ett (hus 60) undersöktes. De flesta av grophusen inom undersökningsytan grävdes ut i sin helhet och nitton av dem kunde arbetas in i kronologin.

Osteologisk metod

Kvantifiering

Kvantifieringen av de identifierade benfragmenten är grundläggande för att förstå sammansättningen av materialet vad gäller arternas inbördes mängdförhållande i syfte att göra relativa jämförelser mellan olika material och vilka delar av djuren som finns representerade.

Den metod som har använts i denna analys är fragmentmetoden som går ut på att räkna alla fragment identifierade till art och benslag. Fragmenten kan bestå av hela ben, tänder och/eller horn och större eller mindre bitar av dessa. Klistrade bitar har räknats som ett fragment. Beräkningen av minsta antalet individer (MNI) har ej utförts på grund av att olika författare använder olika sätt att räkna på. Detta försvårar eventuella jämförelser mellan olika material.

Vikten uttryckt i gram (g) har endast använts som ett översiktligt mängdmått och tas enbart upp i inledningen och tabell 1 i artikeln.

Det finns olika faktorer som påverkar kvantifieringen av de olika djurarterna och dessa måste man ta hänsyn till i jämförelserna och tolkningen av materialet (Noe-Nygaard 1987, Lyman 1994). Olika djur har olika många benslag och ben från större djur fragmenteras inte lika lätt som mindre djurs och har därför större chans att bevaras och identifieras. Porösa ben som t.ex. kotor och rörbensändar liksom ben från unga djur är attraktiva för hundar och fåglar, vilka äter upp och eventuellt för bort dessa delar. De trampas dessutom lätt sönder.

Bevaringsförhållandena är myckct viktiga faktorer för benens återfinnande och identifiering. Olika miljöer påverkar ben på olika sätt liksom den tid det tar innan benen hamnar i jorden eller som i detta fallet våtmarken. Har benen legat framme en längre tid på marken innan de deponeras hinner ytskiktet på benfragmenten att spricka sönder och ramla av. Detta påverkar möjligheten att identifiera benet, som i detta tillstånd dessutom fragmenteras lättare. Ben från unga djur är porösa vilket gör att dessa vittrar fortare och fragmenteras lättare än kompakta ben. Djurens storlek och ålder påverkar slakt- och tillagningssätt, vilka i sin tur inverkar på fragmentering och kvantifiering. Den benmängd som vi får fram vid arkeologiska undersökningar motsvarar bara en ytterst liten del av de ben som ursprungligen har deponerats på platsen och kvantifieringen ger alltså endast en relativ frekvens som kan användas vid jämförelser med andra material.

Åldersbedömning

Åldersbedömning görs för att få fram slaktålder på djuren och dela in dem i olika åldersgrupper, vars resultat sedan jämförs med andra material för att se på likheter och skillnader i utnyttjandet av olika arter.

De metoder som har varit möjliga att applicera på detta material är tandframbrott (Silver 1969), tandslitage (Grant 1982) och sammanväxningsfaserna av epifyserna (Silver 1969, Habermehl 1975). Åldersintervallerna blir med den sistnämnda metoden ganska stora och varierande, vilket beror på att rörbensskaften sammanväxer med sina lösa epifyser vid olika tidpunkter i olika delar av kroppen under djurets utvecklingsprocess.

Könsbedömning

Könsbedömningarna har gjorts utifrån både morfologiska drag och mätningar av olika benslag. Svinet har bedömts med hjälp av hörntänderna vars form och storlek skiljer sig väldigt tydligt mellan galtar och suggor. Nötboskapen har könsbedömts utifrån morfologiska drag på bäckenbenet (rectus gropen) och mått tagna på mellanhandsbenet.

Anatomisk fördelning

Den anatomiska fördelningen för respektive djurart ger oss en uppfattning om vilka delar av djuren som finns bevarade, dvs vilken kroppsregion fragmenten tillhör. Fördelningen beräknas utifrån antalet fragment.

Metrisk dokumentation

Anatomiska mått används för att räkna ut mankhöjder och göra storleksjämförelser med andra material. Mätningarna har utförts med hjälp av de riktlinjer som utarbetats av A. von den Driesch (1976).

Skär- och gnagmärken

Skärmärken och märgspaltningsspår analyseras och registreras för att få fram slaktmönster för varje art och för att se orsaker till fragmenteringen av benen. Skärmärkena har endast undersökts makroskopiskt på grund av tidsbegränsningen. Tolkningen har skett enligt Binford (1918) och von den Driesch & Boessneck (1975).

Gnagmärken har också registrerats för att se om det är rovdjur eller gnagare som har förstört benen, men också som en metod att hitta förklaringar till fragmenteringen. Samtliga registrerade gnagmärken i materialet från Järrestad härrör från rovdjur, troligtvis hund.

Vittringsgrad

Graden av vittring är också viktig vid tolkningen av fragmenteringen av benen, eftersom den vittnar om hur välbevarade de är och om benen har kommit snabbt i marken eller legat ovan på och torkat. Graden av vittring har bedömts utifrån Behrensmeyer (1978), som har utarbetat en skala från 0–5. Indelningen har dock i detta materialet bara indelats i tre olika vittringsstadier, nämligen lite vittrad, vittrad, och mycket vittrad.

Säsong

Vid bedömningen av vilken/vilka tider på året som platsen har utnyttjats kan man använda olika kriterier, t.ex. närvaro och frånvaro av arter, ej fällda kronhjortshorn och åldersbedömningar från främst vilda djur. Några sådana kriterier föreligger tyvärr inte i materialet från Järrestad.

Skiljetecken för får och get

Får och get är väldigt lika i skelettet, men det finns vissa kriterier på olika benslag som gör det möjligt att skilja dessa arter åt. När det gäller tänder har de kriterier som utarbetats av Payne (1985) använts och för resten av skelettet arbetena av Boessneck (1969) och Prummel & Frisch (1986).

Statistik

Statistiska beräkningar är ej utförda på materialet.

Referensmaterial

Identifieringen av benmaterialet har gjorts med hjälp av Zoologiska museets referenssamling i Lund.

Databasen finns arkiverad på UV-Syd och kommer att finnas tillgänglig på en CD-rom i en kommande publikation.

Referenser

Behrensmeyer, A.K. 1978. Taphonomic and ecologic information from bone weathering. *Paleobiology*, 4 (2), s. 150–162.

Binford, L. 1981. *Bones. Ancient men and modern myths*. Academic Press. New York.

Boessneck, J. 1969. Osteological differences between Sheep (*Ovis aries Linné*) and Goat (*Capra hircus Linné*). I Brothwell & Higgs: *Science in Archaeology*, s. 331–359. London.

Driesch, A. von den. 1976. *A guide to the Measurements of Animal Bones from Archaeological Sites*. Peabody Museum Bull. Harvard University.

Grayson, D.K. 1984. *Quantitative Zooarchaeology. Topics in the analysis of Archaeological Faunas*. Studies in Archaeological Science. New York.

Habermehl, K-H. 1975. *Die Altersbestimmung bei Haus- und Labortieren*. Berling/Hamburg.

Lyman, R.L. 1994. *Vertebrate taphonomy*. Cambridge.

Noe-Nygaard, N. 1987. Taphonomy in archaeology with special emphasis on man as a biasing factor. *Journal of Danish Archaeology*. Vol. 6, s. 7–62.

Payne, S. 1985. Morphological distinctions between the mandibular teeth of young sheep, Ovis, and goats, Capra. *Journal of Archaeological Science*, 12, s. 139–147. London.

Prummel, W. & Frisch, H-J. 1986. A Guide for the Distinction of Species, Sex and Body Side in bones of Sheep and Goat. *Journal of Archaeological Science*, 13, s. 567–77. London.

Silver, I.A. 1969. The ageing of domestic animals. I Brothwell, D. & Higgs, E. (Eds.): *Science in Archaeology*. 2nd. Ed., s. 283–302. Thames & Hudson. London.

Tabell 1. Benslagsfördelning hos de i identifierade arterna i de vikingatida brunnarna, uttryckt i antalet fragment. Benmaterialet i tabellen har framkommit i följande brunnar i de fyra brunnskomplexen: A63212, A63539, A63488, A63521, A63565, A63377, A63461, A63443 och A64130.

Tabell 2. Benslagsfördelning hos de i identifierade arterna i den vendeltida brunnsgropen (A63951), uttryckt i antal fragment.

Tabell 3. Benslagsfördelning hos de i identifierade arterna i de vikingatida grophusen (A2077, A29452, A30292, A29586 och A40395), uttryckt i antalet fragment.

Tabell 4. Benslagsfördelning hos de i identifierade arterna i de vendeltida grophusen (A1994 och A38363), uttryckt i antalet fragment. Både brända och obrända ben.

Tabell 1

Benslag	Nötboskap	Häst	Får/get	Får	Svin	Hund	Älg
Horn	5	-	3	3	-	-	-
Kranium	21	111	-	-	1	-	-
Underkäke	13	3	5	-	27	-	1
Tänder	11	18	4	-	13	-	-
1:a halskotan	2	1	-	-	-	-	-
2:a halskotan	1	2	-	-	-	-	-
Halskotor	1	1	-	-	-	-	-
Bröstkotor	2	1	-	-	-	-	-
Ländkotor	4	1	1	-	2	-	-
Svanskotor	-	-	-	-	-	-	-
Revben	3	-	1	-	1	-	-
Skulderblad	8	1	2	-	-	1	-
Överarmsben	8	2	1	-	2	-	-
Strålben	9	5	1	-	2	-	-
Armbågsben	1	-	-	-	1	-	-
Handrotsben	-	-	-	-	-	-	-
Mellanhandsben	8	1	-	-	-	-	-
Korsben	-	-	-	-	-	-	-
Bäckenben	3	3	-	-	-	-	-
Lårben	8	2	3	-	3	-	-
Knäskål	-	-	-	-	-	-	-
Skenben	6	5	2	-	1	-	-
Vadben	-	-	-	-	-	-	-
Hälben	-	-	-	-	-	-	-
Språngben	2	1	-	-	-	-	-
Fotrotsben	-	-	-	-	-	-	-
Mellanfotsben	5	2	1	2	-	-	-
Metapod	-	1	-	-	-	-	-
Tåben I	3	1	-	-	-	-	-
Tåben II	1	1	-	-	1	-	-
Tåben III	-	1	-	-	-	-	-
Sesamben	-	-	-	-	-	-	-
Totalt	125	164	24	5	54	1	1

Tabell 2

Benslag	Nötboskap	Häst	Får/get	Får	Svin
Horn	-	-	-	-	-
Kranium	-	-	-	-	-
Underkäke	4	-	-	-	2
Tänder	8	-	1	-	5
1:a halskotan	-	-	-	-	-
2:a halskotan	-	-	-	-	-
Halskotor	-	-	-	-	-
Bröstkotor	-	-	-	-	-
Ländkotor	-	-	-	-	-
Svanskotor	-	-	-	-	-
Revben	1	-	-	-	-
Skulderblad	2	-	1	-	1
Överarmsben	2	-	-	-	-
Strålben	-	1	-	-	1
Armbågsben	-	-	-	-	-
Handrotsben	1	-	-	-	-
Mellanhandsben	4	-	-	1	-
Korsben	-	-	-	-	-
Bäckenben	-	-	-	-	-
Lårben	-	-	1	-	-
Knäskål	-	-	-	-	-
Skenben	-	1	-	-	-
Vadben	-	-	-	-	-
Hälben	-	2	-	-	-
Språngben	-	-	-	-	2
Fotrotsben	1	-	-	-	-
Mellanfotsben	1	-	-	-	-
Metapod	-	-	-	-	-
Tåben I	1	-	-	-	1
Tåben II	-	-	-	-	-
Tåben III	-	-	-	-	-
Sesamben	-	-	-	-	-
Totalt	26	4	3	1	12

Tabell 3

Benslag	Nötboskap	Häst	Får/get	Får	Svin
Horn	4	-	-	-	-
Kranium	27	4	1	-	10
Underkäke	29	-	14	1	25
Tänder	99	12	130	4	62
1:a halskotan	2	-	-	-	2
2:a halskotan	-	-	1	-	-
Halskotor	3	2	1	-	1
Bröstkotor	2	-	1	-	-
Ländkotor	7	-	1	-	2
Svanskotor	-	-	1	-	-
Obest. kotor	-	-	-	-	9
Revben	7	-	2	-	7
Skulderblad	4	-	-	-	-
Överarmsben	9	1	5	-	9
Strålben	15	1	4	-	5
Armbågsben	1	1	1	-	4
Handrotsben	8	-	2	-	2
Mellanhandsben	5	1	-	-	-
Korsben	-	-	-	-	-
Bäckenben	10	2	10	-	1
Lårben	4	4	4	-	4
Knäskål	1	-	-	-	-
Skenben	14	3	9	-	2
Vadben	-	-	-	-	1
Hälben	7	-	-	-	4
Språngben	8	-	-	-	1
Fotrotsben	4	1	1	-	2
Mellanfotsben	5	2	3	5	2
Metapod	5	2	-	-	2
Tåben I	15	-	-	-	4
Tåben II	3	-	1	-	4
Tåben III	4	1	-	-	-
Sesamben	-	-	-	-	1
Totalt	302	37	192	10	166

Tabell 4

Benslag	Nötboskap	Häst	Får/get	Får	Svin	Hund
Horn	2	-	-	-	-	-
Kranium	13	-	5	2	32	1
Underkäke	19	-	7	-	19	1
Tänder	51	3	39	-	33	1
1:a halskotan	-	-	-	-	-	-
2:a halskotan	-	-	-	-	-	-
Halskotor	6	-	-	-	2	-
Bröstkotor	5	2	-	-	1	-
Ländkotor	3	-	1	-	3	-
Svanskotor	-	-	-	-	-	-
Obest. kotor	-	-	-	-	-	-
Revben	61	-	7	-	28	-
Skulderblad	6	-	8	-	4	-
Överarmsben	8	-	8	-	12	-
Strålben	11	5	10	-	7	-
Armbågsben	6	2	3	-	13	-
Handrotsben	5	6	1	-	5	-
Mellanhandsben	9	-	1	3	7	-
Korsben	-	-	-	-	1	-
Bäckenben	5	-	6	-	8	-
Lårben	12	1	2	-	2	-
Knäskål	1	-	1	-	1	-
Skenben	7	-	10	-	19	-
Vadben	-	-	1	-	6	-
Hälben	3	-	3	-	8	-
Språngben	2	1	3	-	8	-
Fotrotsben	3	-	-	-	2	-
Mellanfotsben	5	-	3	3	2	-
Metapod	1	1	-	-	6	-
Tåben I	4	-	1	-	3	-
Tåben II	2	-	-	-	1	-
Tåben III	-	-	-	-	1	-
Sesamben	5	-	-	-	-	-
Totalt	255	21	120	9	234	3

1. Forntida svedjebruk. Om möjligheterna att spåra forntidens svedjebruk. G. Lindman. 1991.
2. Rescue and Research. Reflections of Society in Sweden 700-1700 A.D. Eds. L. Ersgård, M. Holmström och K. Lamm. 1992.
3. Svedjebruket i Munkeröd. Ett exempel på periodiskt svedjebruk från yngre stenålder till medeltid i södra Bohuslän. G. Lindman. 1993.
4. Arkeologi i Attundaland. G. Andersson, A. Broberg, A. Ericsson, J. Hedlund & Ö. Hermodsson. 1994.
5. Stenskepp och Storhög. Rituell tradition och social organisation speglad i skeppssättningar från bronsålder och storhögar från järnålder. T. Artelius, R. Hernek & G. Ängeby. 1994.
6. Landscape of the monuments. A study of the passage tombs in the Cúil Irra region. S. Bergh. 1995.
7. Kring Stång. En kulturgeografisk utvärdering byggd på äldre lantmäteriakter och historiska kartöverlägg. H. Borna Ahlqvist & C. Tollin. 1994.
8. Teoretiska perspektiv på gravundersökningar i Södermanland. A. Eriksson och J. Runcis. 1994.
9. Det inneslutna rummet – om kultiska hägnader, fornborgar och befästa gårdar i Uppland från 1300 f Kr till Kristi födelse. M. Olausson. 1995.
10. Bålverket. Om samhällsförändring och motstånd med utgångspunkt från det tidigmedeltida Bulverket i Tingstäde träsk på Gotland. J. Rönnby. 1995.
11. Samhällsstruktur och förändring under bronsåldern. Rapport från ett seminarium 29-30 september 1994 på Norrköpings Stadsmuseum i samarbete med Riksantikvarieämbetet, UV Linköping. Red. M. Larsson och A. Toll. 1995.
12. Om brunnar. Arkeologiska och botaniska studier på Håbolandet. I. Ullén, H. Ranheden, T. Eriksson & R. Engelmark. 1995.
13. Hus & Gård i det förurbana samhället – rapport från ett sektorsforskningsprojekt vid Riksantikvarieämbetet. Katalog. Red. O. Kyhlberg & A. Vinberg. 1996.
14. Hus & Gård. Boplatser från mesolitikum till medeltid. Artikeldel. Hus och gård i det förurbana samhället. Red. O. Kyhlberg & A.Vinberg. 1996.
15. Medeltida landsbygd. En arkeologisk utvärdering – Forskningsöversikt, problemområden, katalog. L. Ersgård & A-M. Hållans. 1996.
16. Living by the sea. Human responses to Shore Displacement in Eastern Middle Sweden during the Stone Age. A. Åkerlund. 1996.
17. Långfärd och återkomst – skeppet i bronsålderns gravar. T. Artelius. 1996.
18. Slöinge och Borg. Stormansgårdar i öst och väst. K. Lindeblad, L. Lundqvist, A-L. Nielsen. & L. Ersgård. 1996.
19. Religion från stenålder till medeltid. Artiklar baserade på Religionsarkeologiska nätverksgruppens konferens på Lövstadbruk den 1-3 december 1995. Red. K. Engdahl & A. Kaliff. 1996.
20. Metodstudier & tolkningsmöjligheter. E. Hyenstrand, M. Jakobsson, A. Nilsson, H. Ranheden & J. Rönnby. 1997.
21. Det starka landskapet. En arkeologisk studie av Leksandsbygden i Dalarna från yngre järnålder till nyare tid. L. Ersgård. 1997.
22. Carpe Scaniam. Axplock ur Skånes förflutna. Red. P. Karsten. 1997.
23. Regionalt och interregionalt. Stenåldersundersökningar i Syd- och Mellansverige. Red. M. Larsson & E. Olsson. 1997.
24. Visions of the Past. Trends and Traditions in Swedish Medieval Archaeology. Eds. H. Andersson, P. Carelli & L. Ersgård. 1997.
25. Spiralens öga. Tjugo artiklar kring aktuell bronsåldersforskning. Red. M. Olausson. 1999.
26. Senpaleolitikum i Skåne. M. Andersson & B. Knarrström. 1999.
27. Forskaren i fält. En vänbok till Kristina Lamm. Red. K. Andersson, A. Lagerlöf & A. Åkerlund. 1999.
28. Olika perspektiv på en arkeologisk undersökning i västra Östergötland. Red. A. Kaliff. 1999.
29. Odlingslandskap och uppdragsarkeologi. Artiklar från Nätverket för arkeologisk agrarhistoria. Red. A. Ericsson. 1999.
30. Fragment av samtal. Tvärvetenskap med arkeologi och ortnamnsforskning i bohuslänska exempel. M. Lönn. 1999.
31. Människors platser. 13 arkeologiska studier från UV. Red. FoU-gruppen vid UV. 2000.
32. Porten till Skåne. Löddeköpinge under järnålder och medeltid. Red. F. Svanberg & B. Söderberg. 2000.
33. En bok om Husbyar. Red. M. Olausson. 2000.
34. Arkeologi och paleoekologi i sydvästra Småland. Tio artiklar från Hamnedaprojektet. Red. Per Lagerås. 2000.
35. På gården. J. Streiffert. 2001.
36. Bortglömda föreställningar. T. Artelius. 2000.
37. Dansarna från Bökeberg. Om jakt, ritualer och inlandsbosättning vid jägarstenålderns slut. P. Karsten. 2001.
38. Vem behöver en by? Kyrkheddinge, struktur och strategi under tusen år. K. Schmidt Sabo. 2001.
39. Stenåldersforskning i fokus. Inblickar och utblickar i sydskandinavisk stenåldersarkeologi. Red. I. Bergenstråhle & S. Hellerström. 2001.
40. Skånska regioner. Red. A. Carlie. 2002.
41. Bärnstensbarnen. Bilder, berättelser och betraktelser. J. Runcis. 2002.
42. Hällristarnas hem. Gårdsbebyggelse och struktur i Pryssgården under bronsålder. H. Borna-Ahlqvist. 2002.
43. Märkvärt, medeltida. Arkeologi ur en lång skånsk historia. Red. M. Mogren 2002.
44. Bronsyxan som ting och tanke i skandinavisk senneolitikum och äldre bronsålder. L. Karlenby. 2002.
45. Urban Diversity. Archaeology in the Swedish Province of Östergötland. Red. Rena Hedvall. 2002.
46. Arkeologi i Vadstena. Red. R. Hedvall. 2003.
47. I Tyskebacken. Hus, människor och industri i stormaktstidens Norrköping. P. Karlsson & G. Tagesson. 2003.
48. Åderförkalkning och portvinstår. Välfärdssjukdomar i det medeltida Åhus. C. Arcini. 2003.
49. Landningsplats Forntiden. Red. J. Anund. 2003.
50. Mittens rike. Arkeologiska berättelser från Närke. Red. L. Karlenby. 2003.